Reihe
Germanistische
Linguistik 34

Herausgegeben von Helmut Henne, Horst Sitta
und Herbert Ernst Wiegand

Burkhard Schaeder

Lexikographie als Praxis und Theorie

Max Niemeyer Verlag
Tübingen 1981

CIP-Kurztitelaufnahme der Deutschen Bibliothek

Schaeder, Burkhard:
Lexikographie als Praxis und Theorie / Burkhard Schaeder. – Tübingen : Niemeyer, 1981.
(Reihe germanistische Linguistik ; 34)
ISBN 3-484-31034-0
NE: GT

ISBN 3-484-31034-0 ISSN 0344-6778

 Printed in Germany. Sulzberg-Druck GmbH, Sulzberg/Allgäu.

Meinen Eltern

Ilse und Christian Schaeder

I have recently investigated various classifications of fish.
I find the following six:

(1) edible – inedible
(2) mediterranean – others
(3) over 3 inches long – 3 inches long or smaller
(4) those whose species-name starts with „A" . . .
with „B" etc.
(5) those which eat other fish but are eaten by no other fish –
those which are eaten by other fish but eat no other fish –
those which do both –
those which do neither
(6) blimpsy – blumpsy – bloompsy

My first impulse was, of course, to ask myself which of these classifications was the correct one. But pretty soon I checked this impulse and looked instead into the background of the classifications. And then I found that the man who proffered classification No. –

(1) was an economist
(2) was an Italian
(3) was a famous Eddingtonian fisherman
(4) was a lexicographer
(5) was an ecologist
(6) was a philosopher who claimed that his classification
was the only correct one on intuitive self-evident grounds.

Y. Bar-Hillel (1956, 287)

INHALT

0. VORBEMERKUNG

Die hier vorgelegte Arbeit verdankt ihre Entstehung einer Reihe glücklicher Umstände, die insgesamt dazu beigetragen haben, mein Interesse auf Probleme der lexikographischen Praxis und Theorie zu lenken.

Während meiner Arbeit bei der Forschungsgruppe „Linguistik und maschinelle Sprachbearbeitung" (Bonn) war ich in einem vom Bundesministerium für Forschung und Technologie geförderten, unter der Leitung von Alfred Hoppe 1972 bis 1976 durchgeführten Projekt zur Entwicklung eines maschinellen Textanalyseverfahrens mit der wissenschaftlichen Betreuung der Abteilung Maschinelle Lexikographie beauftragt und in Zusammenarbeit mit der Programmierabteilung u.a. für die Konzeption und Realisierung eines maschinenoperablen, als Komponente des erwähnten Analyseverfahrens fungierenden Lexikons sowie für die Entwicklung von Verfahren des maschinellen bzw. maschinell gestützten Lexikonaufbaus zuständig.

Im Anschluß an diese Arbeit fand ich eine Anstellung in der „Forschungsstelle für den öffentlichen Sprachgebrauch" (Bonn) des Instituts für deutsche Sprache, in der unter der Leitung von Manfred W. Hellmann seit 1976 das von der Deutschen Forschungsgemeinschaft geförderte Projekt „Ost-West-Wortschatzvergleiche" bearbeitet wurde. Im Rahmen dieses lexikographischen Projekts leitete ich zunächst den Arbeitsbereich Dokumentation und hatte in dieser Funktion vor allem für den Ausbau des „Bonner Zeitungskorpus", einer maschinellen Dokumentation von Tageszeitungen der BRD und der DDR, zu sorgen, um nach Abschluß dieser Aufgabe am Aufbau eines maschinellen Korpuswörterbuchs BRD- und DDR-spezifischen Zeitungsvokabulars mitzuwirken.

Den Mitarbeitern der beiden genannten Forschungsstellen bin ich für manche Anregung und fördernde Kritik zu Dank verpflichtet, unter ihnen vor allem Gerhard Engelien, Gisela Haehnel, Manfred W. Hellmann, Wolfgang Krause, Antje Lange, Willi Leven, Hildegard Pfafferott, Klaus Günther Schweisthal und Hans Siebenbach.
Gern erinnere ich mich an jene Gespräche, in denen im Kreis einer kleinen Zahl von Kolleginnen und Kollegen während der Jahre 1970 und 1971 mit Gerhard Wahrig, dem am 2.9.1978 verstorbenen Herausgeber des unter dem Namen „Der Wahrig" bekannt gewordenen „Deutschen Wörterbuchs", „Fragen der lexikographischen Beschreibung in oft tagelangen Sitzungen" (1) anhand ausgewählter, von den Teilnehmern angefertigter Probeartikel erörtert wurden.

Entscheidende Einsichten in die Probleme lexikographischer Theorie und Praxis verdanke ich vor allem den Vorträgen und Gesprächen, die im Rahmen der 1975 bis 1977 veranstalteten Bad Homburger Colloquien sowie in einer Vielzahl daran anschließender Diskussionsrunden der Konzeption des Projekts eines großen interdisziplinären Wörterbuchs galten. Aus der Zahl der Teilnehmer möchte ich vor allem

---

1 Wahrig (1973, VII).

Helmut Henne, Wolfgang Mentrup und Harald Weinrich nennen, deren Beiträge zum Thema Lexikographie ebenso wie diejenigen von Herbert Ernst Wiegand nicht ohne Einfluß auf diese Arbeit geblieben sind.

Besonders hoch schätze ich die Erträge der seit einigen Jahren mit Henning Bergenholtz geführten Diskussionen ein. Was sich in unseren Gesprächen als übereinstimmende Auffassung herauskristallisierte, hat seinen Niederschlag in einer Reihe gemeinsam verfaßter und herausgegebener Arbeiten gefunden.

Gedankt sei nicht zuletzt auch Peter Schnepel, der mir bei der Ermittlung der Kollokationen sowie bei der Berechnung von Worthäufigkeiten und Wortverteilungen behilflich gewesen ist.

Ein besonderer Dank sei Sabine Harling ausgesprochen, die das mühselige Geschäft des Korrekturlesens besorgt und es bei dieser Gelegenheit nicht versäumt hat, mich auch auf gedankliche Fehler aufmerksam zu machen; sowie meinem Sohn Benjamin, der den Fortgang der Arbeit mit Aufmerksamkeit, Geduld und Nachsicht verfolgt und schließlich ihr Ende sehnlichst herbeigewünscht hat.

Karl-Dieter Bünting danke ich dafür, daß er diese Arbeit betreut hat, die 1979 vom Fachbereich Literatur und Sprachwissenschaften der Universität Essen – Gesamthochschule als Dissertation angenommen wurde.

Die für den Druck eingerichtete Fassung hat einige geringfügige Änderungen erfahren. Für die entsprechenden Hinweise bin ich Wolfgang Mentrup und Herbert Ernst Wiegand zu Dank verpflichtet.

Schließlich möchte ich nicht versäumen, den Herausgebern der „Reihe Germanistische Linguistik" für die Annahme der Arbeit und dem Max Niemeyer Verlag für deren Drucklegung zu danken.

1. EINLEITUNG

1.1 Nähere Bestimmung und Eingrenzung des Themas

Unsere Arbeit soll von Lexikographie handeln, die als „Kodifikation der paradigmatischen und syntagmatischen Struktur der Lexik (des Wortschatzes) einer ‚Sprache' [. . .] (1) den Prozeß der Wörterbuchschreibung; (2) das Ergebnis der Wörterbuchschreibung, das Wb. [Wörterbuch, B.S.] ; (3) die Theorie und Methodologie lexikalischer Kodifikation" (1) umfaßt.

Damit grenzen wir die Lexikographie ab gegen die Lexikologie, deren Aufgabe als „Wortschatzwissenschaft" (2) es ist, im Rahmen einer Sprachtheorie Aussagen über Struktur und „Architektur" (3) der Lexik sowie über Ausdruck, Inhalt und Funktion der diese Lexik konstituierenden sprachlichen Einheiten zu formulieren. Zu diesen Einheiten, die von Henne (1973, 592) unter dem Oberbegriff „lexikalische Signeme" zusammengefaßt werden, zählen die Lexeme, die Kompositeme, die Derivateme und die Idiolexeme, d.h. das, was oft unpräzisiert auch als Wort/Simplex/Einwortlexem, Kompositum, Ableitung, Phraseologismus/Idiom/Wortgruppenlexem bezeichnet wird.

Die Lexikologie hat die lexikalischen Signeme als Teil des gesamten Sprachzeicheninventars zu beschreiben, d.h. „im besonderen die interne Struktur dieser Sprachzeichen und deren Relationen zueinander, also deren paradigmatische und syntagmatische Struktur" (4). Als Theorie beinhaltet sie gleichzeitig „sprachtheoretisch begründete Kategorien als grundlegende Begriffe und Termini, die konstitutive Elemente und Strukturen des sprachlichen Objektbereichs abbilden. Zugleich impliziert die Theorie spezifische methodische Anweisungen (‚Operationen') zur Kombination der Begriffe und Termini zum Zwecke einzelsprachlich-semantischer Erkenntnisgewinnung" (5).

Lexikographie hingegen befaßt sich mit der Kodifikation lexikalischer Signeme. Insofern setzt Lexikographie Lexikologie immer schon voraus.

In der vorliegenden Arbeit werden wir wohl Bezug auf lexikologische Fragestellungen nehmen, solche aber nicht in extenso behandeln. So werden wir z.B. in sprachtheoretisch orientierten Abschnitten zu erklären haben, in welcher Weise wir Wörter

---

1 Henne (1973, 590).

2 Henne (1973, 591).

3 Coseriu (1970, 32).

4 Henne (1973, 592).

5 Henne (1973, 593).

und Lexeme voneinander unterscheiden, aber andererseits darauf verzichten, solche Einheiten zu definieren.

Die Arbeit ist – von der Einleitung einmal abgesehen – in drei Teile gegliedert. Im ersten werden einige grundlegende wissenschaftstheoretische Probleme erörtert, im zweiten Fragen der Lexikographie als Theorie und im dritten solche der Lexikographie als Praxis behandelt. Die hier gewählte Abfolge der Darstellung lexikographischer Probleme impliziert weder eine Rangfolge derart, daß das Interesse primär theoretischen und nur in zweiter Linie praktischen Fragen zu gelten habe, noch eine Reihenfolge derart, als habe die Theorie notwendig der Praxis voranzugehen.

Nach unserer Auffassung sind Theorie und Praxis der Lexikographie so ineinander verflochten, daß nicht nur die umgekehrte Abfolge der Darstellung, sondern ebenso gut auch eine integrierte hätte gewählt werden können.

Da uns eine solche Gliederung nicht nur die Möglichkeit einer systematischen Einführung in die Thematik, sondern auch das notwendige Maß an Übersichtlichkeit zu gewährleisten schien, haben wir uns dafür entschieden, einem kurzgefaßten Überblick über den Stand der Forschung zunächst die Kapitel „Wissenschaftstheorie der Linguistik" und „Theorie der Lexikographie" folgen zu lassen.

Im Kapitel „Wissenschaftstheorie der Linguistik" werden Überlegungen über die Beziehung von allgemeiner Wissenschaftstheorie und Wissenschaftstheorie der Linguistik, über Gegenstand, Ziele und Methoden linguistischer Forschung angestellt. Der Schwerpunkt der Darstellung liegt in diesem Kapitel auf einer wissenschaftstheoretischen und methodologischen Grundlegung einer primär induktiven Linguistik, wodurch gleichzeitig die Basis geschaffen wird, auf der das folgende Kapitel „Lexikographie als Theorie" aufbaut.

In diesem Kapitel werden zunächst einige grundsätzliche Klärungen vorgenommen, die im wesentlichen dazu dienen sollen, den Rahmen abzustecken, innerhalb dessen wir von Wortschatz und Wörtern bzw. von Lexik und Lexemen sprechen werden, die zudem das Verhältnis von Lexik und Grammatik problematisieren und bestimmen sollen. Im Anschluß daran werden Fragen der Wortschatzgewinnung und Wortschatzdarstellung behandelt.

Im abschließenden Kapitel „Lexikographie als Praxis" geht es endlich darum, das vorher theoretisch Erörterte an einem konkreten Beispiel zu demonstrieren. Dargestellt werden die Isolierung eines Wortes und die Ermittlung des in den aktuellen Kotexten zum Ausdruck gebrachten Möglichkeiten seines regelgerechten Gebrauchs, die Systematisierung dieser Gebrauchsbedingungen und schließlich die Präsentation des Lemmas in einem Wörterbuchartikel.

Da wir im Rahmen dieser Arbeit keine Wörterbuchkonzeption entwickeln wollen und können, muß die Demonstration notwendig exemplarisch bleiben. Die abschließende lexikalische Darstellung des von uns gewählten Lemmas soll somit nur einen Umriß darstellen, wobei es uns vor allem darauf ankommt, einige in einsprachigen Gebrauchswörterbüchern bisher wenig oder nicht beachtete Möglichkeiten der Explikation ins Gespräch zu bringen.

Insgesamt möchte die Arbeit einen Beitrag zur notwendigen Integration von Theorie und Praxis der Lexikographie leisten in der Weise, daß praktikable Konzepte der Wortschatzgewinnung und Wortschatzbeschreibung sowie seiner

Darstellung in Wörterbüchern entwickelt werden, daß auf der anderen Seite das Vorgehen lexikographischer Praxis reflektiert, begründet und theoretisch fundiert wird, um als Produkt eines solchen Zusammengehens leisten zu können, was noch immer aussteht und veränderten Bedingungen entsprechend stets aufs neue geschaffen werden muß: ein wissenschaftlich fundiertes, nach Inhalt und Darstellungsform den Ansprüchen seiner Benutzer genügendes einsprachiges Gebrauchswörterbuch.

1.2 Zum Stand der Forschung

Daß die deutsche Lexikographie gewichtige Werke geschaffen hat, wird kaum bestreiten, wer einmal nur einen Bruchteil jener rund 2700 deutschen Wörterbücher sich vor Augen oder gar in Händen gehalten hat, die sich in der von Kühn (1978) zusammengestellten Bibliographie aufgeführt finden.

Leider fehlt – wie Henne (1975b, 3) mit einem Blick auf die von Jellinek (1913/1914) verfaßte „Geschichte der neuhochdeutschen Grammatik von den Anfängen bis auf Adelung" feststellt – eine wissenschaftliche Aufbereitung der Historie lexikographischer Praxis, so daß wir für deren Studium auf die Untersuchung der Wörterbücher selbst sowie auf die Lektüre einiger vereinzelter, mehr oder weniger kurzer historischer Abrisse angewiesen sind (6). Hinzu kommen die vereinzelten Berichte von Lexikographen über die Praxis der Wörterbuchherstellung (7).

Das Gesagte gilt in nahezu gleichem Maße auch für die uns vor allem interessierenden neueren einsprachigen Gebrauchswörterbücher deutscher Sprache, als da z.B. sind: das erstmals 1896 und in einer nach der 5. Auflage erarbeiteten Studienausgabe zuletzt 1966 erschienene „Deutsche Wörterbuch" von Paul; das „Deutsche Wörterbuch" von Mackensen (1. Auflage 1952, 9. Auflage 1977); das zunächst unter dem Titel „Das große deutsche Wörterbuch" 1966 erschienene, später (zuletzt 1975) mit dem Titel „Deutsches Wörterbuch" neuaufgelegte Werk von Wahrig; das „Wörterbuch der deutschen Gegenwartssprache" von Klappenbach/Steinitz (1961–1977); das unter der Leitung von Drosdowski (1976 ff) bearbeitete „Große Wörterbuch der deutschen Sprache" und schließlich das von Wahrig/Krämer/Zimmermann (1980 ff) herausgegebene „Deutsche Wörterbuch".

Die vor, während oder nach der Herausgabe dieser Wörterbücher von den Autoren verfaßten Schriften geben wohl Auskunft über ausgewählte Probleme des Aufbaus und Inhalts von Wörterbuch und Wörterbuchartikeln und begründen den bei ihrer Lösung jeweils eingeschlagenen Weg, sie bieten aber weder einen

---

6 Vgl. die von Henne (1975b, 3-5) angeführte Literatur. Die genannte Arbeit von Henne darf ebenso wie die von Stötzel (1970) als ein Beitrag zur Geschichte der im 17. Jahrhundert ihren Anfang nehmenden deutschen Lexikographie gelten. Henne verdanken wir im übrigen auch die von ihm besorgte Neuauflage der Wörterbücher von Adelung (1793–1802) und Campe (1807–1813) sowie die 1972 erschienene Arbeit „Lexikographie und Semantik".

7 Vgl. z.B. Wahrig (1966), Klappenbach/Malige-Klappenbach (1978), Henne (1979) sowie Friebertshäuser (1976) mit Berichten über Stand und Methoden deutscher Dialektwörterbücher.

Überblick über die Gesamtheit des methodischen Vorgehens, noch stellen sie eine Theorie der Lexikographie dar.

Weinrich (1976, 363f) kommt nach der Durchsicht neuerer Gebrauchswörterbücher zu dem Schluß, „daß der deutsche Sprachraum, insbesondere die Bundesrepublik, im zwanzigsten Jahrhundert kein gutes Wörterbuchland mehr ist. Verglichen mit der hohen Wörterbuchkultur in vielen unserer Nachbarländer, besonders in England und Frankreich, sind wir fast auf den Status eines lexikographischen Entwicklungslandes zurückgefallen".

Die theoretische Diskussion ist seit den Tagen der im Jahre 1617 gegründeten „Fruchtbringenden Gesellschaft" nicht so sehr auf methodische, als vielmehr auf Probleme des Inhalts und der Organisation der Wörterbücher sowie der einzelnen Wörterbuchartikel gerichtet (8). Es geht dabei vor allem um folgende Fragen:

a) Inhalt des Wörterbuchs
  - Gegenwartssprache und/oder frühere Sprachstadien?
  - Gegenwartssprache mit oder ohne Berücksichtigung früherer Sprachstadien?
  - Hochsprache und/oder Gemeinsprache?
  - Geschriebene und/oder gesprochene Sprache?
  - Einschluß oder Ausschluß von Umgangssprache, Fach- und Sondersprachen, arealen Varietäten, Fremd- und Lehnwörtern?

b) Organisation des Wörterbuchs
  - Semasiologische oder onomasiologische Anordnung?
  - Rein alphabetisches oder Stammwörterbuch?
  - Eine verschiedene Anordnungsprinzipien integrierende Version?

c) Inhalt der Wörterbuchartikel
  - Deskriptive oder normative Erläuterung des Wortgebrauchs?
  - Angabe der grammatikalischen und/oder lexikalischen Bedeutung?
  - Einschluß oder Ausschluß etymologischer Angaben?
  - Mit oder ohne Angaben phraseologischen Gebrauchs?
  - Beispiele und/oder Belege des Gebrauchs aus literarischen und/oder nicht-literarischen Texten?

Wir sind weit davon entfernt, die Erträge der Diskussion dieser Probleme etwa gering zu schätzen, dürfen aber wohl feststellen, daß die Summe der Antworten auf die einzelnen Fragen lexikographischer Praxis noch keine Theorie ergibt. Bahr (1978, 97), der „problemorientierte Fragestellungen" für wünschenswert hält, „auch und gerade mit dem Ziel, aus den Problemen der lexikographischen Praxis Gesichtspunkte und Regeln für eine allgemeine und flexible lexikographische Theorie (oder für mehrere Theorien) zu gewinnen und Einzelprobleme in solche Theorien zu integrieren", kommt zu dem Schluß: „Lexikographie ist heute keine Wissenschaft, sondern die Anwendung vor allem philologischer und linguistischer Erkenntnisse auf den Wortschatz durch den mangels eigener Theorien ‚unvoreingenommenen' praktizierenden Lexikographen. Aber Lexikographie kann eine Wissenschaft werden, wenn es den Lexikographen gelingt, ihre Praxis theoretisch zu begründen und im Rahmen einer oder mehrerer Theorien zu systematisieren" (9).

---

8 Vgl. hierzu vor allem Henne (1975b) sowie Stötzel (1970).

9 Bahr (1978, 98).

Das lange Zeit gestörte Verhältnis zwischen lexikographischer Praxis und Theorie hat sich in den vergangenen Jahren erheblich verbessert. „In neuerer Zeit läßt sich ein verstärktes Interesse einerseits der ‚Theoretiker' an Fragen der lexikographischen Praxis und andererseits der ‚Praktiker', der Wörterbuchmacher, an sprachtheoretischen Fragen und Ergebnissen konstatieren" (10).
Seinen Ausdruck fand dieses Interesse in einer Reihe von Tagungen bzw. Kolloquien, auf denen Wissenschaftler, die Wörterbücher schreiben, und solche, die über Wörterbücher schreiben, seit 1975 vermehrt Probleme lexikographischer Praxis und Theorie diskutieren (11).

Anlaß zum Gedankenaustausch über Lehren aus der Geschichte der Lexikographie, über die Erwartungen der Wörterbuchbenutzer, über Umfang und Art grammatischer Informationen im Wörterbuch, über Bestimmung und Abgrenzung des zu kodifizierenden Wortschatzes, über die Materialgrundlage, über die Anordnung der lexikalischen Einheiten und die Möglichkeiten der Integration von semasiologischer und onomasiologischer Darstellung sowie über verschiedene Formen der Bedeutungsbeschreibung bieten die zur Zeit bearbeiteten deutschsprachigen Wörterbücher in reichlichem Maße.

Gegenwärtig entstehen neben einer Reihe von Dialektwörterbüchern (12), einigen historisch orientierten gemeinsprachlichen, fach- und individualsprachlichen Wörterbüchern (13) auch solche, die die deutsche Sprache der Gegenwart in je unterschiedlichen Ausschnitten mit je unterschiedlichen Zielsetzungen kodifizieren.

Die beiden größten, auf jeweils sechs Bände angelegten Unternehmungen dieser Art sind das von Drosdowski (1976ff) herausgegebene „Große Wörterbuch der deutschen Sprache" und das von Wahrig/Krämer/Zimmermann (1980ff) herausgegebene „Deutsche Wörterbuch".

Einen wortartenorientierten Ausschnitt aus der deutschen Sprache der Gegenwart stellt das onomasiologisch konzipierte, im Institut für deutsche Sprache (Mannheim) bearbeitete „Verbvalenz-Wörterbuch auf semantischer Basis" dar (14).

---

10 Wiegand (1978).

11 Genannt seien hier (1) Die Jahrestagung 1975 des Instituts für deutsche Sprache in Mannheim mit dem Thema „Probleme der Lexikologie und Lexikographie"; vgl. Moser (1976). (2) Das 1. lexikographische Kolloquium 1975 in Göttingen mit dem Thema „Theorie und Praxis der Lexikographie"; vgl. Horlitz (1975). (3) Das 2. lexikographische Kolloquium 1978 in Hamburg mit dem Thema „Lexikographische Praxis – vom Standpunkt unterschiedlicher Wörterbuchtypen und Wörterbuchkonzepte"; vgl. Henne (1979). Ein 3. lexikographisches Kolloquium ist für 1981 geplant mit dem Thema „Die Rolle unterschiedlicher Bedeutungserklärungen in unterschiedlichen Wörterbuchtypen".

12 Vgl. Friebertshäuser (1976) über Stand und Methoden von 19 Dialektwörterbüchern.

13 „Deutsches Wörterbuch", „Frühneuhochdeutsches Handwörterbuch", „Deutsches Rechtswörterbuch", „Goethe-Wörterbuch"; vgl. die Berichte in Henne (1979).

14 Vgl. Ballweg-Schramm/Schumacher (1979) und die dort im weiteren aufgeführte Literatur.

Areal und textorientiert ist das im Rahmen eines Projekts „Ost-West-Wortschatzvergleiche" in der Forschungsstelle Bonn des Instituts für deutsche Sprache erstellte „Korpuswörterbuch BRD- und DDR-spezifischen Zeitungsvokabulars"(15).

Der Feststellung eines zur Bedeutungsexplikation geeigneten „semantischen Grundwortschatzes" sollte das an der Universität Mainz bearbeitete, bis zu seinem Tod im Jahre 1978 von Wahrig geleitete und danach abgebrochene Projekt „Semstruktur – Untersuchungen zur semantischen Struktur natürlicher Sprachen mittels EDV" dienen, das auf der Basis des von Wahrig (1978) herausgegebenen „Wörterbuchs der deutschen Sprache" durchgeführt wurde (16). Auf diese Weise sollte jenes Instrument geschaffen werden, mit dessen Hilfe sich nach Henne (1976, 106) zumindest partiell der Zirkularität der Bedeutungserklärung in einsprachigen Wörterbüchern ausweichen ließe, die letztendlich „nicht ihre Crux, sondern Ausdruck einer ihrer wichtigsten Voraussetzungen" ist (17).

Ein „Kernlexikon der deutschen Sprache" mit syntaktischen, semantischen, pragmatischen und enzyklopädischen Informationen zu erstellen, ist das Ziel eines seit 1974 an der Universität Bielefeld bearbeiteten Projekts, wobei davon ausgegangen wird, „daß eine Menge kanonisch-sprachlicher Elemente konstruiert werden kann, deren Elemente als ‚semantische Primitive' deklariert werden können und mit deren Hilfe die Elemente natürlicher Sprachen expliziert werden können" (18).

Ohne Zweifel sind die bei der Erstellung von Wörterbüchern gesammelten Erfahrungen geeignet, unsere Einsicht in Probleme lexikographischer Theorie und Praxis zu fördern.

Die Diskussion um die Lexikographie als Theorie und Praxis wurde aber in besonderer Weise belebt durch die Konzeption des Projekts eines neuen großen interdisziplinären Wörterbuchs der deutschen Gegenwartssprache.

Den Anstoß gab der von Weinrich (1976) auf der Frühjahrstagung 1975 des Instituts für deutsche Sprache gehaltene öffentliche Vortrag „Die Wahrheit der Wörterbücher". In diesem Vortrag zeigte Weinrich die Mängel vorhandener deutscher Gebrauchswörterbücher auf, die insbesondere ungeeignet seien, das immer offenkundiger zu Tage tretende Problem einer gestörten Kommunikation der verschiedenen Wissenschaften untereinander sowie dasjenige der ständig abnehmenden Verständigungsmöglichkeiten auf der Basis von Fachsprachen und Gemeinsprache zu lösen, um seine Ausführungen in einem Plädoyer für ein linguistisch fundiertes, neues interdisziplinäres Wörterbuch der deutschen Sprache der Gegenwart gipfeln zu lassen.

---

15 Vgl. Hellmann (1976) und (1981).

16 Vgl. Guckler/Müller/Wahrig (1976) und Guckler (1978).

17 Wiegand (1977a, 64). Zum „unvermeidbaren lexikographischen Zirkel" vgl. z.B. Wiegand (1977a, 62–64; 102), Henne (1976, 102–107), Nortmeyer (1976) und Neubauer (1977).

18 Petöfi (1977a, 559). Weitere Informationen zu diesem Projekt finden sich in Petöfi/Rieser (1974), Petöfi/Bredemeier (1977) und dort außer in Petöfi (1977a) insbesondere in Petöfi (1977b) und (1977c).

In fünf, gemeinsam von der Werner-Reimers-Stiftung und dem Institut für deutsche Sprache in Bad Homburg veranstalteten Colloquien wurden von einem multidisziplinär zusammengesetzten Kreis von Wissenschaftlern, geordnet nach den Schwerpunkten 1) Sprachdidaktik und Benutzeraspekte, 2) Lexikologie und Lexikographie, Grammatik und Pragmatik, 3) Fachsprachen, 4) Standardsprache, Sozial- und Regionaldialekte, 5) Etymologie und Wortgeschichte, 6) Korpora und Belegsammlungen, zentrale Probleme lexikographischer Praxis und Theorie diskutiert (19).

Als programmatischer Auftakt für den inzwischen zum Projekt gediehenen Plan der Realisierung eines neuen deutschen Wörterbuchs wurden von den Teilnehmern schließlich 20 Thesen formuliert („Die 20 Bad Homburger Thesen"), die einen Überblick über Forderungen und Probleme bieten, vor die sich nach dem derzeitigen Stand der Diskussion eine auf die Herstellung eines umfassenden einsprachigen Gebrauchswörterbuchs zielende Lexikographie heute gestellt sieht (20).

Mit Ausnahme des sogenannten „Existenzprinzips (‚daß es Wortschatz gibt'): Begründungsprobleme" werden in den 20 Thesen alle von Henne (1976) genannten „Prinzipien einsprachiger Lexikographie" angesprochen: das „Wer-was-wann-für wen-zu-welchem Zweck-Prinzip: Probleme der Wörterbuchpragmatik", das „Anordnungsprinzip: Kodifikationsprobleme", das „Prinzip der paradigmatischen Bedeutungserklärung: Semantikprobleme", das „Prinzip der syntagmatischen Bedeutungserklärung: Semantik- und Grammatikprobleme".

Wir werden die „20 Bad Homburger Thesen" zum Projekt eines interdisziplinären deutschen Wörterbuchs im folgenden kurz referieren und dabei unsere Aufmerksamkeit insbesondere darauf richten, was in ihnen über Inhalt und Aufbau des Wörterbuchs und der Wörterbuchartikel ausgesagt wird.

Daß die Probleme insgesamt nicht neu sind, sondern zum großen Teil eine Tradition haben, die bis ins 17. Jahrhundert zurückreicht, hat Henne (1977a) ausführlich dargestellt. Daß auch die neueren deutschen Wörterbücher sie nicht oder nur höchst unzureichend gelöst haben, macht ein von Mentrup (1977, 65-78) vorgenommener Vergleich deutlich. Zu einem etwas optimistischeren Ergebnis kommt Drosdowski (1977a) in seiner Gegenüberstellung von vier neueren einsprachigen deutschen Gebrauchswörterbüchern, hält es aber schließlich doch für eine weiterhin bestehende Aufgabe der Sprachwissenschaft, „neue – praktikable – Konzepte zu entwickeln, um die Qualität der Wörterbücher zu verbessern" (21).

---

19 Über den Verlauf der Colloquien und die dort geführten Diskussionen berichten Henne/Weinrich (1976a) und (1976b), Mentrup (1976) und besonders gründlich und unter Berücksichtigung aller im Zusammenhang mit den Colloquien entstandenen Papiere und Veröffentlichungen: Mentrup (1977). Einige zentrale Themen enthält der Sammelband Henne/Mentrup/Möhn/Weinrich (1978).

20 Die Thesen finden sich in Henne/Mentrup/Möhn/Weinrich (1978,281-284); außerdem auch in der Anlage 5 dieser Arbeit.

21 Drosdowski (1977a,143).

Jede Wörterbuchkonzeption muß zunächst „nähere Bekanntschaft mit dem vorausgesetzten Benutzer suchen" (22). Da man nur weiß, daß es ihn geben muß, aber so gut wie keine Vorstellungen davon hat, was ihn in welchen Situationen dazu bewegt, zum einsprachigen Wörterbuch zu greifen, er mithin weiterhin – wie Wiegand (1977a,62) ihn genannt hat – der „bekannte Unbekannte" ist, fordert die These 4 der „20 Bad Homburger Thesen" zurecht, daß vor dem Beginn der Wörterbucharbeit unter Zuhilfenahme von Methoden der empirischen Sozialwissenschaften „die wahrscheinlichen Benutzerbedürfnisse möglichst genau ermittelt werden" müssen. Leicht eingrenzbare Benutzergruppen – wie z.B. Schüler und Ausländer – ließen sich mit speziellen Teilwörterbüchern bedienen, die ohne besondere Schwierigkeiten aus einem maschinell gespeicherten, als Datenbank organisierten Gesamtwörterbuch zu extrahieren sind. Da das geplante Wörterbuch in besonderem Maße der Kommunikation zwischen Vertretern verschiedener Wissenschaften sowie zwischen Wissenschaftlern und Nicht-Wissenschaftlern dienen soll, sind Adressaten des Wörterbuchs „die Laien und die Fachleute der verschiedenen Disziplinen im In- und Ausland. Das Wörterbuch soll die Laien in die Lage versetzen, sich fachlich zu informieren, und es soll den Fachleuten helfen, sich Laien verständlich zu machen" (These 11) (23).

Inhalt des Wörterbuchs soll der Wortschatz der deutschen Standardsprache der Gegenwart (Thesen 1 und 20) mit ihren regionalen Besonderheiten in der BRD, der DDR, Österreich, der Schweiz sowie anderen deutschsprachigen Gebieten sein (These 3), wobei daran gedacht ist, sowohl die geschriebene wie die gesprochene Sprache (These 15), als auch in besonderem Maße die Fachsprachen vor allem in jenen Teilen ihrer Wortschätze zu berücksichtigen, die der fachexternen und interfachlichen Kommunikation dienen (Thesen 12 und 15) (24).

Das Wörterbuch soll nicht nur Wörter bzw. Lexeme, sondern – „an geeigneten Stellen des Wörterbuches eigens aufgelistet" – z.B. auch besonders produktive Wortbildungselemente enthalten (These 9).

Geplant ist, daß dieses Wörterbuch, das „sich weniger durch eine extrem hohe Quantität des erfaßten Wortschatzes als vielmehr durch die besondere Qualität der lexikographischen Reflexion auszeichnen" soll (These 5), insgesamt etwa 200.000 Lemmata umfaßt (These 18).

Das Wörterbuch wird in seinen gemeinsprachlichen Teilen mehr Sprachwörterbuch und in seinen fachsprachlichen Teilen mehr Sachwörterbuch sein (Thesen 11, 15 und 16). Die herkömmliche Trennung von Sprachwörterbuch und Enzyklopädie „ist in diesem Wörterbuch in dem Maße nicht aufrecht zu erhalten" (25).

---

22 Wiegand (1977a,62).

23 Mit der Benutzerfrage beschäftigen sich Hoberg (1978), Hoppe (1979), Drosdowski (1977b) sowie Wiegand (1977a,57-64 ; 70-81), der eine Typologie von Wörterbuchbenutzungssituationen entworfen hat.

24 Zum Problem der lexikalischen Erfassung der Fachsprachen vgl. Mentrup (1977,34-42) und (1978b) sowie die dort aufgeführte Literatur.

25 Mentrup (1977,17).

Um die Konsistenz der grammatischen Angaben zu gewährleisten und dem Benutzer Zusammenhänge zwischen Wortschatz und Grammatik aufzuzeigen, wird es als notwendig erachtet, „dem Wörterbuch eine Grammatik der deutschen Sprache, gegebenenfalls auch Differenz-Grammatiken für besondere Bereiche der deutschen Sprache, beizugeben, im Maße wie diese Grammatik den Gebrauch der Wörter bestimmt" (These 8).

„Um seiner Benutzer willen" soll die Anordnung der Wörterbuchartikel alphabetisch sein (These 10). „Die totale Herrschaft des Alphabets" (26) soll allerdings durch die Aufnahme von onomasiologisch aufgebauten Überblicks-Artikeln und Bedeutungsfeldern sowie durch die systematisierte Einbeziehung paradigmatischer Relationen überwunden (These 10) und damit ein Weg beschritten werden, durch den alphabetische Wörterbücher „schrittweise zu integrierten Wörterbüchern umgestaltet werden, so daß sie in Situationen der Textlektüre und Textproduktion gleichermaßen benutzbar sind" (27).

Die empirische Fundierung der einzelnen Wörterbuchartikel und damit des gesamten Wörterbuchs soll ein der lexikographischen Praxis zugrunde gelegtes Textkorpus mit einem Umfang von nicht weniger als 50 Millionen Textwörtern garantieren (These 18), das sowohl Texte der geschriebenen als auch der gesprochenen Sprache (These 15) aus der Gemeinsprache und den Fachsprachen (These 17) von 1945 bis zum Zeitpunkt der Bearbeitung des Wörterbuchs enthalten soll (These 20) (28).

Für die Zusammenstellung der fachsprachlichen Teile des Korpus wird eine Systematik der Fachsprachen gefordert, die „auf pragmatischer Basis, insbesondere durch empirisch fundierte Schätzungen über den Umfang der einzelnen Fachsprachen und den Grad ihrer gesellschaftlichen und lebensgeschichtlichen Bedeutung entwickelt werden" muß (These 17).

Was den Inhalt des einzelnen Wörterbuchartikels betrifft, so sollen grammatische Angaben (These 8), areale Varianten (These 3), paradigmatische Relationsangaben (These 10), Verweise auf „Bedeutungsfelder", „Überblicks-Artikel", „Teilwörterbücher" (These 10) sowie auch Wortbildungsregeln (These 9) enthalten sein wie auch Beispiele bzw. Belege des Gebrauchs der einzelnen Wörter bzw. Lexeme (29). Besondere Aufmerksamkeit wird bei der Herstellung eines Wörterbuchs, das der Kommunikation zwischen den Wissenschaften sowie derjenigen zwischen der Gemeinsprache und den Fachsprachen dienen und sich durch die besondere Qualität lexikographischer Reflexion auszeichnen soll, der Explikation zu gelten haben.

---

26 Wiegand (1977a,102).

27 Wiegand (1977a,102). Zur Einbeziehung von Wortfeldern in die Wörterbuchdarstellung vgl. z.B. Bergenholtz (1979), zum Aufbau paradigmatischer Relationen vor allem Wiegand (1977a) und (1977b).

28 Der Aufbau, Zusammensetzung und Bedeutung von Textkorpora für die Zwecke der Lexikographie vgl. Schaeder (1978a), Mentrup (1978a) und (1979), Bergenholtz/Schaeder (1979) und Schaeder (1979a).

29 Zu Problemen der Auswahl von Belegen und Beispielen vgl. Hoppe (1978).

Vorgesehen ist, daß zuvor „die Textsorte Wörterbuchartikel hinsichtlich ihrer Textstruktur im allgemeinen wie auch hinsichtlich ihrer Explikations-Typik im besonderen untersucht werden (soll)" (These 6).

Einigkeit herrscht darüber, daß mehrere Möglichkeiten des Definierens auf ihre Brauchbarkeit hin zu untersuchen sind. „Verschiedene Formen der Bedeutungsbeschreibung (z.B. explizite Definitionen, implizite Definitionen, Prädikationen, Abgrenzungen des Geltungsbereiches, ikonische Erklärungen, Angabe geeigneter Lernverfahren usw.) können bei den verschiedenen Wörtern unterschiedlich adäquat sein" (These 7).

Bei der Bearbeitung der fachsprachlichen Wörterbuchartikel sollen insbesondere auch „die Funktionsmuster und Handlungszusammenhänge berücksichtigt werden, in denen die Termini der Fachsprachen eine pragmatische Bedeutung für bestimmte Kommunikations- und Arbeitssituationen haben" (These 16).

Was die historische Komponente angeht, so wird es „je nach der historischen Sensibilität eines Wortes" bisweilen notwendig sein, trotz der insgesamt angestrebten Synchronie der Wortschatzdarstellung in einzelnen Fällen bei der Erklärung über die gesetzte zeitliche Grenze von 1945 zurückzugehen.

Die erste der „20 Bad Homburger Thesen", die eigentlich nicht so sehr eine These, als vielmehr eine Willenserklärung ist, lautet: „Ein neues großes Wörterbuch der deutschen Sprache des 20. Jahrhunderts soll gemacht werden".
Es soll von einem interdisziplinär zusammengesetzten Team (Thesen 13 und 14) innerhalb eines Zeitraums von 20 Jahren geschaffen werden (These 2).

Es soll in „bis zu 20 Bänden oder äquivalenten Publikationsformen" erscheinen (These 2) und, wie auch das als Materialbasis dienende Textkorpus, maschinell gespeichert werden.

Eine solche, in Form einer Datenbank organisierte Speicherung ermöglicht nicht allein eine vergleichsweise problemlose und jederzeit durchführbare Ergänzung und Korrektur des Wörterbuchs, sondern darüber hinaus auch die Zusammenstellung von speziellen Wörterbuchausgaben (wie z.B. Volksausgabe, Grundwortschatz, Häufigkeitswörterbuch, Schulwörterbuch, Fachwörterbüchern).

„Der Weg zum umfassenden deutschen Wörterbuch ist mit vielen Programmen gepflastert", wie Henne (1975b,15) zur Arbeit der „Fruchtbringenden Gesellschaft" bemerkt.

Es bleibt zu hoffen, daß dem Projekt eines neuen großen interdisziplinären Wörterbuchs der deutschen Gegenwartssprache nicht das Schicksal so mancher Wörterbuchpläne beschieden sein möge: „Man betrachte nur selber, wie viele zwar deutsche Lexica versprochen, aber wenig herausgekommen sind" (30).

Nicht allein, damit sich die Bundesrepublik wieder über den „Status eines lexikographischen Entwicklungslandes" (31) erheben könnte, sondern auch als Hilfe bei der Lösung der ständig sich vermehrenden Kommunikationsprobleme

---

30 Steinbach. Zitiert nach Henne (1975b,16).

31 Weinrich (1976,364).

der Wissenschaften untereinander wie auch zwischen Sprechern von Fachsprachen und der Gemeinsprachen wäre ein solches Wörterbuch dringend vonnöten.

Nicht zuletzt würde eine auf die Herstellung eines neuen großen deutschen Wörterbuchs gerichtete lexikographische Praxis dazu beitragen, das Interesse der ‚Theoretiker' an der Praxis und umgekehrt das Interesse der ‚Praktiker' an der Theorie der Lexikographie zu fördern. „Die Diskussion über Theorie und Praxis der Lexikographie wurde am intensivsten dort geführt, wo ‚große' und d.h. zumeist: nationalsprachliche Wbb. [Wörterbücher, B.S.] geplant und geschrieben wurden" (32).

Ein Wörterbuchunternehmen der vorgestellten Art dürfte auch reichlich Gelegenheit bieten, die Ergebnisse bisher von der Lexikographie wenig beachteter Forschungsrichtungen in ihre Diskussion einzubeziehen. Hierher gehören die Wissenschaftstheorie und die neuere Grammatik- und Pragmatikforschung ebenso wie z.B. jene (Teil-)Disziplin, die sich unter dem Namen „Künstliche Intelligenz (KI)" u.a. mit Fragen der systematischen Darstellung von Wissen beschäftigt (33).

Schließlich darf man erwarten, daß in den Diskussionen vor und während der Herstellung eines großen interdisziplinären Wörterbuchs der deutschen Standardsprache der Gegenwart nicht nur die in den „20 Bad Homburger Thesen" angesprochenen Probleme einer Lösung näher gebracht werden, sondern daß zudem auch einige weitere, in der gegenwärtigen Diskussion kaum oder nicht genügend beachtete Fragen ins Blickfeld rücken.

So stehen z.B. noch Untersuchungen aus, die sich mit der Rekonstruktion lexikographischer Praxis als einer sich in eine Vielzahl gliedernden, von (oft unausgesprochenen) Vorannahmen über den Objektbereich geleiteten, nach bestimmten methodischen Prinzipien organisierten komplexen Handlung beschäftigen.

In solchen Untersuchungen wird es notwendig sein, Antworten auch auf folgende Fragen zu geben: Was sammelt der Lexikograph? Was beschreibt er? Was tut er, indem er beschreibt? Wie tut er es? Welche Vorannahmen leiten ihn? Was präsentiert er im Wörterbuch? Wie präsentiert er die Ergebnisse seiner Arbeit? Was vernachlässigt, wovon abstrahiert er? Welche Ergänzungen nimmt er zu welchem Zweck vor? In welcher Weise gleichen oder unterscheiden sich Ausgangsmaterial und Zielprodukt seiner Praxis? Welchen Einfluß hat, was er ausläßt und/oder ergänzt, auf das Objekt seiner Beobachtung und Beschreibung?

Antworten auf solche Fragen sind notwendig, damit es gelingen kann, auf der einen Seite „praxisorientierte Grundsätze" zu bestimmen, „die der Theorie und Methodologie zugrunde liegen sollen", auf der anderen Seite „theorie- und methodenorientierte Grundsätze" zu formulieren, „die die Praxis steuern" (34).

---

32 Henne (1973,599).

33 Uns sind bisher allein Ballweg-Schramm (1977) sowie die Bearbeiter des Projekts „Kernlexikon" – vgl. Petöfi/Bredemeier (1977) sowie Petöfi (1977a), (1977b) und (1977c) – bekannt, die Ergebnisse der KI-Forschung für die Lexikographie nutzen.

34 Henne (1976,97).

2. WISSENSCHAFTSTHEORIE DER LINGUISTIK

Bevor wir uns der Theorie der Lexikographie im engeren Sinne zuwenden, sollen einige Fragen behandelt werden, die die Lexikographie als Zweig der (angewandten) Linguistik betreffen.

Es handelt sich hierbei um wissenschaftstheoretische Probleme, deren Lösung die Definition des spezifischen Gegenstands der Linguistik sowie Art, Ziel und Zweck seiner Erforschung wesentlich bestimmen.

2.1 Allgemeine Wissenschaftstheorie und Wissenschaftstheorie der Linguistik

In dem Maße, in dem sich die Wissenschaftstheorie als eigene Disziplin mit dem Anspruch auf fächerübergreifende Allgemeingültigkeit ihrer Aussagen etablierte, wuchsen auch die inneren Schwierigkeiten, in die sie nicht zuletzt durch die aus solchem Anspruch resultierende Notwendigkeit geriet, vom je Besonderen der Einzelwissenschaften absehen, stets höhere Grade der Abstraktion anstreben und sich gleichzeitig damit auch zunehmend von ihnen entfernen zu müssen.

Die in unserem Zusammenhang interessierenden inneren Schwierigkeiten der allgemeinen Wissenschaftstheorie, zu denen veränderte gesellschaftliche Bedingungen des Wissenschaftsbetriebes und die wachsende Bedeutung anderer Wissenschaften neben den Naturwissenschaften noch als äußere hinzukommen, stellen sich folgendermaßen dar: (1)

Dadurch, daß sich die allgemeine Wissenschaftstheorie bevorzugt logisch artikulierter Sprachanalyse und Metamathematik zuwandte, folgte für die empirischen Wissenschaften, zu denen auch die Linguistik zählt, eine ihre jeweils spezifischen Gegenstandsbereiche aus den Augen verlierende schematische Abstraktion und damit verbundene Sachferne. Damit soll nicht etwa grundsätzlich der Nutzen von Modellen einfacher logischer Sprachen für die Beantwortung bestimmter Grundfragen (wie z.B. der nach der Bedeutung theoretischer Ausdrücke) bestritten werden; ihre Mängel werden jedoch offenkundig, wenn es darum geht, sie auf konkrete Beispiele anzuwenden. Angesichts solcher Fälle selbst geringer Komplexität bleibt in der Regel nur der Verzicht auf deren Analyse oder die gewaltsame Anpassung der Daten an die Bedingungen des Modells. Die inzwischen entstandene Kluft zwischen allgemeiner Wissenschaftstheorie und realer Forschung in den empirischen Einzelwissenschaften läßt sich wohl leugnen, aber kaum verdecken (2).

---

1 Vgl. Krüger (1978,4-11).

2 Über das gestörte Verhältnis von Wissenschaftstheorie und Forschungspraxis vgl. Kapitel 2.3 dieser Arbeit.

Durch die Einengung der Sicht auf die zuallererst zu erfüllende Bedingung der logisch-semantischen, bisweilen auch noch der mathematischen Struktur wissenschaftlicher Theorien geriet deren praxisorientierter Aspekt immer mehr aus dem Blick. So wurde vor allem auch durch solche Ansicht verdeckt, daß man wohl einzelne Aussagen im Rahmen von Theorien als wahr oder falsch beurteilen, nicht aber Theorien insgesamt behaupten oder widerlegen kann. Vielmehr werden sie zumeist in einem ersten Ansatz konzipiert, um dann in Abhängigkeit sich wandelnder Erkenntnisinteressen und Ansichten des Objektbereichs, d.h. aufgrund der sich entwickelnden Anforderungen an ihre Leistungsfähigkeit ihren allmählichen Aufbau, mehr oder weniger weitreichende Erweiterungen, Korrekturen oder Modifikationen zu erfahren.

Daraus erhellt, daß eine statische Ansicht von Theorie deren erkenntnistheoretischen Status nicht angemessen berücksichtigt, insofern sie die Veränderung und die Gründe der Veränderung von Theorien nicht systematisch in deren Analyse einbezieht.

Während eine Wissenschaft, die in der fortwährenden Sammlung von begründetem Wissen besteht, grundsätzlich ohne Beachtung ihrer Tradition auskommen, d.h. ahistorisch konzipiert sein kann, ist für eine solche Wissenschaft, die wesentlich durch Falsifikation und Revolution fortschreitet (3), ein Verzicht auf die Einbeziehung ihrer Geschichte prinzipiell nicht möglich.

Ohne daß hier über Ursache und Folge entschieden werden soll und kann, läßt sich feststellen, daß die Krise der Wissenschaftstheorie auch innerhalb der Linguistik spürbar wurde (4).

Während lange Zeit die Auseinandersetzung vornehmlich zwischen konkurrierenden Sprachtheorien ohne Rekurs auf die Wissenschaftstheorie stattfand, hat sich inzwischen darüber hinaus eine Diskussion entwickelt, die eine (bisher noch ausstehende) Wissenschaftstheorie der Linguistik bzw. – wie Lieb (1976) es nennt: – die Theorie der Sprachwissenschaft selbst zum Thema hat (5).

---

3 Diese Diskussion ist durch Kuhn (1976) wenn nicht gar ausgelöst, so doch entscheidend beeinflußt worden.

4 Vgl. Wunderlich (1976b,2-5).

5 Während Dittmann (1976b,97) noch bemerken kann, daß „in der Linguistik zur Zeit ein großes Defizit an methodologischer Reflexion zu verzeichnen (ist)", zeigen schon die nahezu gleichzeitig erschienenen, von Wunderlich (1976a), Schecker (1976a) und Brünner/Fiehler (1977a) herausgegebenen Sammelbände die bevorstehende Wende, d.h. die bald darauf einsetzende weithin und intensiv geführte Diskussion über Theorie und Methodologie der Linguistik an, so daß Bense (1978,10) schon feststellen kann: „Die Frage nach den wissenschaftstheoretischen Grundlagen der modernen Linguistik wird seit einiger Zeit intensiv gestellt".

Wunderlich (1976b,5) formuliert folgende Aufgaben für eine zu begründende Wissenschaftstheorie der Linguistik:

„(a) Untersuchung der Prozesse, die zu entwickelten sprachwissenschaftlichen Gegenständen führen[. . .] .
(b) Untersuchung der Prozesse, die zur Entwicklung von Sprachwissenschaft geführt haben oder zukünftig beitragen können[. . .] .
(c) Untersuchung der Systematik der Linguistik im Hinblick auf die tatsächlichen und antizipierten Praxisfelder der Linguistik [. . .] .
(d) Untersuchung der historischen Krisen und Übergänge innerhalb der Entwicklung der Sprachwissenschaft [. . .] .

Wie Kanngießer (1976,110) bemerkt, kann Wissenschaftstheorie „bekanntlich auf zwei Arten beschrieben werden: Deskriptiv oder normativ". Beide Arten haben je ihre Vor- und Nachteile.

Eine deskriptive Wissenschaftstheorie, wie sie z.B. Wunderlich offenbar anstrebt, hat das sogenannte tatsächliche Vorgehen der Wissenschaft, d.h. dessen Rekonstruktion zum Gegenstand. Dadurch liefert sie zwar wichtige Einsichten in die verschiedenen Konzeptionen einer Wissenschaft, bietet aber, da ihr jedes über sie hinausreichende Kriterium von Wissenschaftlichkeit fehlt, keine Möglichkeit zur Beurteilung der unterschiedlichen Konzeptionen einer Wissenschaft und damit zur Wissenschaftskritik.

Eine präskriptive Wissenschaftstheorie verfügt nun gerade über das, was einer deskriptiven fehlt, nämlich über ein System von Normen, mit Hilfe derer sich beurteilen lassen soll, wann eine Disziplin bzw. eine im Rahmen dieser Disziplin entwickelte Konzeption Wissenschaftlichkeit für sich in Anspruch nehmen kann und wann nicht (6).

Eine solche präskriptive Wissenschaftstheorie hat nun allerdings wiederum das Problem, sich dahingehend legitimieren zu müssen, in welcher Weise und in welchem Umfang die von ihr gesetzten Maßstäbe verbindlich und auf alle möglichen Konzeptionen innerhalb einer Disziplin anwendbar sind.

Lieb (1976) hält die von Kanngießer vorgetragene Unterscheidung, nach der Wissenschaftstheorie entweder nur deskriptiv oder nur präskriptiv verfahren könne, nicht für ausschließlich, sondern vertritt und begründet demgegenüber die Auffassung, daß sich beide Varianten in der Konzeption einer rekonstruktiven Wissenschaftstheorie als Komponenten ein und derselben Disziplin eines Konstrukts aus wissenschaftlichen Untersuchungen miteinander verbinden lassen.

Die Theorie der Sprachwissenschaft als Zweig der Wissenschaftstheorie soll es nun auch ermöglichen, im Hinblick auf einen Fortschritt der Sprachwissenschaft zwischen Matrixalternativen optimal zu entscheiden, wobei sich nach Lieb (1976,189) eine disziplinäre Matrix im Sinne Kuhns (1976) nun rekonstruieren läßt „als eine komplexe Eigenschaft wissenschaftlicher Untersuchungen:

---

6 Einen Katalog von „Beurteilungsmaßstäben", der das herkömmliche System erweitert und modifiziert, enthält Stegmüller (1970,373). Er nennt dort folgende neun Kriterien: (1) Grad der Klarheit und Präzision, (2) logische Widerspruchsfreiheit, (3) Eignung für Prognosen und Erklärungen, (4) Grad der Einfachheit, (5) Adäquatheit, (6) organisatorische Kraft, (7) intersubjektive Nachprüfbarkeit durch empirische Bestätigung, (8) Grad der Kühnheit, (9) Schönheit und Eleganz.

Als die Eigenschaft, aufgrund gewisser methodologischer Wertungen vorgenommen zu werden, unter Anerkennung gewisser Standardbeispiele für Problemlösungen, gewisser Modellvorstellungen und Formen der symbolischen Verallgemeinerung" (7).

Wenn sich nun auch nach Anerkennung der Matrixabhängigkeit jeglicher Theorienbildung über alternative Konzeptionen innerhalb ein und derselben Matrix (was z.B. für Chomsky- und für Montague-Grammatiken gelten dürfte) im Grundsatz sicherlich entscheiden läßt, welcher der konkurrierenden Alternativen der Vorzug zu geben oder ob vielleicht gar ihre Integration von Vorteil ist, so bleibt nach wie vor umstritten, aufgrund welcher Kriterien über Matrix-Alternativen entschieden werden kann (8).

Eine solche Entscheidung läßt sich weder auf der Basis einer Hocus-pocus- noch auf derjenigen einer God's-truth-Linguistik treffen (9), d.h. sie ist weder beliebig, noch ist sie etwa durch ein aus der ‚Natur der Sache' ableitbares Wahrheitskriterium zu rechtfertigen.

Kuhn (1978b,37), dem verschiedentlich vorgeworfen wurde, seine „Darstellung der Entwicklung der Wissenschaft stütze sich zu einseitig auf wissenschaftsinterne Faktoren", er schiene die Auffassung zu vertreten, „die Entwicklung der Wissenschaft verlaufe unabhängig von gesellschaftlichen, wirtschaftlichen, religiösen und philosophischen Umwelteinflüssen", gibt zwar zu, daß in seinem Buch „Die Struktur wissenschaftlicher Revolutionen" (Erstauflage in englischer Sprache 1962, in deutscher Sprache 1967) „von solchen äußeren Einflüssen wenig die Rede" ist, betont aber gleichzeitig, daß er deren Vorhandensein nicht bestreite (10).

Einen ersten Ansatz, den Wechsel von Matrizen zu erklären, bietet der Blick auf zwei entgegengesetzte Anschauungen über die Abhängigkeit von Matrix und Weltansicht.

---

7 Um den aus der Mehrdeutigkeit des Begriffs „Paradigma" resultierenden Mißverständnisses künftig zu entgehen, unterscheidet Kuhn (1978e,392f.) jetzt klarer als zuvor zwischen Paradigma_1 (= disziplinäre Matrix) und Paradigma_2 (= Musterbeispiel).

8 Kuhn (1976) rechnet Entscheidungen über alternative Theorien innerhalb ein und derselben disziplinären Matrix zu den üblichen Erscheinungen eines „normalen Forschungsverlaufs", während er die Ablösung einer Matrix durch eine andere als „wissenschaftliche Revolution" auffaßt. Zur Kritik eines derartigen Zweistufenmodells vgl. z.B. Toulmin (1972).

9 In der von Householder (1952) getroffenen, den ontologischen Status von Theorien betreffenden Unterscheidung ist ein Gottes-Wahrheit-Linguist ein solcher, der annimmt, daß die Sprache eine Struktur besitzt, die es zu entdecken und so klar, einfach und elegant wie möglich zu beschreiben gilt, und ein Hokuspokus-Linguist ein solcher, der davon ausgeht, daß die Sprache keine Struktur besitzt, daß solche Struktur vielmehr durch den das Sprachmaterial ordnenden und beschreibenden Linguisten geschaffen wird. Eine neuerliche knappe Darstellung der Diskussion über Hocus-pocus- und God's-truth-Linguistik mit zahlreichen Literaturhinweisen enthält Baum (1976,139-143). Zusätzlich sei auf Botha (1968,107-110) verwiesen, der die wichtigsten Beiträge zu dieser Diskussion referiert.

10 Vgl. Kuhn (1978b,37f).

Auf der einen Seite ist es gleichsam zum Topos geraten, mit Popper (1969) darin einig zu sein, daß Beobachtungen immer schon Beobachtungen im Lichte von Theorien sind (11), welche Annahme von Kuhn (1976) und Feyerabend (1970) in der Weise zugespitzt formuliert wird, daß Matrix-Wechsel nicht allein eine Veränderung von Gegenständen/Sachverhalten, sondern auch eine Veränderung ihrer Erfahrung und damit deren Veränderung selbst bewirke.

Auf der anderen Seite geht z.B. Kanngießer (1976,115) in der Folge von Krügers (1974) Kritik an Kuhn von der „Invarianz der Phänomene" aus und befindet: „Matrix-Wechsel erzeugen keine neuen Welten; sie führen vielmehr zu neuen Ansichten der Welt".

Offen bleibt weiterhin, aufgrund welcher Umstände es innerhalb einer Disziplin zu einem Matrix-Wechsel kommt, selbst wenn man die beiden oben referierten Anschauungen derart zueinander in Beziehung setzt, daß sowohl die eine wie die andere zutrifft, indem man davon ausgeht, daß keine gerichtete kausale Abhängigkeit von Gegenstand/Sachverhalt zu Matrix oder von Matrix zu Gegenstand/Sachverhalt besteht, sondern die Abhängigkeit vielmehr wechselseitiger Natur ist, womit gesagt sein soll, daß zum einen das Vorverständnis vom Gegenstand/Sachverhalt die Matrix-Wahl bestimmt, daß zum anderen die jeweils gewählte Matrix schließlich das Verständnis vom Gegenstand/Sachverhalt determiniert.

Das für die Matrix-Wahl aber ausschlaggebende Vorverständnis vom Gegenstand/Sachverhalt ist einerseits sicherlich durch bereits über ihn erworbene Kenntnisse beeinflußt, andererseits wohl auch durch das, was (bisher) außerhalb der Reichweite wissenschaftstheoretischer Kategorien liegt und von Habermas (1973) „Erkenntnisinteresse" genannt wird.

Ein Erkenntnisinteresse entsteht weder urwüchsig noch bewußt geplant. Es ist abhängig vom jeweils durch eine bestimmte historische Situation geprägten Selbstverständnis des Wissenschaftlers und seines damit in Verbindung stehenden Verständnisses der ihn umgebenden Welt.

Eine derartige, auf die sich wandelnden Erkenntnisinteressen bezogene Geschichtsschreibung der Sprachwissenschaft steht noch aus. Sie kann aus erklärlichen Gründen hier nicht einmal in Ansätzen aufgezeichnet werden, zumal die beim Zustandekommen neuer Matrizen oder der Wahl dieser oder jener schon vorhandenen Matrix ursächlich wirksamen Erkenntnisinteressen nur selten explizit formuliert worden sind. Und selbst dann, wenn sie genannt, ausgeführt, begründet werden, muß solche Darstellung hinterfragt werden, muß zudem das auch hier wiederum wirksame Erkenntnisinteresse des Betrachters in seiner gleichermaßen historischen Bedingtheit ebenso in die Analyse einbezogen werden. Diese Forderung würde den von Wunderlich (1976b,5) für eine Wissenschaftstheorie der Linguistik zusammengestellten Katalog von Aufgaben um einen wichtigen Punkt erweitern (12).

Was uns an dieser Stelle bleibt, ist, an einigen Beispielen aufzuzeigen, in welcher Weise ein sich wandelndes Erkenntnisinteresse eine bisher akzeptierte matrix-

---

11 Zur Auseinandersetzung Kuhns mit Popper vgl. Kuhn (1978d).

12 An anderer Stelle rechnet Wunderlich dies zu den Aufgaben einer Geschichte der Sprachwissenschaft. Vgl. Wunderlich (1974,31).

abhängige Ansicht des Gegenstands/Sachverhalts als unzureichend erscheinen läßt bzw. eine von jeweils geläufigen Matrixen abweichende Ansicht des Gegenstands/Sachverhalts als Indiz für einen Wandel des Erkenntnisinteresses zu werten ist.

2.2 Erkenntnisinteresse, Gegenstand, Methode

„Offensichtlich ist es unter den Sprachwissenschaftlern nicht kontrovers, daß der Gegenstand der Linguistik Sprache ist" (13).

Solche Bestimmung des Gegenstands ist allerdings zu vage, um die Linguistik gegen andere Wissenschaften, die sich ebenfalls der Untersuchung von Sprache widmen, abgrenzen und daraus zudem einen Katalog von spezifisch linguistischen Fragestellungen herleiten zu können.

So unstreitig es sein dürfte, daß eine Wissenschaft sich auch durch die theoretisch fundierte Definition eines spezifischen Gegenstandes als Wissenschaft auszuweisen hat, so zeigt gerade die gegenwärtig von den Linguisten geführte Diskussion, deren Wissenschaft „sich in stürmischer Entwicklung befindet und das Bild vieler konkurrierender Lehrmeinungen, Fragestellungen, Prinzipien und Interessen bietet" (14), daß eben diese Linguisten „sich über die Definition des Gegenstandes ihrer Disziplin nicht einig sind" (15).

Die Uneinigkeit rührt nicht zuletzt aus divergierenden Antworten auf die folgenden Fragen her:

(a) Welches ist das u.a. die Dimensionen des Gegenstands Sprache und die Reichweite der über ihn formulierten Aussagen bestimmende Erkenntnisinteresse der Linguistik?
(b) Welchen ontologischen Status haben der spezifische Gegenstand der Linguistik und die ihn gliedernden Strukturen?
(c) Welcher Zusammenhang besteht zwischen einem jeweils eine Menge von Fakten bzw. Daten repräsentierendem Gegenstand und den seiner Feststellung, Beschreibung und Erklärung dienenden Methoden?

Wenden wir uns zunächst der schon im vorhergehenden Kapitel angeschnittenen Frage nach dem Erkenntnisinteresse zu, das in nicht unerheblichem Maße zur Feststellung und Definition eines wissenschaftlichen Gegenstands beiträgt.

Es gehört zu den bekannten, aber keineswegs erschöpfend bedachten und erklärten Tatsachen, daß, auch nachdem die von der Religion der curiositas, der theoretischen Neugier gesetzten Grenzen überschritten waren, nicht jeder denkbare Gegenstand bzw. nicht jeder mögliche Aspekt eines begrifflich schon gefaßten Gegenstandes die Aufmerksamkeit der Wissenschaften auf sich zog (16). Dieser Umstand, daß einer Wissenschaft das eine wissenswert erscheint und das andere nicht, läßt sich nicht allein durch den Hinweis auf Freiheit oder Unfreiheit der

---

13 Dittmann (1976a,3).

14 Wunderlich (1974,11).

15 Dittmann (1976a,1).

16 Zur Geschichte der „theoretischen Neugier" vgl. Blumenberg (1966,201-432).

Forschung, Vermögen oder Unvermögen der Wissenschaftler, vollkommene oder mangelhafte Beschaffenheit des Instrumentariums erklären.

Wenn Kuhn (1976) meint, daß die Geschichte der Wissenschaften nicht als zielgerichtetes rationales Unternehmen zu begreifen sei, daß ihre Kontinuität sich dem Betrachter vielmehr nur als eine von ihrem jeweiligen Zustand fortstrebende Entwicklung darstelle, so fällt es schwer, dies als Beschreibung, erst recht aber als Erklärung zu akzeptieren. Und der Begriff der „wissenschaftlichen Revolution", der die sogenannten Matrixwechsel, d.h. neue, mit vorhergehenden Anschauungen inkommensurable, in bisher nicht formulierten Theorien sich artikulierende, veränderte Ansichten eines Gegenstands als unvermittelt zu Tage tretende Ereignisse charakterisieren soll, läßt sich auch als ein Ausdruck von Ratlosigkeit deuten; eine Ratlosigkeit, die dann entsteht, wenn der Blick nur die Phänomene trifft und nicht die Ursachen, die möglicherweise eine zunächst als disparat erscheinende Folge von Ereignissen als kontinuierliche Entwicklung erklären könnten.

Auch die seit nunmehr über 50 Jahren von Wissenschaftshistorikern ausgetragene Kontroverse über eine „externalistische" und eine „internalistische" Interpretation der Wissenschaftsentwicklung hat zu keiner Lösung des Problems, doch immerhin zu einer pointierten Darstellung zweier miteinander konkurrierender Deutungsmuster geführt (17).

Die Vertreter einer internalistischen Position sehen die Entwicklung der Wissenschaft als einen eigenständigen Prozeß an, wobei Erkenntnisfortschritte zwar durch gesellschaftliche Einflüsse begünstigt oder behindert, nicht aber in ihrem Inhalt und ihrer Richtung bestimmt werden. Nach externalistischer Auffassung, die z.B. auch von Zilsel (1976) vertreten wird, verdankt z.B. die neuzeitliche Wissenschaft ihr Entstehen und ihre spezifische Struktur „den sozialen Handlungsfeldern der neuen Stadtkultur, den technischen Problemkonstellationen der neuen Produktionsweise, des Transportes und der Kriegsführung", wodurch „Entwicklungsziele der Wissenschaft definiert werden, die durch die internen Problemkonstellationen der mittelalterlichen Gelehrsamkeit nicht zu wissenschaftlichen Zielen geworden wären" (18).

In welcher Weise die beiden in Umrissen dargestellten Positionen differieren, zeigt sich z.B. deutlich in deren jeweiliger Interpretation der mechanistischen Überzeugungen und Forschungsstrategien des 17. Jahrhunderts, in welches nach einhelliger Meinung die Entstehung bzw. der Beginn der neuzeitlichen Wissenschaft fällt. Für die internalistische Auffassung sind sie Weiterentwicklungen bereits von den Griechen aufgeworfener wissenschaftlicher Fragestellungen mit dem neu gesetzten Ziel einer begrifflich konsistenten Klärung der Beziehungen von Veränderung und Ruhe, Form und Materie, Ursache und bewirkter Veränderung. Nach externalistischer Auffassung sind die mechanistischen Überzeugungen und Forschungsstrategien die Folge wissenschaftlicher Traditionen auf der einen Seite, von technischen Erfahrungen, ökonomischen Interessen und politischen Verhältnissen auf der anderen.

---

17 Einen Überblick über diese Kontroverse bieten Basalla (1970) und Weingart (1974).

18 Krohn (1976,31).

„Die Technologien bestimmen die wissenschaftlichen Instrumente [. . .] ; die ökonomischen Interessen bestimmen die Problem- und Objektfelder [. . .] ; die politischen Verhältnisse bestimmen die Erklärungsideale [. . .] " (19).

Daß die neuzeitliche Wissenschaft als kulturelle Innovation geachtet wurde, gesellschaftliche Anerkennung fand und damit auch ihre soziale Stabilisierung erfuhr, ging Hand in Hand mit ihrem Einbau in den Reproduktionsprozeß der Gesellschaft.

Die Institutionalisierung der Wissenschaft und „die gesellschaftliche Stabilisierung erreichen die Wissenschaftler um den Preis, daß ihre eigene Sicherung zugleich eine Zusicherung zu sein hat, keinen Anlaß zur Gefährdung der öffentlichen Ordnung, der religiösen Orientierung und der Legitimation von Herrschaft zu geben. Es legen damit die Institutionen fest, welches Forschungsverhalten als ein wissenschaftliches auf Anerkennung und Schutz rechnen kann" (20).

In diese Zeit, d.h. das 17. Jahrhundert, fällt nun auch die gewiß nicht zufällige Entstehung eines heute noch weit verbreiteten Selbstverständnisses von Wissenschaft, das zum damaligen Zeitpunkt wenigstens die Aufgabe eines bis dahin gültigen emanzipatorischen Anspruchs von Wissenschaft gleichsam ideologisch überhöhte: „Die Wissenschaft ist ein begrenztes Erkenntnisunternehmen, dessen Ergebnisse für verschiedene und moralisch unterschiedlich bewertbare Zwecke nutzbar gemacht werden können. Die Bereitstellung von Wissen ist eine neutrale Tätigkeit, die als solche weder herrschaftskonform noch dysfunktional ist. Der Wissenschaftler betreibt im Rahmen seiner wissenschaftlichen Kompetenz keine Veränderung der sozialen und ideologischen Strukturen" (21).

Der von den Einzelwissenschaften aufgrund solcher Philosophie des guten Gewissens ausgesparten Fragen nahmen sich dann später Wissenschaftstheorie und Wissenschaftssoziologie in einer fragwürdigen Arbeitsteilung an. Während die Wissenschaftstheorie sich die Analyse der Begründung und Verwerfung von Wissen (context of justification) zur Aufgabe stellt, übernahm die Soziologie die Untersuchung sozialer Kontexte von Entdeckungen und Erfindungen (context of discovery).

Damit waren die Einzelwissenschaften auch von der Aufgabe entbunden, das bei der Wahl und der Definition eines Gegenstands wirksame Erkenntnisinteresse explizit zu formulieren und zu begründen: Erkenntnis um der Erkenntnis willen, Wissenschaft als Selbstzweck. Damit war schließlich auch das Absehen der Einzelwissenschaften von den möglichen Verwertungen ihrer Forschungsergebnisse legitimiert.

Ein Ausdruck solchen Wissenschaftsverständnisses ist der Neopositivismus (22).

---

19 Krohn (1976,33f), der eine Dialektik interner und externer Strukturen annimmt und begründet. Vgl. Krohn (1976,38-43).

20 Krohn (1976,20).

21 Krohn (1976,2).

22 Die Auseinandersetzung über ein positivistisches Wissenschaftsverständnis hat in der Soziologie zum sogenannten „Positivismusstreit" geführt.
Vgl. Adorno et al. (1969).

„Er möchte in diesen Fragen [der nach dem Erkenntnisinteresse und der nach der Bewertung, B.S.] sekundäre Probleme einer Erkenntnispsychologie oder Wissenssoziologie sehen, d.h. Fragen, die selbst wieder durch interessenfreie Wissenschaften als reine Tatsachenprobleme thematisiert werden können. Auf diese Weise sollen alle Wissenschaften als selbst interessenfreie, rein theoretische Thematisierungen von Tatsachen ausgewiesen werden, als Erkenntnis-Operationen, die grundsätzlich derselben Methodologie, der einheitlichen ‚Logic of Science' gehorchen" (23).

Innerhalb der Linguistik darf z.B. Chomsky als Vertreter eines derartigen Wissenschaftsverständnisses angesehen werden. Seine „ablehnende Haltung gegenüber der Entwicklung von Erkenntnisprozeduren und die von ihm gewählte Alternative der Methode der Hypothesenfalsifikation (im Sinne Poppers) beinhaltet einen Verzicht auf die Reflexion über die wissenschaftliche Theoriebildung selbst" und damit „auf die Frage nach den den Erkenntnisprozeß bestimmenden Faktoren" (24).

Eine Auffassung von Wissenschaft, die sich bei der Beurteilung von Theorien allein an solchen Kriterien wie Konsistenz, Widerspruchsfreiheit, Einfachheit etc. orientiert, muß notwendig zur These „Konzeptionenpluralismus" führen, von dem Kanngießer/Lang (1974,309) meinen, durch ihn werde „nicht nur problematisch, wie Linguistik zu betreiben ist, sondern es wird auch problematisch, zu welchem Zweck man Linguistik betreibt".

Auch wenn in der über eine Wissenschaftstheorie der Linguistik derweil in Gang geratene Diskussion immer noch „Fragen zur Anwendung bzw. Verwertung von Sprachwissenschaft stark in den Hintergrund treten" (25), so mehren sich doch die Anzeichen dafür, daß nicht mehr allenthalben als selbstverständlich hingenommen wird, Wissenschaft habe selbstgenügsam zu sein derart, daß sie allein um ihrer selbst willen und ohne Rücksicht auf die Anwendungs- und Verwertungsmöglichkeiten ihrer Ergebnisse zu betreiben und damit auch jeglicher Rechtfertigung ihrer Zielsetzungen und jeglicher Verantwortung für ihre Produkte enthoben sei (26).

Als Indiz für den Wandel, der sich zur Zeit im Selbstverständnis der Linguistik vollzieht, darf die erneut mit Vehemenz geführte Diskussion über die Bestimmung der Grenzen ihres Gegenstandsbereichs gewertet werden.

Nach einer Phase der Entwicklung immer komplizierter gearteter methodischer Apparate zur Beschreibung und Erklärung stets kleiner werdender Ausschnitte des Phänomens Sprache mußte es die Linguistik schließlich erleben, daß ihr ihr spezifischer Gegenstand aus dem Blick zu geraten drohte. Maas (1973a; 1973b; 1974) hat die Entwicklung der modernen Linguistik als einen Prozeß fortschreitender Inhaltsentleerung charakterisiert, der mit der Theorie der

---

23 Apel (1976b,102f). Zum ideologischen Gehalt des hieraus gerechtfertigten Wissenschaftspluralismus vgl. z.B. Brentano (1971).

24 Bense (1978,143).

25 Brünner/Fiehler (1977b,8).

26 Vgl. hierzu z.B. Eisenberg/Haberland (1972).

generativen Transformationsgrammatik seinen vorläufigen Höhepunkt erreicht habe. Der Kernpunkt seiner Kritik stellt der Vorwurf dar, daß eine linguistische Theorie, die um der Formalisierbarkeit ihres Gegenstands willen von dessen pragmatischer Dimension absehe, das Phänomen Sprache verdingliche.

Wird die Abstraktion des Gegenstands von der durch ihn begrifflich repräsentierten konkreten Datenmenge so weit getrieben, daß sie nicht mehr bloß eine innerhalb wissenschaftlicher Theorienbildung übliche Idealisierung darstellt, sondern jeglichen Bezug zur Realität verliert, führt das letztlich zum Verlust der notwendigen Kongruenz zwischen theoretischen Aussagen und empirischen Befunden (27).

Selbst wenn die verschiedenen Modelle mathematischer Linguistik erheblich zur „Systematisierung des von anderen Forschungsrichtungen erreichten Wissensbestandes" und zu einem „Wissenszuwachs im methodologischen Bereich" beigetragen haben (28), so bedeutet es schließlich „keinen Fortschritt, wenn die Theorien, die konstruiert werden, aufgrund ihres zu eng definierten Gegenstandes soweit von der Realität der Sprache entfernt sind, daß sie durch diese nicht mehr überprüft werden können" (29).

„Jede Wissenschaft – als gesellschaftliche Institution – entwickelt sich im Felde dreier Einflußbereiche: der eigenen Tradition, der vorherrschenden wissenschaftstheoretischen Auffassung ihrer Zeit [. . .] und der neu an sie herangetragenen gesellschaftlichen Aufgaben und Verpflichtungen" (30).

Solches Selbstverständnis verlangt auch von der Linguistik eine neuerliche Bestimmung ihres Gegenstands Sprache. Sprache läßt sich z.B. begreifen als ein System oder ein systemhaftes Gebilde mit einem bestimmten inneren Aufbau und spezifischen materiellen Ausprägungen bzw. Manifestationsformen, als eine historisch gewachsene Struktur, als ein Mittel der Kommunikation, als eine in Interaktionen eingebundene Form gesellschaftlichen Handelns, als ein System von Varietäten, d.h. „Regelhaftigkeiten im sprachlichen Verhalten von Sprechern unter bestimmten Umständen" (31).

Bei einer Bestimmung des spezifischen Gegenstands von Linguistik geht es nicht allein um eine Abgrenzung gegenüber solchen Wissenschaften, die sich – wie z.B. die Soziologie, Psychologie oder Ethnologie – u.a. auch mit der Untersuchung von Sprache beschäftigen, sondern vor allem darum, angesichts einer fortschreitenden Differenzierung der Linguistik in eine Vielzahl von Spezialgebieten einen Sprachbegriff zu etablieren, der geeignet ist, die in linguistischen Teildisziplinen

---

27 Zu den wissenschaftstheoretischen Grundlagen und Implikationen von Chomskys Sprachtheorie vgl. z.B. Apel (1976b) sowie neuerlich Bense (1978,55-181), die die wesentliche Kritik unter dem Gesichtspunkt „Beurteilungskriterien für linguistische Theorien" referiert und weiterführt.

28 Velde (1974,88).

29 Bense (1978,143).

30 Wunderlich (1974,25).

31 Klein (1974,36).

behandelten Aspekte von Sprache als korrespondierende und damit integrationsfähige Ansichten ein und desselben Objekts zu begreifen.

Damit kommen wir zur zweiten der oben formulierten Fragen, nämlich derjenigen nach dem ontologischen Status wissenschaftlicher Gegenstände und der sie gliedernden Strukturen (32). Da unterschiedliche Annahmen hierüber unterschiedliche Folgen für die Art der Feststellung, Beschreibung und Erklärung von Gegenständen haben, ist es keineswegs belanglos, welcher Status ihnen zugesprochen wird.

Für jenen Wissenschaftler, der die These vertritt, daß ein Gegenstand immer „schon vor jeder wissenschaftlichen Untersuchung so oder so ist" (33), kann z.B. Beschreibung nur Entdeckung der eigenständig und unabhängig existierenden Gegebenheiten heißen. Auch wenn unklar bleibt, woher die Gewißheit solcher Überzeugung stammt, so kann ein Vertreter dieser Auffassung z.B. herkömmliche Methoden als dem Gegenstand nicht angemessen beurteilen und es unternehmen, vom „Gegenstand her [. . .] einen eigenen, neuen Ansatz zu entwickeln" (34).

Andere hingegen unterscheiden (konkrete) Fakten und jeweils eine bestimmte Menge von Fakten repräsentierende Gegenstände, die „theoretische Entitäten gewisser Art und als solche jeweils an den Rahmen einer bestimmten Theorie [. . .] gebunden" sind (35). Danach haben wissenschaftliche Gegenstände keine eigene und unabhängige Existenz; sie werden vielmehr erst im Zuge von Untersuchungen als wissenschaftliche Gegenstände geschaffen.

So verstandene Gegenstände und sie gliedernde Strukturen sind mithin Setzungen des Wissenschaftlers, deren Analogie- bzw. Kongruenzcharakter er zu begründen und durch Überprüfung an den durch sie abgebildeten Fakten zu demonstrieren hat (36).

Ähnlich nimmt sich die Divergenz der beiden folgenden Positionen aus. Während z.B. Kanngießer (1976,115) eine „Invarianz der Phänomene annimmt und daraus folgert, daß „Matrix-Wechsel keine neuen Welten (erzeugen); [. . .] vielmehr zu neuen Ansichten der Welt (führen)", vertritt Popper (1969) die These, daß Beobachtungen immer schon Beobachtungen im Lichte von Theorien, d.h. theorieabhängig sind, welche Auffassung Feyerabend (1970) in der Weise radikalisiert, daß neue Theorien nicht nur eine Veränderung der Erklärung von Phänomen, sondern auch die Veränderung der Phänomene selbst bedeuten.

---

32 Exakt dieses Problem ist Thema der unter dem Namen „God's Truth vs. Hocus-Pocus" bekanntgewordenen Kontroverse. Vgl. S. 17, Anm. 9.

33 Gauger (1970,VII).

34 Gauger (1970,VIII).

35 Lieb (1970,22).

36 In solchem Sinne kann Gegenstand auch als Modell bezeichnet werden. Zum Modellbegriff in der Linguistik vgl. Helbig (1970).

Wenn Coseriu (1970a,129f) meint, „daß die Sprache als Objekt verschiedener Wissenschaften nicht ‚dasselbe Objekt' und nicht das Ganze der Sprache sein kann", zielt das auf eine Klärung des Problems, für die die Unterscheidung von obiectum materiale und obiectum formale hilfreich sein kann.

Die Rede davon, daß z.B. Sprachwissenschaft, Physiologie und Psychologie der Sprache, Pathologie der Sprache und des Denkens, Logik und Poetik ein und dasselbe Objekt haben, kann nur bedeuten, „daß sie alle mit ein und denselben individuellen Ereignissen oder individuellen Objekten operieren. Jedoch verläuft der Prozeß der wissenschaftlichen Abstraktion in all diesen Wissenschaften verschieden, so daß wir als Resultat innerhalb des theoretischen Systems verschiedene abstrakte Objekte konstruieren [. . .] . Die Gesamtheit der konkreten Objekte der wissenschaftlichen Forschung – das ist das Objekt der jeweiligen Wissenschaft. Das abstrakte System von Objekten und die Gesamtheit (das System) von abstrakten Objekten bilden den Gegenstand der jeweiligen Wissenschaft [. . .] . Mann kann sagen, daß der Gegenstand der Sprachwissenschaft zur Zeit das Sprachsystem ist" (37).

Damit bleibt noch die hieran anschließende Frage zu behandeln, welche Beziehung zwischen einem Gegenstand und dem seiner Feststellung, Beschreibung und Erklärung dienenden Methoden besteht.

Die Divergenz der Annahmen über den ontologischen Status wissenschaftlicher Gegenstände findet ihre Fortsetzung in derjenigen über den Zusammenhang von Gegenstand und Methode.

„Gegenstandsbestimmungen werden in den Wissenschaften gemeinhin nicht als definitorisches, sondern als methodologisches Problem verstanden" (38).

Zur Entscheidung steht, ob der Gegenstand die Methode oder ob die Methode den Gegenstand bestimmt. Eine weitere Möglichkeit ihres Zusammenhangs scheint hiernach ausgeschlossen zu sein.

Daß der Gegenstand die Methode bestimme, können zunächst einmal nur jene vertreten, die ihm eine eigenständige, von jeglicher wissenschaftlichen Ansicht unabhängige Existenz zusprechen. Allein nach solcher Auffassung lassen sich vorweg die zur Verfügung stehenden Methoden einteilen in solche, die dem Gegenstand adäquat, und in solche, die dem Gegenstand nicht adäquat sind.

Geht man auf der anderen Seite davon aus, daß schließlich erst die jeweils angewendeten Methoden einen Gegenstand als Gegenstand feststellen, so kann sich notwendig von einzelnen Methoden im voraus nicht sagen lassen, sie seien gegenstandsadäquat oder gegenstandsinadäquat.

Nun zeigt allerdings die Forschungspraxis in den empirischen Wissenschaften, daß es eine die Ausschließlichkeit der beiden genannten Alternativen aufhebende Möglichkeit gibt, den Zusammenhang zwischen Gegenstand und Methode darzustellen.

---

37 Leont'ev (1971,15-17).

38 Dittmann (1976a,4).

Gleichgültig nämlich, ob die Annäherung an einen Gegenstand auf dem Wege einer breit angelegten Exploration oder mithilfe verbürgter standardisierter Beobachtungs- und Erhebungstechniken erfolgt, stets ist es so, daß Gegenstände bzw. die als sie kennzeichnend angesehenen Merkmale nicht unmittelbar, sondern immer nur vermittelt über subjektiv und/oder objektiv bedingte Erkenntnismöglichkeiten zugänglich sind und daß die Art des Zugangs wiederum das Bild von der Beschaffenheit eines Gegenstands bestimmt.

Zwar lautet eine gängige wissenschaftstheoretische Forderung, daß die Methoden zur Feststellung und Beschreibung eines Gegenstands ihm adäquat sein müssen, das aber setzt voraus, was erst das Ergebnis von Untersuchungen sein kann, nämlich schon über einen Begriff vom Gegenstand zu verfügen.

Auf der anderen Seite schafft ein Vorgehen, das sich „bewährter" Methoden bedient, von denen im Hinblick auf einen vage bestimmten Gegenstand Adäquatheit vorausgesetzt wird, ein exakt dem methodischen Zugang entsprechendes Bild von der Beschaffenheit eben dieses Gegenstandes.

Aufgrund der Unzulänglichkeiten beider Möglichkeiten, einen Begriff vom Gegenstand zu gewinnen, wird deutlich, daß nicht etwa zur Disposition steht, ob der Gegenstand die Methode oder die Methode den Gegenstand bestimme; es besteht vielmehr zwischen ihnen eine Beziehung wechselseitiger Abhängigkeit.

„Gegenstände bestimmen und Aussagen über sie machen sind keine – am Anfang – trennbaren Tätigkeiten. Die Gegenstände ‚gibt es nicht' schlicht, vielmehr werden sie aus der zunächst ungegliederten Umgebung nach gewissen Gesichtspunkten ausgegrenzt. Die Gegenstände [. . .] gibt es gewissermaßen erst dann, wenn [. . .] Beschreibungen verstanden sind" (39).

Bedenkt man, daß das auf welchem Wege auch immer gewonnene Vorverständnis von der Beschaffenheit des Gegenstandes die Auswahl und Formulierung der zu behandelnden Probleme festlegt, die Bestimmung der Einheiten, die als Daten fungieren sollen, die für die Zusammenstellung der Daten benutzten Mittel, die zwischen den Daten gesuchten Arten ihrer Beziehung zueinander, deren Beschreibung und Erklärung, so erscheint unumgänglich zu sein, die Bedingungen der Möglichkeit des Zugangs zu einem Gegenstand in dessen Untersuchung einzubeziehen.

2.3 Wissenschaftstheorie und Forschungspraxis

Bei jeder wissenschaftlichen Betätigung ist das Verhältnis von Theorie und Praxis zu bedenken. Weder sind sie unmittelbar eins, noch absolut verschieden; ihr Verhältnis ist vielmehr eines von Diskontinuität. Denken ist Tun, Theorie eine Gestalt von Praxis.

Im derzeitigen Wissenschaftsbetrieb scheint diese Einsicht in den Zusammenhang von Theorie und Praxis in Vergessenheit geraten oder Opfer einer als notwendig erachteten Arbeitsteilung geworden zu sein. Betrachtet man die Szenerie, so fällt auf, daß es auf der einen Seite einen nicht geringen Zuwachs an wissenschaftstheoretischer Reflexion gibt, die die Bedingungen und Forderungen, unter

---

39 Lorenz (1976,255).

denen Praxis stattfindet, allerdings kaum berücksichtigt, und daß auf der anderen Seite eine auf Anwendung zielende Forschungspraxis stattfindet, die so gut wie keine, jedenfalls keine in ihren Ergebnissen ablesbare Kenntnis von den gleichzeitig geführten wissenschaftstheoretischen Diskussionen nimmt.

Die wohl nicht allein in der Linguistik nachweisbare Folge dieser Entwicklung ist eine beträchtliche Diskrepanz zwischen der hochgradigen Abstraktheit wissenschaftstheoretischer Diskussionen und den konkreten Anforderungen wissenschaftspraktischer Forschung.

Wie wir im vorhergehenden Kapitel versucht haben darzustellen, läßt sich der derzeitige Zustand als Ergebnis einer keineswegs zufälligen Entwicklung beschreiben und erklären. Um nicht zu wiederholen, was dort bereits ausgeführt wurde, sollen hier einige wenige Hinweise genügen.

In dem Maße, in dem sich die Wissenschaftstheorie mit Unterstützung der dieser Arbeitsteilung gegenüber durchaus nicht abgeneigten Einzelwissenschaften als Wissenschaftswissenschaft etablierte, war sie genötigt, zunehmend mehr von deren Besonderheiten abzusehen. Ihre Aussagen z.B. über die Bewertung von Theorien und Methodologien gerieten zwangsläufig immer allgemeiner, so daß deren Anwendung auf die Einzelwissenschaften immer weniger gelingen konnte.

Die forschungspraktische Abstinenz der Wissenschaftstheorie und die wissenschaftstheoretische Enthaltsamkeit einzelwissenschaftlicher Forschungspraxis konnte schließlich auch nicht ohne Folgen für das Selbstverständnis der Linguistik bleiben, einer Disziplin, deren Einheit durch die Tradition allein nicht schon hinreichend gesichert ist.

Auf der einen Seite schickte sie sich an, bei der Neubesinnung auf ihren Gegenstand weit in andere Fächer auszugreifen, auf der anderen Seite drohte sie dabei gleichzeitig in zusammenhanglose, nicht mehr integrationsfähige Teildisziplinen auseinanderzufallen, ein Prozeß, dessen Ende durchaus noch offen ist. Es nimmt darum nicht wunder, daß die Frage nach dem die Linguistik als eigenständige Disziplin rechtfertigenden spezifischen Gegenstand seitdem an Dringlichkeit zugenommen hat.

Die derzeitige Situation der Linguistik, sofern über ihre theoretischen und methodologischen Grundlagen reflektiert wird, ist durch Skepsis gegenüber der etablierten Wissenschaftstheorie gekennzeichnet, „die alle Wissenschaften mehr oder weniger über denselben Kamm schert" (40), ohne dabei die Besonderheiten zu berücksichtigen, denen besonders die sogenannten Erfahrungswissenschaften bei der Bestimmung ihres Gegenstandsbereichs, bei der Datenkonstitution und Datenbeschreibung Rechnung zu tragen haben.

Der Umstand, daß sich in letzter Zeit „ein nicht unerheblicher Teil der Linguisten der BRD zu Fragen der Theorie der Sprachwissenschaft geäußert" hat (41), darf als Indiz dafür angesehen werden, daß „die institutionell von den einzelnen Wissenschaften abgetrennte, fächerübergreifende Wissenschaftstheorie nur sehr partiell für die Sprachwissenschaft brauchbar ist" (42).

---

40 Wunderlich (1976a,1).

41 Brünner/Fiehler (1977b,1).

42 Brünner/Fiehler (1977b,5).

An der gegenwärtig allenthalben geführten Diskussion um eine Wissenschaftstheorie der Linguistik fällt auf, daß Probleme der Forschungspraxis bestenfalls am Rande Berücksichtigung finden.

Auf der einen Seite gilt es zwar als „Tatsache, daß in der Linguistik ein Defizit an empirischer Forschung konstatiert werden muß, denn zwischen empirischer Forschung und methodologischer Reflexion besteht ein Bedingungszusammenhang" (43).

Auf der anderen Seite lassen sich den in letzter Zeit von einer Vielzahl von Linguisten vorgetragenen hochgradig abstrakten theoretischen und methodologischen Konstrukten nur in sehr geringem Maße praktikable Anleitungen für die empirische Forschung entnehmen.

Die Folge dieser Situation ist ein Rückzug der Forschungspraxis auf methodische Konzepte, die einem komplexeren Untersuchungsobjekt zwar oft nicht adäquat sein mögen, dafür aber als bewährt gelten. In Umkehr der wissenschaftstheoretischen Forderung nach der Gegenstandsadäquatheit der Methoden wird der Gegenstand in der Weise manipuliert, daß die verfügbaren Methoden mit der Aussicht auf – einen selbst möglicherweise fragwürdigen – Erfolg auf ihn angewendet werden können.

Was aus der Sicht der Forschungspraxis not tut, ist deren theoretische Fundierung. Da aber „eine angemessene Theoretisierung der linguistischen Forschungspraxis nur aus einer sinnvollen Kombination und Interaktion von Wissenschaftstheorie und Praxis erfolgen kann" (44), erscheint es als notwendig, den Maximalismus in den theoretischen Ansprüchen und den Minimalismus in den praktischen Ergebnissen in der Weise gegeneinander auszugleichen (45), daß die Wissenschaftspraxis der Linguistik mehr als bisher ihre stets vorhandenen, aber selten nur ausgesprochenen, theoretischen Grundlagen expliziert und daß die Wissenschaftstheorie der Linguistik sich zunehmend mehr auf die Anforderungen der Forschungspraxis bezieht, wobei sie gut daran täte, die Bedingungen, unter denen solche Praxis stattfindet bzw. stattzufinden hat, in ihre Betrachtungen einzubeziehen (46).

2.4 Methodologie der Linguistik

„Wo immer durch die Tat des Begriffes eine vordem unbeherrschte, unübersehbare Mannigfaltigkeit von Daten theoretisch beherrschbar, übersehbar gemacht wird, da erwächst der Wissenschaftslehre eine ihrer spezifischen Aufgaben, nämlich kurz gesagt das Wie und Warum des Gelingens dieser Tat zu untersuchen" (47).

---

43 Brünner/Fiehler (1977b,7).

44 Velde (1974,127).

45 Vgl. zu diesem Thema im einzelnen Velde (1979).

46 Zu den Problemen, die einer wissenschaftstheoretisch nicht hinreichend fundierten, aufgrund öffentlicher Förderung in exakt festgelegten Zeiträumen durchzuführenden und auf Erfolg angewiesenen Forschungspraxis entstehen, vgl. z.B. Schaeder (1979a).

47 Bühler (1978,16).

Was Bühler hier eine spezifische Aufgabe der Wissenschaftslehre nennt, ist recht genau das, was die Methodologie als die Theorie von den Methoden zu leisten bestrebt ist.

Von den einen wird Methodologie als allgemeine, für sämtliche Wissenschaften gleichermaßen gültige, von den anderen als spezielle, d.h. an den Besonderheiten der verschiedenen Einzelwissenschaften orientierte Theorie von den Methoden verstanden. Mal wird der Methodologie eine eher deskriptive, mal eine eher normative Funktion zugedacht. Dementsprechend variieren nicht nur die Art, sondern auch der Umfang der einer Methodologie zur Lösung aufgetragenen Aufgaben nicht nur von Einzelwissenschaft zu Einzelwissenschaft, sondern bisweilen auch von Wissenschaftler zu Wissenschaftler. Uneinheitlich ist nicht zuletzt auch das Verständnis von der Beziehung zwischen Methodologie und Theorie.

Beginnen wir mit dem Versuch einer Begriffsbestimmung. In einer sehr unspezifischen Weise wird nicht selten von der Methodologie als der Theorie bzw. Lehre von den Methoden gesprochen, wobei als Methoden einzelne wissenschaftliche Verfahren bezeichnet werden, die dazu dienen, gesicherte und nachprüfbare Erkenntnisse über wissenschaftliche Objekte bzw. Gegenstände zu gewinnen.

Diese Definition ist nun nicht allein unspezifisch, sie impliziert obendrein die Möglichkeit einer allgemeinen Theorie der Methoden.

Eine Methodologie aber, die als eine Theorie sämtlicher Methoden gelten könnte, müßte notwendig von den Besonderheiten einzelwissenschaftlicher Erkenntnisgewinnung absehen und einen hohen Grad an Allgemeinheit bzw. Abstraktheit besitzen.

Gegen solche Vorstellungen gibt es Einwände gleicher Art, wie sie auch gegen Konzeptionen einer allgemeingültigen Wissenschaftstheorie vorgebracht werden.

So finden wir zwar keine abgeschlossenen Methodologien einzelner Wissenschaften, doch immerhin Entwürfe für solche Theorien einzelwissenschaftlicher Methoden.

So spricht z.B. Lieb (1970,15) von der „Methodologie der Sprachwissenschaft" als der „Theorie der Spracherforschung", deren Gegenstand die „Klasse aller Methoden" sei, und die er als zweite Disziplin einer Theorie der Sprachwissenschaft von der „Theorie der Sprachbeschreibung" unterschieden wissen möchte, deren Gegenstand wiederum die „Klasse aller (einfachen oder komplexen) Feststellungen" bilde. Im Rahmen einer so verstandenen Methodologie soll nach Lieb (1970,17) geklärt werden, „wie man das Wissen für eine Theorie der Sprache gewinnt" (48).

Wunderlich (1974,49) möchte Methodologie der Sprachwissenschaft möglichst weit fassen und „alle Arten relevanter Tätigkeiten des Wissenschaftlers hierunter subsumieren".

---

48 Zur Kritik an dieser Auffassung von Lieb vgl. Wunderlich (1974,52f).

Hiernach wäre Methodologie nicht allein die Lehre von der Konstruktion und Prüfung wissenschaftlicher Aussagen, sondern die Rekonstruktion der Praxis von Wissenschaftlern in theoretischen Aussagen (49).

Wunderlich (1974,49), der zwar von der Methodologie der Sprachwissenschaft spricht, plädiert allerdings dafür, „da (bzw. soweit) Linguistik eine empirische Wissenschaft ist, [. . .] über die ganz spezifischen Verfahren des Fachs hinauszugehen". Es stellen sich nämlich in der Methodologie „Probleme des Beobachtens, des Erklärens, des Abstrahierens usw. wie in anderen empirischen Wissenschaften auch" (50).

Diese Empfehlung soll Anlaß dafür sein, einen Blick auf die Darstellung des Methodologieproblems in einer anderen empirischen Wissenschaft zu tun, nämlich in der Soziologie, genauer gesagt: im symbolischen Interaktionismus, der der Thematisierung dieser Frage einen zentralen Platz zuerkannt hat (51).

"Die Methodologie der empirischen Wissenschaft umfaßt offensichtlich den vollen Umfang des wissenschaftlichen Handelns, sie schließt die Ausgangsprämissen ebenso ein wie den vollen Ablauf der in diesem Handeln enthaltenen Verfahrensschritte" (52).

Eine solche Sicht war und ist in der Soziologie wie auch in anderen empirischen Wissenschaften keineswegs die Regel. In gleichem Maße, in dem man bemüht war, sich dem Wissenschaftsideal der Naturwissenschaften anzunähern und damit die dort entwickelten Methoden für den Prozeß der eigenen Erkenntnisgewinnung nutzbar zu machen, wurde es notwendig, den Gegenstand in solcher Weise einzugrenzen bzw. zu modellieren oder auch zu manipulieren, daß jene Methoden auf ihn anwendbar wurden.

Diese Entwicklung brachte zwar auf der einen Seite einen beträchtlichen Gewinn an methodischem Bewußtsein, führte aber auf der anderen Seite auch zu fragwürdigen Ausschlüssen relevanter Aspekte des Gegenstands und nicht selten zu Ergebnissen, die nur noch als eine schier unüberschaubare Anhäufung zusammenhangloser Einzelbefunde zu betrachten sind. Holzkamp (1972,10) kommt nach der Durchsicht einer Vielzahl psychologischer Arbeiten zu dem Schluß, „daß die experimentelle Forschung in immer wachsendem Maße mit exakten Methoden Belanglosigkeiten und Trivialitäten zutage fördert".

Und Blumer (1973,104f) meint: „Mit deprimierender Häufigkeit wird ‚Methodologie' heute in den Sozialwissenschaften mit dem Studium moderner quantitativer

---

49 Vgl. z.B. Opp (1970,13), der von einer Methodologie der Sozialwissenschaften erwartet: „Der erste Schritt einer methodologischen Analyse sozialwissenschaftlicher Praktiken ist also eine Beschreibung oder Rekonstruktion dessen, was Sozialwissenschaftler tun".

50 Wunderlich (1974,49). Zur Kritik eines verkürzten Methodologieverständnisses in der Psychologie vgl. z.B. Holzkamp (1972, 9-11), in der Soziologie z.B. Cicourel (1974) und Blumer (1973,104f; 108; 110-114), die in diesen Arbeiten im übrigen eigene Methodologiekonzepte vortragen.

51 Zum symbolischen Interaktionismus vgl. Arbeitsgruppe Bielefelder Soziologen (1973).

52 Blumer (1973,105).

Vorgehensweisen gleichgesetzt, und ein ‚Methodologe' ist jemand, der in der Kenntnis und dem Gebrauch solcher Vorgehensweisen hervorragend bewandert ist".

Während es nach seiner Ansicht dringend erforderlich ist, „die Aufgabe zu lösen, Prinzipien dafür aufzuzeigen, wie Schemata, Probleme, Daten, Beziehungen, Konzeptionen und Interpretationen bei Berücksichtigung der Beschaffenheit der zu untersuchenden empirischen Welt entwickelt werden können" (53), wird weithin für methodologisch fundiertes Vorgehen gehalten: „(a) Erfüllung eines wissenschaftlichen Programms, (b) Wiederholung von Forschungsprojekten, (c) Vertrauen auf das Testen von Hypothesen, und (d) Benutzung sogenannter operationaler Vorgehensweisen" (54).

Ihren vorläufigen Höhepunkt fand die weit über die Soziologie hinausreichende Diskussion über den Stellenwert und den rechten Gebrauch von Methoden im sogenannten Positivismusstreit, der sich in einem weiteren Sinne dieses Begriffs durchaus als Kontroverse über die Methodologie in den empirischen Wissenschaften verstehen läßt (55).

Vordergründig stellt sich die Auseinandersetzung zunächst so dar, „als verträten die Positivisten einen strengen Begriff objektiv wissenschaftlicher Gültigkeit, den Philosophie aufweiche; die Dialektiker verführen, wie die philosophische Tradition nahelegt, spekulativ" (56).

Dagegenhalten die Vertreter der Dialektik, daß „allgemein die Objektivität der empirischen Sozialforschung eine der Methoden (ist), nicht des Erforschten" (57). Prätendiert werde, „eine Sache durch ein Forschungsinstrument zu untersuchen, das durch die eigene Formulierung darüber entscheidet, was die Sache ist: ein schlichter Zirkel" (58).

So stelle die positivistische Sozialforschung die Methode über die Sache, die sie durch ihre Feststellungen lediglich begrifflich verdoppele „Das Gegebene, die Fakten, auf welche sie stößt, sind selber kein Letztes, sondern ein Bedingtes" (59).

Sowohl aus dieser innerhalb der Soziologie begonnenen und auch in anderen Wissenschaften fortgesetzten Auseinandersetzung als auch aus den Diskussionen um eine Wissenschaftstheorie bzw. um Wissenschaftstheorien für die Einzelwissenschaften erhellt, daß Theorie als jeweils strukturierte Summe von Aussagen über einen Gegenstand und Methodologie als systematische Rekonstruktion derjenigen Praxis, die zur Konstruktion und Prüfung theoretischer Aussagen führt,

---

53 Blumer (1973,108).

54 Blumer (1973,110).

55 Zum Positivismusstreit vgl. Adorno (1969).

56 Adorno (1969,11).

57 Adorno (1969,84).

58 Adorno (1969,86).

59 Adorno (1969,99).

nicht in der Weise voneinander zu unterscheiden sind, als könne das eine ohne das andere bestehen.

Wie eng in so verstandenem Sinne Theorie und Methodologie zusammenhängen, zeigt auch schon der Umstand, daß eine Reihe von Theorien Namen tragen, die gleichzeitig Verfahrens- bzw. Erkenntnisweisen bezeichnen: logischer Empirismus, kritischer Rationalismus, hermeneutisch-dialektische Philosophie (60).

Da eine Theorie sowohl das auf einen bestimmten Gegenstand gerichtete Fragen anleitet und damit die Anwendung von Methoden fordert, die zur Beantwortung dieser Fragen führen können, da Theorie aber auch Ergebnis ist, wenn in Untersuchungen ermittelte Einsichten nämlich als theoretische Aussagen über den Gegenstand formuliert werden, zeigt sich, daß Theorie und Methodologie – analog der Beziehung von Gegenstand und Methode – in einem Verhältnis wechselseitiger Abhängigkeit stehen.

Nach Blumer (1973,105-107) sind bei der Entwicklung der Grundsätze einer Methodologie die folgenden Komponenten wissenschaftlicher Praxis zu analysieren und zu berücksichtigen:

„(a) Der Besitz und Gebrauch eines vor der Untersuchung bestehenden Bildes oder Entwurfes der zu untersuchenden empirischen Welt [. . .] . (b) Das Stellen von Fragen über die empirische Welt und die Umwandlung der Fragen in Probleme [. . .] . (c) Bestimmung der zu suchenden Daten und der anzuwendenden Mittel zur Erlangung der Daten [. . .] . (d) Bestimmung der Beziehungen zwischen den Daten [. . .] . (e) Interpretation der Ergebnisse [. . .] . (f) Der Gebrauch von Konzepten".

Eine als Rekonstruktion wissenschaftlicher Praxis verstandene Methodologie hat zunächst einmal deskriptiven Charakter. Insofern sie in der Beschreibung offenkundige Widersprüche, mangelnde Konsistenz des methodischen Konzepts, unnötige Kompliziertheit des Vorgehens, die Vernachlässigung relevanter Fakten usw. aufdeckt, enthält sie implizit oder explizit stets auch Wertungen. Gleichgültig, ob dies intendiert ist oder nicht, folgen hieraus im weiteren normative Wirkungen. Schließlich wird und soll Methodologie auch Orientierungen bzw. Anleitungen für wissenschaftliche Praxis anzubieten haben (61).

Nicht nur, weil es den Rahmen dieser Arbeit sprengen würde, sondern vor allem, weil hierzu Grundlagen benötigt würden, deren Erarbeitung noch aussteht, müssen wir hier darauf verzichten, alle zu einer Methodologie der Linguistik zählenden Komponenten zu behandeln. Wir werden uns vielmehr damit begnügen, einige wenige methodologische Prinzipien einer näheren Betrachtung und Diskussion zu unterziehen.

---

60 Vgl. hierzu Apel (1976b,267-269).

61 Vgl. hierzu auch Wunderlich (1974,50).

2.4.1 Intuition und Deskription

So unbestritten es auf der einen Seite sein dürfte, daß eine Sprachbeschreibung und -erklärung nicht gänzlich auf Intuition verzichten kann, so wenig garantiert auf der anderen Seite das Vertrauen auf die Intuition schon deren Gelingen (62).

Die von Kazuko Inoue (1969) verfaßte Grammatik des Japanischen läßt deutlich einige prinzipielle Probleme erkennen, die – wie es den Anschein hat – notwendig einer primär auf Intuition gegründeten Sprachanalyse entstehen (63).

Die ausdrücklich generativ-transformationell orientierte Arbeit von Inoue will keineswegs nur eine mögliche unter anderen gleichwertigen Grammatiken sein, sondern nimmt für sich in Anspruch, eine adäquate Beschreibung des Japanischen zu leisten und in dieser Hinsicht frühere, strukturalistische Versuche zu überbieten.

Abgesehen einmal davon, daß sie es unterläßt, Quellen für das von ihr der Analyse zugrunde gelegte Material anzugeben, ist es, wie Miller (1972) glaubt nachweisen zu können, offenkundig, daß Inoue nicht so sehr auf ihre Intuition als native speaker des Japanischen, sondern vornehmlich auf ihre Intuition als Linguistin Bezug genommen haben muß. Zwar sind nach allgemeiner Auffassung im Japanischen die gruppen- und schichtspezifischen Sprachunterschiede besonders auffällig, zwar gibt es dort zudem erhebliche Divergenzen zwischen der von Männern und der von Frauen gebrauchten Sprache, das grundsätzliche Problem besteht aber auch über das Japanische hinaus, daß nämlich ungeklärt bleibt, wessen Intuition es letztlich ist, die zu einer Grammatikbeschreibung führt, von der gesagt wird, sie sei adäquat. So erhebt sich die Frage, ob es z.B. „zu der von Inoue gelieferten grammatischen Beschreibung irgendein empirisches Korrelat gibt, das dadurch beschrieben würde" (64).

Wenn zutrifft, was Miller (1972) anhand von Beispielen nachweisen möchte, daß nämlich Inoues intuitive Urteile über das Japanische nicht unwesentlich von ihren Kenntnissen der englischen Sprache beeinflußt sind, dann würde das nachdrücklich die Argumentation derjenigen stützen, die den Linguisten, der sich selbst als Informant dient, für einen Sonderfall des als native speaker ungeeigneten „trained subject" halten (65).

Damit sind einige jener Probleme angesprochen, die entstehen, wenn die Intuition als zentrale Instanz sowohl auf der Ebene der Datenerhebung als auch auf der

---

62 Da wir uns hier auf die Darstellung einiger zentraler Probleme beschränken werden, sei auf einige Arbeiten verwiesen, die sich ausführlicher mit diesem Thema beschäftigen: Bausch (1975) und (1979), Bense (1978,104ff), Bever (1970,343ff), Botha (1973,174ff), Bungarten (1976) und (1979), Dittmann (1975), Gloy (1975,109ff), Hildebrandt (1977), Leuninger/Miller/Müller (1972,37ff), Levelt (1972), Piaget (1973,40ff), Pullum (1972).

63 Miller (1972) hat die Arbeit von Inoue einer gründlichen Kritik unterzogen.

64 Bense (1978,111).

65 Hier taucht gleichzeitig die schon in Kapitel 2.2 behandelte Frage wieder auf, ob und in welchem Maße eine vorgefaßte Theorie bei der Anwendung auf einen anderen Gegenstand als auf den, an dem sie entwickelt worden ist, diesen neuen Gegenstand unkontrolliert affiziert.

Ebene der Auswertung bzw. Interpretation der zur Herstellung einer empirischen Basis erhobenen Daten fungiert. Daß auch eine primär empirisch-deskriptiv verfahrende Linguistik nicht umhin kommt, das Problem der Intuition zu bedenken, sei hier, da im nächsten Kapitel davon ausführlich die Rede sein wird, nur kurz angemerkt (66).

Die bei der auf die Intuition der Informanten rekurrierende Datenerhebung entstehenden Probleme hat Bausch (1979,77) in den folgenden Punkten zusammengefaßt, wobei er zunächst einmal die Frage unberücksichtigt läßt, „ob intuitive Aussagen über Sprachverhalten notwendig ‚richtig' sind [. . .]. Urteile können unzuverlässig sein,

1. weil sie ausgesprochen idiolektal sein können,
2. weil man über ‚Zweifelsfälle' in einem Sprachstadium kaum eindeutige Urteile erhalten kann,
3. weil sie je nach implizitem oder explizitem Kontext unterschiedlich sein können,
4. weil sie nicht immer spontane Aussagen über Sprachverwendung sind, sondern häufig lediglich Grammatikpräskriptionen reproduzieren,
5. weil der Informant die zu beurteilende Äußerung oder die Handlungsanweisung mißverstanden haben könnte.
6. Nicht zugänglich über intuitive Urteile sind alle für das System nicht relevanten Fakten der Performanz" (67).

Zur Lösung dieser Probleme schlägt Bausch (1979,77) vor, die empirischen Erhebungen so anzulegen, „daß der Forscher auf der Ebene der Datenauswertung rekonstruieren kann, welche Normen den intuitiven Auskünften zugrunde liegen könnten". Da zu diesen „Normen" auch jene gerechnet werden müssen, die Informanten während der Befragung durch gewollte oder ungewollte Schulung von dem, der die Auskünfte einholt, erfahren haben können, wird deutlich, welch hohe Anforderungen bei dieser Art der Datenerhebung an die Methoden gestellt sind.

Selbst wenn die aus der empirischen Sozialforschung entlehnte und zur Lösung des von Labov (1972,147) formulierten Beobachterparadoxons als geeignet angesehene Methode der teilnehmenden Beobachtung zu einer gesicherten Datenerhebung führen sollte, so bleiben weiterhin jene Probleme bestehen, die auf der Ebene der Datenauswertung aus der als Beurteilungs- und Interpretationsinstanz fungierenden und ebenfalls störenden Einflüssen ausgesetzten Intuition des Auswerters herrühren (68).

66 Darauf, daß die Intuition in der Praxis der Lexikographie eine bedeutende Rolle z.B. bei der Erstellung lexikalischer Paraphrasen spielt, hat nachdrücklich Henne (1976,142-144) hingewiesen.

67 Über die Uneinheitlichkeit der Intuitionen von Informaten geben die von Leuninger/Miller/Müller (1972,14-81) referierten Tests aufschlußreiche Auskunft.

68 Das Beobachterparadoxon wird von Labov (1972,147) folgendermaßen formuliert: „Das Ziel der sprachwissenschaftlichen Erforschung der Gemeinschaft muß sein, herauszufinden, wie Menschen sprechen, wenn sie nicht systematisch beobachtet werden; wir können die notwendigen Daten jedoch nur durch systematische Beobachtung erhalten". Zu dieser Problematik vgl. u.a. die Arbeit von Hufschmidt/Mattheier (1976).

Zwar geben zahlreiche entsprechende Äußerungen zu der Vermutung Anlaß, „daß letztendlich sich der Forscher selbst die Rolle des idealen Sprecher-Hörers zuschreibt und seine Introspektion für Einsichten in die Kompetenz hält" (69), doch muß dementgegen wohl angenommen werden, daß die Intuition des Linguisten mit gleichen Mängeln behaftet, in gleicher Weise unideal ist wie diejenige anderer natürlicher Sprecher-Hörer.

Searle (1969) hat hieraus den durchaus nicht weniger problematischen, weil den Anspruch auf deskriptive Adäquatheit preisgebenden Schluß gezogen, die Gültigkeit seiner Aussagen strikt auf das Sprachverständnis der eigenen Person einzuschränken.

Allerdings ist der Linguist, der sich selbst zum Informanten wählt, in Gefahr, keineswegs die angestrebte, aus den natürlichen Grammatiken der befragten Sprecher-Hörer extrahierte Modellgrammatik, sondern lediglich die – wie es z.B. bei Inoue vermutet werden darf – möglicherweise gar von fremden Vorbildern präformierte Grammatik seines eigenen Idiolekts zu explizieren. Das aber hieße: „Der Linguist entwirft aufgrund von Eigenerfahrung eine Modellgrammatik über seine eigene natürliche Grammatik" (70).

Diese Gefahr besteht deshalb, weil der sich auf seine Intuition stützende Linguist zugleich Subjekt und Objekt der Erkenntnis ist, wobei zunächst einmal in Betracht gezogen werden muß, daß beide sich wechselseitig modifizieren können (71).

Im weiteren bedeutet dies aber die „Einbeziehung der Selbstreflexion in das methodische Verfahren der Wissenschaft" (72). Solches hermeneutische Verstehen aber „kann nicht vorurteillos in die Sache eindringen, sondern ist unvermeidlich vom Kontext, in dem das verstehende Subjekt seine Deutungsschemata zunächst erworben hat, voreingenommen. Dieses Vorverständnis kann thematisiert, es muß in jeder hermeneutisch bewußten Analyse an der Sache erprobt werden" (73).

Nun gibt es einerseits keinen konsistenten Grund für die Annahme, daß Intuitionen direkte Verhaltenswiderspiegelungen linguistischen Wissens sind; auf der anderen Seite ist Intuition eine Form von Eigenerfahrung, die von der Linguistik bisher nicht hinreichend analysiert worden ist. Feststeht nur: „Linguistische Intuitionen zu haben, ist selbst eine Form von Verhalten, das seine eigenen Gesetze ins Spiel bringen kann" (74).

---

69 Gloy (1975,106).

70 Gloy (1975,117).

71 Vgl. hierzu vor allem Piaget (1973,40-42), der dort das für die Psychologie in gleicher Weise existierende Problem darstellt und gleichzeitig Möglichkeiten seiner Lösung aufzeigt.

72 Apel (1976b,292).

73 Habermas (1971,122f).

74 Gloy (1975,111).

Über Art und Funktionieren der internen Faktoren, die sprachlicher Intuition zugrunde liegen, ist bisher so gut wie nichts bekannt (75).

Aus den genannten Schwierigkeiten führt nun nicht ohne weiteres schon jenes Verfahren heraus, das als bloße Deskription nicht selten zum blinden, d.h. begriffslosen Registrieren gerät.

Neben der Frage, wie es dem Linguisten gelingen kann, die den in einem Korpus verzeichneten sprachlichen Äußerungen zugrunde liegenden Muster bzw. Normen zu rekonstruieren, wie er der Gefahr entgeht, bei Widersprüchlichkeit der konkreten Äußerungen nicht auf Vorbilder zurückzugreifen, die eine Norm verkörpern, gilt es vordringlich zu klären, welche Forderungen an Inhalt, Umfang und Aufbau eines Korpus zu stellen sind, welche Rolle die Statistik spielen soll und welche Methoden eine adäquate Beschreibung des in einem Korpus präsentierten Materials garantieren.

Sicher scheint uns zu sein, daß es nach einer Phase der Entwicklung hochgradig abstrakter Modelle notwendig ist, die Theorie wieder „in einem signifikanten Grad an die Sprachrealität zu approximieren" (76).

Aus solchem Vorhaben folgt u.a. auch die Forderung, das Postulat der homogenen Sprachgemeinschaft aufzugeben und dasjenige der Idealisierung des Sprecher-Hörers abzubauen.

Wir möchten hier nicht dem von Schnelle (1976,218) geäußerten Gedanken nachgehen, „daß fast alle Sprachwissenschaftler unseres Jahrhunderts ihre Aufgabenstellung in radikaler Weise einseitig sehen, in einer Weise, die auch verhindert, daß sie eine angemessene Vorstellung von ihrem Gegenstandsbereich gewinnen können". Entgegen der weit verbreiteten Ansicht, daß Sprachbeherrschung eines kompetenten Sprechers einer Sprache die Beherrschung d e r Struktur der Sprache bedeute, ist Schnelle (1976,218) der Auffassung, „daß die Sprachbeherrschung eines kompetenten Sprechers einer Sprache ein bloßes Agglomerat von Interpretationsrahmen für Rede ist, das allenfalls partiell in seinem Zusammenhang organisiert ist und mit dessen Hilfe auch jede als verstehbar beabsichtigte Artikulation, also die Produktion von Rede, gesteuert wird. Eine Sprache, die von den Sprechern einer Sprachgemeinschaft beherrscht wird, ist nichts anderes als die Menge der von ihnen beherrschten Interpretationsrahmen".

Wenn Kanngießer (1972a) auch in Ablehnung des Homogenitätspostulats zunächst überzeugend dafür plädiert, nicht nur jeweils eine einzige, sondern eine Vielzahl in Teilen identischer, in anderen Teilen divergierender, insgesamt aber koexistierender Grammatiken einer natürlichen Sprache anzunehmen, so stellt seine Konzeption in diesem Punkt doch schließlich nur eine Variante der Chomskyschen These dar: statt einer einzigen soll es nämlich nunmehr eine Vielzahl homogener Sprachgemeinschaften geben.

---

75 Hildebrandt (1977,149) unterscheidet zwischen linguistischer Intuition als Sprachbewußtsein und linguistischer Intuition als Sprachgefühl, die nach seiner Auffassung jeweils „andere Fähigkeiten zu verlangen und anderen Funktionsprinzipien zu gehorchen" scheinen.

76 Dittmann (1975,2).

Wenn Kanngießer (1972a,150ff) dann meint, daß der Vorteil seines Koexistenzmodells in der Möglichkeit läge, nicht nur diachronische und synchronische Sprachbeschreibung integrieren, sondern obendrein auch durch die schrittweise Einbeziehung soziolinguistischer Komponenten schließlich zu einer „Theorie schichtenspezifischer Sprachkenntnisse" gelangen zu können, so muß dem entgegengehalten werden, was schon im Kapitel 2.2 zu den Versuchen der Entwicklung isolierter Teiltheorien gesagt worden ist, daß es nämlich mehr als fraglich ist, ob zum einen irgendein Bereich von Sprache bei gleichzeitiger Vernachlässigung anderer relevanter Aspekte sich adäquat beschreiben läßt, ob zum anderen derart isoliert gewonnene Teiltheorien später nahtlos zu einer Gesamtansicht zusammengefügt werden können (77).

Im Gegensatz auch zu Kanngießer kommt Klein (1974,39) zu dem Schluß, daß jede Art von Homogenitätsannahme die Lösung des Problems verhindert:
„1. Wenn man von Einzelgrammatiken für einzelne, jeweils in sich homogene Sprechergruppen ausgeht, ist es überhaupt nicht oder nur sehr schwer möglich, den Zusammenhang zwischen diesen einzelnen Grammatiken zu beschreiben. Die bisher vorgeschlagenen Verfahren führen in der Regel zu nichts. 2. Es ist nicht möglich, eine Sprechergemeinschaft in im Sinne der Annahme homogene Gruppen zu zerlegen; selbst wenn man die Gruppen extrem klein macht, nämlich jeweils nur einen Sprecher umfassen läßt, erreicht man keine Homogenität, weil bereits ein einzelner Sprecher über mehrere Varietäten verfügt".

So ist für Klein (1974,36) die zentrale Aufgabe der Sprachwissenschaft „die Beschreibung der Sprache als eines Systems von Varietäten; Varietäten sind Regelhaftigkeiten im sprachlichen Verhalten von Sprechern unter bestimmten Umständen" (78).

Da in den weiteren Kapiteln noch ausführlich darüber zu sprechen sein wird, wollen wir an dieser Stelle darauf verzichten, auseinanderzulegen, in welcher Weise und in welchem Maß Deskription und Intuition aufeinander angewiesen sind. Hier ging es uns zunächst vor allem darum, aufzuzeigen, welchen Gefahren eine Sprachbetrachtung ausgesetzt ist, die sich vornehmlich oder ausschließlich auf Intuitionen bzw. Eingebungen verläßt.

„Die bei Klein hervorgehobenen Gesichtspunkte: Aufgabe der Homogenitätsannahme zugunsten einer Heterogenitätsannahme und die methodische Verlagerung auf Sprachbeobachtung auf Grundlage eines Korpus anstelle der Arbeit mit introspektiven Urteilen des Linguisten selbst, sind sicherlich zwei wesentliche Kennzeichen einer Linguistik, die sich bemüht, Sprache mehr als bisher als Kommunikationsmittel, und das heißt: in ihrer gesellschaftlichen Funktion zu betrachten" (79).

---

77 Zur Kritik an Kanngießer vgl. z.B. Klein (1974) und neuerlich auch Bense (1978,182-191).

78 Klein (1974) unterscheidet zeitliche, dialektale, soziale und situative Variation.

79 Bense (1978,198f).

2.4.2 Deduktion und Induktion

Einer gängigen wissenschaftstheoretischen Einteilung zufolge lassen sich deduktive von induktiven Methoden unterscheiden, wobei wir hier davon absehen wollen, daß Induktion im strengen Sinne lediglich einen Sonderfall der sogenannten Reduktion darstellt (80). Da wir im folgenden nicht so sehr von einzelnen Methoden als vielmehr über Mengen von Methoden handeln werden, erscheint es uns angemessener, in unserem Zusammenhang von Methodik als einem System von Methoden zu sprechen und den Begriff Methode nur dann zu verwenden, wenn ein einzelnes Verfahren gemeint ist.

Eine deduktive Methodik ist eine in der Reihenfolge ihrer Anwendung festgelegte Gesamtheit von Methoden bzw. Verfahren, deren Leistung darin besteht, aus gegebenen Prämissen auf extensionaler Grundlage Schlußfolgerungen abzuleiten. Dieser logische Schluß erfolgt nach dem Schema (81).

$p \rightarrow q$	wenn p, dann q	} Prämissen
p	nun gilt p	
q	folglich gilt q	} Konklusion

Wenn als Prämissen Axiome fungieren, spricht man auch von einer axiomatischen bzw. axiomatisch-deduktiven Methodik.

Als induktive Methodik wird die Gesamtheit der in der Reihenfolge ihrer Anwendung ebenfalls festgelegten Methoden bzw. Verfahren bezeichnet, deren Leistung es ist, aus gegebenen Prämissen auf intensionaler Grundlage Schlußfolgerungen abzuleiten, die den Prämissen gegenüber Erweiterungen darstellen.

Induktiv wird z.B. verfahren, wenn man daraus, daß eine Eigenschaft auf die Elemente einer Teilklasse der Klasse K zutrifft, schließt, daß diese Eigenschaft für alle Elemente der Klasse zutrifft.

Das Schema des induktiven Schließens läßt sich stets auf das bringen, was für die die Induktion einschließende Reduktion gilt: (82)

---

80 Vgl. hierzu Klaus/Buhr (1972) unter den Stichwörtern „Methode" und „Methodik", „Deduktion" und „deduktive Methode", „Induktion" und „induktive Methode", „Reduktion" und „reduktive Methode".

81 Klaus/Buhr (1972) geben unter dem Stichwort „Reduktion" zur Erläuterung das folgende Beispiel: p sei die Aussage „Es regnet", q sei die Aussage „Das Pflaster wird naß". Der allgemeine „Satz", der zugrunde liegt, ist die Aussage „Wenn es regnet, dann wird das Pflaster naß". Wenn außer dieser Voraussetzung noch bekannt ist, daß es regnet, folgt aus dem Schema, daß das Pflaster tatsächlich naß wird.

82 Um es mit dem ebenfalls Klaus/Buhr (1972) entnommenen Beispiel zu verdeutlichen: wenn außer dem allgemeinen Zusammenhang „Wenn es regnet, dann wird das Pflaster naß" noch bekannt ist, daß das Pflaster naß ist, so folgt aus dem nachstehenden Schema nicht zwingend, daß es regnet, daß also p eine wahre Aussage ist. Die Nässe des Pflasters könnte durchaus ja auch eine andere Ursache haben.

$p \rightarrow q$	wenn p, dann q	}	Prämissen
q	nun gilt q		
p	folglich gilt p	}	Konklusion

Induktive Schlüsse sind nicht zwingend; sie führen wiederum zu Hypothesen bzw. zu allgemeinen Aussagen, die mit einer gewissen Wahrscheinlichkeit gelten (83).

Neben einer Reihe anderer, an späterer Stelle dieses Kapitels noch zitierter Sprachwissenschaftler hat sich vor allem Roger G. van de Velde ausführlich mit der Frage der Anwendung deduktiver und induktiver Methoden in der Linguistik beschäftigt (84). Zur Begründung seiner Untersuchungen führt er an, daß „man in der linguistischen Forschungsaktivität nicht einwandfrei vorgehen können (wird), wenn nicht die logische Theorie der Anwendung von Induktion und Deduktion hinreichend berücksichtigt wird" (85).

Wenn wir im folgenden in Anlehnung an van de Veldes Sprachgebrauch von empirisch-deskriptiver als primär-induktiver und von axiomatisch-deduktiver als primär-deduktiver Methodik sprechen, so geschieht das deshalb, weil zum einen beide Typen in der Linguistik nicht in reiner Form vorkommen (können) und eine strikte Distinktion immer nur hypothetischer Art ist, weil zum anderen – wie noch zu zeigen sein wird – induktive und deduktive Methodik nicht nur in einzelnen Teilschritten Komponenten der jeweils anderen Verfahrensweise enthalten, sondern insgesamt aufeinander bezogen sind.

Während eine empirisch-deskriptiv begründete Linguistik eine Theorie der Beschreibung aktualisierter Sprachverwendung anstrebt, eher auf die Fakten bezogen und interpretationsorientiert ist, mit dem Ziel, durch fortwährende Überprüfung ihrer stets wiederum als Hypothesen fungierenden Schlußfolgerungen einen stets höheren Grad der Wahrscheinlichkeit ihrer Aussagen über die Systematik der Sprachverwendung zu erreichen, hat eine axiomatisch-deduktiv argumentierende Linguistik die Entwicklung einer formalen, logisch-mathematischen Theorie der natürlichen Sprachen zum Ziel, ist eher auf das den Fakten zugrunde liegende postulierte Sprachsystem bezogen und erklärungsorientiert mit dem Ziel, durch rationale Rechtfertigung nachzuweisen, daß ihre Aussagen logisch wahr, d.h. zwingend sind und daher auch Voraussagen erlauben.

Dementsprechend sind die Methoden einer primär-deduktiven Linguistik nur indirekt an der Empirie orientiert. Der ihren Vertretern eigene Begriff von Erfahrung läßt sich – wie wir oben schon angezeigt haben – wohl am ehesten als intuitionistisch bezeichnen.

Der im sogenannten H-O-Schema sicher am prägnantesten formulierte methodische Apparat soll gewährleisten, aus bestimmten Prämissen (Antecedensbedingungen

83 Wir können hier nicht auf die umfangreiche Literatur zu diesem Thema eingehen und verweisen stattdessen z.B. auf Essler (1973), Kutschera (1972), Lenzen (1974), Seiffert (1973), Stegmüller (1969), (1973) und (1975) sowie Wuchterl (1977).

84 Verwiesen sei in diesem Zusammenhang auch auf Velde (1971a) und (1971b).

85 Velde (1974,14).

und Gesetzmäßigkeiten, die das Explanans darstellen) mithilfe logischer Schlußfolgerungen wahre Konklusionen (die das Explanandum darstellen) abzuleiten (86).

Explanans	$A_1, A_2, \ldots, A_n$	(Sätze, welche die Antecedensbedingungen beschreiben)
	$G_1, G_2, \ldots, G_n$	(allgemeine Gesetzmäßigkeiten)
Explanandum	E	(Beschreibung des zu erklärenden Ereignisses)

Dabei sollen die folgenden Bedingungen gelten:

B_1. Das Argument, welches vom Explanans zum Explanandum führt, muß korrekt sein.
(Bei deduktiv-nomoligischen Erklärungen muß das Explanandum eine logische Folgerung des Explanans sein).
B_2. Das Explanans muß mindestens ein allgemeines Gesetz enthalten (oder einen Satz, aus dem ein allgemeines Gesetz logisch folgt).
B_3. Das Explanans muß einen empirischen Gehalt besitzen.
B_4. Die Sätze, aus denen das Explanans besteht, müssen wahr sein.
(Für den Fall, daß Gesetze zu erklären sind, werden keine Antecedensbedingungen benötigt).

Aus dem Schema wird ersichtlich, daß der Satz E, der das zu erklärende Ereignis bzw. den zu erklärenden Sachverhalt meint, aus den Prämissen $A_1, A_2, \ldots, A_n$ und $G_1, G_2, \ldots, G_n$ logisch abgeleitet werden muß. Der waagerechte Strich stellt dabei den Ableitungsschritt dar. Umgekehrt zeigt die Abbildung, daß der Satz E daraufhin zu prüfen ist, welche Antecedensbedingungen ($A_1, A_2, \ldots, A_n$) und welche Gesetzmäßigkeiten ($G_1, G_2, \ldots, G_n$) das im Explanandum enthaltene Ereignis erscheinen lassen (87).

Die Kritik der Anwendung des Hempel-Oppenheim- bzw. H-O-Schemas in der Linguistik, wo es z.B. in Chomsky (1969), Heringer (1970) und der Glossematik eine gewichtige Rolle spielt, beschäftigt sich vor allem mit der Frage der Objektivität der in den Prämissen enthaltenen Feststellungen sowie mit dem Problem der damit unmittelbar zusammenhängenden intersubjektiven Nachprüfbarkeit der Konklusionen (88).

Andresen (1974), die sich in ihrer Arbeit damit auseinandersetzt, ob linguistische Theorie als erklärende Theorien bezeichnet werden können, kommt zu dem Schluß: „Der sozialwissenschaftliche Charakter linguistischer Regeln und die Tatsache, daß die Sprecherintuition als Objekt linguistischer Theorien zugleich

86 Vgl. Stegmüller (1969,84).

87 Die Anwendung des H-O-Schemas auf linguistische Theorien illustrierende Beispiele finden sich z.B. in Wang (1972,150), Weydt (1975,63) und Wunderlich (1974,110). Referiert und kritisch diskutiert werden diese Beispiele von Bense (1978,127-140). Als Beispiel einer sozialwissenschaftlichen Diskussion des Problems von Induktion und Deduktion siehe Opp (1970).

88 Eine Zusammenstellung der wissenschaftstheoretischen Diskussionen um das H-O-Schema bietet Stegmüller (1969).

in die Bedingungen der Möglichkeit linguistischer Theoriebildung eingeht, verbieten eine Einschätzung linguistischer Theorien als hypothetisch-deduktive Theorien" (89), d.h. als erklärende Theorien (90).

Bense (1978,136f) wendet gegen die Anwendung des H-O-Schemas zunächst einmal grundsätzlich ein, daß ungeklärt sei, ob durch das Explanandum bestimmte Fähigkeiten von Sprechern einer Sprache oder aber die Sätze bzw. Äußerungen der Sprache selbst erklärt werden sollen. „In beiden Fällen stellt sich die Frage, inwieweit das Explanandum ein raum-zeitliches Ereignis im Hempel/Oppenheimschen Sinne sein kann, bzw. inwieweit es auf ein solches zurückgeführt werden kann" (91).

Falls die Fähigkeiten von Sprechern erklärt werden sollen, ist es nach Bense (1978,136) notwendig, präzise anzugeben, „anhand welcher beobachtbaren Daten diese Fähigkeit festgestellt werden soll". Falls es aber darum geht, Sätze oder Äußerungen der Sprache zu erklären, sei es erforderlich klarzustellen, „ob es sich dabei um aktuelle Sprechvorgänge oder um abstrakte Entitäten handelt, bzw. in welcher Relation beide stehen".

Nach Bense stellt sich das Dilemma der Anwendung des H-O-Schemas in der Linguistik folgendermaßen dar: entweder werden als Explanandum irgendwelche Entitäten angenommen (seien dies nun ‚Sätze' oder ‚zugrunde liegende Fähigkeiten'), dann bietet zwar das H-O- als deduktiv-nomologisches Erklärungsschema die Möglichkeit korrekten Schließens, es bleibt aber das Problem zu lösen, wie diese abstrakten Entitäten zu den empirischen Daten in Bezug gesetzt werden können; oder aber das Explanandum stellt ein konkretes Ereignis dar, dann ist zwar der empirische Gehalt der Erklärung gewährleistet, unklar ist hingegen, ob es sich noch um ein korrektes Schlußschema handelt, „denn solange nicht klar ist, in welcher Weise sich die in einer generativen Grammatik ausgedrückten Regelmäßigkeiten zu aktuellen Sprechvorgängen verhalten, solange kann eine generative Grammatik auch nicht als allgemeine Gesetzmäßigkeit, unter die die einzelnen Sprechvorgänge ‚subsumiert' werden können, auftreten" (92).

Abschließend sei die von Velde (1974,82-89) vorgetragene Kritik von Anwendungen des H-O-Schemas in der Linguistik referiert. Velde, der sich in seiner Arbeit gründlich mit den Problemen der linguistischen Induktion und Deduktion auseinandersetz, hält den Vertretern einer von ihm so bezeichneten axiomatisch-deduktiven Linguistik, zu denen er z.B. Chomsky rechnet, zunächst einmal vor, daß sie es bisher versäumt hätten, die von ihnen postulierten Antecedensbedingungen präzise und vollständig anzugeben, daß sie außerdem noch keine spezifizierten Aussagen über die den allgemeinen Gesetzmäßigkeiten zuzurechnenden, universellen abstrakten Eigenschaften des Sprachsystems formuliert hätten. Wenn aber „die universellen abstrakten Regelmäßigkeiten ungenügend

---

89 Andresen (1974,162).

90 Wir beschäftigen uns mit diesem Problem in Kapitel 2.5.4.

91 Bense (1978,136).

92 Bense (1978,137).

spezifiziert sind, so erhebt sich die Frage, wie die Explanandumsätze unter solchen vagen Allgemeinheiten subsumiert werden können, ohne daß dabei die erklärende Rolle des deduktiven Argumentierens beeinträchtigt wird" (93).

Welche Probleme vage Hypothesen schaffen, wird besonders dann deutlich, wenn es gilt, eine Einzelsprache systematisch zu erfassen, über die nur geringe oder gar keine grammatischen Vorkenntnisse vorhanden sind, für die möglicherweise außerdem entweder keine oder nur unzuverlässige Informanten zur Verfügung stehen. Es ist offenkundig, daß eine primär-deduktiv verfahrende Methodik für eine solche Aufgabe der systematischen Erfassung nicht hinreichend erschlossener Realitäten untauglich und darauf angewiesen ist, daß vorab „der erforderliche Informationserwerb und die Kenntnis der Sprachrealität von anderer Seite erst mit anderen Mitteln zu leisten sind" (94).

Damit ist ein weiteres Mal das auch schon von anderen Kritikern gesehene Problem der Rolle der Empirie im deduktiven Verfahren angesprochen.

Die generelle Frage lautet: „Wie lassen sich hochgradig theoretische Begriffe, terminologische Festsetzungen, Symbole und Konstrukte, die im Explanans zu lokalisieren sind, zur Empirie in Beziehung setzen? " (95).

Diese Frage betrifft zum einen die Korrespondenzregeln, die den Kalkül zu den empirischen Sprachfakten in Beziehung zu setzen haben. Dies kann nur gelingen, wenn der Regelapparat hinreichend explizit ist, welche Bedingung zumindest für die Standardtheorie der generativen Transformationsgrammatik als nicht erfüllt angesehen werden kann (96).

Die Frage betrifft zum anderen die Tatsache, daß eine primär-deduktive Methodik nicht nur bei der Formulierung der Prämissen, sondern vor allem auch bei der Interpretation und Bestätigung ihrer Hypothesen und Konstrukte auf Empirie nicht verzichten kann.

Nimmt man an, daß in einer ersten Phase die in der Ideokompetenz des Linguisten begründete Formalisierung der Regelmechanismen erfolgt, dann stellt sich die Frage, auf welche Weise die zweite Phase, in der zur Überprüfung der ersten Phase deren Ergebnisse in Bezug zur Kompetenz des native speaker zu setzen sind, intersubjektiv abgesichert werden kann. Um hierbei dem Problem der eventuell aus der Betrachtung widerstreitender Intuitionen notwendig zu folgernden Annahme mehrerer möglicher Grammatiken zu entgehen, werden in dieser Phase etliche Idealisierungen einkalkuliert und die Ausrichtung auf die Empirie schließlich auf eine dritte Phase des Argumentierens verschoben.
In dieser dritten Phase wird dann die Intuition des native speaker in Anspruch genommen, um an der Empirie ausgerichtete Entscheidungen über Grammatikalität, strukturelle Identität etc. zu treffen.

---

93 Velde (1974,83).

94 Velde (1974,84).

95 Velde (1974,85).

96 Vgl. z.B. Seuren (1969,47ff).

Velde (1974,87f) vertritt die These, daß durch die Theorie der generativen Transformationsgrammatik „keine neuen Wirklichkeitserkenntnisse gewonnen worden sind. Es handelt sich vielmehr um eine deduktive Systematisierung des von anderen Forschungsrichtungen erreichten Wissensbestandes [. . .]. Insofern liegt der erreichte Wissenszuwachs im methodologischen Bereich". Ähnlich formuliert auch Wunderlich (1974,197): „Axiomatisierung liefert in empirischer Hinsicht keine unmittelbar neuen Erkenntnisse; sie liefert aber Erkenntnisse hinsichtlich des inneren Zusammenhangs unseres Wissens".

Was nun die unter Erklärung auch verstandene Prognosefähigkeit betrifft, so ist zu bemerken, daß z.B. die generative Transformationsgrammatik, so sehr ihre Prädikationen auch an den Anforderungen der Wissenschaftstheorie orientiert sein mögen, keine Voraussagen darüber erlaubt, unter welchen Bedingungen neue Phänomene in Erscheinung treten oder in welchen Intervallen Ereignisse stattfinden werden. Sie beschränkt sich vielmehr darauf, „vorherzusagen, ob der kompetente Sprecher Sätze seiner Muttersprache als grammatische Sätze anerkennen wird, ob er Sätze mit identischen Strukturen wiedererkennen wird und ob er identifizieren wird, daß ein Satz zwei Tiefenstrukturen hat" (97).

Auch wenn wir zugestehen und an späterer Stelle dieser Arbeit aufzeigen möchten, daß Erklärung nicht notwendig gleichbedeutend mit Prognose zu sein braucht, bleibt für die generative Transformationsgrammatik festzustellen, daß sie ihren eigenen Ansprüchen, Prognosen zu ermöglichen, nicht genügt: „Ihre Prädikationen verbleiben im hermeneutischen Kreise desselben Vorwissens und unterliegen den zeitlichen, räumlichen und soziokulturellen Beschränkungen der Genese einer einzelnen Ideokompetenz" (98).

Wie wir schon eingangs dieses Kapitels gesagt haben, sind induktive und deduktive Methoden nicht in der Weise strikt voneinander zu trennen, daß sie sich jeweils zu exklusiven Mengen zusammenfassen ließen.

So treffen wir in der Linguistik letztlich auch immer nur methodische Vorgehensweisen an, die jeweils Verfahrensschritte beider prinzipieller Möglichkeiten in allerdings unterschiedlicher Gewichtung enthalten. Aus diesem Grund erscheint es auch als sinnvoll, immer nur von einer primär-deduktiven und einer primär-induktiven Methodik zu sprechen.

So sind z.B. auch Petöfi/Rieser (1974,6) der Ansicht, „daß eine linguistische Theorie, wenn sie einen empirisch gegebenen Objektbereich erklären soll, aufgrund deduktiver und induktiver Schritte zustande kommen muß, d.h. aufgrund ausgewählter formaler Grammatikmodelle einerseits und aufgrund heuristischer Untersuchungen andererseits. Dazu ist zu sagen, daß auch die Heuristik nicht ohne deduktive Verfahren auskommen kann, so z.B. bei der Klassenbildung und der tentativen Festlegung von grammatischen Regularitäten" (99).

---

97 Velde (1974,88).

98 Velde (1974,88). Z.B. vertritt Botha (1968,59;64;95;100) sehr entschieden die Auffassung, daß sich aufgrund, und zwar nur aufgrund eines deduktiv-nomologischen Modells Voraussagen treffen lassen.

99 Ähnlich wie hier Petöfi/Rieser argumentiert auch Lieb (1970,5): „Daß die Sprachwissenschaft eine empirische Wissenschaft ist, [. . .] heißt für uns unter anderem, daß sie sich sowohl der Deduktion als auch der Induktion bedient".

Da es nun keine Wissenschaft gibt, die sich ausschließlich deduktiver oder induktiver Methoden bedient, da selbst eine so abstrakte Disziplin wie die theoretische Physik nicht ohne jeden Bezug auf empirische, d.h. auf induktivem Wege gewonnene Gesetze auskommt, wird auch die Auffassung vertreten, daß induktive und deduktive Methoden eine dialektische Einheit bilden, wobei Rolle und Gewicht von Induktion und Deduktion in den einzelnen Wissenschaften wie auch in den Entwicklungsphasen einer jeden Wissenschaft unterschiedlich sind (100).

Coseriu (1972,10f) sieht das Verhältnis von Induktion und Deduktion in Korrespondenz zur Unterscheidung von „Allgemeiner Sprachwissenschaft" und „Sprachtheorie": „In der Sprachtheorie wird deduktiv vorgegangen: Es wird nach dem gefragt, was durch einen bestimmten Begriff notwendigerweise schon gegeben ist, was also mit einem bestimmten Begriff zusammenhängt. In der sogenannten ‚Sprachwissenschaft' gehen wir hingegen induktiv vor, wir stellen einfach empirisch fest, was in den verschiedenen Sprachen analog oder gleich ist oder was verschiedenen Sprachen gemeinsam ist. In der ‚Sprachtheorie' geht es um das Universelle, in der ‚Allgemeinen Sprachwissenschaft' geht es um das empirisch Allgemeine. Die ‚Sprachtheorie' ist eigentlich die Ebene der Definitionen, die ‚Allgemeine Sprachwissenschaft' eine Ebene der allgemeinen Feststellungen und der entsprechenden Verallgemeinerungen".

Während – wie wir vorhin bereits hervorgehoben haben – der von einer primärdeduktiv orientierten Linguistik geleistete Beitrag zur Methodologie gemeinhin unbestritten ist, wird derjenigen, die eher primär-induktiv ausgerichtet ist, meist vorgeworfen, sie verfüge über keine, oder wenigstens keine hinreichende Theorie ihrer Methoden.

Da wir uns im Kapitel 2.5 eingehend mit dem Aufbau einer primär-induktiven Methodik befassen, soll es hier genügen, einige grundsätzliche Schwierigkeiten bzw. Probleme aus diesem Bereich anzusprechen.

Was von der deduktiven Methode gesagt wurde, gilt in gleichem Maße von der induktiven: sie ist den Einzelwissenschaften immer nur in einer dem Idealmodell angenäherten Form verwirklicht. Ein erstes Problem stellen die meist nicht explizierten Vorannahmen jeder primär-induktiv verfahrenden Methodik dar, von denen eine ist, daß den Einzelfakten der menschlichen natürlichen Sprache gewisse systematische Charakteristika gemeinsam sind. Da die Vorannahmen bereits die Beobachtung als die inaugurative Komponente jeglicher Beschreibung anleiten, dürfen sie in keinem Fall verschwiegen oder auch als bekannt vorausgesetzt werden.

Einen zweiten Problemkreis primär-induktiver Methodik stellen die mit den Vorannahmen in engem Zusammenhang stehenden deduktiven Verfahrensschritte dar. Abgesehen von der aus mannigfaltigen Beobachtungen abgeleiteten und vielfach bestätigten Grundannahme, daß sprachliche Äußerungen gemeinsame systematische Züge aufweisen und daher auch systematisch beschreibbar sind, ist im weiteren die Auswahl der Beobachtungsdaten, der immer schon eine spezifische Hypothese vorausgeht, ist sodann die abschließende Klassifikation der Beobach-

---

100 Vgl. z.B. Klaus/Buhr (1972) unter dem Stichwort „Reduktion"; außerdem Serébrennikow (1976,222-226). Adorno (1969,90) bemerkt zu dieser Frage: „Das Begriffspaar Induktion und Deduktion ist der szientifische Ersatz für Dialektik".

tungsdaten, die eine über den empirischen Befund hinausreichende Verallgemeinerung bedeutet, deduktiv geprägt.

Damit ist ein weiteres Problem angesprochen, das die der primär-induktiven Methodik als Material dienende Sammlung von Sprachdaten betrifft. Da es unmöglich ist, die sprachlichen Äußerungen einer Sprachgemeinschaft, selbst wenn man sich auf schriftsprachliche und innerhalb sehr begrenzter Zeiträume produzierte Äußerungen beschränkte, vollständig zu erfassen und auszuwerten, bleibt jegliche empirische Forschung auf eine Auswahl angewiesen, die sie als repräsentativ oder wenigstens als exemplarisch werten muß, wenn sie Verallgemeinerungen implizierende Klassifikationen vornehmen will.

Aus der notwendigen Limitation der Korpora resultiert schließlich als weiteres Problem, welcher Erkenntniswert nämlich den empirisch-deskriptiv gewonnenen Aussagen zugesprochen werden kann. Logisch wahr und rational gerechtfertigt können sie nicht sein, da sie nicht Ableitungen aus generellen Regularitäten und logisch wahren Aussagen darstellen. Vielmehr können sie stets nur eine begrenzte Geltung mehr oder weniger großer induktiver Wahrscheinlichkeit für sich in Anspruch nehmen.

Der Grad der Wahrscheinlichkeit hängt nicht zuletzt davon ab, in welchem Maße es gelingt, die der Untersuchung zugrunde gelegte Materialauswahl als repräsentativ auszuweisen, die Vorannahmen zu explizieren und die Methoden zu begründen und im Rahmen einer primär-induktiven Methodik systematisch zu organisieren.

2.5 Konzeption einer primär-induktiven Methodik

„Es ist bis heute keinem gelungen, das praktisch überall Betätigte auch nur einigermaßen so zu ordnen, daß eine Übersicht des ganzen Induktionsverfahrens der Sprachforscher möglich wäre" (101).

Daß diese 1934 von Bühler getroffene Feststellung heute nur wenig an Aktualität eingebüßt hat, liegt zum einen an dem keineswegs unberechtigten Mißtrauen theoretisch orientierter Linguisten gegenüber einer rigoros deskriptivistischen Auffassung von Sprachanalyse, die sich aufs bloße Registrieren von unmittelbar beobachtbaren Fakten eines in der Regel nicht näher begründeten Ausschnitts sprachlicher Realität ohne jeden Anspruch auf weiterreichende Gültigkeit ihrer Aussagen beschränkt und damit einer theoretischen Betrachtung kaum wert erscheint, liegt zum anderen daran, daß jene, die auf Anwendung ihrer Ergebnisse zielende Forschung betreiben, wegen der ihnen häufig auferlegten Arbeitsbedingungen keine Gelegenheit zur theoretischen Reflexion ihrer Praxis finden und selbst bei gutem Willen gleichzeitig auch keine Möglichkeit sehen, die nicht selten zu hochgradig abstrakten Modellen geronnenen Resultate theoretischer Linguistik zur Lösung ihrer Probleme zu nutzen und daher auf Methoden zurückgreifen, die möglicherweise dem Gegenstand ihrer Forschung nicht adäquat sind, dafür aber als erprobt und bewährt gelten (102).

---

101 Bühler (1978,15).

102 Zu den Problemen und Bedingungen angewandter Forschung vgl. Schaeder (1979a,226-231).

Der folgende Versuch der Rekonstruktion methodischen Vorgehens einer primär-induktiven Linguistik, der wesentliche Anstöße den Ausführungen von Velde (1974) verdankt und auf den Erfahrungen einer größeren Zahl eigener Forschungsarbeiten basiert (103), möge als Beitrag zur Überbrückung der erwähnten Diskrepanz von praxisferner Theorie und theorieferner Praxis verstanden werden. Wenn wir im folgenden von Methodik sprechen, so meinen wir damit eine in ihrem Aufbau geordnete und als Anleitung für das praktische Vorgehen geeignete Gesamtheit begründet aufeinander bezogener Methoden.

2.5.1 Vorannahmen

Wie wir schon an anderer Stelle dieser Arbeit betont haben, sollte es eine primär-induktiv verfahrende Linguistik nicht versäumen, die implizit vorhandenen Vorannahmen zu explizieren. Solche Vorannahmen betreffen zum einen den Gegenstand Sprache, über den ein seine wissenschaftliche Betrachtung überhaupt erst ermöglichendes Vorverständnis zunächst schon vorhanden sein muß, sie betreffen zum anderen das einzelne Forschungsobjekt, das sich nur aufgrund bestimmter Annahmen über die Gliederung des Gegenstandes deliminieren läßt. Sie betreffen schließlich die das einzelne Forschungsobjekt jeweils konstituierenden Fakten, deren Beobachtung schon ein gewisses theoretisches Vorverständnis voraussetzt, das eben diese Beobachtung anleitet.

Wenn es solche Vorannahmen nicht gäbe, könnten die Beobachtungs-, Vergleichs- und Klassifizierungsprozeduren nicht zielgerichtet verlaufen, wäre es damit auch unmöglich, die Beziehungen zwischen den Einzelfakten einer Erklärung zuzuführen.

Im folgenden seien einige dieser Vorannahmen über den Gegenstand und die ihm zugehörenden Objekte skizziert, die im Rahmen der hier entworfenen Methodik als Hypothesen fungieren und nicht etwa als logische Wahrheiten, wie sie eine primär-deduktive Linguistik anstrebt.

Die Hypothesen, an denen eine primär-induktive oder – wie wir sie auch nennen – empirisch-deskriptive Methodik sich orientiert, können und wollen allein eine Gültigkeit von mehr oder weniger hohem Wahrscheinlichkeitsgrad beanspruchen. Wenn sie auch wohl durch zahlreiche Erträge sprachwissenschaftlicher Forschung mannigfache Bestätigung erfahren haben sollten, so bleiben sie doch grundsätzlich falsifizier- und durch besser bestätigte Hypothesen ersetzbar.

Die Hypothesen müssen nicht nur expliziert, sondern auch in eine möglichst hierarchische Ordnung gebracht werden, da sonst nicht zu entscheiden wäre, welchen induktiven Feststellungen welche Relevanz für die Bestätigung welcher Hypothesen zukommt, bzw. nicht überprüft werden könnte, welche Ergebnisse welche Hypothesen in welchem Maße bestätigen.

Erwähnt sei vorweg auch, daß die induktiven Verfahrensweisen keine discovery procedures im Sinne solcher absoluten Entdeckungsprozeduren sind, mit deren Hilfe neue, der Erfahrung unzugängliche Wissensdaten zu Tage gefördert werden könnten. Sie dienen vielmehr dazu, die Wahrscheinlichkeit der Annahmen

---

103 Vgl. Bergenholtz/Schaeder (1976), (1977a), (1977b), (1978); Booss/Schaeder/Schweisthal (1972); Moffat/Schaeder (1971); Schaeder (1971), (1974), (1979a).

zu stützen. Dadurch, daß sie im Akt der Beschreibung Zusammenhänge zwischen den Einzelfakten herstellen, zielen sie aber nicht nur auf die Bestätigung der Vorannahmen über die untersuchten Objekte und des durch sie konstituierten Gegenstands, sondern auch auf Erklärung; nicht, indem sie das Warum, sondern dadurch, daß sie das Wie von Zusammenhängen darstellen (104).

„Die Art der Fragen, die gegenwärtig von der Linguistik behandelt werden sollten, sind also im Prinzip Fragen, die auf die allgemeine Formel gebracht werden können: ‚Wie funktioniert eigentlich sprachliche Kommunikation'? , d.h. Fragen, die zunächst auf eine genaue Beschreibung der sprachlichen Sachverhalte abzielen. Eine solche Beschreibung kann nicht allein aufgrund der Intuitionen des Linguisten, anhand der Konstruktion von Beispielsätzen erfolgen, sondern erfordert eine genaue empirische Untersuchung der jeweiligen Sprache" (105).

Die erste Vorannahme lautet: Die Einzelfakten menschlicher natürlicher Sprache bilden ein Gesamtsystem (106).
Ohne hier darauf eingehen zu wollen, ob man eher von einem geschlossenen oder eher von einem offenen System ausgehen sollte (107), ist die Annahme einer Systemhaftigkeit von Sprache unerläßlich, um sie überhaupt zum Gegenstand wissenschaftlicher Betrachtung machen zu können.

Die zweite Vorannahme lautet: Das Gesamtsystem jeder einzelnen menschlichen natürlichen Sprache kann insgesamt verschiedene Funktionen erfüllen und wird außerdem durch wiederum systemhafte Komponenten bzw. Teilsysteme gebildet, die in den Stadien ihrer historischen Entwicklung unterschiedliche Ausprägungen erfahren haben können. Als eine dieser Komponenten bzw. als eines dieser Teilsysteme kann die Grammatik angesehen werden.

Die dritte Vorannahme lautet: Jede der Komponenten bzw. der Teilsysteme des Gesamtsystems enthält verschiedene Subsysteme. Als ein Subsystem des Teilsystems Grammatik läßt sich z.B. die Syntax betrachten.

Diese wie auch die vorhergehende Annahme sind erforderlich, um zum Zwecke ihrer gesonderten Untersuchung einzelne Objektbereiche aus dem Gesamtsystem Sprache ausgrenzen zu können. Beide Annahmen sind in Bezug auf die festgesetzten Grenzen und die bestehenden Überschneidungen sowie in Bezug auf die zwischen den Teilsystemen und zwischen Teil- und Subsystemen vorhandenen Relationen zu spezifizieren, weil dadurch nicht allein der Zusammenhang der Teile zu begründen ist, sondern weil es dadurch auch erst ermöglicht wird, integrationsfähige Teiltheorien über die der Analyse unterzogenen Aspekte und/oder Ausschnitte zu entwickeln.

---

104 Zu den verschiedenen möglichen Arten von Erklärung vgl. Stegmüller (1969).

105 Bense (1978,231).

106 Diese und die folgenden Vorannahmen sind in Anlehnung an Velde (1974,49-57) formuliert.

107 Watzlawick/Beavin/Jackson (1969,125f) sind der Ansicht, daß zur Erklärung geschlossener Systeme die Beantwortung der Warum-Frage unerläßlich ist, während zur Erklärung offener Systeme allein die Frage nach dem Wie ihres Funktionierens beantwortet werden muß.

Wenn auch grundsätzlich davon ausgegangen werden kann, daß zwischen höheren und niedrigeren Systemebenen eine Art Inklusionsbeziehung herrscht, so ist doch Grund genug, zwei weitere Annahmen zu formulieren.

Die vierte Vorannahme lautet: Komplexität, Erweiterbarkeit, Integrierbarkeit und Variabilität nehmen beim Übergang von den jeweils niedrigeren zu den jeweils höheren Systemebenen zu.

Die fünfte, mit der vierten unmittelbar korrespondierende Annahme lautet: Die Invarianz-, Stabilitäts- und Konnexitätsgrade nehmen zu, wenn die höheren Systemteile stufenweise in kleinere Subsysteme aufgegliedert werden.

Was mit den beiden zuletzt genannten Vorannahmen gemeint ist, wird deutlich, wenn man sich z.B. die Verhältnisse vor Augen hält, die zwischen Sätzen, Wortgruppen, Wörtern, Morphen und Graphen bestehen.

Eine sechste, speziell auf die Grammatik und ihre Subsysteme bezogene Vorannahme lautet: Das Funktionieren der grammatischen Subsysteme erfolgt durch zweidimensionale Koordination ihrer einzelnen Systemelemente.

Diese Annahme, die das Bestehen einer horizontalen, auf dem Prinzip der Kontiguität beruhenden Achse der Kombination (=syntagmatische Relation) und das gleichzeitige Bestehen einer vertikalen, auf dem Prinzip der Äquivalenz beruhenden Achse der Selektion (=paradigmatische Relation) postuliert, ermöglicht erst die das Verfahren der Induktion abschließende Bildung von Klassen (108).

2.5.2 Beschreibung

Unter Beschreibung soll hier eine komplexe Handlung verstanden werden, die aus einer Reihe von zielgerichteten, in ihrer Abfolge aufeinander aufbauenden Teilaktivitäten besteht (109).

Das primär-induktive Verfahren setzt sich aus den folgenden prozeduralen Teilaktivitäten zusammen: Beobachtung (BEO), innersprachliches Vergleichen (VGL) und Identifizieren (IDF), Delimination (DLT) oder Segmentierung (SEG) sowie Klassifikation (KLF), deren Zusammenhang im folgenden Schaubild aufgezeigt wird, wobei die Pfeile die Richtung des Vorgehens angeben, ohne daß damit ausgeschlossen wird, daß gewisse Einzelschritte wiederholt werden können, vielleicht auch wiederholt werden müssen.

---

108 Als Bedingungen der Möglichkeit für die Bestätigung der induktiven Vorannahmen über die Systemhaftigkeit von Sprache dürfen die folgenden Charakteristika gelten: (1) die Systemhaftigkeit manifestiert sich in den sprachlichen Äußerungen (Okkurrenzprinzip), (2) die Systemelemente kommen wiederholt vor (Rekurrenzprinzip), (3) sie kommen stets zusammen mit anderen Systemelementen zusammen vor (Kookkurrenz/Kollokation), (4) sie weisen eine jeweils bestimmte Verteilung auf (Distribution).

109 Vgl. hierzu und dem folgenden Velde (1974,32-34).

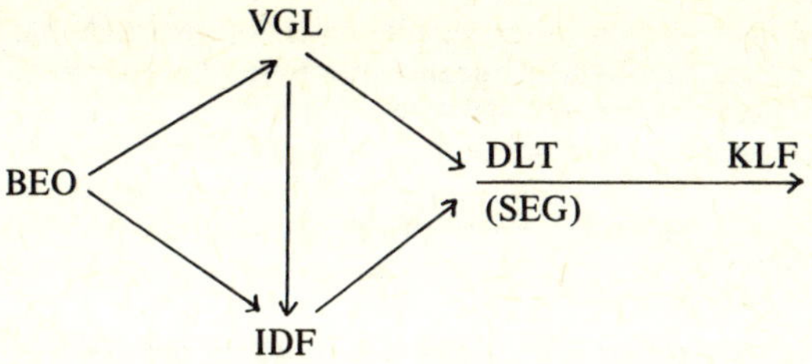

„Daß die Linguistik überhaupt aufs Beobachten angewiesen sei, bedarf keiner Erörterung; ihr Ruf als wohlbegründete Wissenschaft hängt zum guten Teil an der Zuverlässigkeit und Exaktheit ihrer Feststellungsmethoden" (110).

Die Beobachtung stellt innerhalb des Beschreibungsvorgangs sozusagen die inaugurative Komponente dar. Wir haben bereits betont, daß solche Beobachtung niemals theorielos vorgenommen werden kann, vielmehr in jedem Fall durch bestimmte theoretische Annahmen über den Gegenstand und ein spezielles Vorverständnis vom Untersuchungsobjekt angeleitet wird.

Auf das der Identifizierung grundsätzlich vorausgehende innersprachliche Vergleichen kann dann verzichtet werden, wenn über das zur Beschreibung anstehende Objekt bereits genügend Informationen für eben das Identifizieren vorliegen.

So werden auch bisweilen die hier isoliert aufgeführten Operationen des Beobachtens, innersprachlichen Vergleichens und Identifizierens im praktischen Forschungsprozeß nicht immer klar voneinander zu trennen sein. In solchem Fall stellen die innersprachlichen Vergleiche und das Identifizieren gleichsam korrelative Prozeduren dar.

Der dem Vergleich folgende Schritt des Identifizierens setzt die jede induktive Methodik überhaupt erst rechtfertigende Bedingung als erfüllt voraus, daß Sprachfakten wiederholt vorkommen bzw. wiederholbar sind. Wenn sich das innersprachliche Vergleichen noch als deskriptives Verfahren anerkennen läßt, so muß das ihm folgende Identifizieren allerdings als stark deduktiv geprägte Prozedur erscheinen.

Wenn man davon ausgeht, daß es genau besehen keine zwei oder gar mehr sprachliche Fakten gibt, die sich aufs Haar gleichen, d.h. miteinander identisch sind, folgt daraus, daß auch Wiederholungen von Sprachfakten ausgeschlossen und damit Versuche innersprachlichen Vergleichens nutzlos sind. Da aber ein solch rigoroser Begriff von Identität jegliche empirische Forschung erübrigen würde, da für deren Zweck auch ein weniger strenges Verständnis z.B. im Sinne einer partiellen Identität ausreicht, läßt sich dann auch von Identifizieren als einem durch Vergleich verursachten Wiedererkennen sprechen, was innerhalb empirischer Forschung heißt, daß Fakten dann als identisch gelten dürfen, wenn ihnen dieselben Konzepte zugesprochen werden können.

Die durch Konzeptualisierung gekennzeichnete Phase des Identifizierens bzw. Wiedererkennens kann ebenso wie das Beobachten nicht theorielos vonstatten gehen.

110 Bühler (1978,12).

Insofern sie aber durch unterschiedliche theoretische Annahmen verschiedener Forscher unterschiedliche Konzepte zur Folge haben kann – was zum Beispiel nach der Theorie des einen als Wort identifiziert wird, kann nach einer anderen als Morph wiedererkannt werden –, läßt sich diese Phase des Wiedererkennens nicht nur als eine „bestimmte Form der Interpretation", sondern auch als eine „theoriebedingte deskriptive Teilhandlung" auffassen, wie es z.B. Velde (1974,35) tut.

Mit dem Identifizieren geht – wie schon durch das Beispiel angedeutet wurde – die Zuordnung von Namen als Ausdrücken für Konzepte und für Klassen einher.

Dem Identifizieren folgt das bisweilen auch als Analyse bezeichnete Segmentieren bzw. Deliminieren, das die identifizierten Fakten aus ihren komplexen kotextuellen Zusammenhängen löst und ebenfalls nicht gänzlich theoriefrei verläuft.

Damit ist die Stufe des Klassifizierens vorbereitet, auf der durch das Schließen vom Partikularen auf Generelles eine über die Einzelbefunde hinausweisende Abstraktion vorgenommen wird. Daß dieser Schritt gelingt, ist vor allem durch richtiges Argumentieren sicherzustellen. Hiervon wird ebenso wie von den Möglichkeiten der Bestätigung induktiv gewonnener Aussagen noch die Rede sein müssen.

2.5.3 Argumentieren

Wie eine primär-deduktive Methodik von bestimmten Verallgemeinerungen ausgeht, um Singuläres zu erklären, so muß eine primär-induktiv verfahrende Methodik, vom Singulären ausgehend, schließlich in dem als Klassifikation bezeichneten Schritt zu bestimmten Verallgemeinerungen kommen.

Damit wird es erforderlich, die in der Logik entwickelten Prinzipien des richtigen Argumentierens auf eine Einzelwissenschaft anzuwenden.

Da die in der Logik entwickelten Argumentationsschemata die praktischen Belange der Einzelwissenschaften nur ungenügend berücksichtigen, hat Toulmin (1969) ein Argumentationsverfahren entwickelt, das einen für die Anwendung in den Einzelwissenschaften geeigneten Typus praxisbezogener Logik darstellt und, da es auch erlaubt, von Singulärsätzen auszugehen, sich auch für ein an den Bedürfnissen primär-induktiver Linguistik orientiertes Argumentieren nutzen läßt.

Toulmins Argumentationsschema hat die folgende Form:

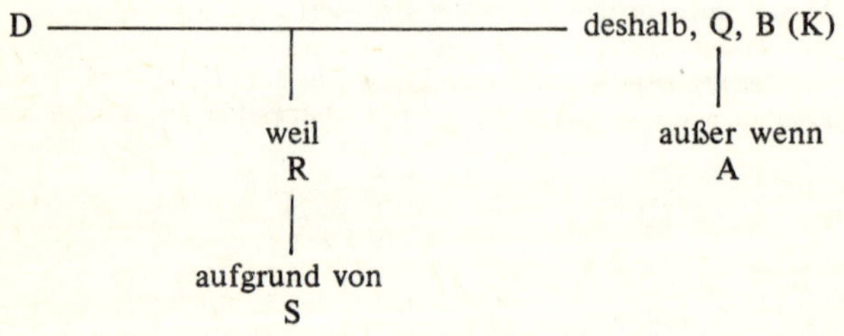

Toulmin (1969,104) unterscheidet in seinem Schema die folgenden Hauptschritte:

1. Daten (D);
2. Behauptung (B), die unter Umständen auch Konklusion (K) heißt;
3. Rechtfertigung (R);
4. Stützung (S) als weitere Untermauerung;
5. (modale) Qualifizierung (Q);
6. Ausnahmebedingungen (A).

In jeder Form von Argumentation wird eine bestimmte Behauptung in Beziehung zu gewissen Ausgangsinformationen gesetzt, die als Daten fungieren.

Dabei wird die B e h a u p t u n g (B), die – falls sie aus einer logischen Schlußfolgerung resultiert – auch Konklusion (K) heißt, durch einen überprüfbaren Satz geliefert.

Die D a t e n (D) dienen dazu, die Behauptung zu belegen.

Der Übergang von den Daten zur Behauptung verlangt eine spezielle R e c h t - f e r t i g u n g (R). Mit ihrer Hilfe soll begründet werden, daß der Schritt von den einzelnen Daten zu der generalisierenden Behauptung angemessen und legitim ist. Rechtfertigungen werden nicht selten in der Form genereller Sätze vorgetragen („Alle . . .", „Jeder . . .", „Immer wenn . . . dann . . ."), die z.B. durch das Anführen weiterer Daten eine zusätzliche empirische Untermauerung bzw. S t ü t z u n g (S) erfahren.

Da das hier vorgestellte Argumentationsverfahren aufgrund möglicher Ausnahmebedingungen eine nur begrenzte Gültigkeit für die aufgestellte Behauptung bzw. die gefolgerte Konklusion vorsieht, werden Behauptung bzw. Konklusion durch eine entsprechende (modale) Q u a l i f i k a t i o n (Q) als „möglich", „wahrscheinlich", „vermutlich", „vielleicht" gekennzeichnet.

Hierbei sind die A u s n a h m e b e d i n g u n g e n (A) explizit zu formulieren, aufgrund derer die vorgetragene Rechtfertigung nicht gilt. Auf der anderen Seite wird die Rechtfertigung dann eine zusätzliche indirekte Stützung erfahren, wenn die Ausnahmebedingungen lediglich geringfügiger Art sind.

Das von Toulmin (1969) in der Auseinandersetzung mit den Unzulänglichkeiten herkömmlicher formallogischer syllogistischer Verfahrensweisen für die Belange der Einzelwissenschaften entwickelte und ausführlich begründete Argumentationsschema wurde hier deshalb referiert, um dem häufig erhobenen Vorwurf zu begegnen, es gäbe keine Möglichkeit, die in einer primär-induktiven Methodik übliche Art des Schließens hinreichend theoretisch zu begründen und abzusichern.

Wie wir schon ausgeführt haben, wird sowohl in der deduktiv orientierten Linguistik teilweise induktiv, als auch in der induktiv orientierten Linguistik teilweise deduktiv verfahren, weshalb wir es auch vorgezogen haben, stets nur von primär-deduktiver und von primär-induktiver Linguistik bzw. Methodik zu sprechen.

Das Toulminsche Argumentationsschema läßt sich für ein primär-induktives Schließen deshalb nutzen, weil es die Schritte des Vorgehens übersichtlich und begründet ordnet, sich durch seine starke Ausrichtung auf Empirie auszeichnet und durch den verbindlich vorgeschriebenen Schritt der (modalen) Qualifizierung den Ansprüchen primär-induktiven Vorgehens in besonderer Weise gerecht wird.

Selbst, da das Schema einen deduktiven Schritt wie die Rechtfertigung eines bestimmten Schlusses, dessen Zulässigkeit durch Rekurs auf eine allgemeine Regel bzw. einen generellen Satz gewährleistet werden soll, enthält, so ist das Vorgehen doch insgesamt vornehmlich induktiv geartet.

Der starke Bezug zur Empirie zeigt sich nicht nur in den Schritten ‚Daten' und ‚Behauptung' bzw. ‚Konklusion', die sich intersubjektiv kontrollieren bzw. überprüfen lassen; selbst die durch die ‚Rechtfertigung' vollzogene Folgerung erhält durch die ‚Stützung' eine empirische Ausrichtung.

Schließlich sei noch erwähnt, daß das vorgestellte Argumentationsverfahren die Möglichkeit einer dialogischen Logik und damit einer intersubjektiven Nachweisbarkeit offenhält. Das bedeutet, daß die ‚Ausnahmebedingungen' gründlich berücksichtigt werden und weitere Einwände durch die Einführung (modaler) ‚Qualifizierungen' nicht ausgeschlossen sind.

2.5.4 Beschreibung und Erklärung

Beschreibung und Erklärung werden meist in der Weise voneinander unterschieden, daß eine Beschreibung Vorgang und Ergebnis der Darstellung eines Phänomens, seiner internen Gliederung und des Zusammenhangs seiner Teile sei, und daß eine Erklärung ein Phänomen nicht nur darstelle, sondern darüber hinaus auch Gründe für sein Erscheinen angebe und so nicht zuletzt vor allem eine Vorhersage seines neuerlichen Erscheinens erlaube.

Nach Stegmüller (1969,76) ist der Unterschied auch auf die knappe Formel zu bringen, daß Beschreibungen auf die Frage antworten: ‚Was ist der Fall? ', Erklärungen hingegen auf die Frage: ‚Warum ist das so? '. Stegmüller (1969,77) gibt auch deutlich zu erkennen, daß mit dieser Unterscheidung gleichzeitig eine Wertung verbunden ist, daß Beschreibungen immer nur eine Vorstufe wissenschaftlicher Theorienbildung darstellen können, deren Vollendung aber erst in einer Erklärung erreicht werde. „Eine noch so vollständige und genaue Beschreibung liefert keinen Ersatz für eine Erklärung. Wissen wir auch in allen Einzelheiten, was geschehen ist, so kann uns der Vorgang dennoch unverständlich bleiben. Erst nach der befriedigenden Beantwortung der Erklärung heischenden Warum-Frage ist unser tieferes Bedürfnis nach Erkenntnis befriedigt. Wir wissen dann nicht nur, was geschieht, sondern warum es geschieht. Dieses zweite Wissen erlangen wir dadurch, daß wir neben der Kenntnis der Einzeltatsachen zusätzlich die gesetzmäßigen Zusammenhänge zwischen diesen Einzeltatsachen erkennen. Darum nehmen Erklärungen stets einen höheren Rang in der wissenschaftlichen Weltbetrachtung ein als Beschreibungen".

Nun gibt Stegmüller im unmittelbaren Anschluß an diese Ausführungen selber zu, daß solche Unterscheidung insofern den Charakter einer eher hypothetischen Distinktion habe, als Beschreibung nicht schlicht mit einem begrifflosen Registrieren von Beobachtungen gleichgesetzt werden könne, was sich besonders eindrücklich dann zeigt, wenn die Beschreibung – wie dies z.B. bei derjenigen historischen Ereignisse der Fall ist – auf die Beobachtungen Dritter, d.h. auf selbst schon interpretationsbedürftige Zeugnisse angewiesen ist.

Wie Kuhn (1976,65-78) z.B. an der Geschichte der Entdeckung des Sauerstoffs demonstriert, gehen selbst in naturwissenschaftliche Beschreibungen unmittelbar Erklärungsversuche und Interpretationen ein.

Wenn nun schon Beobachtungen, was nicht zuletzt Art und Umfang der Auswahl von Beobachtungsdaten offenbart, nicht ohne jedes Vorverständnis von dem Beobachteten, d.h. nicht ohne Theorie erfolgen können, und wenn die auf derartig infizierten Beobachtungen basierenden Beschreibungen nicht ein bloßes Registrieren von Beobachtungsdaten bedeuten, sondern diese Daten auch in eine an den Vorannahmen orientierte Beziehung zueinander setzen, bleibt allein der Schluß, daß Beschreibungen – wie wir in unserer Darstellung einer primär-induktiven Methodik schon ausgeführt haben – auch schon Interpretationen und zumindest Hypothesen über Erklärungen enthalten.

Wenn nun in dieser Hinsicht Erklärung und Beschreibung nicht so strikt voneinander zu trennen sind, wie dies häufig glauben gemacht wird, wie steht es dann um jenes Kriterium, daß eine Erklärung in besonderem Maße vor einer Beschreibung auszeichnen soll, nämlich ihre Tauglichkeit für Prognosen?

Die besonders durch das H-O-Schema nahegelegte Auffassung, daß „erklärende und prognostische Argumente in Bezug auf ihre logische Struktur gleichartig sind" (111), hat zu einer ausführlichen Diskussion darüber geführt, ob und in welcher Weise jede adäquate Erklärung eine potentielle Voraussage, und ob und in welcher Weise jede adäquate Voraussage eine potentielle Erklärung sei (112).

Stegmüller (1969,204) kommt nach ausführlicher Diskussion des Problems zu dem Resümee, daß Erklärung und Voraussage sich wesentlich voneinander unterscheiden:

„Wenn wir den engsten Erklärungsbegriff zugrunde legen, der dem normalen Gebrauch des Wortes ‚Erklärung' am nächsten kommen dürfte, so kann eine wissenschaftliche Erklärung in bis zu fünf Hinsichten von einer wissenschaftlichen Voraussage abweichen: In einer Erklärung muß die Explanandum-Aussage richtig sein; in einem rationalen Voraussageargument kann sie dagegen auch falsch sein. In einem erklärenden Argument müssen Gesetze verwendet werden; für ein Voraussageargument ist dies nicht notwendig. Die pragmatische Zeitrelation ist im Erklärungsfall vom Typus $e \leqq D$, im Voraussagefall dagegen vom Typus $D < e$. Eine Erklärung hat stets den Charakter einer Erhärtung, eine Voraussage den einer Setzung. Ein erklärendes Argument muß Ursachen liefern; für ein Voraussageargument ist dagegen die Angabe von Vernunftgründen ausreichend" (113).

Abgesehen nun einmal davon, daß es neben dem logisch-systematischen Erklärungsbegriff, zu dem auch der im H-O-Schema explizierte deduktiv-nomologische

---

111 Stegmüller (1969,153).

112 Zu dieser Diskussion vgl. Stegmüller (1969,155-207).

113 Stegmüller (1969,204), wobei bezeichnen: e = Ereignis; D = eine konkrete, mehr oder weniger komplexe Äußerung, die von einer bestimmten Person (oder Personengruppe) zu einer bestimmten Zeit gemacht wird; $<$ = die Relation ‚früher als'; $\leqq$ = die Relation ‚früher als oder gleichzeitig mit'.

und weitere, diesem ebenfalls zuzuordnende zählen, auch einen davon unterschiedenen pragmatischen gibt, in dem der Anspruch auf Allgemeingültigkeit durch die Einbeziehung von Personen, von denen und für die Erklärungen gegeben werden, eine erhebliche Relativierung erfährt (114), abgesehen auch davon, daß einige Wissenschaftler die Auffassung vertreten, „daß alle Erklärungen, Voraussagen und sonstigen wissenschaftlichen Systematisierungen induktiver Natur seien" (115), war uns vor allem daran gelegen, aufzuzeigen, daß eine empirisch-deskriptive bzw. primär-induktive Linguistik zum einen über ein wissenschaftstheoretischen Ansprüchen genügendes methodisches Konzept verfügt und daß zum anderen die von ihr in dem oben als Beschreibung explizierten Verfahren erzielten Ergebnisse wenigstens interpretations- und erklärungsorientiert sind.

Fest steht, daß induktive Schlüsse nicht ampliativ sein können derart, daß die Konklusionen mehr enthalten, als in den Prämissen formuliert ist. Unbestritten ist zudem, daß in den induktiv begründeten Aussagen im Gegensatz zu denen deduktiver Natur, die logisch wahr zu sein beanspruchen, stets nur ein probabilistischer Erkenntniswert eigen ist (116).

Empirisch-induktiven Hypothesen bzw. Konklusionen läßt sich allein ein mehr oder weniger hoher Grad an Wahrscheinlichkeit zusprechen, wobei die Konklusionen gegenüber den Hypothesen, die als Prämissen fungieren, unter der Bedingung des korrekten Beschreibens und richtigen Argumentierens einen höheren Grad an Wahrscheinlichkeit besitzen. Da die so gewonnenen Konklusionen weiterhin als Hypothesen gelten und insofern wiederum Prämissen darstellen, läßt sich der Grad ihrer Wahrscheinlichkeit in weiteren Schlußverfahren zunehmend erhöhen. Mit anderen Worten: Da das Beweisverfahren, in dem die Verallgemeinerungen gleichzeitig wiederum Hypothesen sind, solange nicht abgeschlossen ist, als nicht alle Sprachdaten überprüft sind, muß aufgrund der potentiell unendlichen Realisierungsmöglichkeiten eines Sprachsystems das induktive Verfahren als ein infiniter Prozeß angesehen werden.

---

114 Zu dieser Diskussion vgl. Stegmüller (1969,155-207). In diesem Zusammenhang sei auch auf Toulmin (1968,28ff) verwiesen, der einige illustre Beispiele dafür vorträgt, daß Voraussagen keineswegs immer auch Erklärungen und Erklärungen keineswegs auch immer Voraussagen beinhalten.

115 Stegmüller (1969,143f), der selbst anderer Ansicht ist und zunächst auf Seite 152 zurückhaltend feststellt, „daß die Möglichkeit deduktiv nomologischer Systematisierungen nicht widerlegt worden ist".

116 Wir verzichten hier darauf, auf das Problem der Wahrscheinlichkeit einzugehen und verweisen stattdessen auf Stegmüller (1969,624-627) und (1973,389-543) sowie auf Kutschera (1972,45-251), der auf Seite 251 zusammenfassend feststellt: „Eine Rechtfertigung induktiver Schlüsse gibt es nur als Rechtfertigung bedingter Wahrscheinlichkeitsaussagen im Rahmen einer subjektiven Wahrscheinlichkeitstheorie".

3. LEXIKOGRAPHIE ALS THEORIE

Lexikographie ist nicht allein Praxis der Wörterbuchherstellung und damit Zweig einer angewandten Linguistik, sie hat immer auch die Theorie jener Praxis zu sein, eine Theorie, die dazu bestimmt ist, im vor- und nachhinein die Grundlagen, Implikationen und Ergebnisse lexikalischer Kodifikation zu reflektieren.

Zu den Objekten solcher Reflexion zählen auch die Methoden der Datenkonstitution bzw. -gewinnung sowie diejenigen der Präsentation der erzielten Ergebnisse. Insofern sind lexikographische Fragestellungen auch auf theoretische und methodologische Probleme gerichtet.

Bevor wir uns unseren eigentlichen Themenschwerpunkten zuwenden, scheint es uns allerdings notwendig zu sein, zu bedenken, ob und in welcher Weise es überhaupt Wörter und Wortschatz, Lexeme und Lexik, d.h. das, womit Lexikographie tagtäglich zu tun hat, gibt. „Zum Problem wird diese Frage deshalb, weil man in der Sprachwirklichkeit, in ‚eingelebten Sprachspielen', nur Äußerungen oder Texte-in-Funktion antrifft und somit das, was man Wortschatz nennt, nicht zweifelsfrei vorausgesetzt werden kann" (1).

3.1 Der Wortschatz als Problem

3.1.1 Langue und parole, Sprache und Sprechen

Es wäre vermessen, sich vorzunehmen, hier auch nur in Grundzügen jene Diskussion nachzeichnen oder gar kritisch unter die Lupe nehmen zu wollen, die sich an die von Saussure eingeführte Unterscheidung von langue und parole, Sprache und Sprechen angeschlossen hat und die auch heute noch andauert (2).

Uns interessiert diese Frage insofern, als sich die Lexikographie mit sprachlichen Einheiten beschäftigt, die im aktuellen Verlauf menschlicher Rede bzw. Kommunikation vorkommen, die in der wissenschaftlichen Betrachtung durch unterschiedliche Methoden festgestellt, aus ihrem jeweiligen kotextuellen Zusammenhang herausgelöst und schließlich systematisch in einem Wörterbuch dargestellt werden.

In einem zu klärenden Sinne sind dabei die sprachlichen Einheiten, die in konkreten Texten gebraucht werden, von denen verschieden, die in einer wissenschaftlichen Untersuchung durch Beobachtung, innersprachliches Vergleichen, Identifizieren, Segmentieren und Klassifizieren aus ihrer unmittelbaren sprachlichen

---

1. Henne (1976,97).

2 Vgl. hierzu die Darstellungen von Coseriu (1975), Hewson (1976), Hjelmslev (1974b), Koerner (1973) und Parret (1971).

Umgebung isoliert werden, und diese wiederum lassen sich von jenen sprachlichen Einheiten unterscheiden, die schließlich eine systematische Beschreibung im Wörterbuch erfahren. Auf der anderen Seite haben die sprachlichen Einheiten auf den unterschiedlichen Ebenen jeweils Entsprechungen, sind sie in einem ebenfalls zu klärenden Sinne einander ähnlich, verwandt oder gleich.

Auch wenn die von Saussure getroffene Unterscheidung nicht ohne Vorläufer ist (3) und in ihr nicht zuletzt auch die Tradition idealistischer Philosophie anklingt (4), so bleibt doch festzustellen, daß seine Theorie eine grundsätzliche Neuorientierung der Linguistik eingeleitet und vorangetrieben hat.

Vorgetragen hat Saussure seine Lehre in seinen Genfer Vorlesungen seit 1906. Verbreitung fand sie erst durch die 1916 unter dem Titel „Cours de linguistique général" von seinen Schülern Bally und Sechehaye veröffentlichten Vorlesungsnachschriften.

Um die in dem Begriffspaar langue-parole zum Ausdruck gebrachte Dichotomie zu veranschaulichen, hat Saussure verschiedentlich zum Mittel des bildhaften Vergleichs gegriffen. So meint er, daß sich z.B. die Unterscheidung von langue und parole mit derjenigen vergleichen lasse, die beim Schach zwischen dem Regelkodex und der Realisierung der Regeln in jeder einzelnen Schachpartie (5), oder die zwischen der Partitur einer Symphonie und jeder einzelnen Aufführung dieses Musikstücks bestehe (6).
Schließlich nennt Saussure (1967,129) als weiteres Beispiel den „Schnellzug Genf-Paris 8.45 Uhr" als regelmäßige Zugverbindung und als den an jedem Tag – möglicherweise mit anderer Lokomotive, anderen Wagen und anderem Personal – verkehrenden Zug.

Welche Unterscheidungen trifft Saussure (1967,16-23) zwischen den beiden von ihm eingeführten Begriffen langue und parole?

Parole ist die aktuelle sprachliche Äußerung, „immer individuell", „akzessorisch", „mehr oder weniger zufällig", „ein individueller Akt", „konkret" und „momentan", „Lautgebung".

Langue dagegen ist „die Summe der Wortbilder, die bei allen Individuen eingespeichert sind"; „ein Schatz, den die Praxis des Sprechens in den Personen, die der gleichen Sprachgemeinschaft angehören, niedergelegt hat, ein grammatikalisches System, das virtuell in jedem Gehirn existiert, oder vielmehr in den Gehirnen einer Gesamtheit von Individuen"; sie ist „das Wesentliche", „der soziale Teil der menschlichen Rede und ist unabhängig vom Einzelnen";

---

3 Vgl. z.B. Humboldt: ergon-energeia; Paul: Sprache-Rede; Gabelentz: Sprachsystem-aktualisierte Rede.

4 Coseriu (1975,189) stellt bei Saussure – wie übrigens auch bei Hjelmslev – Spuren von „Platonismus" fest.

5 Saussure (1967,27; 104f; 127; 131).

6 Saussure (1967,21).

„sie besteht nur kraft einer Art Kontrakt zwischen den Gliedern der Sprachgemeinschaft"; „sie bildet ein System von Zeichen", „ist ein System von Zeichen"; langue ist „eine soziale Einrichtung", „ein besonderes System in der Gesamtheit der semeologischen Erscheinungen"; man kann sie „einer Symphonie vergleichen, deren Realität unabhängig ist von der Art und Weise, wie sie aufgeführt wird" (7).

Langue hat „psychische", parole „psychophysische" Wirklichkeit. Beide sind auf der anderen Seite „eng miteinander verbunden und bedingen sich gegenseitig". Langue „ist erforderlich, damit das Sprechen verständlich sei und seinen Zweck erfülle". Parole „aber ist erforderlich, damit die Sprache sich bilde; historisch betrachtet ist das Sprechen das zuerst gegebene Faktum". Zwischen langue und parole „besteht also eine gegenseitige Abhängigkeit"; parole „ist zugleich das Instrument und das Produkt" von langue. „Aber das alles hindert nicht, daß beide völlig verschiedene Dinge sind". Langue „besteht in der Sprachgemeinschaft in Gestalt einer Summe von Eindrücken, die in jedem Gehirn niedergelegt sind, ungefähr so wie ein Wörterbuch, von dem alle Exemplare, unter sich völlig gleich, unter den Individuen verteilt wären". „Sie ist also etwas, das in jedem Einzelnen von ihnen vorhanden, zugleich aber auch allen gemeinsam ist und unabhängig von dem Willen der Aufbewahrer".

Parole ist in dieser Sprachgemeinschaft vorhanden als „die Summe von allem, was die Sprachgenossen reden, und umfaßt: a) die individuellen Kombinationen, welche abhängig sind von dem Willen der Sprechenden, b) die Akte der Lautgebung, welche gleichermaßen vom Willen bestimmt werden und notwendig sind zur Verwirklichung jener Kombination. Also ist beim Sprechen nichts kollektiv; die Auswirkungen sind individuell und momentan".

Nach der Auffassung von Saussure (1967,23) muß man, „wenn man die Theorie der menschlichen Rede aufzustellen sucht [. . .], zwischen beiden Wegen, die man nicht zu gleicher Zeit einschlagen kann, wählen. Sie müssen getrennt verfolgt werden"; denn: „Die alles umfassende Gesamtheit der menschlichen Rede widersetzt sich der Erkenntnis, weil sie nicht gleichartig ist, während die vorgeschlagene Unterscheidung und Unterordnung alles klärt".

Daß die getroffene Unterscheidung alles erkläre, ist in der Folge des öfteren bestritten worden. Vielmehr hat Saussures Dichotomie neben strikter Ablehnung und kritikloser Übernahme auch eine Vielzahl von Deutungen, Interpretationen, Präzisierungen, Differenzierungen und Weiterentwicklungen erfahren.

Coseriu (1975,18-39) zieht aus der Betrachtung einiger kritischer Auseinandersetzungen mit der Unterscheidung von langue und parole folgendes Resümee: „1. ganz konkret existiert die Sprache nur und ausschließlich als Sprechen, als Sprechtätigkeit; 2. Sprache und Rede können für sich keine autonomen und vollkommen voneinander trennbaren Wirklichkeiten sein, zumal die Rede die Realisierung der Sprache, sowie umgekehrt die Sprache die Voraussetzung

7 In diesem und den folgenden Abschnitten wird bisweilen für „parole" „Sprechen" und für „langue" „Sprache" verwendet, entsprechend der hier zitierten Übersetzung.

der Rede ist, sich über die Rede konstituiert und sich konkret nur dort zeigt; 3. die Rubriken, auf die sich die Wirklichkeit der Sprache verteilt, lassen sich je nach den einzelnen Standpunkten und Kriterien vermehren; 4. überwiegend sind die dargestellten Oppositionen nur Charakterisierungen und Interpretationen eines grundsätzlichen Gegensatzes von Virtuellem und Realem, bzw. Abstraktem und Konkretem (von System und Realisierung); 5. endlich sind die unterschiedlichen Begriffe, die man alle als Sprache benennt (‚Sprachbesitz', ‚Sprachgebrauch der Gemeinschaft', ‚funktionelles System' usw.), deswegen nicht gleichwertig, weil sie verschiedene Arten und Stufen der Abstraktion darstellen" (8).

Die vielfältigen Auslegungen, die Saussure erfahren hat, rühren nicht zuletzt daher, daß es in der Tat erhebliche Schwierigkeiten bereitet, ja wohl gar unmöglich ist, seine eigenen Ausführungen über langue (Sprache) und parole (Sprechen) auf den Begriff zu bringen.

Nicht nur, daß die Auffassung vom nicht kollektiven, individuellen, akzidentellen und momentanen Charakter der parole mit den von Saussure selber an anderer Stelle vorgetragenen Erklärungen insofern kollidiert, als parole ja sowohl individuelle Sprachhandlung als auch das asystematische Produkt einer Reihe solcher Handlungen sein soll (9), sondern vor allem fällt auf, daß die für langue gegebenen Definitionen nicht etwa nur einen, sondern wenigsten drei Begriffe ergeben: a) Sprachbesitz, b) soziale Institution, c) funktionelles System (10).

Durchgängig aber läßt sich aus allen Ausführungen Saussures zu diesem Thema die diametrale Gegenüberstellung von allgemeiner, ideeller, abstrakter und außerindividueller langue und momentaner, okkasioneller, materieller, konkreter und individueller parole herauslesen.

Neben der Frage des Existenzmodus von langue und parole sowie ihrer Konstituenten, die durch die Gegenüberstellungen von virtuell-realisiert, psychophysisch-psychisch, abstrakt-konkret, ideell-materiell, individuell-außerindividuell gleichsam provoziert wird, hat vor allem auch das damit unmittelbar zusammenhängende Problem der Einzigartigkeit der langue und nicht zuletzt auch das hiermit wiederum verbundene der Dichotomie langue-parole Anlaß zu zahlreichen Diskussionen geboten.

Wir möchten hier nicht wiederholen, was an guten und minder guten Argumenten insgesamt vorgebracht worden ist, sondern versuchen, die Ergebnisse dieser Diskussion für die Beantwortung unserer eingangs dieses Kapitels gestellten Frage zu nutzen, die Frage nach den Weisen, auf die sprachliche Einheiten Objekt von Lexikographie als Theorie und Praxis sein können.

Dabei werden wir uns vornehmlich auf Henne (1972), Coseriu (1975), Polenz (1972) und (1973) sowie vor allem auf Heger (1976) stützen.

---

8 Coseriu (1975,38).

9 Vgl. die von Saussure (1967,23) angeführte Formel: „1+1'+1"+1"' . . .".

10 Siehe Coseriu (1975,41).

Beginnen wir mit dem Dichotomie-Problem. Auf der einen Seite hat es sich – sofern es die Möglichkeit wissenschaftlicher Betrachtung betrifft – als nützlich und – sofern es die in der wissenschaftlichen Betrachtung zu konstituierenden Einheiten und Relationen betrifft – als notwendig erwiesen, zwischen konkret realisierter, an das jeweilige hic et nunc gebundener Sprache als parole und der ein System von Invarianzen und abstrakten Repräsentationen darstellenden Sprache als langue zu unterscheiden.

Die Annahme der Systemhaftigkeit des Sprechens resultiert aus der Beobachtung, daß – wie Humboldt es formulierte – in der konkreten Aktualisierung von Sprache von endlichen Mitteln unendlicher Gebrauch gemacht wird, sie ist gleichzeitig die Voraussetzung dafür, Sprache zum Gegenstand wissenschaftlicher Betrachtung und Beschreibung erheben zu können.

Da Sprache nur in der parole, im aktuellen Sprachgebrauch sich äußert, lassen sich zunächst auch nur dort Feststellungen und Unterscheidungen treffen.
Da Feststellen und Unterscheiden als wissenschaftliche Verfahren, in noch größerem Maße aber das Beschreiben u.a. ein Absehen von Akzidentellem bedeutet, läßt sich dieser Vorgang auch als Abstrahieren bzw. Abstraktion verstehen.

Um Mißverständnissen vorzubeugen, sei bemerkt, daß je nach wissenschaftlichem Interesse bei der Untersuchung sprachlicher Einheiten unterschiedlich abstrahiert wird, d.h., was das eine Mal als akzidentell angesehen wird – wie z.B. die Flexionsmerkmale bei der Lemmatisierung –, kann das andere Mal das Substrat des Abstraktionsvorgangs sein – wie z.B. die Flexionsmerkmale in einer morphologischen Analyse.

Insgesamt muß eine sprachwissenschaftliche Analyse davon ausgehen, daß jede sprachliche Einheit der parole eine entsprechende Repräsentation in der langue findet und daß keine auf der Ebene der langue postulierte sprachliche Einheit ohne Aktualisierungsmöglichkeit in der parole ist.

Schließen wir an die Ausführungen über wissenschaftliches Feststellen und Beschreiben als Abstraktion an, so kommen wir gleichzeitig zu dem Punkt, an dem die strikte Distinktion zwischen langue und parole in Frage zu stellen ist (11).

In der Vorstellung des Übergangs von der parole zur langue als einer Abstraktion ist schon impliziert, daß dieser Vorgang nicht allein aus einem einzigen, sondern aus mehreren Schritten bestehen muß.

---

11 Hier soll die von Saussure (1976,91) so bezeichnete „langage" als „Gesamtheit der sprachlichen Gewohnheiten, welche es dem Individuum gestatten, zu verstehen und sich verständlich zu machen", ebenso außer Betracht bleiben wie Chomskys (1969,14) „competence" als der „Kenntnis des Sprecher-Hörers von seiner Sprache" und Liebs (1970,162-176) „innere Grundlage", die den Sprecher als den Benutzer eines „sprachlichen Verständigungsmittels" zur Verfügung über ein System befähigt. Diese Begriffe liegen außerhalb des Rahmens der hier allein interessierenden Unterscheidung. Zum Vergleich der Begriffspaare langue-parole und competence-performance vgl. z.B. Heger (1976,19-23) und Lieb (1970,177-194).

Danach ließe sich nicht allein zwischen individueller und kollektiver parole, sondern dementsprechend auch zwischen individueller und kollektiver langue – in zusätzlich je verschiedenen Stufen der Abstraktion – sprechen; oder auch nach der von Bühler (1978,48-69) vorgenommenen Kombination der Saussureschen Dichotomie in langue-parole mit der Humboldtschen in energeia-ergon zwischen a) konkret individuell subjektiver „Sprachhandlung" als parole/energeia, b) konkret außerindividuell intersubjektivem „Sprachwerk" als parole/ergon, c) formal individuell subjektivem „Sprechakt" als langue/energeia und d) formal außerindividuell intersubjektivem „Sprachgebilde" als langue/ergon (12).

In einer Matrix läßt sich Bühlers Auffassung etwa in der folgenden Weise darstellen:

	individuell subjektiv	außerindividuell intersubjektiv
konkret	SPRECH-HANDLUNG	SPRACHWERK
formal	SPRECHAKT	SPRACHGEBILDE

Henne (1972,16-19) unterscheidet die folgenden Teilbereiche der Sprache: (1) den individuell-virtuellen Teilbereich als „Sprachkompetenz", (2) den kollektiv-virtuellen Teilbereich als „Sprachsystem", (3) den individuell-realisierten Teilbereich als „Diskurs" und (4) den kollektiv-realisierten Teilbereich als „Sprachnorm", wobei „Diskurs" und „Sprachsystem" dem entsprechen, was Saussure parole und langue nennt.

Die von Henne (1972,17) vorgestellte Matrix hat folgendes Aussehen:

	individuell	kollektiv
realisiert	DISKURS	SPRACHNORM
virtuell	SPRACHKOM-PETENZ	SPRACHSYSTEM

Mit dem Begriff der Sprachnorm kommt nun etwas ins Spiel, was auch für die Lexikographie von Bedeutung ist. In Wörterbüchern finden sich z.B. Angaben wie „selten", „veraltet", „umgangssprachlich", „salopp", „vulgär", „fälschlich" usw., die als stilistische Angaben deklariert werden, aber ohne Zweifel auch Normen widerspiegeln bzw. setzen wollen, in jedem Fall aber normierend wirken.

Für Henne (1972,17) ist Norm „der kollektiv-realisierte Teilbereich einer [. . .] Sprachgruppe" als „Menge aller Elemente aller Diskurse [. . .], die nach dem Betrag ihrer Elementenanzahl zwischen der Vereinigungsmenge und Durchschnittsmenge aller Diskurse liegt. Diese Menge ist eine echte Teilmenge der Vereinigungsmenge und enthält alle Elemente der Durchschnittsmenge und alle Elemente, die in mindestens y ($y > 1$) Diskursen enthalten sind", wobei Diskurs der individuell-realisierte Teilbereich der Sprache einer definierten Sprachgruppe ist.

12 Vgl. hierzu auch die Darstellung und Diskussion des Bühlerschen Schemas in Coseriu (1975,43-47).

Dem Problem der Norm in ihrem Zusammenhang zur parole und vor allem auch zur langue hat Coseriu (1975,11-101) eine längere Abhandlung gewidmet.

Für Coseriu, der meint, daß man schon bei Saussure „die Prämissen für die Strukturierung dieses Begriffs auffinden, sowie auch bemerkenswerte Hinweise auf dessen Natur" nachlesen könne (13), ist Norm eine „Zwischenabstraktion" oberhalb von parole und unterhalb von langue, dasjenige, was von den fakultativ durch das System (langue) angebotenen Möglichkeiten „normalerweise" realisiert werde.

Solcher Nachweis „normaler" Realisierung ist nach Coseriu (1975,64-68) vergleichsweise einfach für die Sprachlaute zu führen. So erwähnt er z.B., daß es im Spanischen keine distinktiven Oppositionen zwischen langen und kurzen Vokalen gebe (System), wohingegen aber die Auslautvokale „normalerweise" nur lang gesprochen werden (Norm).

Ebenfalls lassen sich nach Coseriu (1975,68-72) für den Bereich der Morphologie, z.B. in der Wortbildung, -ableitung und -zusammensetzung, Beispiele für den Unterschied von systematisch Möglichem und „normalerweise" Realisiertem finden (14).

„Schwieriger scheint dagegen die Feststellung des Unterschieds zwischen Norm und System auf dem Gebiet der Syntax" (15). Und: „Die größten Schwierigkeiten aber treten bei der Unterscheidung von Norm und System im Bereich des eigentlichen Wortschatzes auf" (16).

Auch wenn Coseriu (1975,81) ausdrücklich betont, „daß es hierbei nicht um die Norm im landläufigen Sinne geht, die nach Kriterien der Korrektheit sowie der subjektiven Bewertung des Ausgedrückten bestimmt oder auferlegt wird", er den Begriff der Norm mithin in eher deskriptivem Sinne verwendet sehen möchte, kann er nicht ausschließen, daß die Feststellung einer Norm auch wertend bzw. normsetzend wirkt. Allein schon durch ihren Anspruch, festzuhalten, was realisiert worden ist, wirkt selbst oder auch gerade die reinste Deskription normierend im Hinblick auf das, was (noch) nicht realisiert worden ist, vielleicht auch nur nicht mehr realisiert wird, aber durchaus aufgrund der Möglichkeiten des Systems noch oder wieder realisiert werden kann.

Während Henne Norm eher von den Befunden der parole her im Hinblick auf die langue bestimmt, sieht Coseriu Norm eher von der langue her im Hinblick auf die parole.

---

13 Coseriu (1975,56) bringt keine Hinweise, hat aber möglicherweise an Saussure (1967,15) gedacht, wo es heißt: „Zwischen allen Individuen, die so durch die menschliche Rede verknüpft sind, bildet sich eine Art Durchschnitt aus: alle reproduzieren – allerdings nicht genau, aber annähernd – dieselben Zeichen, die an dieselben Vorstellungen geknüpft sind."

14 Für diesen Bereich bietet Bünting (1970) reichliches Anschauungsmaterial.

15 Coseriu (1975,72).

16 Coseriu (1975,77).

Gegen Coserius Verwendung des Terminus Norm für „Normales" und zugleich „Normatives" wendet sich Polenz (1972,79) und differenziert zwischen „Sprachbrauch" als dem „Teil der Möglichkeiten, der infolge deskriptiver metasprachlicher Kommunikation als ‚normal', ‚üblich', ‚bekannt', ‚geläufig' usw. gilt", und „Sprachnorm" als dem „Teil der Möglichkeiten des Sprachsystems, der infolge präskriptiver Metasprachlicher Kommunikation als ‚normativ', ‚korrekt', ‚vornehm', ‚gut' usw. gilt".

Polenz (1972,80) stellt den Zusammenhang der verschiedenen Existenzweisen von Sprache wie folgt dar:

	individuell	sozial
realisiert	SPRACHVER-WENDUNG	SPRACHVERKEHR
virtuell	SPRACHKOM-PETENZ	SPRACHSYSTEM Sprach- brauch Sprachnorm

In seiner Darstellung verhalten sich Sprachbrauch und Sprachnorm „teilkomplementär zueinander: Es gibt Teile des Sprachbrauchs, die der Sprachnorm nicht entsprechen, und Teile der Sprachnorm, die dem Sprachbrauch nicht entsprechen. Im letzteren Fall spricht man von Zielnorm oder Idealnorm" (17).

Auf der von ihm getroffenen Unterscheidung baut dann Polenz (1973) verschiedene Arten der Sprachkritik auf: Sprachverwendungskritik, Sprachverkehrskritik, Sprachkompetenzkritik, Sprachsystemkritik, Sprachgebrauchskritik und Sprachnormenkritik.

Wir möchten hier auf die weitere Explikation solcher möglichen Differenzierungen verzichten und uns der von Heger (1976,24-30) eingeführten Unterscheidung von parole, $\sum$ parole und langue zuwenden (18).

Während langue und parole auch von Heger in dem oben angesprochenen Sinne verstanden werden, nämlich parole als „konkrete (gesprochene und/oder geschriebene), das heißt an ein jeweiliges hic et nunc gebundene Aktualisierung" von Sprache und langue „als virtuelles und abstraktes (Zeichen-)System" von Sprache (19), ist die $\sum$ parole jene Ebene, auf der von der hic-et-nunc-Gebundenheit sprachlicher Einheiten der parole abstrahiert und dadurch erst die Möglichkeit geschaffen wird, Sprache der Analyse, vor allem auch quantitativer Analyse zugänglich zu machen.

17 Polenz (1972,80).

18 Wir werden diese Unterscheidung vor allem in Kapitel 3.2.2 dieser Arbeit noch einmal behandeln.

19 Heger (1976,15).

Um sprachliche Einheiten der parole (von Heger „Vorkommen" genannt) solchen der Σ parole (von Heger „Typen" genannt) zuordnen zu können, müssen Kriterien existieren, die solche Zuordnung erlauben. „Solche Kriterien aber können nur aus Definitionen im Rahmen eines Systems, also aus der Langue gewonnen werden" (20).

Daraus folgt nach Heger (1976,27), „daß [. . .] eine je einmalige individuelle Einheit nur dann als Vorkommen auf der Ebene der Parole gelten kann, wenn sie in der Σ parole Vorkommen von einem Typus und dieser Typus durch eine Einheit in dem System der Langue definierbar ist, und daß [. . .] eine durch ihre Systemstelle definierte Einheit auf der Ebene der Langue nur dann als solche gelten kann, wenn sie virtuell in Form eines Σ parole-Vorkommens des durch sie definierten Typus auf der Ebene der Parole aktualisierbar ist".

Damit sind jetzt die Klärungen geschaffen, die es erlauben, einige für die Lexikographie notwendige Begriffe zu etablieren und gegeneinander abzugrenzen.

Wir werden im folgenden zwischen den Ebenen parole, Σ parole und langue im oben erläuterten Sinne unterscheiden. Der hier nicht weiter differenzierten Ebene der parole gehören hierbei z.B. die in Textkorpora zusammengestellten, innerhalb größerer oder kleinerer Zeiträume geschriebenen und/oder gesprochenen sprachlichen Äußerungen eines Sprechers oder mehrerer Sprecher einer oder mehrerer diatopischer und/oder diastratischer Varietäten an.

Die sprachlichen Einheiten der parole werden unter dem Gesichtpunkt ihrer statistischen Behandlung als tokens und in darüber hinausgehender Weise auch als Wörter bezeichnet (21).

Die Ebene der Σ parole stellen z.B. die quantitativen, durch die statistische Auswertung eines Textkorpus ermittelten Befunde dar, wie sie etwa in Häufigkeitswörterbüchern zu finden sind. Die den tokens bzw. Wörtern der parole-Ebene entsprechenden Einheiten sollen auf der Ebene der Σ parole in Bezug auf ihre quantifizierbaren Merkmale types und darüber hinaus auch Vokabeln genannt werden, mit denen auf der Ebene der langue wiederum Lexeme korrespondieren.

Lexeme aber sind diejenigen Einheiten, die als Repräsentationen der über die Ebene der Σ parole vermittelten Einheiten der parole gelten sollen und deren systematische Darstellung und Beschreibung in einem Wörterbuch bzw. mehreren Wörterbüchern Ziel der Lexikographie als Praxis ist.

Die Gesamtheit der Lexeme einer Sprache wird gemeinhin als deren Lexik oder auch Wortschatz bezeichnet.

---

20 Heger (1976,27).

21 Wir verzichten hier bewußt auf eine Definition von „Wort" und verweisen stattdessen auf Reichmann (1976,4-10), Bergenholtz/Mugdan (1979,§1) sowie auf Bünting/Bergenholtz (1979,33-39), die in der Diskussion der einschlägigen Literatur zu diesem Thema anschaulich die damit verbundenen Probleme vor Augen führen. Insgesamt möchten wir Heger (1976,86) zustimmen, daß der Versuch einer generellen Definition müßig, und sinnvoll nur im Rahmen einer je spezifischen Theorie ist.

Die in einem Wörterbuch auf der langue-Ebene kodifizierte Lexemmenge stellt eine Abstraktion n-ten Grades und damit ein Substrat aus der Summe sprachlicher Einheiten dar, die auf der parole-Ebene in je voneinander abweichendem Umfang und je variierender inhaltlicher Bestimmtheit von den einzelnen Sprechern-Hörern einer Sprache als Wörter geäußert und verstanden werden.

Wie nun z.B. die $\sum$ parole als individuelles und auch als kollektives Phänomen Objekt wissenschaftlicher Untersuchung werden kann, so läßt sich auch vom Wortschatz bzw. Vokabular einzelner Sprecher-Hörer als idiolektalen Systemen sprechen (wie z.B. vom Wortschatz Trakls, Goethes oder Kants) wie auch vom Wortschatz bzw. Vokabular definierter Gruppen von Sprecher-Hörern als z.B. dialektalen Systemen.

Üblicherweise wird der Wortschatz einer Sprachgemeinschaft in einem oder in mehreren Wörterbüchern dargestellt bzw. abzubilden versucht. Solche Wörterbücher sind – welche Art der Anordnung und Beschreibung der Lexeme auch immer gewählt wird – nicht das oder ein System, sie können nur versuchen, die Systemhaftigkeit von Wortschatz auf die eine oder andere Weise zum Ausdruck zu bringen; oder mit anderen Worten: Wortschatz als Objekt wissenschaftlicher Analyse ist nicht System, sondern er hat System, und zwar aufgrund der mithilfe von Durchschnittsbildungen, Vereinigungen oder Transformationen vorgenommenen Abstraktionen (22).

Damit sind wir bei der zu Beginn dieses Kapitels gestellten Frage nach dem Existenzmodus von langue, $\sum$ parole und parole sowie der sie konstituierenden Einheiten angelangt.

Wir möchten uns hier nicht auf jene Diskussion einlassen, in der häufig Objekt der Theorie und Theorie miteinander verwechselt oder unzulässigerweise einander gleichgesetzt werden, in der zudem mancherlei Mißverständnisse daher rühren, daß unausgesprochen bleibt, ob oder daß die verwendeten Begriffe die Ausgangs- oder die Zielobjekte der theoretischen Betrachtung oder auch beides zugleich bezeichnen.

Hier mag es genügen, mit Heger (1976,15) festzustellen, daß z.B. „die Gegenüberstellung von Langue und Parole jedenfalls in ihrer hier gewählten Interpretation keine aus dem Gegenstand der Sprachwissenschaft abgeleitete materielle, sondern eine methodische Unterscheidung bildet, die aus einer unter den verschiedenen Möglichkeiten der Betrachtung dieses Gegenstandes abgeleitet ist".

3.1.2 Lexik und Grammatik

„Few divisions appear to be more fundamental than that between grammar and lexicon" (23).

---

22 Vgl. Lieb (1970,214-219).

23 Hoenigswald (1967,103).

Die gängige Unterteilung des Sprachsystems in Lexik und Grammatik wird bisweilen durch einen Hinweis auf die Tradition begründet (24), in der es üblich geworden ist, das sprachliche Regelwerk in einer Grammatik und den Wortschatz bzw. die Lexik in einem Wörterbuch bzw. Lexikon darzustellen (25).

Gauger (1970,2f) hält dies nicht etwa für eine willkürliche, durch die Schwierigkeiten einer integrierten Darstellung erklärliche Einteilung, sondern für eine solche, die in der Sprache selbst liegt: „Zur Sprache gehört einmal der sogenannte ‚Wortschatz', ein Arsenal von Wörtern, die im Bewußtsein der Sprechenden, jener, wie Augustin sagt, ‚ingens aula memoriae', irgendwie bereitliegen – eine schwierige, aber unumgängliche Vorstellung; zum anderen die Fähigkeit, diese Wörter zur Bildung ‚korrekter' Sätze zu gebrauchen, also die Beherrschung der ‚grammatikalischen' Regeln".

Palmer, der selbst in seinem Buch „A Grammar of English Words" den Versuch einer integrierten Darstellung unternommen hat, meint, daß durch die getrennte Darstellung dessen, was eigentlich zusammengehöre, d.h. zwischen Grammatik und Wörterbuch, ein Niemandsland entstehe, „a vaste uncharted territory lying between the respective domains of the dictionary-maker and the grammarian, a sort of no-man's land in which reside the great majority of those points that perplex those to whom English is a foreign language" (26).

Die Vorstellung, daß Wortschatz bzw. Lexik und Grammatik wohl zu unterscheidende Bestandteile von Sprache seien, findet sich auch schon bei Saussure (1967,158f), der Unmotiviertheit und Beliebigkeit als Charakteristika des Wortschatzes, Motiviertheit und Organisation als Charakteristika der Grammatik ansieht und aufgrund der jeweils unterschiedlich gewichteten Verteilung dieser Merkmale meint, eher lexikologische und eher grammatikalische Sprachen voneinander unterscheiden zu können.

Für Bloomfield (1933,274) ist ebenso wie später für Chomsky (1969,181) das Lexikon ein Inventar von Irregularitäten, während im Gegensatz dazu die Grammatik ein System von Regularitäten darstellt.

Gleason (1967,90-94) stellt zur Charakterisierung von Grammatik auf der einen Seite und Wörterbuch auf der anderen Seite folgende Gegensatzpaare auf: „form versus meaning", „tight structure versus loose structure", „widespread versus isolated", „class versus member"; und Halliday (1972,31) referiert als

---

24 Vgl. z.B. Henne (1976,97).

25 Zur Klärung der hier bereits auftauchenden terminologischen Probleme werden wir im Verlauf dieses Kapitels einen Vorschlag unterbreiten.

26 Palmer (1938,V). Palmers Versuch, vom Wort und dessen „Grammatik" auszugehen, darf durchaus als ein bemerkenswerter Versuch und eine mögliche Lösung integrierter Darstellung von Wortschatz und Grammatik angesehen werden, führt aber auf der anderen Seite ebenfalls zu Problemen, unter denen – nach Carstensen (1969,10) – dies das schwerwiegendste ist, „daß der grammatischen Kategorie nach zusammenhängende Wörter auf diese Weise auseinandergerissen und gewisse grammatische Erscheinungen mehrmals oder gar nicht behandelt werden. Außerdem wird die Klassifizierung und Systematisierung grammatischer Erscheinungen damit aufgegeben."

drei bekannte, nach seiner Auffassung sämtlich in die Irre führende Vorstellungen über den Unterschied zwischen Grammatik und Wörterbuch 1) „daß sich ein Wörterbuch mit Wörtern befasse und eine Grammatik mit allem anderen, also auch Kleinerem, woraus erst Wörter zusammengesetzt werden, und Größerem, zu dem Wörter zusammengesetzt werden"; 2) „daß sich ein Wörterbuch mit den Bestandteilen einer Sprache befasse und eine Grammatik mit ihren abstrakten Beziehungen zueinander; das ist die ‚Fleisch-und-Knochen-' oder ‚Ziegel-und-Mörtel'-Vorstellung von der Sprache"; und 3) „daß ein Wörterbuch von der Bedeutung und eine Grammatik von der Form handele".

Daß Wortschatz und Grammatik in dieser oder einer anderen Weise voneinander zu unterscheiden seien, ist zumindest nicht unbestritten geblieben. So meint z.B. Spitzer (1922,127): „Das Wörterbuch stellt keinen anderen Stoff dar als die Grammatik; es liefert die alphabetische Inhaltsangabe zu ihr".

Bevor wir in unserer Betrachtung fortfahren, scheint es dringend erforderlich zu sein, Klarheit darüber zu gewinnen, ob – und wenn: ja – in welcher Weise und mit welchen terminologischen Konsequenzen Ausgangs- und Zielobjekt der wissenschaftlichen Untersuchung bzw. beobachtbare Fakten und theoretisches Konstrukt bzw. langue und parole auseinandergehalten werden.

Während es das eine Mal – so z.B. für Gauger (1970,1) – Ziel der wissenschaftlichen Unternehmung ist, den Gegenstand „zu erfassen und zu beschreiben, so wie er wirklich ist", trennen andere klar den Gegenstand und mögliche Theorien über diesen Gegenstand voneinander: „‚Grammar' and ‚lexicon' will be sectors of language structure, ‚grammatical statement' and ‚dictionary' will be descriptive instruments or products of linguistic research" (27).

Wie wir bereits ausgeführt haben und an verschiedenen späteren Stellen dieser Arbeit noch des öfteren darzulegen versuchen werden, wollen wir beobachtbare, in jeweils bestimmte situationelle Kontexte und sprachliche Kotexte eingebettete, an ein hic et nunc gebundene sprachliche Fakten auf der einen Seite, und diese Fakten strukturierende und konstituierende Theorien auf der anderen Seite unterscheiden.

In der Folge der von uns im vorhergehenden Kapitel getroffenen Unterscheidung von parole und langue, Wörtern und Lexemen wollen wir im folgenden die Menge der Wörter Wortschatz und die Menge der Lexeme Lexik nennen.

Lexeme sind demnach durch (mehrfache) Abstraktion gewonnene Repräsentanten der über die Theorie konstituierten Einheiten, die wir als Wörter bezeichnen; in umgekehrter Sicht sind Wörter Aktualisierungen der in der Theorie begründeten und definierten Einheiten, die Lexeme heißen sollen. Generell gilt, daß kein Wort ohne Repräsentation durch ein Lexem in der langue und kein Lexem ohne Aktualisierungsmöglichkeit in der parole ist.

In der Folge von Überlegungen, die der Stellung des Lexikons im Rahmen einer Theorie natürlicher Sprachen galten, bildeten sich mit der Zeit innerhalb der Linguistik zwei bis dahin vereinigte Teildisziplinen mit einem je spezifischen

---

27 Gleason (1967,85).

Aufgabenbereich heraus: die Lexikologie (Wortlehre, Wortkunde) als theoretisch orientierter Zweig der Linguistik mit dem Ziel, Aussagen über Abgrenzung und Struktur der Lexik und ihrer Bestandteile, der Lexeme, sowie über ihren Zusammenhang zu den durch sie repräsentierten Phänomenen zu formulieren; und die Lexikographie als (theoretisch fundierte) Praxis der Wörterbuchherstellung, d.h. der systematischen Kodifikation der Lexeme.

Für den grammatischen Bereich fällt es schwerer, entsprechende terminologische Festsetzungen zu treffen, da hier keine angemessene Auswahl von Bezeichnungen zur Verfügung steht. Die Bezeichnung ‚Grammatik' wird in der Regel für Phänomene der parole und/oder der langue gleichermaßen verwendet. Ebenso heißt üblicherweise sowohl die Theorie der Sprachregularitäten als auch das Ergebnis ihrer Aufzeichnung ‚Grammatik'.

Da unser Interesse auf die systematische Betrachtung, d.h. auf die Ebene der langue gerichtet ist, soll es hier genügen, von Grammatik als grammatischem System zu sprechen und Grammatikologie als Theorie (Lehre, Kunde) der Grammatik von Grammatikographie als der Praxis des Kodifizierens grammatischer Regeln zu unterscheiden. Das Ziel und Ergebnis der Grammatikographie soll wiederum Grammatik genannt werden (28).

Nach diesem terminologischen Exkurs wollen wir in der Darstellung jener Probleme fortfahren, die in der theoretischen Betrachtung und in der Praxis ihrer Präsentation eine auf klare Abgrenzung bedachte Unterscheidung von Lexik und Grammatik bereitet.

Halliday (1972) unterscheidet Grammatik und Lexik aufgrund des unterschiedlichen großen Spielraums von Möglichkeiten der Auswahl. In der Grammatik gibt es – so Halliday (1972,30) – „eine kleine, feststehende Zahl von Möglichkeiten und eine klare Linie zwischen dem Möglichen und dem Unmöglichen".
In der Lexik dagegen gebe es eine sehr große Anzahl von Möglichkeiten der Auswahl; „man kann sie nicht zählen oder eine klare Trennungslinie um sie ziehen, die das Mögliche vom Unmöglichen trennt".

Aufgrund solcher Unterscheidung läßt sich nach Halliday (1972,30) dann auch von der Grammatik als geschlossenem Wahltyp oder System, und von der Lexik als offenem Wahltyp oder als Menge (set) sprechen. „Das geschlossene System ist also für die Grammatik, die offene Menge für die Lexik charakteristisch" (29).

Nach Gleason (1967,93f) umfaßt die Grammatik Klassen, die Lexik hingegen die Elemente (members) dieser Klassen. „The dictionary [das Wörterbuch, B.S.] should indeed index the grammatical statement" (30).

Für Hoenigswald (1967,104) entspricht die Lexik einem Inventar und die Grammatik einem System; „the inventory is a list while the system is, if you will, a grammar".

---

28 Cherubim (1973) versteht unter Grammatikographie einerseits die Praxis des Verfassens von Grammatiken, andererseits die Ergebnisse dieser Tätigkeit als die Menge aller innerhalb eines bestimmten Zeitabschnitts oder Raumes geschriebenen Grammatiken.

29 Halliday (1972,30).

30 Gleason (1967,102).

Nicht allein die in der Praxis der Präsentation entstehenden Probleme, sondern auch bereits die in der theoretischen Unterscheidung auftauchenden Schwierigkeiten zeigen, daß die oben referierten Distinktionen eher hypothetischer Art sind und auch nur sein können.

Geht man z.B. davon aus, daß das geschlossene System für die Grammatik, die offene Menge für die Lexik charakteristisch sein soll, stellt man bei näherer Betrachtung fest, daß keineswegs „jede Wahlmöglichkeit in der Sprache deutlich dem einen oder dem anderen, dem offenen oder dem geschlossenen Typ zuzuordnen ist. Tatsächlich finden wir ein Gefälle oder eine ‚Kline' vor, das heißt, es besteht eine kontinuierliche Abstufung in den Strukturmustern formaler Auswahl in der Sprache" (31).

Damit läßt sich das vorhin Gesagte in der Weise einschränken, daß sich eher zur Abstraktion und Verallgemeinerung eignet, was am oberen Ende des Gefälles als was am unteren Ende des Gefälles, der Kline, anzusiedeln ist. Das heißt u.a. auch, daß Aussagen in der Grammatik eine größere Anzahl von Vorgängen darstellen und erklären können als Aussagen in der Lexik (32).

Ebenfalls nach Halliday (1972,43) läßt sich, was Grammatik umfaßt, als komplexe Strukturmuster mit wenigen Bestandteilen, und, was Lexik umfaßt, als einfache Strukturmuster mit vielen Bestandteilen vorstellen.

Die Zusammenhänge, die zwischen Grammatik und Lexik „in some important way" bestehen (33), werden noch deutlicher, wenn es um deren Präsentation in einer Grammatik bzw. in einem Wörterbuch geht.

Zwar ist einerseits die auf Vollständigkeit und systematische Beschreibung bedachte Darstellung des gesamten Lexembestandes einer Sprache bzw. mehrerer Sprachen eine Angelegenheit des Wörterbuchs, das in der Bedeutungserklärung der Lexeme zudem auch die Verbindung zu den Denotaten zum Ausdruck bringt; zwar ist andererseits die auf Vollständigkeit und systematische Darstellung zielende Beschreibung der grammatischen Regeln einer Sprache bzw. mehrerer Sprachen eine Aufgabe der Grammatik, doch gibt es neben den Informationen, die durch die getrennte Darstellung in das von Palmer (1938,V) so bezeichnete „no-man's land" geraten und damit verlorengehen, eine Reihe von Angaben, die sowohl in der Grammatik als auch im Wörterbuch zu finden sind.

Zunächst einmal werden in Grammatiken regelmäßig einzelne Lexeme und auch ganze Gruppen von Lexemen (z.B. die sogenannten Synsemantika) aufgeführt. Auf der anderen Seite gibt es Wörterbücher, wie z.B. das von Wahrig (1966), in denen sich als Stichwörter auch Suffixe und Affixe sowie Formen unregelmäßig flektierter Verben finden, Einheiten mithin, die sich schwerlich als Lexeme definieren lassen dürften.

31 Halliday (1972,30).

32 Vgl. Halliday (1972,32).

33 Gleason (1967,89).

In Wörterbüchern sind weiterhin zahlreiche syntaktische Angaben anzutreffen, wie sie auch die Grammatiken enthalten; sowohl in den Grammatiken als auch in den Wörterbüchern stehen semantische Informationen, die Lexeme betreffen.

Explizit und/oder durch Beispiele vermittelt geben auch Wörterbücher darüber Auskunft, ob und in welcher Weise Angehörige bestimmter Klassen von Paradigmen mit Angehörigen anderer Klassen von Paradigmen syntagmatische Beziehungen eingehen können.

Wörterbücher und Grammatiken führen jene Fälle an, in denen die Merkmale der Klasse für ein einzelnes Lexem dieser Klasse nur in begrenztem Umfang gelten, wie dies z.B. bei Einschränkungen des paradigmatischen Potentials zu bemerken ist. Vollständiger im Wörterbuch, weniger vollständig in der Grammatik finden sich zudem Beispiele genannt, in denen ein bestimmtes Lexem nur mit einem einzigen oder wenigen anderen Lexemen syntagmatische Beziehungen realisiert.

Ebenso enthalten sowohl Grammatiken als auch Wörterbücher Angaben zur Valenz und Kollokation (34).

Aus all dem Gesagten geht hervor, daß sich vielleicht im Rahmen einer allgemeinen Sprachtheorie, wohl kaum aber in der konkreten Präsentation einer natürlichen Einzelsprache Lexik und Grammatik säuberlich voneinander trennen lassen. Die Beschreibung der grammatischen Regularitäten in einer Grammatik kann nicht ohne lexikalische Informationen, die Beschreibung der Lexik in einem Wörterbuch nicht ohne grammatische Informationen gelingen.

Die Konsequenz aus solcher Einsicht sollte für die Lexikographie in jedem Fall darin bestehen, sich in größerem Maß als bisher darum zu bemühen, die verschiedenen grammatischen Informationen, die ein Wörterbuch notwendig enthalten muß, eher zu vermehren als zu verringern und dabei vor allem die Ergebnisse der Grammatikforschung zu berücksichtigen, und insgesamt die grammatischen Angaben im Rahmen einer Theorie zu begründen und zu systematisieren. „Insgesamt sind [. . .] die grammatischen Informationen, die man in den Wörterbuchartikeln finden kann, dürftig und unzureichend im Vergleich zu dem Stand unserer grammatischen Kenntnisse", wie Weinrich (1976,356) – sicher ein wenig überspitzt formuliert – meint.

Das von Weinrich (1976,354) geforderte „linguistische Wörterbuch" sollte im übrigen auch wenigstens einen Abriß jener Grammatik enthalten, auf die es bei der Beschreibung der Lexeme Bezug nimmt (35).

---

34 Solche Angaben enthalten bisher vornehmlich spezielle Valenz- und Kollokations- bzw. Stilwörterbücher.

35 Zu Fragen der grammatischen Informationen im Wörterbuch vgl. auch den angekündigten Sammelband „Wortschatzforschung heute", Leipzig 1981.

3.2 Wortschatzgewinnung

3.2.1 Das Korpus als Datenbasis

In allen empirisch orientierten Untersuchungen spielt die Frage der Datengewinnung dann eine entscheidende Rolle, wenn der zur Analyse anstehende Gegenstandsbereich nicht exhaustiv zu erfassen ist. Das Problem verschärft sich in den Fällen, in denen die Erfassung sämtlicher Daten nicht so sehr ein praktisches Problem darstellt derart, daß durch ihre große Zahl und/oder ihre breite Streuung eine vollständige Erhebung mit beträchtlichen Schwierigkeiten verbunden wäre, sondern vielmehr ein theoretisches Problem dadurch, daß sich der Gegenstandsbereich lediglich als gleichsam fiktive Größe bestimmen läßt, wie das z.B. für die Menge aller Aktualisierungen deutscher Sprache angenommen werden muß.

In der Terminologie der Statistik, die zur Lösung derartiger Probleme eine Reihe theoretischer und praktischer Instrumentarien bereithält, wird das zu untersuchende Ganze „Grundgesamtheit" und die aus ihr zu treffende Auswahl „Stichprobe" genannt, wobei das Verfahren zur Erhebung einer Stichprobe sicherstellen soll, daß sie ein adäquates Modell der Grundgesamtheit darstellt, aus der sie stammt. In der Linguistik wird von Textkorpora verlangt, daß sie derartige Stichproben bilden.

3.2.1.1 Wert und Unwert eines Textkorpus

„Im Zusammenhang mit grammatischer Beschreibung ist die Heranziehung eines Korpus von tatsächlichen Äußerungen also eine unnötige Zeremonie". Diese von Itkonen (1976,65) vertretene und in einer durchaus prominenten Tradition stehende Auffassung hält Lieb (1976,198) für eine „offene Absurdität" und meint: „Als Karikatur mancher Ansichten in der Generativen Grammatik verdient diese Formulierung klassisch genannt zu werden; man stelle sich jedoch die Konsequenzen vor, wenn sich eine solche Auffassung in der Sprachwissenschaft durchsetzen sollte".

Hieraus erhellt schon, daß sich die Frage des Werts oder Unwerts eines Textkorpus für die linguistische Theorienbildung nicht grundsätzlich, sondern immer nur von bestimmten theoretischen Positionen aus beantworten läßt (36).

Im Rahmen einer primär-induktiv verfahrenden Linguistik muß die Antwort auf diese Frage notwendig anders ausfallen als im Rahmen einer primär-deduktiv argumentierenden Linguistik.

Gegen die Auswertung notwendigerweise immer limitierter Textkorpora wenden sich die Vertreter einer eher deduktiv orientierten Linguistik, die „nicht gegebene Sprech- oder Schreibereignisse, sondern die intuitiven Auffassungen der Sprecher über die Form von grammatisch richtigen Sätzen, die solchen Ereignissen zugrunde liegen", beschreiben möchten (37).

---

36 Vgl. hierzu und zum folgenden Schaeder (1976a,356-359).

37 Bierwisch (1966,5).

Dieses Ziel zu erreichen, leisten ihrer Meinung nach Textkorpora keine Hilfe: „Eine Aufzeichnung natürlicher Rede zeigt stets zahlreiche falsche Ansätze, Abweichungen von Regeln, Abänderungen der Strategie mitten im Sprechen usw. [. . .] . Beobachtungen des Sprachgebrauchs oder Hypothesen über die Anlagen, sprachlich zu reagieren, über Gewohnheiten usw. können wohl Evidenzen für die Beschaffenheit dieser mentalen Realität beibringen, sie können aber sicherlich nicht den tatsächlichen Gegenstand der Linguistik ausmachen" (38), den in der Theorie der generativen Transformationsgrammatik als des Prototyps primär-deduktiver Linguistik die Grammatik als die „Beschreibung der immanenten Sprachkompetenz des idealen Sprecher-Hörers" darstellt (39).

Da die von den Vertretern einer deduktiv begründeten Theorie innerhalb ihrer Argumentation aufgeführten singulären Beispiele des Sprachgebrauchs eher einen die Theorie illustrierenden Charakter haben dürften und nicht das Material für Hypothesen oder Bestätigungen darstellen können, bleibt für jede derartige Linguistik die Frage zu beantworten, „wie die Beobachtungsdaten, die durch die Grammatik erklärt werden sollen, zu gewinnen sind" (40).

Denn abgesehen davon, daß die Entwicklung einer solchen Grammatik nicht auf jene Empirie verzichten kann, die bereits die Formulierung der Prämissen anleitet, muß eine primär-deduktive Linguistik die Adäquatheit ihrer Konklusionen in Bezug auf den Objektbereich Sprache mithilfe entsprechender Kongruenzregeln überprüfen. Auch dazu benötigt sie umfangreiche Kenntnisse über die vielfältigen Formen des Sprachgebrauchs, die in jedem Fall die Empirie liefert.

Wenn als empirisches Material Textsammlungen gleich welchen Umfangs und gleich welchen Inhalts abgelehnt werden, weil sie einmal „unkontrolliert nebeneinander ganz unterschiedliche Erscheinungen enthalten: grammatische und ungrammatische Sätze, grammatische Abweichungen der verschiedensten Art, die zu einer ganz wertlosen Grammatik führen würden, wenn man sie alle berücksichtigte"; da zum anderen Korpora, „streng genommen, keinerlei Feststellung über Grammatikalität, strukturelle Ähnlichkeit, Ambiguität usw." enthalten (41), dann bleibt – nicht zuletzt in der Konsequenz des Homogenitätspostulats – schließlich allein der Rückgriff auf die eigene Kompetenz bzw. auf das mit ihrer Hilfe jeweils produzierte Korpus. Abgesehen einmal davon, daß auch – möglicherweise auf höherem Niveau – einem solchen Korpus all jene Mängel anhaften, die nach Meinung der Vertreter einer primär-deduktiven Linguistik Textsammlungen nun einmal eigen sind, ist das Ziel umstritten, zu dessen Erreichen alle noch so umfangreichen Untersuchungen von Formen

---

38 Chomsky (1969,14).

39 Chomsky (1969,15).

40 Bierwisch (1966,9).

41 Bierwisch (1966,9).

der Sprachverwendung keinen Beitrag zu leisten imstande seien, nämlich die Beschreibung der Sprachfähigkeit bzw. Sprachkompetenz eines idealen Sprecher-Hörers (42).

Eine primär-induktive Linguistik hingegen, deren Hauptanliegen die Beschreibung der sprachlichen Fakten in einem später noch zu erläuterndem Sinne ist, kann grundsätzlich nicht auf die Auswertung der in Textkorpora zusammengetragenen Informationen verzichten. Wir sprechen hier absichtlich von Textkorpora, weil wir zum einen davon ausgehen, daß es mehrere, gleichermaßen begründete Verfahren der Textauswahl gibt, weil es zum anderen unmöglich ist, in einem einzigen Korpus sämtliche diatopischen und diastratischen Varietäten sowohl der geschriebenen als auch der gesprochenen Sprache auch nur einer einzigen Sprachgemeinschaft angemessen zu repräsentieren. Insgesamt eignet sich ein Textkorpus, das nach Umfang und Auswahl im Hinblick auf seine intendierte Verwendung eine begründete Stichprobe aus einer definierten Grundgesamtheit darstellt:

(a) als Material zur Formulierung von Hypothesen bzw. Prämissen über den Objektbereich;
(b) als unerläßliche Datenbasis für die grammatische und lexikalische Beschreibung als einer komplexen Handlung, die sich aus den Teilaktivitäten des Beobachtens, des innersprachlichen Vergleichens und des Identifizierens, der Delimination bzw. des Segmentierens und schließlich des Klassifizierens zusammensetzt;
(c) als Material für das Verfahren des induktiven Argumentierens;
(d) als Material für die Überprüfung der gewonnenen Ergebnisse und damit auch für die Verifikation oder Falsifikation von Hypothesen;
(e) als Sammlung von Belegen zur Illustration der verschiedenen Gebrauchsweisen von Lexemen und Syntagmen.

3.2.1.2 Textkorpus-Definitionen

„A body of utterances or sentences assumed to be representative of and used for grammatical analysis of a given language or dialect" (43). Abgesehen einmal davon, daß diese Definition als die die Grundgesamtheit „given language" konstituierenden Elemente „utterances or sentences" ansieht und eine in dieser Form wenig einleuchtende Distinktion zwischen „language" und „dialect" trifft, enthält sie neben der Angabe, welche Einheiten als Elemente bzw. Individuen fungieren sollen, diejenige der Zweckbestimmung eines Korpus und die Bedingung der Repräsentativität, die für die zu treffende Auswahl notwendig erfüllt sein müsse.

---

42 Aus der umfangreichen Literatur, die sich mit den Problemen von langue und parole, Kompetenz und Performanz beschäftigt, sei hier nur die Arbeit von Bergenholtz (1980) erwähnt, der im Kapitel 2.2 eine zusammenfassende und systematisierende Übersicht über die Entwicklung und den Stand der Diskussion zu diesem Thema bietet, sowie zusätzlich auf die dort nicht behandelten Arbeiten von Hörmann (1976,33-59) und Hymes (1978) verwiesen.

43 The Random House Dictionary of the English Language. Zitiert nach Francis (1979,110).

Die als nächste zitierte Definition stimmt mit der vorhergehenden zunächst nur insofern überein, daß ein Korpus linguistischen Zwecken diene:

„Unter Korpus versteht man in der Linguistik in der Regel eine Menge natürlicher – d.h. nicht manipulierter – objektsprachlicher Äußerungen, die die ausschließliche empirische Basis für eine Strukturbeschreibung oder Frequenzerhebung abgibt" (44).

Diese Definition unterscheidet sich von der erstgenannten zum einen dadurch, daß sie die Frage der Repräsentativität der Auswahl ausklammert, zum anderen durch eine präzisere Bezeichnung derjenigen Einheiten, die als Elemente fungieren: „objektsprachliche Äußerungen", die zudem „nicht manipuliert" sein dürfen (45).

Auch wenn dies nicht ausgesprochen wird, so ist doch wohl gemeint, daß die betreffenden objektsprachlichen Äußerungen nicht von demjenigen manipuliert sein dürfen, der die Sprachdaten für ein Korpus erhebt. Diese keineswegs selbstverständliche Bedingung erscheint uns insofern wichtig, als auf diese Weise ausgeschlossen werden soll, daß vorfabrizierte Daten in das Korpus und damit auch in seine spätere Auswertung Eingang finden. Diese Forderung hat besondere Bedeutung für den Bereich der gesprochenen Sprache, bei deren Erfassung sich stets einstellt, was Labov (1972,147) als sogenanntes Beobachterparadoxon folgendermaßen beschreibt: (46)
„Das Ziel der sprachwissenschaftlichen Erforschung der Gemeinschaft muß sein, herauszufinden, wie Menschen sprechen, wenn sie nicht systematisch beobachtet werden; wir können die notwendigen Daten jedoch nur durch systematische Beobachtung erhalten".

Wir kommen damit zu einer dritten Definition, die, abgesehen davon, daß sie die mögliche Manipulation der Sprachdaten nicht ausdrücklich ausschließt, alle in den beiden vorher genannten Definitionen aufgeführten Bedingungen enthält:

„Unter einem Korpus verstehe ich eine begrenzte, statistische Datenmenge in Relation zur natürlichen Sprache L1, wobei diese Menge kontinuierlich aus Kommunikationsakten aufgezeichnete und konservierte akustische oder visuelle Sprachzeichen umfaßt und als empirische Datenbasis für operationalisierende linguistische Untersuchungen dient, die diese Datenmenge und/oder den durch sie repräsentierten Sprach- und Kommunikationsbereich beschreiben und erklären wollen" (47).

---

44 Bausch (1979,78).

45 Nur am Rande sei bemerkt, daß hierbei auch ausgeschlossen wird, was auch einmal eine Untersuchung lohnen könnte, nämlich die Metasprache der Linguisten, die für solchen Zweck natürlich in einem gesonderten Korpus stichprobenartig zusammenzustellen wäre. Bungarten (1979,34) schlägt vor, für bestimmte Fragestellungen ein „metasprachliches Korpus" zu etablieren, in das z.B. Grammatikalitätsurteile über die in einem objektsprachlichen Korpus enthaltenen Sätze und/oder Texte systematisch aufgenommen werden könnten.

46 Zur Methodologie der Korpuserstellung für den Bereich der gesprochenen Sprache vgl. z.B. die Arbeit von Henne/Rehbock (1979,45-60).

47 Bungarten (1979,34).

An dieser Definition fällt zunächst einmal auf, daß als Grundgesamtheiten natürliche Sprachen bzw. Ausschnitte aus ihnen angesehen werden, daß explizit von Statistik die Rede ist und daß als Elemente bzw. Individuen nicht Sätze oder Äußerungen, sondern Kommunikationsakte gelten sollen. Im weiteren enthält sie nicht die ausdrückliche Forderungen, daß das Korpus dem Anspruch auf Repräsentativität genügen müsse, spricht vielmehr nur von dem durch das Korpus zu repräsentierenden Sprach- bzw. Kommunikationsbereich, welche Zurückhaltung einen deutlicheren Ausdruck findet, wenn derselbe Autor an anderer Stelle einschränkend meint, das Korpus müsse zumindest als exemplarisch gelten können (48).

Wenn man die ständige Erwähnung des Problems in der Mehrzahl aller Arbeiten, die sich mit Fragen des Aufbaus und der Auswertung von Korpora beschäftigen, schon als Indiz werten darf, so scheint in jeder Diskussion über deskriptive bzw. empirische Sprachforschung eine entscheidende Rolle zu spielen, ob und in welcher Weise erreicht werden kann, was Gleason (1955,196) in schlichter und prägnanter Formulierung fordert: „A corpus must be representative".

3.2.1.3 Zum Problem der Repräsentativität eines Textkorpus

Die Forderung nach Repräsentativität eines Korpus ist so alt wie jene Forschungsrichtung der Sprachwissenschaft, die ihre Analysen nicht so sehr auf die Intuition bzw. Introspektion, d.h. die Schau der eigenen Sprachkompetenz, als vielmehr auf die Untersuchung und Beschreibung konkreter sprachlicher Äußerungen zu stützen sich vorgenommen hatte, nämlich der sogenannte, mit den Namen Bloomfield und Harris eng verbundene, von Boas inspirierte empirische Strukturalismus.

Entstanden war die Notwendigkeit der Zusammenstellung eines Korpus bzw. von Korpora angesichts der Aufgabe, die lexikalische und grammatische Struktur von Indianer-Sprachen, d.h. von Sprachen, die nicht zu den indogermanischen zählen, zu erforschen. Da das übliche Verfahren, aus vornehmlich literarischen Zeugnissen einzelne Belege zur Demonstration einer syntaktischen Figur oder auch einer Worterklärung auszuwählen, sich als unbrauchbar erwies, wenn es darum ging, Einblicke in eine nicht vertraute Sprache zu gewinnen, bot sich als erfolgversprechender Weg die Zusammenstellung eines Korpus von zusammenhängenden sprachlichen Äußerungen an, die unbeeinflußt vom Erkenntnisinteresse des Forschers zustande gekommen sein sollten.

Dieses von Boas eingeführte und in seiner Nachfolge bei gleichartigen Aufgaben mit ähnlichem Erfolg gehandhabte Verfahren gewann wenig später auch für die Untersuchung selbst solcher Sprachen zunehmend an Bedeutung, die von den Linguisten als Muttersprache beherrscht wurden.

„The stock of recorded utterances constitutes the corpus of data, and the analysis which is made of it is a compact description of the distribution of elements within it" (49). Während sich die frühen Strukturalisten noch auf die

48 Bungarten (1979,35).

49 Harris (1974,12).

Position zurückzogen, ihre Analysen hätten Gültigkeit allein für das von ihnen ausgewertete Korpus, strebten ihre Nachfolger Aussagen an, die über die untersuchten Texte hinaus auch für alle anderen sprachlichen Äußerungen gelten sollten. Eine solche Behauptung aber ließ sich nur dann aufstellen, wenn zu beweisen war, daß das zugrunde gelegte Korpus eine den Gegenstandsbereich adäquat abbildende Auswahl darstellte.

Das hiermit verbundene Problem wird allenthalben unter dem Stichwort „Repräsentativität eines Textkorpus" diskutiert.

Während Ziff (1960,20) noch vermerkt, daß die Adäquatheit eines als Stichprobe zu wertenden Korpus nicht zu bestimmen und eine aus ihm abgeleitete Aussage über die Grundgesamtheit bestenfalls wahrscheinlich sei, spricht Lyons (1968, 139) dann von Repräsentativität als jener Bedingung, die garantieren soll, daß aus einer Stichprobe gewonnene Strukturbeschreibungen Gültigkeit auch für die entsprechende Grundgesamtheit besitzen: „The number of potential utterances in any natural language is unlimited. Any given collection of utterances, however large, is but a ‚sample' of this unlimited set of potential utterances. If the sample is not only large, but representative of the totality of potential utterances, it will, ex hypothesi, manifest all the regularities of formation characteristic of the language as a whole".

Zu solchen mit Hilfe der Wahrscheinlichkeitsrechnung begründeten Extrapolationen nimmt Heger (1970) in einer Diskussion über die Kriterien der Belegbarkeit, der Häufigkeit und der Akzeptabilität kritisch Stellung und kommt zu dem Schluß: „Während das Extrapolationsverfahren im phonetisch-phonologischen Bereich weitgehend als gerechtfertigt angesehen werden kann, ist es im lexikalischen Bereich infolge der Abhängigkeit der Häufigkeiten von thematischen und stilistischen Faktoren nachweisbar nicht anzuwenden" (50).

Diese negative Einschätzung konnte allerdings nicht verhindern, daß weiterhin nach Lösungen für das Problem der Repräsentativität eines Korpus gesucht wurde.

Darüber, wie diese geforderte Repräsentativität der das Korpus bildenden Auswahl erreicht werden könne, gehen die Meinungen auseinander, und zwar aufgrund unterschiedlicher Erkenntnisinteressen und in deren Folge divergierender Bestimmungen des Objektbereichs und der ihn konstituierenden Gegenstände und Sachverhalte sowie der diese Gegenstände und Sachverhalte auszeichnenden Merkmale.

Wie schon die weithin akzeptierte Bezeichnung „Textkorpus" zeigt, bildet nach allgemeinen sprachwissenschaftlichen Verständnis „der Text, verstanden als grundsätzliche Möglichkeit des Vorkommens von Sprache in manifester Erscheinungsform, und folglich jeweils ein bestimmter Text als manifestierte Einzelerscheinung funktionsfähiger Sprache, das originäre sprachliche Zeichen" (51). „Man kommuniziert nicht mit Wörtern, sondern durch Texte.

---

50 Heger (1970,25).

51 Hartmann (1971,10).

Dieses primäre sprachliche Zeichen ist seinerseits aus weniger umfangreichen, hierarchisch niedrigeren sprachlichen Zeichen aufgebaut" (52).

Bei der Frage, aufgrund welcher Kriterien sich Texte als Texte deliminieren lassen, sieht man sich einer Vielzahl von Vorschlägen gegenübergestellt, die sprachliche Einheit Text mithilfe textinterner und/oder textexterner Merkmale zu bestimmen (53).

Da es uns allzu weit von dem hier behandelten Thema abbringen würde, auch nur einen Überblick über die zur Zeit diskutierten Textdefinitionen bieten zu wollen, soll hier lediglich von einem Ansatz die Rede sein, der es ermöglichen soll, eine die Gesamtmenge aller realisierten Texte maßstabsgerecht abbildende Auswahl aus dem von Harweg (1968,143) so bezeichneten „Textkosmos" zu treffen (54).

In seinen „Erkundungen zur Texttypologie" geht Zimmermann (1978) von der „fundamentalen Hypothese aus, daß der Bereich geschriebener Texte einer bestimmten Sprache L zu einem bestimmten Zeitraum t nur dadurch innerhalb eines Corpus repräsentiert werden kann, indem über dem zu repräsentierenden Bereich eine Klassifikation erstellt wird, und das Corpus Exemplare solcher Klassen enthält" (55).

Nach Auffassung des Autors „(ist) eine vorgängige Klassifikation deshalb im Unterschied zur reinen stichprobentheoretischen Auswahl notwendig, weil durch eine Klassifikation der vorher unstrukturierte Bereich eine, wenn auch nur kategoriale, aber differenzierte Struktur erhält" (56).

Erreicht werden soll eine solche Klassifikation „auf dem Umweg einer Theorie über die Textproduktion" (57), die schließlich zu einem Korpus führen soll,

---

52 Gülich/Raible (1977,40).

53 Da auch nur die Aufzählung der wichtigsten Arbeiten zu texttheoretischen Themen in einer Anmerkung kaum unterzubringen sein dürfte, beschränken wir uns hier darauf, auf die kommentierte Bibliographie von Dressler/Schmidt (1973) sowie auf die Veröffentlichung von Gülich/Raible (1977) hinzuweisen, die eine Reihe von Textmodellen vergleichend vorstellen und diskutieren.

54 Vgl. zum folgenden auch Nikitopoulos (1974) und (1978), Nabholz (1973), Zimmermann (1973) sowie Nikitopoulos/Nabholz/Zimmermann (1975), welche Arbeiten insgesamt die Begründung eines ehemals geplanten Projekts zur Erstellung zweier repräsentativer Textkorpora der deutschen geschriebenen Sprache der Gegenwart darstellen.

55 Zimmermann (1978,10).

56 Zimmermann (1978,10).

57 Zimmermann (1978,10).

das repräsentativ ist „für die in der Kommunikation stattfindenden Prozesse, die kommunikationssoziologischer, sozialpsychologischer und linguistischer Art sind" (58).

Ohne hier diese eigenwillige, an die von Werlich (1975) und Große (1974) etablierten Texttypologien anschließende Konzeption im einzelnen diskutieren zu wollen, nach der das Korpus „ein Modell des Gesellschaftstextes (ist), das nicht nur dessen Elemente qua Klassen, sondern auch dessen Struktur abbilden muß" (59), sei hier nur so viel gesagt: ein Vorgehen, das zunächst eine Klassifikation schafft, um dann mithilfe eben dieser Klassifikation eine sogenannte repräsentative Auswahl von Texten für ein Korpus zu treffen, setzt Einsichten und Erkenntnisse voraus, die letztlich erst Ergebnis einer eingehenden Textanalyse sein können.

Einer solchen Verfahrensweise bleibt nicht der Vorwurf erspart, daß das durch sie begründete Korpus sich zuallererst dazu eignet, jene Theorie zu illustrieren, aufgrund derer es zustande gekommen ist.

Daß es schließlich schon aus ökonomischen Gründen notwendig sein dürfte, entscheiden zu müssen, umfangreichere sprachliche Zeugnisse gar nicht oder nur in Ausschnitten in das Korpus aufzunehmen, sei hier nur am Rande als zusätzliches Problem erwähnt (60).

Insgesamt ist den Vertretern einer solchen Konzeption das Dilemma, in das sie auf solchem Wege geraten, durchaus bewußt, wenn z.B. Zimmermann (1978,19) erklärt: „Bei diesem Vorgehen darf allerdings ein ‚Mangel' nicht übersehen werden: Wie sind die Kriterien, unter denen eine Klassifikation erst entstehen kann, zu finden. Bei rein deskriptiver Vorgehensweise würde ein Corpus vonnöten sein, das repräsentativen Bedingungen genügen müßte, aus dem Klassifikationskriterien eruiert werden könnten. Es wäre also ein Corpus für ein Corpus notwendig".

In Schaeder (1976a,359f) haben wir einen solchen Vorschlag unterbreitet, ein Korpus als Materialbasis zu verstehen, „die vor allem dazu dienen soll, auf empirisch-deskriptive Weise u.a. auch Kriterien für Textdefinitionen und Textklassifikationen zu gewinnen. Die Auswahl sprachlicher Äußerungen für ein solches Korpus würde eine primär-induktive Korpustheorie voraussetzen. Im Rahmen einer solchen Theorie wären die notwendigsten Vorannahmen über den Objektbereich zu explizieren sowie Hypothesen über die Struktur dieses Objektbereichs zu formulieren. Um eine annähernde Repräsentativität der die Gesamtheit oder bestimmte Ausschnitte des Objektbereichs konstituierenden Strukturmuster zu gewährleisten, müßten zunächst Kategorien etabliert werden, die zum einen geeignet sind, den ganzen im Korpus zu repräsentierenden Sprachbereich zu erfassen, die zum anderen die Entscheidung darüber, welcher der Kategorien eine bestimmte sprachliche Äußerung zuzuordnen ist, weitgehend

---

58 Zimmermann (1978,11).

59 Zimmermann (1978,188).

60 Zimmermann (1978,184f) sieht dieses Problem durchaus, glaubt es aber durch seine Textemtheorie lösen zu können, nach der ein konkreter Text einen Komplex von Textemrepräsentationen, d.h. deliminierbarer Sequenzen darstelle.

unabhängig vom subjektiven Ermessen des Auswählenden und damit auch eine Nachprüfbarkeit der jeweils getroffenen Entscheidung ermöglichen".

Hiermit ist eine andere zur Erstellung einer Reihe bereits verfügbarer Korpora verwendete Möglichkeit angesprochen, die Repräsentativität einer Textauswahl zu erreichen (61). Die Texte werden nicht nach einer vorgängig etablierten Textklassifikation, sondern aufgrund ihrer jeweiligen Zuordnung zu bestimmten, in einem geschlossenen Katalog aufgelisteten Sachbereichen ausgewählt. Dieses Verfahren macht sich die Einsicht zunutze, daß „Texte ja nicht nur Gebilde (sind), die nach den Regeln eines Sprachsystems zustandekommen; ihre Enkodierung wird vielmehr auch durch das gesteuert, was man mit ‚Gesetzlichkeiten des dargestellten Gegenstandsbereichs' bezeichnen könnte" (62).

So wurde z.B. für die Zusammenstellung des LIMAS-Korpus die 33 Sachgebiete umfassende Klassifikation der Deutschen Bibliographie zugrunde gelegt und die Gewichtung der Textauswahl nach der Anzahl der 1971 pro Sachgebiet erschienenen Veröffentlichungen vorgenommen (63).

Zwar vermeidet ein solches Vorgehen, das auf dem Umstand basiert, daß Texte auch Mitteilungen über Dinge sind, auf die sie referieren, das oben geschilderte Problem, gleichzeitig entsteht aber ein neues, das aus den Schwierigkeiten herrührt, die eine umfassende Sachgebietsklassifikation bereitet (64).

„Wenn es auch von größtem Interesse wäre, Texte beispielsweise auch nach dem Gegenstandsbereich zu differenzieren, auf den sie sich beziehen, so sind doch mit der dazu notwendigen Differenzierung des Bereichs der Gegenstände und Sachverhalte außerordentlich große Schwierigkeiten verbunden [. . .] . Die Schwierigkeiten einer Spezifizierung des Bereichs der Gegenstände und Sachverhalte liegen mithin darin, daß theoretisch unendlich viele Unterbereiche des Gesamtbereichs der Gegenstände und Sachverhalte differenzierbar wären und daß Texte nicht unbedingt die sich mit einer solchen Differenzierung ergebenden Grenzen respektieren müßten. Prinzipiell gibt es so viele Spezifizierungen des Bereichs der Gegenstände und Sachverhalte wie es Texte gibt" (65).

Während aufgrund der Schwierigkeiten, eine repräsentative Auswahl zu begründen, bisweilen der Anspruch auf eine adäquate Abbildung des gesamten Textvorkommens in der Weise reduziert wird, daß das Korpus zumindest exemplarischen Charakter haben soll (66), hat Rieger (1979) den Begriff der Repräsentativität

---

61 So z.B. das Brown Corpus, das Computer Archive of Modern English Texts (C.A.M.E.T.), das LIMAS-Korpus und das Textkorpus Grunddeutsch Schriftsprache. Vgl. zu diesen Korpora Schaeder (1976b).

62 Gülich/Raible (1977,39).

63 Vgl. zum LIMAS-Korpus Glas (1975).

64 Zu den Problemen einer Sachgebietsklassifikation vgl. u.a. Mentrup (1978a).

65 Gülich/Raible (1977,40).

66 Vgl. z.B. Bungarten (1979,35).

schlechthin als unangemessen zur Kennzeichnung eben dieses Problems linguistischer Korpusbildung erklärt.

Rieger (1979,58) glaubt aus einer Reihe zu diesem Thema geäußerter Vorstellungen erkennen zu können, „daß die Verwendung des Repräsentativitätsbegriffs mehr zu verdecken als zu erhellen geeignet ist, welche Bedingungen linguistische Korpora erfüllen müsse, wenn sie nicht nur wie bisher deskriptivstatistisch analysiert werden, sondern im Rahmen inferenzstatistischen Argumentierens wie Stichproben fungieren sollen, deren Analyse im Hinblick auf Grundgesamtheiten neue Hypothesen zu bilden (Schätzen) und vorliegende Hypothesen zu prüfen (Testen) erlaubt".

Zur Begründung verweist Rieger (1979,60) zunächst auf die Interdependenz von Ziel und Gegenstand des Erkenntnisinteresses einerseits und von meist fiktiven Grundgesamtheiten und Zufallsstichproben im statistischen Argumentationszusammenhang andererseits, die als „Pole eines wechselseitig abbildbaren Zusammenhangs [. . .] ein methodisches Grundprinzip der quantitativ-statistisch arbeitenden Sprach- und Textwissenschaft" darstellen.

Von dieser Position aus gesteht er z.B. Nikitopoulos (1974) zu, daß dieser zwar die oft vernachlässigte Komponente der inhaltlichen Abhängigkeit hervorhebe, „mit der das, was überhaupt erst als Beobachtungsdatum gelten kann, von der jeweiligen (hier: sozio-linguistischen) Theorienbildung der einbettenden Basiswissenschaft konstituiert wird" (67), hält ihm aber dann vor, daß er die gleichzeitig zu stellende Frage, wie diese Daten als zufällige Stichproben aus Grundgesamtheiten zu erheben seien, vernachlässige.

Zunächst einmal sei darauf hingewiesen, daß die Bezeichnung „repräsentative Stichprobe" eine pleonastische Fügung darstellt, da jedenfalls im statistischen Sinne Stichproben qua Stichproben repräsentativ in Bezug auf die Grundgesamtheiten sind, aus denen sie stammen, gleichgültig, ob sie als geschichtete oder als zufällige erhoben werden.

Riegers Argumentation aber zielt auf einen anderen Punkt. Nach der Grenzwertdefinition der Wahrscheinlichkeit ist die Abweichung zwischen der beobachteten relativen Häufigkeit eines Gegenstands oder Sachverhalts um so geringer, je größer die Zahl der erfolgten Beobachtungen ist. Hieraus ergibt sich für Rieger (1979,66) nun „die paradoxe Folgerung, daß eine Stichprobe hinsichtlich des betrachteten Merkmals nur dann als repräsentativ ausgezeichnet werden kann, wenn über die Grundgesamtheit, aus der sie stammt, so viel bekannt ist, daß es eben dieser Stichprobenbildung gar nicht mehr bedarf. Da nach dieser Definition die Kenntnisse über die Grundgesamtheit (d.h. hinsichtlich des betrachteten Merkmals: seine Wahrscheinlichkeit) aber nur über Stichprobenbildung zu gewinnen sind, erweist sich zunächst einmal jede Kennzeichnung von Korpora als zirkulär, die deren Repräsentativität behauptet oder fordert. Zum anderen macht die das ideale (unter exakt gleichen Bedingungen beliebig oft wiederholbare) Zufallsexperiment voraussetzende Grenzwertdefinition der Wahrscheinlichkeit aber auch deutlich, daß die Möglichkeit von Wahrscheinlichkeitsaussagen über und die Notwendigkeit der Zufälligkeitsforderung an

67 Rieger (1979,61).

tatsächliche Ereignisfolgen einen zwar in seinen Resultaten erfahrungsgemäß zutreffenden, selbst aber nicht zirkelfrei definierbaren Zusammenhang darstellt".

So ist nach Rieger (1979,68) „die Sprechweise von repräsentativen Stichproben bzw. Korpora nicht nur deswegen ungeeignet, weil sie unbestimmt und/oder notwendig zirkulär wäre, sondern sie ist vor allem deswegen als verfehlt zu verwerfen, weil sie außerstande setzt, das im wahrscheinlichkeitstheoretischen Begründungszusammenhang statistischen Schließens und Argumentierens vorausgesetzte Kriterium der Zufälligkeit zu erkennen und für das Verfahren der Korpusbildung zu fordern".

Inwiefern die Zufälligkeit der Korpusbildung keine unerfüllbare methodisch-operative Forderung darstellt, führt Rieger (1972) durch die Begründung der thematisch-inhaltlichen, auf den Zusammenhang von Grundgesamtheit und Stichprobe abgebildete Interdependenz von Gegenstand und Ziel einer Untersuchung aus, die einer mengenorientierten Textanalyse deutscher Studentenlyrik galt.

Nach einer solchen Argumentation muß es allerdings als ein widersinniges Unterfangen angesehen werden, eine Stichprobe erheben zu wollen, die als repräsentativ z.B. im Hinblick auf sämtliche Ausprägungen aktualisierter deutscher Sprache, oder auch deutscher Sprache der Gegenwart, oder auch nur deutscher Standardsprache der Gegenwart, ja selbst allein deutscher geschriebener Standardsprache der Gegenwart zu gelten beanspruchen würde.

Wenn die Fragestellung nicht spezifiziert und dadurch die Grundgesamtheit, die untersucht werden soll, ebenso unbestimmt bleibt wie deren Elemente, ist es unmöglich zu gewährleisten, was notwendig zu gewährleisten ist, daß nämlich jedes Element der Grundgesamtheit die gleiche Chance erhält, bei einer Stichprobe gezogen zu werden.

Daraus folgt für die beabsichtigte Zusammenstellung eines Korpus:

(a) Das Ziel einer Untersuchung, d.h. die Fragestellung muß zunächst möglichst präzise formuliert sein. Es macht z.B. einen Unterschied, ob die Häufigkeit und Distribution von Graphen oder Wörtern, oder ob der Aufbau von Texten oder Gesprächshandlungen untersucht werden sollen.

(b) Aufgrund der Fragestellung bzw. des Zieles einer Untersuchung sind die Individuen und ihre Grundgesamtheit zu bestimmen. „Wie die untersuchten Merkmale, so müssen auch die Population und die Individuen, oder wenn man lieber will: die Menge und ihre Elemente, sorgfältig, ja mit peinlicher Genauigkeit definiert werden" (68).

So ist es z.B. von Interesse, inwieweit sich der Zeitraum, aus dem die sprachlichen Zeugnisse stammen sollen, die areale bzw. diatopische, die diastratische und mediale Varietät eingrenzen lassen. Je klarer solche Deliminationen erfolgen, um so sicherer läßt sich die Grundgesamtheit angeben und hieraus eine im statistischen Sinne zufällige Stichprobe ziehen.

68 Muller (1972,17).

Die Zusammenstellung des in dieser Arbeit beispielhaft ausgewerteten „Bonner Zeitungskorpus" orientierte sich an der Zielsetzung, Umfang und Art BRD- und DDR-spezifischen Wortschatzes zu ermitteln (69).

Aufgrund der Probleme, die sich nicht allein aus der geforderten Bestimmung einer Grundgesamtheit „Wortschatz", sondern vor allem auch durch die beabsichtigte Ziehung je einer Stichprobe aus den Populationen „BRD-Wortschatz" und „DDR-Wortschatz" ergaben, wurden die Fragestellung und in ihrer Folge die Grundgesamtheiten spezifiziert: primäres Untersuchungsziel sollte nicht der jeweils gesamte Wortschatz der Kommunikationsgemeinschaften BRD und DDR, sondern nur derjenigen der geschriebenen Sprache, nicht die geschriebene Sprache insgesamt, sondern lediglich die Gemeinsprache, nicht die Gemeinsprache insgesamt, sondern vor allem die Standardsprache, nicht die Standardsprache insgesamt, sondern zunächst die im öffentlichen Sprachgebrauch verwendete sein.

Schließlich sollten die beiden zu vergleichenden Textmengen aus den Jahren 1949 bis 1974 stammen.

Die schließliche Beschränkung auf den öffentlichen Sprachgebrauch resultierte aus den Schwierigkeiten, die die Bestimmung eines vertikal und horizontal vergleichbaren Sprachausschnittes bereitet, und der Überlegung, daß öffentlicher Sprachgebrauch seinen Niederschlag in einer relativ gut definierbaren Textmenge findet, nämlich Tageszeitungen. Tageszeitungen erschienen für die angestrebte Untersuchung überdies als geeignet, weil die dort dokumentierten Texte über aktuelle Themen handeln, nicht nur wenigen ausgesuchten Sachgebieten zugehören, nicht nur von einer kleinen Zahl von Verfassern stammen, in vergleichbarer Menge zu gleichen Zeiten vorkommen und in der Art der Entstehung, des Aufbaus, der Erscheinungs- und Verbreitungsweise ein großes Maß an Übereinstimmung aufweisen (70).

Als Elemente dieser so eingegrenzten Grundgesamtheit fungieren die Zeitungsartikel, Texte also, die sich mithilfe etischer Kriterien als Texte definieren lassen. Zwar kann man mit Rieger (1972,21) der Auffassung sein, daß die „tatsächlich bewirkten oder doch zumindest beabsichtigten kommunikativen Funktionen im Text selbst auffindbare Korrelate haben. Diese müssen im Prinzip regelhafter Natur sein, damit sie – wie es bei sprachlichen Kommunikationsprozessen tatsächlich der Fall ist – vom jeweiligen Expedienten intendiert und produziert, vom jeweiligen Perzipienten erkannt und verstanden werden können". Doch müssen Aussagen über Ursachen, Intentionen und Wirkungen

---

69 Zu dieser im Rahmen des DFG-Projekts „Ost-West-Wortschatzvergleiche" durchgeführten Untersuchung vgl. u.a. Hellmann (1976), (1978) und (1981), Haehnel/Krause/Schaeder (1978), Schaeder (1978c).

70 Vgl. hierzu im einzelnen Hellmann (1968) und (1976) sowie Schaeder (1978d) sowie Kapitel 4.1.1 dieser Arbeit.

ebenso der Interpretation der Ergebnisse vorbehalten bleiben wie z.B. Rückschlüsse von den in der Stichprobe ermittelten Befunden über die entsprechende Grundgesamtheit hinaus (71).

3.2.1.4 Umfang eines Textkorpus

Selbst nach Eingrenzen der Grundgesamtheit auf einen an der Fragestellung orientierten, durch die Definition von Population und Individuen bestimmten Ausschnitt des Objektbereichs „gesprochene und/oder geschriebene Realisationen einer konkreten natürlichen Einzelsprache" wird die verbleibende Menge der Elemente quantitativ unermeßlich, d.h. potentiell unendlich groß bleiben.

Will man nun aus solcher fiktiven Grundgesamtheit eine zur Beantwortung gestellter Fragen bzw. zur Verifikation oder Falsifikation von Hypothesen über Eigenschaften des Objektbereichs geeignete Stichprobe entnehmen, d.h. in unserem Fall: ein die Grundgesamtheit adäquat abbildendes Korpus zusammenstellen, so erhebt sich – gleich welches Auswahlverfahren man anzuwenden gedenkt – unmittelbar im Zusammenhang mit der Frage nach den Bedingungen der Möglichkeit zu gewährleistender Repräsentativität diejenige nach dem notwendigen und dem möglichen Umfang des Korpus.

Das notwendig zu erfüllende Maß hat sich an der Forderung auszurichten, daß für jedes Element der Grundgesamtheit in seinen verschiedenen Merkmalsausprägungen die gleiche Chance bestehen muß, in die Stichprobe aufgenommen zu werden. Hieraus läßt sich nicht ohne weiteres das gesuchte Maß ableiten, zumal man auch weiß: „Je größer der Stichprobenumfang, desto kleiner sind die Vertrauensintervalle und die relativen Fehler; je häufiger ein Element in einer Stichprobe bestimmten Umfangs auftritt, desto geringer ist der für seine Häufigkeit berechnete relative Fehler; oder noch anders formuliert: je größer die Stichprobe und je häufiger das Element, desto mehr nähern sich die Häufigkeiten in der Stichprobe den tatsächlichen Häufigkeiten in der Grundgesamtheit an" (72).

Der Vergleich recht unterschiedlicher Umfänge bestehender und geplanter Korpora gibt zunächst ebenfalls keinen Aufschluß über das mindestens zu erfüllende Maß, wobei eingeräumt werden muß, daß einige der anschließend aufgeführten Korpora für bestimmte, vorweg festgelegte Zwecke, andere wiederum für nicht

---

71 Mit der von Rieger – hier erklärtermaßen nur für den Bereich der geschriebenen Sprache vorgetragenen – Annahme beschäftigen sich innerhalb der Linguistik vornehmlich die Text- und die Sprechakttheorie. An die im Projekt „Ost-West-Wortschatzvergleiche" ermittelten Ergebnisse k ö n n e n und sollten sich Überlegungen über Ursachen und Wirkungen divergierenden Sprachgebrauchs anschließen, ebenso wie über die Gültigkeit der Befunde für einen weiteren als den unmittelbar untersuchten Textbereich bzw. Sprachausschnitt. Es m ü s s e n allerdings Untersuchungen darüber angestellt werden, ob nicht als BRD- oder DDR-Spezifika ausgewiesene Lexeme (z.B. als sogenannte Internationalismen oder als Bezeichnungen für gesellschaftsformentypische Erscheinungen) auch in anderen als den unmittelbar beobachteten Sprach- bzw. Kommunikationsgemeinschaften gebräuchlich und damit eigentlich keine BRD- oder DDR-Spezifika sind.

72 Hoffmann (1975c,30).

näher benannte sprach- und/oder literaturwissenschaftliche Untersuchungen eingerichtet worden sind bzw. werden sollen.

Zur Untersuchung jeweils bestimmter Eigenschaften der deutschen Lexik sind die folgenden Korpora erstellt worden:

Häufigkeiten	Kaeding (73)	Umfang:	11 Mio
	Lunder Korpus (74)	Umfang:	3 Mio
Grundwortschätze Gemeinsprache	Textkorpus Grunddeutsch Schreibsprache (74)	Umfang:	0,5 Mio
	Textkorpus Grunddeutsch Sprechsprache (74)	Umfang:	0,5 Mio
Grundwortschätze Fachsprache	Adelaide-Korpus DURF (74)	Umfang:	0,6 Mio
	Textkorpus des Goethe-Instituts (74)	Umfang:	0,2 Mio
BRD/DDR-Spezifik	Bonner Zeitungskorpus (74)	Umfang:	4 Mio
Semantik/Stilistik	Aachener Textkorpus Prosatexte (74)	Umfang:	4 Mio
	Aachener Textkorpus Studentenlyrik (74)	Umfang:	0,5 Mio

Als Datenbasis für das projektierte „interdisziplinäre Wörterbuch der deutschen Sprache", das 200.000 Stichwörter enthalten soll (75), soll ein maschinenlesbares Textkorpus „mit nicht weniger als 50 Millionen Textwörtern" (running words) geschaffen werden (76).

Für die Untersuchung syntaktischer Eigenschaften der deutschen Sprache wurde das folgende Korpus eingerichtet, das sich anderen maschinenlesbaren Korpora gegenüber dadurch auszeichnet, daß eine Vielzahl grammatischer Angaben (wie z.B. Wortarten, Satzgliedfunktionen, Satztypen) codiert sind, sich aber auf der anderen Seite wiederum von ihnen dadurch unterscheidet, daß es nicht als Text-, sondern als Satzkorpus zusammengestellt wurde:

Syntax	Saarbrücker Korpus (74)	Umfang:	0,2 Mio

Halliday (1966,159), der auf solcher Basis ein Kollokationswörterbuch des Englischen schaffen möchte, meint zum Umfang eines hierfür benötigten Korpus: „Textually, some twenty million running words, or 1,500 – 2,000 hours of conversation, would perhaps provide occurrences to yield interesting results".

73 Kaeding (1897-1898); Ortmann (1975-1978).

74 Weitere Angaben sowie weiterführende Literatur sind in Schaeder (1978a) und (1979b) enthalten.

75 Zu diesem Projekt vgl. Henne/Mentrup/Möhn/Weinrich (1978).

76 Henne/Mentrup/Möhn/Weinrich (1978,283). Zur Begründung dieses Umfangs vgl. Mentrup (1979,185-191).

Nicht näher bestimmten Untersuchungen von Lexik und Grammatik der deutschen Sprache sollen die folgenden Korpora dienen:

Freiburger Korpus gesprochener Sprache (77)	Umfang: 0,6 Mio
LIMAS-Korpus (77)	Umfang: 1 Mio
Mannheimer Korpus (77)	Umfang: 2 Mio

Das für Untersuchungen der amerikanischen Varietät des Englischen geschaffene „Brown Corpus" und die beiden für Analysen der britischen Varietät des Englischen eingerichteten Korpora „Computer Archive of Modern English Texts (C.A.M.E.T.)" und „London-Lund-Corpus" umfassen jeweils eine Million laufender Wörter (running words) (77).

Nikotopoulos/Nabholz/Zimmermann (1975), die sich entschieden für die Notwendigkeit von Repräsentativität eingesetzt und auch verschiedentlich vorgetragen haben, wie diese für ein Korpus deutscher geschriebener Texte zu erreichen sei (78), sehen für ein repräsentatives „Korpus deutscher Schriftsprache 1870 – 1944" und ein weiteres repräsentatives „Korpus deutscher Schriftsprache seit 1949" jeweils einen Umfang von einer Million laufender Wörter vor (79).

Aus solchen Zahlen allein geht nicht hervor, warum für die Größe der einzelnen Korpora dieser oder jener Umfang gewählt wurde. Diese Angabe fehlt leider auch in jenen Schriften, die Entstehung und Aufbau der aufgeführten Korpora beschreiben bzw. erläutern.

Allerdings sind durch den personellen und finanziellen Aufwand, den die maschinelle Aufnahme, Verarbeitung und Auswertung eines Korpus bedeutet, der Realisierung jedes noch so fundiert begründeten Konzepts vom notwendigen Umfang eines Korpus Grenzen gesetzt, d.h. notwendiges und mögliches Maß eines Umfangs müssen so gut als irgend möglich aufeinander abgestimmt werden. „Der Umfang einer Stichprobe in einer bestimmten Untersuchung ist ein Kompromiß zwischen Genauigkeit und Kosten dieser Genauigkeit" (80).

Einen entscheidenden Schritt weiter führt uns Harris (1974,13), indem er feststellt, daß die Statistik zur Lösung des Problems beitragen kann: „How large or variegated a corpus must be in order to qualify as a sample of a language, is a statistical problem; it depends on the language and on the relations which are being investigated. For example, in phonologic investigations a smaller corpus may be adequate than in morphologic investigations".

Die Autoren von Häufigkeitswörterbüchern haben sich in dieser Hinsicht Erkenntnisse der statistischen Linguistik über die Effektivität von Wortschätzen zunutze gemacht. So wissen wir z.B. von Guiraud (1959,93f), daß

---

77 Nähere Angaben und Hinweise auf weiterführende Literatur über diese Korpora finden sich in Schaeder (1976a) und (1979b).

78 Vgl. z.B. Nikotopoulos (1974) und (1978), Nikotopoulos/Nabholz/Zimmermann (1975) sowie Zimmermann (1978).

79 Siehe Nikotopoulos/Nabholz/Zimmermann (1975,63).

80 Wallis/Roberts (1969,385).

die 100 häufigsten Wörter 60 % eines Textes,
die 1000 häufigsten Wörter 86 % eines Textes und
die 4000 häufigsten Wörter 97,5 % eines Textes

ausmachen bzw. decken.

Um nun die Reliabilität, d.h. keine oder nur geringe Abweichungen der relativen Häufigkeiten bzw. Wahrscheinlichkeiten von ihrem Mittelwert für die ersten 1000 lexikalischen Einheiten zu gewährleisten, haben z.B. Frumkina, Epstein und Guiraud aufgrund von Berechnungen von verschiedener Art Stichprobenumfänge zwischen 400.000 und 1.000.000 laufenden Wörtern vorgeschlagen (81).

Falls sich nun andererseits der Zusammenhang zwischen Länge eines Textes und dem Umfang des darin verwendeten Vokabulars in einer Formel fassen ließe, könnte man mit deren Hilfe exakt den Gewinn ermessen, den eine stetige Vermehrung der Texte für das dadurch erreichbare Anwachsen des Vokabulars einbrächte. Derartige Berechnungsmöglichkeiten könnten dann auch Kriterien an die Hand geben, zu entscheiden, wann genau die Aufnahme weiterer Texte in ein Korpus angesichts der gleichzeitig schwindenden Aussicht, den Bestand des Vokabulars merklich zu vermehren, den damit verbundenen Aufwand nicht mehr lohnen würde.

Da unsere Arbeit über den Aufbau von Wörterbüchern handelt, sei zunächst kurz daran erinnert, daß „der gesamte deutsche Wortschatz von einigen mit 300.000 wohl unterschätzt und von anderen mit 500.000 wohl überschätzt wird" (82), wobei „der Wortschatz der deutschen Standardsprache der Gegenwart einschließlich aller sozialen und regionalen Varianzen [. . .] und die Teile der Fachwortschätze, die der Standardsprache zugewandt sind und auf sie einwirken, [. . .] etwa 150.000 bis 180.000 Wörtern" umfassen dürfte (83).

Da nun, wie gleich noch im einzelnen auszuführen sein wird, in der Tat ein formelhafter Zusammenhang zwischen Anwachsen der Textlänge und Zunahme des Vokabulars existiert, müßte sich errechnen lassen, wie groß ein Korpus mindestens zu sein hat, um die Gewähr dafür zu bieten, daß z.B. der Wortschatz der deutschen Standardsprache der Gegenwart vollständig und hinreichend in ihm belegt ist.

Zahlreiche Beobachtungen haben die Vermutung nahegelegt, daß zwischen der z.B. in tokens gemessenen Textlänge N und dem in types gemessenen Vokabular V ein funktionaler Zusammenhang der Form $V = f(N)$ besteht, wobei variable Größen wie Autor, Sprachausschnitt, Stil etc. als Parameter in die Funktion f eingehen.

---

81 Nach Hoffmann (1975c,34), der hier das Problem des Zusammenhangs von Reliabilität und Effektivität einer Stichprobe für die Erstellung von Häufigkeitswörterbüchern diskutiert.

82 Menzerath (1944), zitiert nach Erben (1968,21).

83 Drosdowski (1977a,119).

Obwohl sicher ist, daß sich dieser Zusammenhang für jeden beliebigen Text auf die folgende Weise graphisch darstellen läßt,

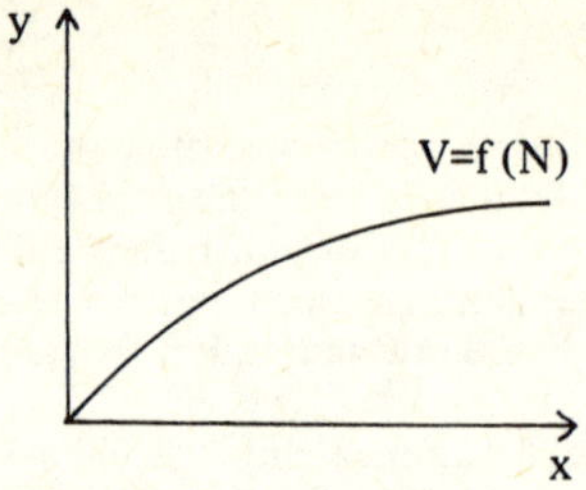

wobei auf der x-Achse die Textlänge in tokens (N) und auf der y-Achse die Anzahl der types (V) einzutragen sind, ist durch bloße Beobachtung empirisch ermittelter type-token-Relationen keine Antwort auf die Frage zu finden, welche Art allgemeiner Beziehung zwischen den beiden Größen V und N besteht.

Zahlreiche Untersuchungen haben ergeben, daß die graphischen Darstellungen von V = F (N) gemeinsame Züge besitzen, „die offensichtlich nicht von der Sprache, vom Autor oder vom Charakter des Textes abhängen. Mit zunehmender Textlänge nimmt das Zuwachstempo von L [L steht hier für das sonst übliche V, B.S.] ab; die Kurve hat immer die Gestalt einer Parabel, deren Krümmung nach oben zeigt" (84).

Es hat nicht an Versuchen gefehlt, eine empirische Formel für V = f (N) aufzustellen, die für jeden beliebigen Text Gültigkeit besitzt. Zu den bekanntesten zählen diejenigen von Guiraud (1954), Herdan (1966), Muller (1968) und Müller (1969). Muller (1972,188) bezweifelt allerdings die empirische Adäquatheit der bisher entwickelten Formeln: „Es ist klar, daß V eine Funktion von F ist, das heißt, daß V für einen gegebenen Text mit N wächst. Aber nach welchem Gesetz? Das weiß man noch nicht genau".

So zeigte sich z.B., daß eine von Chotlos (1944) entwickelte, die Zuwachsrate für neue types N < 18.000 recht gut beschreibende Formel bei N > 18.000 nicht mehr den empirischen Befunden entsprach.

An diesem Punkt setzt die Arbeit von Maas (1972) an. Er diskutiert zunächst die von Guiraud (1954), Herdan (1966), Muller (1968) und Müller (1969) vorgetragenen Ansätze, den funktionalen Zusammenhang von N und V in einer Formel zu erfassen, um dann anhand einer empirischen Überprüfung am Material einiger Textkorpora nachzuweisen, daß keiner dieser Ansätze die Formalisierung des Zusammenhangs von N und V für alle N leistet. Insbesondere erfüllt nach Maas (1972,79) keine der von ihm untersuchten Näherungslösungen die Randbedingungen für unendliches N.

84 Frumkina (1973,295).

Die anschließende von Maas (1972,88) entwickelte Formel für das Wachstum des Vokabulars V in Abhängigkeit von der Textlänge N lautet

$$V' = \left(\frac{\lg V}{\lg a N}\right)^3 \cdot \frac{V}{N}$$

Ist V unbekannt, kann es auf folgende Weise errechnet werden:

$$\lg V = \frac{\lg a N}{\sqrt{1 + \left(\frac{\lg a N}{\lg V_o}\right)^2}}$$

Da bei N > 100 der Betrag von lg a gegenüber lg N klein ist, kann man für die vorstehende Formel durch die folgende eine gute Näherung angeben:

$$V' = \left(\frac{\lg V}{\lg N}\right)^3 \frac{V}{N} \left(1\text{-}3 \frac{\lg a}{\lg N}\right)$$

Die von Maas entwickelten Formeln, deren Tauglichkeit er in der Überprüfung an verschiedenen vorhandenen Korpora mit Umfängen bis N = 11.000.000 nachweisen kann, zeichnen sich zunächst einmal dadurch aus, daß sie den Koiffizienten a als „Charakteristik der Weitschweifigkeit" eines Vokabulars (85), d.h. eine stilistische, den Umfang des in einem bestimmten Text jeweils verwendeten Vokabulars bestimmende Größe einführen.

Dieser Koiffizient a läßt sich ebenso wie der Grenzwert lg V_o berechnen, indem für zwei verschiedene Textlängen N_1 und N_2 die entsprechenden V_1 und V_2 ausgezählt werden (86).

Da man annehmen darf, daß der Absolutbetrag von lg a bei 0,1 liegt, kann es als sicher gelten, daß „das Wachstum des Vokabulars bei großer Textlänge fast unabhängig von a ist" (87). Z.B. ist der prozentuale Fehler von V', der durch Vernachlässigung von a entsteht, rund 15 % bei N = 100, 10 % bei N = 1.000, 7,5 % bei N = 10.000 und 6 % bei N = 100.000.

Maas (1972,89f) hat für das Korpus von Kaeding (1897-1898) mit einem Textumfang von N = 11.000.000 und einer Vokabularmenge von V = 258.200 in der Nähe des Textendes z.B. ein relatives Wachstum des Vokabulars von V' = 0,0117, d.h. von 1,17 Prozent errechnet. Danach „(wären) durch Anfügen eines weiteren Textes von 1000 Wörtern etwa 12 neue zu erwarten, d.h. ein Wortschatz dieser Größe reicht aus, um etwa 98,8 % eines deutschen Textes zu erfassen" (88).

---

85 Maas (1972,87).

86 Zu den Einzelheiten der Berechnung siehe Maas (1972,87).

87 Maas (1972,89).

88 Maas (1972,90).

Die Zahl der durch einen zusätzlichen Textabschnitt neu hinzukommenden Vokabeln ist n · V', wobei V' nach der oben genannten Formel berechnet werden kann.

Da nun die durch Erweiterung des Textumfangs neu hinzugewonnenen Vokabeln in der Regel die Häufigkeit 1 haben dürften und die Wahrscheinlichkeit für das Auftreten einer solchen Vokabel V_1/N ist (wobei V_1 die Anzahl der im gesamten Text bisher nur einmal belegten Vokabeln ist), dann müßte ein zusätzlicher Textabschnitt der Länge n etwa $n \cdot V_1/N$ neue Vokabeln der Häufigkeit 1 liefern.

Da nun im weiteren nach Maas näherungsweise $n \cdot V' = n \cdot V_1/N$ gilt, läßt sich V_1 bei lg a = O abschätzen durch

$$V_1 = V \left(\frac{\lg V}{\lg N} \right)^3 \quad \text{bzw.} \quad V = N \cdot V'$$

Schließlich entwickelt Maas (1972,90-95) eine weitere Formel, mit der sich die Anzahl der zweimal und der dreimal in einem Korpus belegten Vokabeln errechnen läßt.

Auch wenn der Vergleich von theoretisch ermittelter und tatsächlich vorhandener Anzahl von ein-, zwei- und dreimal z.B. in Kaedings Korpus vorkommenden Vokabeln zu relativ guten Ergebnissen führt, so meint Maas (1972,95) doch einschränkend: „Ein empirischer Beweis durch Vergleich der theoretischen und tatsächlichen V_n ist kaum zu erhoffen, da die Berechnung der Ableitungen von V praktisch kaum durchzuführen ist, wenn V tatsächlich in der Form (3.12) von N abhängt", wobei (3.12) die folgende Form 1 meint:

$$\lg V = \frac{\lg N}{\sqrt[m]{1 + \left(\frac{\lg N}{\lg V_o} \right)^m}}$$

Immerhin bieten die von Maas eröffneten Möglichkeiten der Berechnung von V, V' und V_{1-n} eine wichtige Hilfe für die Entscheidung über den notwendigen und den möglichen Umfang eines Textkorpus und damit auch darüber, wann z.B. der Nutzen durch die Aufnahme weiterer Texte in das Korpus zu gering wird, um den damit verbundenen Aufwand noch rechtfertigen zu können.

3.2.2 Statistik

Da die Statistik nicht allein beim Aufbau von Korpora, sondern auch bei deren Auswertung eine Rolle spielt, erscheinen hier einige wenige grundsätzliche Bemerkungen angebracht zu sein (89).

---

89 Aus der Vielzahl der Einführungen in die allgemeine Statistik sei hier nur die Arbeit von Wallis/Roberts (1969), als Einführung in die Sprachstatistik diejenige von Muller (1972) genannt.

Zunächst sei daran erinnert, daß die Statistik einige Verfahren zur Verfügung stellt, mit deren Hilfe sich unter präziser Angabe der Irrtumswahrscheinlichkeiten Schlüsse von den in einer Stichprobe festgestellten Häufigkeiten, Verteilungen, Korrelationen usw. auf deren Vorkommen in der betreffenden Grundgesamtheit, der die Stichprobe entnommen ist, ziehen lassen. Insofern gehört die Statistik auch zum Kanon induktiver Methoden.

Hierbei scheint es uns wichtig zu sein, Gedanken darüber anzustellen, was eigentlich bei der Anwendung statistischer Verfahren gemessen, was gezählt wird. Nach Heger (1976,24) „sind weder die an ihr jeweiliges hic et nunc gebundene Aktualisierung (Parole) noch der Bestandteil eines virtuell-abstrakten Systems (Langue) per se quantifizierbar".

Herdan (1966,27f) schlägt vor, langue als Grundgesamtheit und parole als Stichprobe aus dieser Grundgesamtheit aufzufassen: „What ‚la langue' comprises are not only engrams as lexical forms, but these engrams plus their respective probabilities of occurence [. . .] . This seemingly small modification of de Saussure's conception has the important consequence that ‚la langue' has now the essential characteristic of a statistical population. [. . .] ‚La parole' then appears as it ought to according to its meaning, as a term for statistical samples withdrawn from ‚la langue' as the population".

Gleichzeitig erklärt Herdan token zu einer Einheit der parole und type zur einer solchen der langue. Damit ließen sich dann aus Feststellungen in Stichproben induktive Schlüsse auf die langue ziehen (90).

Heger (1976,25) wendet hiergegen zunächst einmal ein, daß die dadurch der langue zugerechneten Vorkommenswahrscheinlichkeiten nicht unabhängig von thematischen und stilistischen Faktoren aktueller Rede, d.h. „nicht unabhängig von Langue-fremden Faktoren existieren".

Um die den Einsatz quantitativer Methoden erst ermöglichende Unterscheidung von token (aktuelles Vorkommen) und type (Vorkommenstypus) sowie die bewährte Dichotomie von parole (aktuelle sprachliche Äußerungen) und langue (virtuell-abstraktes System) beibehalten zu können, ist es notwendig, die Gleichsetzung der beiden Gegenüberstellungen von type und token einerseits und von langue und parole andererseits aufzugeben.

Was aufgrund – wie wir noch zeigen werden – niemals theorielos erfolgender Beobachtung aus dem aktuellen Verlauf der Rede (parole) z.B. als geschlossene Folge von Graphen (token) herausgelöst und beispielsweise als mehrfach vorkommende Wortform, d.h. als type identifiziert wird, ist aufgrund der vorgenommenen Abstraktion nicht mehr unmittelbar Einheit des Verlaufs (parole) und auch, da noch nicht von den Besonderheiten seiner Erscheinungsform (z.B. den Flektionsmerkmalen) abstrahiert worden ist, noch nicht gleich Einheit des Systems (langue), das durch Klassen von Paradigmen gebildet wird. Paradigmatisch wäre in dem von uns gewählten Beispiel erst das Lexem. Heger nennt die Einheiten der langue Lingueme.

---

90 Ulvestad (1969,62f u. 67) möchte die in der parole festzustellende Häufigkeit zum Kriterium dafür erheben, ob ein bestimmtes sprachliches Element oder eine Regel zur langue gehört oder nicht.

Danach muß unterschieden werden zwischen token als Einheit der parole, Linguem als Einheit der langue und type als Einheit einer zwischen parole und langue zu lokalisierenden Ebene. Heger (1976,26) nennt diese Ebene Σparole (91).

„Bei ihr ist zu unterscheiden zwischen

(21) begrenzten, d.h. quantitativ exhaustiv erfaßbaren Vorkommensmengen (= $\Sigma_n$parole), z.B. die von Ch. Muller einer Untersuchung zu Grunde gelegte $\Sigma_n$parole der 32 Dramen Corneilles; und

(22) unbegrenzten, d.h. einer quantitativen Analyse nur in Form von mit Mitteln der Wahrscheinlichkeitsrechnung begründeten Extrapolationen aus exhaustiv erfaßten begrenzten Untermengen zugänglichen Vorkommensmengen (= $\Sigma_x$parole), z.B. die $\Sigma_x$parole des heutigen gesprochenen Französisch" (92).

Die Einheiten der Σ parole, wie Heger sie bezeichnet, sind nun als Analyseobjekte einer primär-induktiven Linguistik auch jene Größen, mit denen es die Statistik zu tun hat.

Da nun die Statistik auch auf weit komplexere Phänomene angewendet wird, ist es notwendig, in solchen Fällen sich vorher Klarheit darüber zu verschaffen, was allein unter welchen Bedingungen mit welchem Ergebnis zu messen ist. „Statistik kann man nicht im Stile von Kochrezepten verwenden [. . .] . Wir müssen erkennen, daß Statistik ohne ein gutes Verständnis der jeweiligen Stoffe, auf die sie angewandt wird, nicht ausgenutzt werden kann" (93).

Wenn dies die erste zu erfüllende Bedingung darstellt, so schließt sich daran unmittelbar die Frage an, ob durch die zum Zwecke des Messens verlangte Reduktion des zu untersuchenden Gegenstandes bzw. der zu untersuchenden Objekte auf Quantifizierbares nicht eben dieser Gegenstand bzw. die Objekte gerade ihre charakteristischen Merkmale einbüßen mit dem zweifelhaften Erfolg, daß das Ergebnis der Prozedur nur noch schwer oder gar nicht mehr mit den in der Realität vorfindbaren Fakten in Beziehung zu setzen ist (94).

Um Statistik sinnvoll anwenden zu können, ist es zunächst wichtig, sich darüber klar zu werden, daß Theorie, Datenerhebung und Datenauswertung eine untrennbare Einheit darstellen. Die schon als notwendig zu erfüllende Bedingung genannte genaue Kenntnis des Stoffes soll verhindern, daß den Untersuchungsgegenständen bzw. -objekten Messungspostulate auferlegt werden, die ihnen bloß äußerlich und damit nicht adäquat sind. Grundlegend für den erfolgreichen Einsatz statistischer Verfahren ist vor allem die Güte und Relevanz der Fragestellung.

---

91 Wir verweisen hier auf Kapitel 3.1.1, in dem wir uns bereits ausführlich mit der langue-parole-Problematik beschäftigt haben.

92 Heger (1976,26), der auf der nächsten Seite meint, daß die $\Sigma_x$parole „somit in ungefähr mit dem ‚texte infini' der Kopenhagener Schule gleichgesetzt und an der Charakteristica einer quantitativen ‚Norm' im Sinne E. Coserius beobachtet werden können".

93 Wallis/Roberts (1969,9).

94 Ähnlich wie z.B. Holzkamp (1972) für die Psychologie stellt Cicourel (1974) für die Soziologie die gegenwärtig dort angewandten Messungssysteme ernsthaft infrage.

Sie entscheidet letztlich darüber, ob sich die Informationen über das Untersuchungsobjekt in der Weise reduzieren lassen, daß ein der empirischen Realität angemessenes Modell entsteht, um dem empirischen Relativ jeweils ein isomorphes numerisches Relativ zuordnen zu können. Nicht zuletzt gebieten es die schlechten Erfahrungen, die in dieser Beziehung gemacht wurden, explizit anzugeben, was allein unter Ausschluß bzw. Vernachlässigung welcher anderen Größen (Variablen) gemessen worden ist, um die erzielten Resultate gegen unzulässige Interpretationen abzusichern (95).

Im Bereich der Sprachwissenschaft fand und findet die Statistik vor allem Anwendung innerhalb der sogenannten Lexikostatistik sowie für Untersuchungen der Phonetik bzw. Phonologie, der Morphologie und der Syntax sowie des Stils und der Metrik. Da wir bereits einige in der Linguistik gebräuchliche statistische Verfahren beschrieben und andere bei der Demonstration lexikographischer Praxis noch erwähnen werden, dürfen wir uns an dieser Stelle mit dem Hinweis auf einige einschlägige Arbeiten zur Sprachstatistik begnügen (96).

3.3 Wortschatzdarstellung

In der über lexikographische Praxis und Theorie in Gang geratenen Diskussion ist bisher das Wörterbuch selbst als Einrichtung niemals ernsthaft in Frage gestellt worden. Vielmehr scheint bei aller Kritik am Aufbau und Inhalt der Wörterbücher, wie wir sie kennen, fraglos festzustehen, daß ein Wörterbuch im Prinzip die geeignetste Form der Wortschatzsammlung und Wortschatzdarstellung ist.

Dabei könnte z.B. die Ratlosigkeit, die allgemein über den Kreis der tatsächlichen und der potentiellen Wörterbuchbenutzer herrscht, durchaus auch einmal Anlaß dazu sein, alternative Formen der Wortschatzdarstellung zu erwägen.

Wir werden diesen Gedanken aus Mangel an durchdachten Gegenvorschlägen hier nicht weiter verfolgen, sondern uns einigen, das Konzept des Wörterbuchs grundsätzlich nicht in Zweifel ziehenden Fragen des Aufbaus und des Inhalts von Wörterbüchern und Wörterbuchartikeln zuwenden. Dabei werden wir uns bemühen, immer auch jene Bedingungen im Auge zu behalten, die der Realisierung von Wünschen Grenzen setzen und zu denen vor allem auch jene zählen, die Sleed (1972) auf die einprägsame Formel „Dollars and Dictionaries" gebracht hat.

---

95 Vgl. hierzu auch z.B. Cicourel (1974,317).

96 Eine gedrängte Übersicht über den Forschungsstand der Sprachstatistik nebst einer Vielzahl von Literaturhinweisen bietet Hoffmann (1975b). Verwiesen sei außerdem auf die Bibliographien von Billmeier/Krallmann (1969) und Guiraud (1954). Schließlich sollen die neueren Arbeiten von Straßner (1977) und Zampolli (1977) nicht unerwähnt bleiben, die ebenfalls zusammenfassende Darstellungen über die Anwendung statistischer Verfahren innerhalb der Linguistik sowie zahlreiche Literaturhinweise enthalten.

3.3.1 Zwecke und Benutzer von Wörterbüchern

Solange ein Wörterbuch als präskriptives oder autoritatives vornehmlich dazu dienen soll, verbindliche Normen des Sprachgebrauchs zu etablieren, können weder Zweifel über den dabei ins Auge gefaßten Benutzer, noch über Aufbau und Inhalt eines so bestimmten Wörterbuchs bestehen. Solche „Wörterbücher bilden eben die letzte Instanz der sprachlichen Appellationen" (97). Der Rechtschreib-Duden, durch einen Beschluß der Kultusministerkonferenz von 1955 zur obersten Instanz in allen Fragen der Orthographie erhoben, ist ein autoritatives Wörterbuch par excellence.

Wenig um den Kreis möglicher Benutzer brauchen sich auch jene Wörterbücher zu kümmern, die als reine Dokumentationen des Sprachgebrauchs in einem definierten Zeitausschnitt und einer ebenso definierten Sprachschicht angelegt sind. Solche thesaurierenden Wörterbücher werden in erster Linie um der wissenschaftlichen Erkenntnis willen und erst in zweiter Linie für Benutzer geschrieben, zu denen dann vor allem Germanisten, Sprachwissenschaftler und einige wenige interessierte Laien gehören dürften.

Ganz anders sieht es hingegen mit jenen einsprachigen Wörterbüchern aus – und von denen allein soll hier die Rede sein –, die weder autoritativ, noch thesaurierend, noch historisch-philologisch, noch enzyklopädisch sein wollen, um die von Weinrich (1976,349-352) aufgestellte Typologie der Wörterbücher zu verwenden.

Sehen wir einmal von dem Wörterbuchfreund, Wörterbuchnarren und von Charles Baudelaire ab, der sich selbst als lexikomanisch bezeichnete (98), so bleibt zunächst einmal mit Henne (1976,99) festzustellen, daß gerade die deutsche Lexikographie in ihren Antworten auf die Frage nach dem potentiellen Wörterbuchbenutzer „bedeutende Fehleinschätzungen vorzuzeigen hat".

Als „Hausbuch" hatte J. Grimm (1854) das von ihm und seinem Bruder ins Werk gesetzte „Deutsche Wörterbuch" angepriesen: „warum sollte nicht der vater ein paar wörter ausheben und sie abends mit den knaben durchgehend zugleich ihre sprachgabe prüfen und die eigne anfrischen? die mutter würde gern zuhören" (99).

Einen eher untypischen Gebrauch vom Wörterbuch dürfte auch Aragon gemacht haben, als er auf einer Versammlung der Pariser Dada-Gruppe Artikel aus dem „Petit Larousse" vorlas (100).

Eine auch nur einigermaßen gesicherte Auskunft darüber, wer aus welchen Gründen mit welchen Erwartungen in welcher Regelmäßigkeit zum einsprachigen Wörterbuch greift, gibt es bisher nicht.

---

97 Krauss (1959,5).

98 Nach Weinrich (1976,347).

99 Grimm (1854,Spalte XIII).

100 Nach Weinrich (1976,348).

Um es ein wenig überspitzt zu formulieren: als sichere Kandidaten sind vor allem Sekretärinnen, Schüler, vielleicht auch Ausländer und Linguisten auszumachen. Selbstverständlich zählen wohl auch Lexikographen zu den Benutzern nicht nur der jeweils eigenen Wörterbücher (101). Hoberg (1978,34) nennt außerdem noch Lehrer, Politiker und Techniker, schließt aber in seine Betrachtungen über mögliche Benutzer eines neuen großen Wörterbuchs der deutschen Sprache durchaus die Möglichkeit ein, daß es „nicht nur auf Benutzerbedürfnisse reagieren soll, sondern daß es auch Bedürfnisse schaffen kann und soll" (102). Sein Fazit lautet: „Über die derzeitigen Benutzerbedürfnisse wissen wir nichts Gesichertes, können es aber auf Grund von Umfragen erfahren. Über zukünftige Benutzerwünsche wissen wir noch weniger, können aber auf Grund derzeitiger Umfrageergebnisse und unter Berücksichtigung prognostischer gesellschaftswissenschaftlicher Untersuchungen – etwa zur Entwicklung der Arbeitswelt oder des Schulsystems – zu begründeten Schlußfolgerungen kommen" (103).

Diese optimistische Einschätzung übersieht nicht nur die Begrenztheit der Möglichkeiten, mithilfe von Umfragen Einsichten in die Motive von Menschen darüber zu gewinnen, warum sie etwas tun oder unterlassen, sie kalkuliert zudem nicht ein, daß die von Benutzern gehegten Erwartungen durch Vorurteile oder auch Erfahrungen im Umgang mit Wörterbüchern bereits in hohem Maße präformiert sind.

Einige illustre Beispiele dafür, welche Auskünfte von Wörterbüchern erwartet werden, hat Drosdowski (1977b) zusammengestellt. Es handelt sich hierbei um eine Sammlung von Anfragen an die Dudenredaktion, von denen wir hier einige wenige zitieren möchten:

(1) *Sehr geehrte Herren, selbstverständl. auch Damen! Kann man bei einem sternenklaren Abendhimmel sagen: „Der Himmel ist heute aber ‚ausgesternt'"? Da dieses Wort ‚ausgesternt' nicht im Duden enthalten ist, bitte ich um entsprechende Aufklärung, ob man das sagen kann [. . .] .*

(2) *Sehr geehrte Herren, wir erhielten Ihren Band 1 des großen Wörterbuchs in 6 Bänden und mußten beim ersten Gebrauch feststellen, daß er nicht einmal Bayer, bayerisch usw. enthält (s. Seite 311), also unvollkommener ist als der einbändige große Duden (s. Seite 160, 17. Auflage). Was für neckische Dinge, groß BDM zu bringen und Bayern auszulassen. Wir lehnen ein solch unvollkommenes Werk ab [. . .] .*

(3) *Es wird höflichst um Auskunft in dem folgenden Fall gebeten: Was bedeutet genau der Ausdruck „SCHICKERIA", der insbesondere im Feuilleton der Zeitung DIE WELT zu finden ist? Schon jetzt darf ich Ihnen für Ihre Auskunft meinen herzlichsten Dank sagen [. . .] .*

(4) *Sehr geehrte Herren! Für eine gerichtliche Auseinandersetzung wäre es für mich von großem Interesse, genaue Erklärungen der Worte ‚lügt', ‚lügen' und ‚Lüge' zu erhalten. Da die Angelegenheit eilt, wäre ich Ihnen sehr verbunden, wenn Sie mir die gewünschten Erklärungen kurzfristig geben könnten [. . .] .*

---

101 Wiegand (1977a,80) nennt solche Benutzungssituation „lexikographische Spicksituation".

102 Hoberg (1978,33).

103 Hoberg (1978,33).

(5) *Sehr geehrte Herren, wir sind beauftragt, in einem Rechtsstreit vor dem Oberlandesgericht Köln die Erfolgsaussichten einer Berufung gegen ein landesgerichtliches Urteil (LG Köln) zu prüfen, in dem dem dortigen Beklagten verboten worden ist, die Klägerin mit dem Wort ‚Konkubine' zu bezeichnen. Die Klägerin lebt unstreitig mit einem verheirateten Mann in einem Konkubinat zusammen. Die Verurteilung unseres Mandanten ist darauf gestützt, daß das Wort ‚Konkubine' im deutschen Sprachgebrauch eine grobe Beleidigung darstelle. Wir sind nicht dieser Ansicht. Da wir uns selbst mangels ausreichender Sachkunde (!) nicht in der Lage sehen, dies abschließend zu beurteilen, erbitten wir ein Gutachten bzw. eine gutachtliche Stellungnahme von Ihnen zu folgenden Fragen:*
1. Stellt das Wort ‚Konkubine' im heutigen deutschen Sprachgebrauch eine Verbalinjurie dar? 2. Macht es einen sachlichen Unterschied, wenn man statt „Herr R. und seine Konkubine" die Worte „die mit Herrn R. zusammenlebende ledige W." oder „beide leben zusammen, ohne verheiratet zu sein" gebraucht? Oder besagt dies jeweils das gleiche?
[. . .] .

(6) *Sehr geehrte Herren, in der hiesigen J.V.A. hatten wir eine Streitfrage, um deren Aufklärung ich Sie hiermit bitte. Fällt unter den Sammelbegriff Geschirr, es handelt sich dabei um Tafelgeschirr, auch das Eßbesteck, also: Messer, Gabel und Löffel? [. . .] .*

(7) *Sehr geehrte Damen und Herren! Ich wäre Ihnen dankbar, wenn Sie mir Auskunft darüber erteilen würden, wann man*
a) von ‚Entgelt' bzw. ‚Gebühr' bzw. ‚gebührenpflichtigem Entgelt' spricht. Handelt es sich hier um Synonyme oder ist Entgelt nicht immer Gebühr? Ist gebührenpflichtiges Entgelt falsch?
b) von ‚Ersatz' bzw. ‚Erstattung' spricht. Handelt es sich auch hier um ein Synonym oder ist Erstattung nicht gleich Ersatz? Unter Bezug auf die im ‚Großen Duden-Lexikon' enthaltene Urkunde bitte ich um kostenlose Beantwortung [. . .] .

In den oben zitierten Beispielen von Anfragen an eine Wörterbuchredaktion werden einige Situationen sichtbar, in denen hilfreiche Auskunft von einem Wörterbuch erwartet wird.

H.E. Wiegand hat zwei aus verschiedenen Richtungen kommende, aufeinander zulaufende Wege zu beschreiten vorgeschlagen, die Bedürfnisse potentieller Wörterbuchbenutzer zu ermitteln.

Zum einen sollte der Lexikograph „diejenigen kommunikativen Handlungssituationen antizipieren, in denen oder anschließend an die der Wörterbuchbenutzer, indem er Leseakte ausführt, im Wörterbuch [. . .] suchen wird. Nur durch solche Antizipationen kann der Lexikograph hoffen, die Erwartungen zu erfüllen, die vom Wörterbuchbenutzer an die kodifizierten Ergebnisse seiner Schreibakte, die Wörterbucheinträge, gestellt werden" (104).

104 Wiegand (1976,121).

Zum anderen sollten empirisch fundierte Antworten auf folgende Fragen gefunden werden:

> „Wer besitzt welche einsprachigen Wörterbücher? Wie verteilt sich der Besitz auf verschiedene Bevölkerungsschichten?
> In welcher Art von Situation werden einsprachige Wörterbücher benutzt?
> Werden sie nur benutzt, wenn Sprachfragen auftreten oder auch dann, wenn Sachfragen auftreten?
> Unterscheiden Wörterbuchbenutzer eigentlich zwischen Sprach- und Sachfragen oder benutzen sie einsprachige Wörterbücher, wenn Wissensfragen auftreten?
> Sind semantische oder grammatische Fragen häufiger?
> Wie unterscheiden sich die Benutzungssituationen in den verschiedenen Bevölkerungsschichten?
> Gibt es schichtenspezifische Benutzungssituationen?
> Wie groß ist der Anteil der Akademiker unter den Wörterbuchbenutzern?
> Wie hoch ist der Anteil der Akademiker mit Germanistikstudium?
> Welche Rolle spielen einsprachige Wörterbücher in den Familien, in den verschiedenen Schularten, im Studium, bei der wissenschaftlichen Arbeit?
> Wird die systematische Benutzung von einsprachigen Wörterbüchern im Deutschunterricht [und im Studium, B.S.] gelehrt? (105).
> Wie häufig werden Wörterbücher in Bibliotheken benutzt oder ausgeliehen?
> Wer gewinnt auf welchem Wege Einfluß auf den Inhalt von einsprachigen Wörterbüchern?
> Wann benutzen Ausländer, die die Grundzüge der deutschen Sprache beherrschen, einsprachige Wörterbücher? " (106).

Weitere Fragen, auf die es ebensowenig empirisch fundierte Antworten wie auf die oben gestellten gibt, lassen sich denken, so z.B.: Wie hoch sind die Preise von Wörterbüchern? Wieviel Geld sind die Leute bereit, für welche Art von Büchern auszugeben? Welchen Einfluß haben Aussehen und Aufmachung von Wörterbüchern auf ihre Benutzung?

Wiegand (1977a,81) hat eine Übersicht über typische Wörterbuchbenutzungssituationen für einsprachige, alphabetisch geordnete Gebrauchswörterbücher zusammengestellt, die im wesentlichen die Ergebnisse einer Selbstbefragung in systematischer Ordnung darstellt.

Er unterscheidet zunächst solche Wörterbuchbenutzungssituationen, die anläßlich aktueller Kommunikationskonflikte, von solchen die außerhalb aktueller Kommunikationskonflikte entstehen können.

Bei den Wörterbuchbenutzungssituationen, die anläßlich aktueller Kommunikationskonflikte entstehen können, gibt es solche, die aus Problemen bei der Textlektüre, und solche, die aus Problemen bei der Textproduktion herrühren.

---

105 Wie wir bei der Auswahl von studentischen Hilfskräften – alle Bewerber waren Studierende der Germanistik oder Linguistik an der Universität Bonn im wenigstens 6. Semester – für die Mitarbeit in einem lexikographischen Projekt feststellen mußten, war zwar allen der Rechtschreib-Duden, einem von zehn Wahrig (1967) und keinem mehr irgendein weiteres deutsches Wörterbuch auch nur bekannt.

106 Wiegand (1977a,61).

Bei der Textlektüre kann mangelhaftes oder fehlendes Verständnis eines Wortes z.B. durch eine Wortlücke (als Simplex-, Ableitungs- oder Kompositumslücke), durch eine Wortbedeutungslücke, Wortgebrauchsunsicherheit oder eine Wortdifferenzierungslücke verursacht sein. Neben solchen wortsemantischen bestimmten Kommunikationskonflikten gibt es andere aktuelle, wie sie ebenfalls bei der Textlektüre entstehen können.

Bei den außerhalb aktueller Kommunikationskonflikte möglichen Wörterbuchbenutzungssituationen unterscheidet Wiegand didaktische, lexikographische („Spicksituation"), sprachwissenschaftliche und andere. Typische didaktische Wörterbuchbenutzungssituationen sind Nachschlageübungen, Wortschatzerweiterungsübungen, Wortschatzkenntnisübungen und Reflexionsübungen.

Da Wörterbücher für Benutzer geschrieben werden, sollten Aufbau und Inhalt von Wörterbuch und Wörterbuchartikeln nicht nur geeignet sein, erwartete (und auch vielleicht nicht erwartete) Auskünfte zu geben, sondern obendrein die zu seiner bestmöglichen Benutzung notwendigen Lese- und Orientierungshilfen bereitstellen.

3.3.2 Aufbau und Inhalt von Wörterbüchern

Wir wollen hier nicht versuchen, einen Überblick auch nur über deutschsprachige Wörterbücher zu geben (107). Ebensowenig wollen wir uns vornehmen, z.B. gemeinsprachliche gegen fachsprachliche Wörterbücher oder Sprachwörterbücher gegen Sachwörterbücher abzugrenzen (108).

Es geht uns auch nicht darum, z.B. zu definieren, was Kollokations- bzw. Stilwörterbücher, was phraseologische, etymologische und Begriffswörterbücher sind, und auf welche Weise man ein Wörterbuch von einem Lexikon, einer Enzyklopädie, einem Thesaurus oder einem Konversationslexikon unterscheiden kann (109).

Uns ist vielmehr daran gelegen, an einigen ausgewählten Problemen grundsätzliche Fragen des Wörterbuchaufbaus und -inhalts zu diskutieren, Wege für die Integration meist alternativ dargestellter Möglichkeiten der Abbildung des Wortschatzes in einem Wörterbuch aufzuzeigen sowie auf einige häufig vernachlässigte Komponenten hinzuweisen, deren Aufnahme in ein Wörterbuch dessen Benutzbarkeit zu fördern und zur Konsistenz der Darstellung beizutragen geeignet sind.

Seit 1732 Johann Christoph Gottsched seine Schrift „Abhandlung von den Vortheilen, so die deutsche Sprache haben würde, wenn man den Unterschied der deutschen Wörter im Absehen auf ihre Bedeutung untersuchte" ist jene Diskussion

---

107 Die von Kühn (1978) zusammengestellte Bibliographie „Deutsche Wörterbücher" enthält 2.700, in 22 bibliographische Artikel rubrizierte Titel.

108 Wörterbuchauskünfte über „Wörterbuch" referiert Wiegand (1977a,53-57).

109 Zu dem Versuch einer solchen Unterscheidung vgl. Hjort (1967).

nicht mehr abgerissen, „die sich vom Beginn der einsprachigen europäischen Lexikographie der Neuzeit bis zur Gegenwart als eine der fruchtbarsten erwiesen hat: die Diskussion über die Struktur des Wortschatzes und über die angemessene Abbildung des Wortschatzes im Wörterbuch" (110).

„Alfabetische of ideologische lexicographie? " (111) bzw. „Alphabetisches oder begrifflich gegliedertes Wörterbuch? " (112) lautet die zur alternativen Entscheidung gestellte Frage.

Onomasiologische oder Begriffswörterbücher ordnen die lexikalischen Einheiten nach den Merkmalen ihrer Inhaltsseite, als Signifikate, die semasiologischen oder alphabetischen Wörterbücher ordnen die lexikalischen Einheiten nach den Merkmalen ihrer Ausdrucksseite, als Signifikanten (113).

Zwar hatte Jacob Grimm in der Vorrede zum „Deutschen Wörterbuch" erklärt: „Wörterbuch ist die alphabetische Verzeichnung der Wörter einer Sprache" (114), doch war damit die Diskussion über die adäquateste Kodifikationsform keineswegs beendet.

Titkin (1912) z.B. vertritt den Standpunkt, daß die „Wörterbücher der Zukunft", wie sein Plädoyer überschrieben ist, allein solche sein können, die begrifflich-semantisch geordnet sind; und auch Hallig/Wartburg (1963,52) sind der Auffassung, daß es notwendig ist, „bei der Abfassung von wissenschaftlichen deskriptiven Wörterbüchern die alphabetische Anordnung aufzugeben und sie zu ersetzen durch ein der Sprache in ihrem jeweiligen Zustand selbst abgelauschtes System".

Görner/Kempcke (1976), Wehrle/Eggers (1961) und Dornseiff (1965) sind Beispiele solcher begrifflich geordneter Wörterbücher, „Wegweiser zum treffenden Ausdruck" (115); „es wird nicht von den einzelnen Wörtern ausgegangen, um deren Bedeutung aufzuführen, sondern von den Sachen, von den Begriffen, und dafür die Bezeichnungsmöglichkeit gesucht: die Wortdecke für die Gedanken. Ein Verzeichnis der Welt nach Gegenständen und Beziehungen ist zugrunde gelegt, und daran sind die Wörter ähnlicher oder fast gleicher Bedeutung (Synonyma) aufgereiht" (116).

Da nicht nur das Etablieren eines umfassenden Systems von Begriffen, sondern vor allem auch das Zuordnen der einzelnen lexikalischen Einheiten zu den verschiedenen Klassen überaus problematisch ist, spielt diese Art von Wörterbuch (derzeit jedenfalls) eine eher untergeordnete Rolle, was nicht etwa bedeutet,

---

110 Stötzel (1970,1).

111 Tollenaere (1960).

112 Baldinger (1960).

113 Zu Onomasiologie und Semasiologie als aufeinander bezogenen Operationen semantischer Analyse vgl. Henne/Wiegand (1969) sowie Henne (1972,126-151).

114 Grimm (1854,Spalte IX).

115 So lautet der Untertitel von Wehrle/Eggers (1961).

116 Dornseiff (1965,7).

daß dem onomasiologischen Aspekt keine Bedeutung beigemessen würde. Das Gegenteil ist vielmehr der Fall.

Zwar kann das Wörterbuch, wie es in der 10. der „20 Bad Homburger Thesen" zum Projekt eines neuen interdisziplinären Wörterbuchs heißt, „um seiner Benutzer willen auf eine alphabetische Anordnung seiner Artikel nicht verzichten" (117), doch herrscht auf der anderen Seite auch Einigkeit darüber, daß „die totale Herrschaft des Alphabets, die die Wortschatzstrukturen zertrümmert, durch Kodifikationsverfahren überwunden werden (muß), die die onomasiologische Blindheit der alphabetischen Wörterbücher beseitigt" (118).

„Zu postulieren ist nun eine Integration der beiden Wörterbuchmethoden, da nur auf dieser Basis die semantische Makrostruktur der Lexik eines Sprachsystems adäquat zu deskribieren ist: Anschließend an die semantische Deskription eines onomasiologisch konstituierten lexikalischen Paradigmas sollte die semantische Deskription der jeweiligen semasiologischen Paradigmen erfolgen. Nur so können die die semantische Makrostruktur der Lexik eines Sprachsystems garantierenden Teil- und Mikrostrukturen Synonymie, partielle Synonymie, Hyponomie, Polysemie, Homonymie und Multisemie darstellungsmäßig adäquat expliziert und deskribiert werden" (119).

Zwei Wege des praktischen Vorgehens bieten sich an: ein eher deduktiv und ein eher induktiv orientierter. Während der induktive Weg von der semasiologischen Ordnung ausgeht und über festgestellte paradigmatische Relationen zu onomasioschen Strukturierungen führt, nimmt der deduktive Weg die umgekehrte Richtung, d.h. er geht von einer vorgegebenen onomasiologischen Ordnung aus, gliedert danach den gesamten Wortschatz in Wortschatzbereiche, um schließlich diese Wortschatzbereiche intern zu strukturieren.

In der lexikographischen Praxis müssen häufig im Wechsel oder gleichzeitig beide Wege beschritten werden, was Henne (1976,107) zu der Folgerung führt, „daß das alphabetische oder semasiologische Wörterbuch, das die systematische Mehrdeutigkeit des Wortschatzes erklärt, ein begrifflich-semantisches oder onomasiologisches Wörterbuch voraussetzt; denn im Rahmen des semantischen Erklärungsprozesses des semasiologischen Wörterbuchs muß fortwährend auf die lexikalische Paradigmenstruktur zurückgegriffen werden [. . .] ; wie umgekehrt das onomasiologische oder begrifflich-semantische Wörterbuch, das die systematische Bedeutungsverwandtschaft erklärt, das semasiologische oder alphabetische Wörterbuch voraussetzt, da fortwährend zu entscheiden ist, welche der speziellen Teilbedeutungen oder ‚Lesarten' polysemer oder homonymer Wörter in das jeweilige Paradigma aufzunehmen ist" (120).

Wiegand (1977a,82-99) führt an einem praktischen Beispiel vor, in welcher Weise sich onomasiologische Strukturen in semasiologische Wörterbücher einbringen lassen.

---

117 Henne/Mentrup/Möhn/Weinrich (1978,282).

118 Wiegand (1977a,102).

119 Henne (1972,192f).

120 Henne (1976,107).

Er wählt als Wortschatzbereich Substantive, die Geldbeträge bzw. Geldsummen bezeichnen. Eine erste Liste stellt er mithilfe vorhandener Begriffswörterbücher zusammen, die er dann im Laufe der Untersuchung ergänzt.

Um zu prüfen, ob diese Substantive zum Wortschatzbereich *Geldbetrag* oder *Geldsumme* gehören, bildet er Testsätze aus einer Klasse von Satzformen des Typs:

Der/Die/Das/Ein/Eine/∅/X ist/sind ein/eine X_1.

Für die Variable X_1 werden allein die Substantive *Geldbetrag* oder *Geldsumme* zugelassen. Auf diese Weise kommt er zu einer Liste von über 500 Substantiven, die alle für X substituierbar sind: von *Abfindung* bis zu *Zeitungsgeld*. All diese Substantive bringt er anschließend in ein System von Über-, Neben- und Unterordnungen, das als „onomasiologische Orientierungshilfe" bei der späteren Bearbeitung eines semasiologischen Wörterbuchs dienen soll. Die alphabetisch zwischen A und Z eingeordneten Substantive werden dann durch sogenannte „Struktursymbole", die die paradigmatischen Relationen angeben, zueinander in Beziehung gesetzt und erläutert.

„Damit ist im Prinzip ein Weg gezeigt, wie ein integriertes Gebrauchswörterbuch gemacht werden kann, ein Wörterbuch, das onomasiologische und semasiologische Strukturen integriert und damit in Situationen der Textproduktion und der Textlektüre gleichermaßen Hilfsfunktionen erfüllen kann" (121).

Darüber, wie diese und andere Informationen eines Wörterbuchartikels zu lesen sind, sollte ein Wörterbuch in einer ausführlichen Gebrauchsanleitung und nicht nur etwa durch eine Liste der verwendeten Abkürzungen unterrichten.

Bei der Abfassung einer solchen Gebrauchsanleitung sollten sich die Lexikographen ein möglichst genaues Bild von den Vorkenntnissen machen, die sie bei den Benutzern, für die das Wörterbuch geschrieben wird, voraussetzen dürfen (122).

Damit ist noch nicht erschöpft, was außer der Menge der Wörterbuchartikel noch in ein Wörterbuch gehören sollte.

Da bei der Anfertigung neuer Wörterbücher in zunehmendem Maße Computer zur Speicherung und Verarbeitung nicht nur des zugrunde liegenden Textkorpus, sondern auch der jeweils fertiggestellten Wörterbuchteile und schließlich des gesamten Wörterbuchs wichtige Dienste leisten können (123), wird es ein leichtes sein, mit deren Hilfe auch quantitative Angaben über das Korpusvokabular einerseits und über den im Wörterbuch kodifizierten Wortschatz andererseits zu ermitteln.

---

121 Wiegand (1977a,99).

122 Wiegand (1977a,89) ist der Auffassung, daß zu dieser Frage „dieLexikographen – wie alle Benutzungshinweise, Vorwörter, Einleitungen etc. der neueren Wörterbücher zeigen – keine brauchbaren Überlegungen angestellt" haben.

123 Vgl. hierzu Kapitel 4.2.5.3 „Das Wörterbuch als Datenbank".

Je nach erfolgter Codierung der Korpustexte ließen sich zahlenmäßige Angaben über tokens und types, über die Verteilung der Vokabeln auf Texte und Sachgebiete sowie über Häufigkeitsstrukturen machen (124).

Abgesehen einmal davon, daß sich mithilfe des Computers die Vollständigkeit und Systematik der Kodifikation überprüfen ließe, könnten auf maschinellem Wege ebenso quantitative Angaben z.B. über die Verteilung der Lexeme auf Lexemklassen, auf Lexemtypen (Simplex, Kompositum, Abkürzung, Kurzwort, Wortgruppenlexem), auf Fach- und Sondersprachen, auf areal bestimmte Spezifikaklassen zusammengestellt werden.

Solche Informationen, die im übrigen auch als Kriterien für die Zusammenstellung von Spezialwörterbüchern dienen könnten, erscheinen durchaus geeignet, in Form einer gesonderten Einführung Aufnahme ins Wörterbuch zu finden.

Ein eigenes Kapitel stellt die dem Wörterbuch zugeordnete Grammatik dar. Zwar heißt es, daß „Wörterbucharbeit ohne ein solide grammatische Grundlage [. . .] Stückwerk bleiben muß" (125), doch ist nur in seltenen Fällen erkennbar, wie diese Einsicht in die Tat umgesetzt worden ist bzw. wird (126).

Die Wörterbücher enthalten eine Vielzahl grammatischer Angaben, die in einer speziellen „Beschreibungssprache" mit teilweise mehr als 100 grammatischen Abkürzungen (!)" präsentiert werden (127). Zu diesen Angaben zählen Informationen über Lexemklassen, Flexion, Rektion, Valenz, Wortbildung, Ationsarten, Lautlehre, um nur einige zu nennen. Welche und welcher Art diese Angaben sind, ist allemal eine Frage der Grammatik, die hier die Begründungen zu liefern hat (128).

Hermann Paul ist Verfasser einer Grammatik und eines Wörterbuchs. Jacob Grimm ist Verfasser einer Grammatik und Mitautor eines Wörterbuchs. In diesen Fällen stehen Wörterbuch und Grammatik zwar als getrennte Werke nebeneinander, sind aber unverkennbar aufeinander bezogen.

Wahrig (1967) hat in sein Wörterbuch ein „Lexikon der deutschen Sprachlehre" aufgenommen. Im übrigen aber ist in der Regel kaum erkennbar, welche Grammatik bei den entsprechenden Angaben im Wörterbuch Pate gestanden hat und in welcher Weise die einzelnen grammatischen Angaben zueinander in Verbindung

---

124 Vgl. hierzu Kapital 4.3.1.

125 Wahrig (1973,34).

126 Schon Schottel hatte in seiner 1641 veröffentlichten „Teutschen Sprachkunst" erklärt, daß vor Beginn der Wörterbucharbeit eine Grammatik vonnöten sei. Vgl. Henne (1975b,16f).

127 Wiegand (1977a,88).

128 Nur durch das Fehlen einer grammatischen Grundlage ist z.B. auch zu erklären, daß in Klappenbach/Steinitz (1961-1977) in einigen – wie es im Vorwort auf Seite 22 heißt: – „wissenschaftlich ungesicherten Fällen" jegliche Lexemklassenangabe fehlt. Vgl. hierzu auch Klappenbach/Malige-Klappenbach (1978,41f).

stehen, einmal ungeachtet der Tatsache, daß „die grammatischen Informationen, die man in Wörterbuchartikeln finden kann, dürftig und unzureichend im Vergleich zu dem Stand unserer grammatischen Kenntnisse" sind (129).

So kann nicht nachdrücklich genug gefordert werden, was auch schon in der These 8 der „20 Bad Homburger Thesen" zum Projekt eines neuen großen Wörterbuchs der deutschen Sprache des 20. Jahrhunderts propagiert ist, daß es nämlich notwendig ist, „dem Wörterbuch eine Grammatik der deutschen Sprache, gegebenenfalls auch Differenz-Grammatiken für besondere Bereiche der deutschen Sprache, beizugeben, im Maße wie diese Grammatik den Gebrauch der Wörter bestimmt" (130).

3.3.3 Aufbau und Inhalt von Wörterbuchartikeln (131)

Die Thesen 6 und 7 der „20 Bad Homburger Thesen" zur Konzeption eines neuen „interdisziplinären Wörterbuchs der deutschen Sprache" lauten:

> These 6: „Die Textsorte Wörterbuch-Artikel soll hinsichtlich ihrer Textstruktur im allgemeinen wie auch hinsichtlich ihrer Explikations-Typik im besonderen untersucht werden. Die Brauchbarkeit unterschiedlicher Explikationstypen (Erklärungsmuster) für den gemein- und fachsprachlichen Wortschatz ist zu begründen" (132).
> These 7: „Es ist weder möglich noch wünschenswert, die Bedeutung der Wörter nach einem einheitlichen Definitions- und Normierungsschema festzulegen. Verschiedene Formen der Bedeutungsbeschreibung (z.B. explizite Definitionen, implizite Definitionen, Prädikationen, Abgrenzungen des Geltungsbereiches, ikonische Erklärungen, Angabe geeigneter Lernverfahren usw.) können bei den verschiedenen Wörtern unterschiedlich adäquat sein" (132).

Erste Untersuchungen hierzu sind im Gange, wobei vor allem die Zirkularität von Wörterbuchdefinitionen sowie Konsistenz und Begründetheit verwendeter Klassifikationen (133), das einem Wörterbuch zugrunde liegende Sprachmodell sowie Art und Umfang syntaktischer und semantischer Informationen (134), der Regelcharakter lexikalischer Informationen im Hinblick auf jene Grammatik, der ein Wörterbuch zugeordnet ist (135), im Zentrum des Interesses stehen.

---

129 Weinrich (1976,356).

130 Henne/Mentrup/Möhn/Weinrich (1978,282).

131 Dieses Kapitel stellt eine überarbeitete Fassung von Bergenholtz/Schaeder (1978,155-159) dar.

132 Henne/Mentrup/Möhn/Weinrich (1978,281).

133 Neubauer (1977).

134 Bredemeier/Jansen/Petöfi (1977).

135 Hölker (1977).

Wenn auch Einigkeit darüber bestehen dürfte, daß die Lexikographen endlich einmal darauf verzichten sollten, die „Schema-F-Kodifikation" für alle Lemmata in gleicher Weise anzuwenden (136), so muß auf der anderen Seite aber auch festgestellt werden, daß andere Formen des Wörterbuchartikelaufbaus wohl entworfen und in singulären Beispielen vorgeführt, aber noch nicht in größerem Stile erprobt worden sind.

Wir werden uns in unserer Darstellung zum einen an der üblichen Struktur des Artikelaufbaus orientieren, weil sie sich für die Darstellung wenigstens eines Teils von Substantiven als durchaus geeignet erwiesen hat, möchten zum anderen aber gleichzeitig zu ihrer Expansion und schrittweisen Veränderung dadurch beitragen, daß wir bisher gar nicht oder zu wenig berücksichtigte Komponenten der Beschreibung des Gebrauchs von Wörtern in Texten in besonderer Weise ins Blickfeld rücken werden.

Wenden wir uns zunächst einmal der Makrostruktur des Wörterbucheintrags zu. Wenn auch die Reihenfolge dieser Hauptteile nicht festgelegt sein muß, so werden doch zu jedem Lexem Angaben der folgenden Art erwartet:

1. Repräsentation
2. Explikation
3. Demonstration.

In dieser Trias dürften Art und Präsentationsform der Angaben, die zur Repräsentation des Lexem gehören, wohl am wenigsten Anlaß zu grundsätzlichen Auseinandersetzungen bieten.

Repräsentation des Lexems meint Angaben zu seiner Erscheinungs- bzw. Ausdrucksform. Dem das betreffende Lexem bezeichnenden Lemma folgen Auskünfte über Aussprache, Betonung, Silbentrennung, orthographische Varianten, den Lexemtyp (z.B. Abkürzung, Kurzwort) und über das belegbare Wortformenvorkommen bzw. über Einschränkungen des paradigmatischen Potentials. Eventuell haben hier auch Verweise auf onomasiologische Einträge, in denen das betreffende Lexem im Verband mit anderen beschrieben wird, ihren Platz.

Bei der Repräsentation des Lexems werden in der Regel auch die jeweiligen grammatischen Angaben mitgeliefert, die wir aber aus Gründen der Systematik der Darstellung erst in dem Abschnitt behandeln werden, der die Informationen der Explikation des Lexems zum Thema hat.

Das Kapitel „Repräsentation" der Wörterbuchartikeltrias könnte demnach den folgenden Aufbau haben:

1. Repräsentation
   - 1.1 Lemma
   - 1.2 Aussprache, Betonung, Silbentrennung
   - 1.3 Wortformenvorkommen
   - 1.4 Orthographische Variante(n)
   - 1.5 Kennzeichnung als Kurzwort, Abkürzung etc.
   - 1.6 Verweise auf Zentralartikel.

---

136 Wiegand (1977a,102).

Das problematischste Kapiel der Wörterbuchartikeltrias ist zweifellos dasjenige der Explikation des Lexems. Ohne hier darüber diskutieren zu wollen, was eine noch ausstehende Untersuchung zur Explikationstypik einmal zu erbringen hat, möchten wir mit aller gebotenen Vorsicht zunächst dafür plädieren, den Rahmen dessen, was Explikation bedeuten kann, nicht zu eng zu ziehen. Unserer Meinung nach können nicht nur verschiedene Arten der Explikation bei verschiedenen Lexemen unterschiedlich adäquat sein, sondern auch mehrere Faktoren, von denen die sogenannte Bedeutungserklärung als Definition und/oder Synonymik nur einen darstellt, in jeweils wechselnder Auswahl und Zusammenstellung zur Explikation eines Lexems beitragen.

Zur Explikation möchten wir neben der erwähnten Bedeutungserklärung auch die grammatischen Angaben, erzählerische und ikonische Darstellungen, Angaben über zeitliche und areale Zuordnungen, über fach- und sondersprachlichen sowie über möglichen phraseologischen Gebrauch rechnen.

Danach könnte das Kapitel „Explikation" eines Wörterbuchartikels folgendes Aussehen haben:

2. Explikation
   2.1 Erzählerische und/oder ikonische Darstellung
   2.2 Grammatische Angaben
   2.3 Paradigmatische Relationen
   2.4 Syntagmatische Relationen
   2.5 Phraselogischer Gebrauch
   2.6 Angaben über stilistische, areale, fachsprachliche, sondersprachliche Zuordnungen
   2.7 Angaben zur Wortbildung
   2.8 Angaben zur Wortgeschichte (Bezeichnungs-, Bedeutungswandel, fremdsprachlicher Einfluß, Etymologie).

Wir wollen im folgenden einige Erläuterungen zu den oben genannten Explikationsangaben vortragen.

Zumal es bereits einsprachige Wörterbücher gibt, die diese Möglichkeit nutzen, scheint es kaum mehr fraglich zu sein, daß ikonische Darstellungen in etlichen Fällen dazu dienen können, einen ebenso umfassenden wie detaillierten Einblick in die durch das Lexem bezeichnete Sache zu geben. Bisher machen vor allem Sachwörterbücher bzw. Enzyklopädien von den Möglichkeiten ikonischer Darstellungen Gebrauch.

Nicht nur, um in knapper Form über die bezeichnete Sache zu informieren, sondern vor allem auch, um an einem ausgesuchten Beispiel die Realisierung des betreffenden Lexems als Wort in einem aktuellen sprachlichen Verlauf vorzuführen, sollten auch Texte Bestandteil der Explikation werden.

Als Texte sind Zitate aus dem dem Wörterbuch zugrunde gelegten Korpus ebenso denkbar wie lexikographische Erzählungen. Ein Beispiel für eine lexikographische Erzählung in einem Artikel „Weberei" führt Wiegand (1977b,107) vor, indem er darüber berichtet, wie zwei Handwerker einen Handwebstuhl zusammenbauen und dabei nicht nur die einzelnen Teile eines Webstuhls, sondern gleichzeitig auch deren Funktionen und Zusammenwirken bezeichnen und erläutern.

Nicht näher möchten wir auf den Punkt 2.2 „Grammatische Angaben" eingehen, weil hierbei die vorauszusetzende Grammatik ins Spiel kommt, von der schon im im vorhergehenden Kapitel die Rede war.

Da den Kern unserer Ausführungen die syntagmatischen Relationen bilden sollen, wollen wir uns bei den paradigmatischen nur kurz aufhalten. Angaben über synonymische, hyperonymische, hyponymische und antonymische Beziehen dürfen, wo sie aufweisbar sind, nicht fehlen. Sie werden erst dann problematisch, wenn sie in der Form von Synonymik und/oder klassischem Definitionsschema allein die Bedeutungserklärung leisten sollen.

Wir folgen Henne (1976,106), der von solchen paradigmatischen Bedeutungserklärungen, insofern sie auf der Dekomposition semantischer Merkmale beruhen, sagt, daß sie als typische Beispiele von Zirkeldefinitionen anzusehen sind.
Zwei Möglichkeiten stehen offen: Entweder ist man – wie z.B. Wiegand (1977a, 102) – der Auffassung, daß einsprachige Wörterbücher „semantisch geschlossen" sein müssen, was allerdings zu der Forderung führt, daß mit dem dann unvermeidbaren lexikographischen Zirkel „angemessener als bisher umgegangen werden" muß; oder aber man versucht dem Problem der Zirkularität wenigstens partiell dadurch zu entgehen, daß man – wie Henne (1976,106) vorschlägt – „einen elementaren semantischen Wortschatz, also einen semantischen Grundwortschatz G konstituiert, der als definierender (oder erklärender) Bestandteil nicht, zirkulär oder durch eine ‚fremde' Sprache erklärt wird".

Insofern paradigmatische Angaben durch syntagmatische ergänzt werden, geschieht dies letztlich auch zu deren Gewinn. Durch syntagmatische Bedeutungserklärungen möchte der Lexikograph nach Henne (1976,107) „die aus der paradigmatischen Semantik der lexikalischen Einheiten resultierenden syntagmatischen Potenzen entweder beschreibend erklären oder durch mögliche oder zitierte Äußerungen belegen". Der Lexikograph folgt so dem von Henne (1976, 108) um eine Nuance bereicherten Verständnis Wittgensteins von Bedeutung: „Die Bedeutung eines Wortes ist sein möglicher Gebrauch in der Sprache".

Hier sind wir exakt an jenem Punkt angelangt, an dem es sich bei der Konzeption der Art der Bedeutungserklärung zu entscheiden gilt, in welchem Maße ein Wörterbuch deskriptiv verfaßt sein soll.

Die Entscheidung, die zu treffen ist, heißt: soll der Lexikograph über die systematische Beschreibung der Korpusbefunde hinaus die syntagmatischen Potenzen explizit formulieren, oder soll er diesen Schluß des weiteren möglichen Gebrauchs, d.h. die Regelfindung dem Sprachvermögen des Benutzers überlassen? (137).

Wir sehen hierin exakt den Unterschied zwischen Kollokationsangaben als der systematischen Beschreibung im Sprachgebrauch nachgewiesener sprachlicher Umgebungen und einer auf explizite Formulierung von Regeln zielenden Darstellung des betreffenden lexikalischen Elements als Prädikatfunktion, zu dem dann jeweils die zu spezifizierenden Argumentstellen anzugeben sind, die den syntaktisch-semantischen Rahmen bestimmen.

---

137 Beispiele syntagmatisch orientierter Korpuswörterbücher stellen die Arbeiten von Erk (1972) und (1975) dar.

Abgesehen davon, daß detaillierte Vorarbeiten für eine solche Darstellung vorerst durch die Untersuchungen zu einer Dependenzgrammatik nur für den Bereich der Verben vorliegen (138), scheint es uns zum einen aufgrund der bisherigen Versuche fraglich zu sein, ob sich ein vollständiger Katalog von Spezifikationen der Argumentstellen je ermitteln lassen wird, halten wir es zum anderen nicht nur für geboten, sondern auch für angemessen, das Sprachvermögen potentieller Benutzer als in der Rezeption von Wörterbucheinträgen weiter zu entwickelnde produktive Fähigkeit der Entdeckung von regelhaften Möglichkeiten des Sprachgebrauchs als Bestandteil jeder kodifizierten Explikation bewußt einzuplanen.

Dies tut weder eine Lexikographie, die nach dem Motto verfährt: in der Kürze liegt die Würze, und im übrigen darauf spekuliert, daß der Benutzer sich schon seinen Teil denken werde, noch jene, die auf Komplexität in der Weise aus ist, daß sie in hochgradig kodierten Regelsystemen jeden möglichen Sprachgebrauch erfaßt zu haben behauptet. Jede dieser beiden Arten von Lexikographie ist wenig geeignet, verhindert vielmehr geradezu, daß ein Wörterbuchbenutzer sein eigenes Sprachvermögen einsetzt, Regeln des Sprachgebrauchs sowie die Reichweite ihrer Gültigkeit zu ermitteln bzw. zu überprüfen.

Bevor wir fortfahren, seien einige wenige Bemerkungen zur Kollokation eingefügt. Der Terminus ist von Firth (1951) eingeführt und vor allem von Halliday (1966) und (1972) im Rahmen einer lexikalischen Theorie präzisiert worden.

Halliday (1961,276) definiert ‚collocation' als „syntagmatic association of lexical items, quantifiable, textually, as the probability that there will occur, at n removes (a distance of n lexical items) from an item x, the items a, b, c [. . .] ".

Die am Konzept von den Kollokationen geübte Kritik betrifft vor allem zwei Punkte: zum einen den Anspruch, daß Kollokationen geeignet seien, Bedeutungen zu erklären, wogegen z.B. Lyons (1966,295f) einwendet, daß „collocations of a word are not part of its meaning (in any generally accepted sense of the term meaning)"; zum anderen das Problem, daß „there are many different factors which determine the acceptability or unacceptability of particular collocations: logical consistency, material motivation, social convention, and so on" (139).

Bei aller Kritik billigt Lyons (1966,297) zu: „There is, in short, good reason to promote the study of collocations in both the synchronic and the diachronic analysis of language".

Wenn auch z.B. Halliday (1966) und (1972) glaubt feststellen zu können, daß die bisherigen Forschungen auf diesem Gebiet wenig systematisch und mehr oder weniger intuitiv erfolgt seien, und daher für das Englische empirische Untersu-

---

138 Die Valenzwörterbücher deutscher Substantive und deutscher Adjektive von Sommerfeldt/Schreiber (1977a) und (1977b) basieren – so verdienstvoll der Versuch auch ist – unserer Meinung nach auf einem noch nicht hinreichend diskutierten theoretischen Konzept.

139 Lyons (1966,297).

chungen auf der Basis eines Korpus von nicht weniger als 20 Mio running words fordert (140), so gibt es doch bereits neben den Bedeutungswörterbüchern andere, die vornehmlich syntagmatische Angaben enthalten: die sogenannten Stilwörterbücher (141).

Ihnen gegenüber gilt allerdings der gleiche, von Halliday den englischen dictionaries of style gegenüber erhobene Vorwurf, daß sie nämlich unzureichend theoretisch fundiert, in der Auswahl der Kollokate unbegründet und nicht durch empirische Untersuchungen gestützt sind.

Während man bei der Auswahl von Komposita, die selbst als Lemmata fungieren sollen, gewiß „zwischen Situations-, Augenblicks- bzw. Gelegenheitsbildungen einerseits und lexikalisierten Bildungen andererseits zu unterscheiden" hat (142), sollten doch bei der Explikation eines Simplex wenigstens jene Komposita in den betreffenden Wörterbucheintrag Eingang finden, in denen das zu beschreibende Lexem das Grundwort bildet (143), da die Kompositionsfähigkeit eine wichtige Information über die Möglichkeiten seines Gebrauchs darstellt.

Daß dort, wo Wortbildungsregeln deutlich erkennbar wirksam waren, ein Hinweis auf eben diese Regeln nicht fehlen sollte, wird allgemein anerkannt.

Im Abschnitt „Explikation" eines Wörterbuchartikels sind aufgrund jeweils besonderer Kollokationen auch stilistische Eigenheiten, zeitliche und areale Zuordnungen, fach- und sondersprachlicher Gebrauch sowie nicht zuletzt das Vorkommen in phraseologischen Verbindungen zu behandeln. Zu den phraseologischen Verbindungen gehören aufgrund unterschiedlich fixer Kollokationen u.a. auch die sprichwörtlichen Redensarten, Sprichwörter und Sentenzen, wobei diese Reihenfolge gleichzeitig den zunehmenden Grad an Festigkeit der Einbindung eines Lexems in eine bestimmte Umgebung angibt (144).

Bleibt zum Schluß unserer Ausführungen über das Kapitel „Explikation", etwas über die Angaben zur Wortgeschichte zu sagen. In der 19. der „20 Bad Homburger Thesen" zum Projekt eines neuen „Interdisziplinären deutschen Wörterbuchs" heißt es: „Das Wörterbuch hat eine historische Komponente in dem Sinne, daß die Reichweite des historischen Rückgriffs in den einzelnen Wörterbuchartikeln unterschiedlich festgelegt werden muß, je nach der historischen Sensibilität eines Wortes".

---

140 Vgl. Halliday (1966,159). Auch Carstensen (1970) fordert zur gesicherten Ermittlung von Kollokationen Korpusanalysen.

141 Vgl. z.B. Agricola (1976), Becker (1966) und Drosdowski (1971). Als Beispiel eines für didaktische Zwecke geschriebenen englischen Kollokationswörterbuchs vgl. Werlich (1974).

142 Drosdowski (1977a,121). Über Bildungsregeln und Klassifikation von Komposita vgl. z.B. Brekle (1970), Gewehr (1976), Kürschner (1974), Lees (1960) Motsch (1970), Püschel (1978), Seppänen (1978), Shaw (1979), Thiel (1973), Wandruszka (1968) und Zepič (1970) sowie Pavlov (1972).

143 So verfahren z.B. Klappenbach/Steinitz (1961-1977).

144 Zu den phraseologischen Verbindungen vgl. auch Kapitel 4.4.2.5 dieser Arbeit.

Solche historische Sensibilität ist mit Sicherheit einer Vielzahl von Wörtern eigen, die zum Wortschatzbereich der sogenannten politischen Lexik gehören. „Wörter wie *Freiheit, Gerechtigkeit, Faschismus, Terrorist, Kapitalismus, Revolution, Sympathisant, Radikalenerlaß* kann man in ihrer Bedeutung nicht erläutern, indem man sie einfach lekalisch paraphrasiert und die Paraphrasen mit Kommentarsymbolen versieht. Sollen solche Wörter nicht vordergründig, einseitig, nichtssagend und/oder implizit ideologisch erläutert werden, muß anders verfahren werden, z.B. textdokumentativ und historisch erläuternd" (145).

Damit kommen wir zum dritten Kapitel der Wörterbuchartikeltrias, der Demonstration. Demonstration meint den Nachweis des Vorkommens des Lexems als Wort in Texten.

Zu unterscheiden sind hierbei Belege, d.h. Zitate aus Texten, und Beispiele, d.h. von den Wörterbuchautoren eigens formulierte Sätze.

Betrachtet man von den Autoren selbst erfundene Beispielsätze, wie sie nicht nur in grammatischen Abhandlungen z.B. zum Beweis einer syntaktischen Mehrdeutigkeit oder in Deutschlehrbüchern, sondern auch in Wörterbüchern zur beispielhaften Darstellung des Gebrauchs eines Wortes zu finden sind, kann man nicht umhin, in das von Henne (1977b,7) anläßlich der Lektüre einiger in Helbig/Schenkel (1978) angetroffener Beispielsätze angestimmte Klagelied einzufallen: „Wer spricht oder schreibt, frage ich, solche Sätze – wenn es erlaubt ist, diese linguistischen Konstrukte einmal unter dem Aspekt realer Kommunikation, also als Einheiten eines Kommunikationsaktes in den Blick zu nehmen".

In den Wörterbüchern – wie z.B. in Drosdowski (1976ff) und Klappenbach/Steinitz (1961–1977) – werden nicht selten sowohl Beispiele als auch Belege angeführt, wobei Hoppe (1978) in einer Untersuchung feststellen konnte, daß „den Beispielen die gemeinsprachliche Darstellung von Syntax und Semantik des Lexems [. . .] , den Belegen zudem der Nachweis der Authentizität des Ungewöhnlichen (besondere stilistische Verwendungen, Neubedeutungen, Neubildungen)" zugewiesen wird (146).

Will die einsprachige Lexikographie z.B. zur Darstellung onomasiologischer Zusammenhänge in einem Zentralartikel, wie er Wiegand (1977a,97) vorschwebt, oder wegen der Probleme, die das Auffinden und Auswählen von Belegen mit sich bringt, nicht auf Beispiele verzichten, wird allerdings „dringend eine sowohl semantisch/pragmatisch als auch syntaktisch orientierte anwendungsfähige Theorie des lexikographischen Beispiels (benötigt)" (147).

Zu den entschiedenen Verfechtern authentischer Belege gehören die Gebrüder Grimm: „wörter verlangen beispiele, die beispiele gewähr, ohne welche ihre beste kraft verloren ginge" (148).

---

145 Wiegand (1977a,100).

146 Hoppe (1978,2).

147 Wiegand (1977a,97).

148 Grimm (1854,36).

Jene Gewähr aber können weder der Ideokompetenz des einzelnen Bearbeiters entsprungene Illustrationen denkbaren Gebrauchs, auch nicht aus verschiedenen Texten stückweise zusammengesetzte Beispiele, noch Rudimente selbst nachzuweisenden Gebrauchs bieten, sondern allein vollständig zitierte, in jedem Fall authentische Belege.

Auch Weinrich (1976,362f) wünscht sich angesichts der Fülle von Belegen, die der „Trésor de la langue française" in seinen Artikeln ausbreitet, „für ein modernes Wörterbuch möglichst viele, möglichst lange, möglichst aufschlußreiche und selbstverständlich immer genau belegte Beispielsätze, besser: Beispieltexte".

Selbstverständlich besitzt der Beleg nicht schon qua authentischer Text eine höhere Qualität als ein Beispiel. Hoppe (1978) führt eine Vielzahl von Belegen an, die sich in Wörterbüchern finden und häufig banal, unverständlich oder desorientierend sind.

Auch wenn Einigkeit darüber besteht, daß die Belege einem Korpus entstammen sollten, das in ausreichender Zahl und in sorgfältiger Auswahl Texte jener Sprache enthält, deren Wortschatz im Wörterbuch kodifiziert werden soll, so bleiben insgesamt drei Fragen zu beantworten.

Zum einen muß geklärt werden, wieviele Belege in jedem einzelnen der in Frage kommenden Fälle aufgeführt werden sollen. Nur in den seltensten Fällen werden sämtliche in dem zugrunde liegenden Korpus enthaltenen Belege übernommen werden können. Vielmehr wird eine Auswahl zu treffen sein, bei der auch die Faktoren absolute Häufigkeit des Vorkommens des untersuchten Lexems in den Korpustexten, relative Häufigkeit des untersuchten Lexems in den Korpustexten, absolute Häufigkeit des Vorkommens des Lexems in einem bestimmten Kollokationstyp, Häufigkeit des Mehrfachvorkommens von Kollokationen innerhalb dieses Kollokationstyps sowie die Verteilung des Vorkommens über die verschiedenen Sachgebiete bzw. Textarten eine Rolle spielen.

Zum zweiten gilt es festzulegen, welchen Umfang der einzelne Beleg haben soll. Zumindest sollte der Beleg das Zitat eines gesamten Satzes darstellen. Zu entscheiden ist, in welchen Fällen das Zitat mehrere Sätze bzw. auch einen Text umfassen sollte.

Zum dritten müssen Kriterien entwickelt werden, nach denen unter mehreren möglichen einzelne Belege ausgewählt werden. Bei der Festlegung solcher Kriterien sollten sowohl syntaktische und semantische als auch pragmatische Gesichtspunkte Berücksichtigung finden.

Gehen wir davon aus, daß auch statistische Angaben sowie Hinweise auf Ergebnisse von Untersuchungen über das betreffende Lexem gehören, so könnte das Kapitel „Demonstration" der Wörterbuchartikeltrias folgenden Aufbau haben:

3. Demonstration
   3.1 Ausgewählte Belege des Gebrauchs
   3.2 Statistische Angaben
   3.3 Bibliographische Nach- bzw. Hinweise.

4. LEXIKOGRAPHIE ALS PRAXIS

Die Praxis der Verfasser einsprachiger Wörterbücher mag im Detail durchaus verschieden sein, im Prinzip allerdings läuft sie nach einem stets gleichen Muster ab:

(a) Eine Text- bzw. Belegsammlung wird angelegt, die als Materialbasis dient.

(b) Durch Konsultation anderer Wörterbücher und/oder durch Auswertung der Materialbasis wird eine Liste derjenigen Wörter zusammengestellt, die als Lemmata fungieren sollen.

(c) Die zunächst aus ihrem textuellen Zusammenhang isolierten Wörter werden daraufhin in neue, vom Lexikographen formulierte Kotexte eingebettet, die Wörterbucheinträge.

„Das schriftliche Formulieren der Wörterbucheinträge nun ist offensichtlich eine sprachliche Handlung, nämlich ein (auch metakommunikativer) Schreibakt, der einer stark ausgeprägten lexikographischen Tradition unterworfen ist. Der hier interessierende Teilzweck dieser lexikographischen Schreibakte besteht darin, dem Wörterbuchbenutzer die Bedeutung (oder: die Bedeutungen) des Lemmas zu erklären. Dazu muß der Lexikograph diejenigen kommunikativen Handlungssituationen antizipieren, in denen oder anschließend an die der Wörterbuchbenutzer, indem er Leseakte ausführt, im Wörterbuch nach Wortbedeutungen suchen wird. Nur durch solche Antizipationen kann der Lexikograph hoffen, die Erwartungen zu erfüllen, die vom Wörterbuchbenutzer an die kodifizierten Ergebnisse seiner Schreibakte, die Wörterbucheinträge, gestellt werden" (1).

Als Zeugnisse lexikographischer Praxis stehen uns zunächst einmal deren Ergebnisse zur Verfügung: die Wörterbücher. Aus ihnen allein läßt sich allerdings nur unvollständig erschließen, was für die Rekonstruktion des Prozesses ihrer Herstellung zu wissen notwendig wäre: Arbeitsbedingungen, Konzept, Materialgrundlage, Prinzipien der Auswahl, Grundsätze der Bearbeitung, Kriterien zur Lösung spezieller Probleme.

So sind wir im weiteren darauf verwiesen, dem von Sokrates inspirierten Ratschlag Bühlers (1978,21) zu folgen: „Geh zu den Sachverständigen, den erfolgreichen ‚Handwerkern' einer Sache, du wirst in Diskussionen mit ihnen die Prinzipien finden, aus welchen ihre praktische Sachkenntnis gespeist wird".

Diesem Ratschlag folgend stoßen wir auf Berichte, in denen Lexikographen Auskunft über Gegenstand, Ziel und Probleme ihrer Tätigkeit geben (2). Was allerdings noch aussteht, ist eine detaillierte Beschreibung und Begründung der einzelnen Bearbeitungsschritte jenes Weges, der vom Text zum Wörterbuchartikel führt.

---

1 Wiegand (1976,120f).

2 Vgl. z.B. Wahrig (1966) und (1968), Friebertshäuser (1976), Klappenbach/Malige-Klappenbach (1978) und Henne (1979).

Wir wollen im folgenden das vorher theoretisch Bedachte an einem praktischen Beispiel demonstrieren. Am Beispiel des Lemmas *Betrieb*, das wir für die Kodifikation in einem „Maschinellen Korpuswörterbuch des BRD- und des DDR-spezifischen Zeitungsvokabulars" bearbeitet haben (3), soll der Weg von der Ermittlung seines Gebrauchs in Texten bis hin zu seiner Präsentation in einem Wörterbuchartikel aufgezeigt werden.

Selbstverständlich wollen und können wir nicht für uns in Anspruch nehmen, alle Probleme lexikographischer Praxis angesprochen oder gar gelöst zu haben. Ob unser Vorschlag unter den Bedingungen, unter denen heutzutage allein noch Wörterbücher geschrieben werden können, auch in dem hier vorgestellten Umfang realisierbar ist, könnte letztlich erst die Herstellung eines Wörterbuchs nach eben diesen Prinzipien erweisen.

Immerhin hoffen wir, daß die folgenden Ausführungen geeignet sind, einen Beitrag zu jenen Überlegungen zu leisten, die einer theoretisch fundierten lexikographischen Praxis gewidmet sind.

4.1 Das Textkorpus

Obschon heute kaum noch bestritten wird, daß es der „Wahrheit der Wörterbücher" nur zuträglich sein kann (4), wenn sich die Lexikographen bei ihrer Arbeit der Wortschatzkodifikation nicht so sehr auf die Erträge ihrer geistigen Vorfahren und auch nicht allein auf ihre Kompetenz, sondern weit eher auf ein breit gefächertes Ensemble sprachlicher Zeugnisse stützen sollten, so herrscht doch weithin Uneinigkeit darüber, welchen Umfang und Inhalt ein für die Lexikographie geeignetes Textkorpus haben sollte.

Während eine Vielzahl von Wissenschaftlern von den in einem Korpus zusammengestellten Texten vor allem Repräsentativität fordert (5), hält Rieger (1979) gerade diesen Begriff für unangemessen, das Problem von Umfang und Inhalt eines Korpus zu kennzeichnen.

Da wir uns zu diesen Fragen an anderer Stelle dieser Arbeit ausführlich geäußert haben (6), wollen wir uns hier auf die Beschreibung der unserer Auswertung zugrunde gelegten Textbasis beschränken.

Für die anschließende Demonstration lexikographischer Praxis wurde eine Teilmenge aus dem „Bonner Zeitungskorpus" ausgewählt (7), weil diese Texte endgültig korrigiert, statistisch ausgewertet und samt den Ergebnissen der maschinellen Textverarbeitung in einer Datenbank gespeichert sind.

3 Vgl. hierzu u.a. Haehnel/Krause/Schaeder (1978).

4 Weinrich (1976).

5 Vgl. z.B. Nikitopoulos (1974) und (1978), Schank (1973,22), Schank/Schoenthal (1976, 17f.), Bausch (1975,128), Hess-Lüttich (1977,14f.)

6 Vgl. Kapitel 3.2.1.

7 Schaeder (1978d) bietet eine detaillierte Darstellung von Inhalt und Aufbau des „Bonner Zeitungskorpus".

4.1.1 Textauswahl

Für unsere Demonstration von lexikographischer Praxis haben wir eine Textsammlung gewählt, die den Kernbestand des oben schon erwähnten „Bonner Zeitungskorpus" bildet und aus je einer Stichprobe aus den Jahrgängen 1954, 1964 und 1969 der Tageszeitungen „Die Welt" und „Neues Deutschland" besteht (8).

4.1.1.1 Zeitungstexte als Korpusbestandteile

Auch wenn die unserer Arbeit zugrunde gelegten Texte in solch gestufter und konstrastierender Konstellation für Untersuchungen über Umfang und Art BRD- und DDR-spezifischen Wortschatzes zusammengestellt worden sind (9), erwiesen sie sich für unsere Zwecke trotzdem als hinreichend geeignet, zumal die Ergebnisse der maschinellen Textverarbeitung nicht nur auf Computerausdrucken, sondern zu großen Teilen auch bereits auf Microfichen zur Verfügung stehen (10).

Zudem schien es uns zumindest kein Nachteil zu sein, DDR-Zeitungen in gleicher Weise bei der Auswertung zu berücksichtigen, um bei dieser Gelegenheit exemplarisch zeigen zu können, in welcher Form sich areale Besonderheiten des Wortgebrauchs lexikalisch darstellen lassen (11).

Gewiß wird ein für lexikographische Zwecke zu kreierendes Textkorpus nicht allein aus Zeitungstexten bestehen können. Neben anderen Publikationsformen und in Zeitungen nicht oder nur in zu geringem Umfang vertretenen Textarten werden vor allem Texte aus dem Bereich der gesprochenen Sprache angemessen repräsentiert sein müssen (12). Es ist auf der anderen Seite unumgänglich, daß ein Textkorpus, das gegenwärtigen Sprachgebrauch exemplarisch abzubilden beansprucht, in nicht zu geringem Maße auch Texte des Massenmediums „Zeitung" zu enthalten haben wird (13). Zeitungen und Zeitschriften dürften nicht allein

---

8 Über den Aufbau des „Bonner Zeitungskorpus" informiert Anlage 1 im Anhang dieser Arbeit.

9 Solche Untersuchungen sind Gegenstand des in der Bonner Forschungsstelle des Institut für deutsche Sprache durchgeführten DFG-Projekts „Ost-West-Wortschatzvergleiche". Vgl. hierzu die Arbeiten von Haehnel (1978), Haehnel/Krause/Schaeder (1978), Hellmann (1976) und (1978), Schaeder (1978c) und (1979a).

10 Texte, Indices, Register, Konkordanzen des „Bonner Zeitungskorpus" sowie anderer Korpora werden in der von H. E. Brekle et al. herausgegebenen und bei der Firma MCS (Nürnberg) erscheinenden Reihe „Regensburger Microfiche-Materialien" veröffentlicht.

11 Zum einen wird – wie die Untersuchung von Schmidt (1978) zeigt – die Darstellung DDR-spezifischer Lexik in Wörterbüchern, die in der BRD erschienen sind, häufig vernachlässigt, zum anderen werden nach Hoppe (1977) in denselben Wörterbüchern Austriazismen und Helvetismen nicht selten als bloße Abweichungen einer in der BRD gültigen, hypostasierten Norm des Deutschen beschrieben.

12 Zum Aufbau eines für lexikographische Zwecke geeigneten Textkorpus siehe die Beiträge von Mentrup (1978a) und (1979).

13 Über Textkorpora, die Zeitungstexte enthalten, informieren Hellmann (1976,248-252) und Schaeder (1976a,364f) und (1978a,242-245).

zu den regelmäßigsten und häufigsten Lektüren der Mehrzahl der Sprachbenutzer unseres Sprachraums zählen, sondern aktuellen Sprachgebrauch auch widerspiegeln und nicht selten gar beeinflussen (14).

4.1.1.2 Die Wahl der Zeitungen und Zeitungsjahrgänge

Im folgenden sei kurz dargelegt, welche Überlegungen zur Zusammenstellung des „Bonner Zeitungskorpus" geführt haben, dessen Kernbestand von je drei Jahrgängen des Tageszeitungen „Die Welt" und „Neues Deutschland" uns als Materialbasis zur Demonstration lexikographischer Praxis gedient hat, wobei für uns das die Zusammenstellung dieses Textkorpus anleitende Erkenntnisinteresse eines BRD-DDR-Wortschatzvergleichs nur von zweitrangiger Bedeutung war.

Von den Texten, die sich für vergleichende Untersuchungen der Sprachentwicklung in der BRD und der DDR eignen sollten, war verlangt, daß sie einen möglichst hohen Grad an Öffentlichkeit besitzen, die Gemeinsprache repräsentieren, über aktuelle Themen handeln, nicht nur wenigen ausgesuchten Sachgebieten zugehören, nicht nur von einer kleinen Zahl von Verfassern stammen, zeitlich systematisch gestreut und in der Art der Entstehung, des Aufbaus, der Erscheinens- und Verbreitungsweise vergleichbar sein sollten.

Da wegen der Probleme, die eine Dokumentation gesprochener Sprache mit sich bringt (15), von vornherein lediglich geschriebene Texte in Betracht kamen, fiel schließlich die Entscheidung für eine Aufnahme von Zeitungstexten, die in besonderer Weise alle genannten Bedingungen erfüllen.

Aus Gründen, die in Hellmann (1968,43-52) und (1976,253-255) im einzelnen dargestellt sind, entschied man sich im Jahre 1964, als überregional verbreitetes Presseorgan der BRD „Die Welt", und für die DDR die in dieser Hinsicht wohl einzig vergleichbare Zeitung „Neues Deutschland" als Grundstock des „Bonner Zeitungskorpus" auszuwählen (16).

Nachdem zunächst eine Auswahl der Jahrgänge 1954, 1964 und 1969 beider Zeitungen aufgenommen worden war, folgte im Rahmen des von der DFG geförderten Projekts „Ost-West-Wortschatzvergleiche" in den Jahren 1976 bis 1978 die Erfassung der Jahrgänge 1949, 1959 und 1974.

---

14 Über den Zeitungsmarkt in der BRD informieren Dreppenstedt (1969) und Ossorio-Capella (1972). Aus der Vielzahl der Veröffentlichungen über Wirkungen und Einflüsse der Massenmedien sei hier nur der als Literaturexpertise angelegte Forschungsbericht von Hackforth (1976) genannt. Die Bedeutung der Tagespresse für Dokumentation und Erforschung der Gegenwartssprache hebt z.B. Polenz (1966) hervor. Zur Stilistik und zum Inhalt von Zeitungssprache vgl. Rosengren (1972,IX-XII). Als zwei Beispiele von sprachwissenschaftlichen Arbeiten über Phänomene der Zeitungssprache möchten wir die Veröffentlichungen von Mittelberg (1967) und Sandig (1971) erwähnen.

15 Vgl. hierzu Steger (1970) und Engel/Vogel (1973).

16 Einen Überblick über die in der DDR erscheinenden Tageszeitungen samt einer kurzen Charakterisierung sowie weiteren Literaturhinweisen bietet Kristensson (1977,34-40 und 251). In der DDR entsteht zur Zeit eine dem „Bonner Zeitungskorpus" in Auswahl und zeitlicher Stufung vergleichbare Textsammlung. Vgl. hierzu Keßler (1977).

Um das Spektrum der dokumentierten Zeitungen zu erweitern und dadurch gleichzeitig zusätzliche ergänzende und kontrollierende Auswertungen zu ermöglichen, wurden ebenfalls im Rahmen des genannten Projekts die Jahrgänge 1964 und 1974 je einer BRD- und einer DDR-Regionalzeitung sowie der Jahrgang 1974 je einer weiteren überregional verbreiteten BRD- und DDR-Zeitung in das „Bonner Zeitungskorpus" einbezogen.

Bei den Regionalzeitungen fiel die Wahl auf den „Bonner General-Anzeiger" und auf die Rostocker „Norddeutschen Neuesten Nachrichten", bei den zusätzlichen überregionalen Tageszeitungen auf die „Frankfurter Rundschau" und auf die in Berlin (Ost) erscheinende Zeitung „Der Morgen", das Zentralorgan der Liberaldemokratischen Partei Deutschlands (LDPD) (17).

Da uns für unser Vorhaben einer exemplarischen Demonstration lexikographischer Praxis eine Auswertung des gesamten „Bonner Zeitungskorpus" nicht notwendig erschien und außerdem zum Zeitpunkt der Abfassung dieser Arbeit dessen komplette maschinelle Verarbeitung noch ausstand, haben wir unsere Untersuchung lediglich auf die Jahrgänge 1954, 1964 und 1969 der Zeitungen „Die Welt" und „Neues Deutschland" gestützt.

Übersicht über die Textbasis

1954	Die Welt	Neues Deutschland
1964	Die Welt	Neues Deutschland
1969	Die Welt	Neues Deutschland

4.1.1.3 Die Ziehung der Stichproben

Nachdem die genannten Zeitungsjahrgänge als Grundgesamtheiten bestimmt worden waren, galt es zunächst im Hinblick auf die Ziehung von Stichproben aus diesen Populationen, deren Elemente (Individuen) zu definieren.

Da dies einmal unter dem Gesichtspunkt ihrer zweifelsfreien Identifikation, zum anderen unter dem Aspekt der Vergleichbarkeit in qualitativer und quantitativer Hinsicht zu erfolgen hatte, wurde die Zeitungsseite als Element der Population Zeitungsjahrgang bestimmt. Sowohl die Ausgabe als auch der Zeitungsartikel erwiesen sich wegen des extrem variierenden Umfangs als auch wegen der Schwierigkeiten einer eindeutigen Delimination als ungeeignet (18).

Die Grundgesamtheiten ließen sich danach als Summe der in einem Kalenderjahr publizierten Seiten einer jeden Zeitung errechnen.

---

17 Eine nähere Begründung dieser Wahl findet sich in Schaeder (1978d,8f).

18 Vgl. hierzu im einzelnen Hellmann (1968,57-62).

Schließlich mußten Art und Umfang der Stichproben festgelegt werden, wobei sicherzustellen war, daß die einzelnen Stichproben

(a) nach dem gleichen Prinzip gezogen wurden,
(b) ihr Umfang in solcher Weise begrenzt blieb, daß ihre maschinelle Auswertung möglich und dem Aufwand nach zu rechtfertigen sein würde,
(c) sie eine Auswahl darstellten, die sowohl die Gliederung des einzelnen Zeitungsexemplars als auch den Aufbau des jeweiligen gesamten Jahrgangs berücksichtigte, und
(d) sie im statistischen Sinne repräsentativ waren, um von den Ergebnissen statistischer Auswertungen gesicherte Rückschlüsse auf die jeweiligen Grundgesamtheiten zu ermöglichen.

Nach einem in Hellmann (1968,51-65) begründeten, rotierenden Auswahlverfahren wurden so aus den einzelnen Zeitungsjahrgängen voneinander unabhängige Quotenstichproben gezogen, die jeweils rd. 2,5 % der betreffenden Grundgesamtheit ausmachen.

Jede der auf diese Weise gewonnenen Stichproben darf im statistischen Sinne als Zufallsauswahl und als repräsentativ im Bezug auf die Grundgesamtheit gelten, der sie entstammt.

So repräsentiert das „Bonner Zeitungskorpus", das eine Sammlung von 18 Stichproben aus 18 Zeitungsjahrgängen darstellt und Texte mit etwa 4,2 Mio laufenden Wörtern (running words) umfaßt, eine Textmenge von insgesamt 168 Mio laufenden Wörtern.

Die unserer Arbeit zugrunde gelegte Textmenge umfaßt sechs Stichproben aus sechs Zeitungsjahrgängen, d.h. ein Drittel des „Bonner Zeitungskorpus", mit insgesamt etwa 1,5 Mio laufenden Wörtern. Dieses Teilkorpus repräsentiert eine Textmenge von rd. 60 Mio laufenden Wörtern, die die Summe der in den gesamten Zeitungsjahrgängen enthaltenen running words darstellen.

Übersicht über die Stichproben

WE 54 (240.000)	ND 54 (198.000)
WE 64 (400.000)	ND 64 (160.000)
WE 69 (370.000)	ND 69 (160.000)
(1.010.000)	(518.000)

Erläuterung:
WE = Die Welt
NE = Neues Deutschland
Die in Klammern gesetzten Zahlen geben jeweils die Mengen der laufenden Wörter an.

4.1.2 Textaufnahme und Codierung

Um eine einheitliche und systematische Auswertung zu gewährleisten, ist es vor jeder Textaufnahme zuallererst erforderlich, die dokumentarischen Grundeinheiten und deren mögliche Erscheinungsformen zu bestimmen.

4.1.2.1 Der Zeitungsartikel als dokumentarische Einheit

Da das Korpus lediglich Texte aus Tageszeitungen enthält, entstehen zunächst keine Schwierigkeiten, die Dokumentenart festzulegen. Tageszeitungen gelten in dokumentationswissenschaftlichem Sinne als in Serien veröffentlichte, bibliographisch selbständige Primärdokumente. Als sogenannte Sammeldokumente enthalten sie wiederum Einzeldokumente, die sich insgesamt als Artikel klassifizieren lassen (19).

Der einzelne Zeitungsartikel stellt mithin in unserem Falle die dokumentarische Grundeinheit, d.h. ein Dokument und damit gleichzeitig die kleinste Auswertungseinheit dar.

„Unter einem Artikel verstehen wir jede inhaltlich-thematisch zusammengehaltene und (bedingt) formal erkennbare Texteinheit, also auch etwa Wetterbericht, Börsentabellen, Kleinanzeigen, die unter einer Überschrift zusammengefaßt sind, Leserbriefe zum gleichen Thema, Romanfortsetzungen usw." (20).

Neben der Bedingung der inhaltlich-thematischen Abgeschlossenheit bestimmen auch und vornehmlich formale Kriterien die Artikelabgrenzung. Dazu gehören insbesondere der etische Textanfang und Textschluß, darüberhinaus die in der Regel den Textanfang markierende Überschrift sowie ein eigener Herkunftsvermerk (Verfasser, Korrespondent, Redaktion, Agentur etc.). Texteinheiten mit einem Herkunftsvermerk und diversen Zwischenüberschriften werden demnach als eigenständige Artikel behandelt, wie auf der anderen Seite unter einer Hauptüberschrift zusammengefaßte Einheiten mit variierenden Herkunftsangaben grundsätzlich als mehrere Artikel gelten. Anzeigen werden entsprechend den von den Zeitungen vorgenommenen Aufteilungen (Stellenangebote, Stellengesuche, Vermietungen, Mietgesuche, Kauf, Verkauf etc.) zu Artikeleinheiten zusammengefaßt. Großanzeigen z.B. von Firmen stellen dagegen jeweils einen eigenen Artikel dar.

Bildliche Darstellungen (Fotos, Zeichnungen, Graphiken) werden nicht berücksichtigt. Bildunterschriften werden je nach Stellung der dazugehörigen Bilder im Text behandelt. Sie gelten dann als eigenständige, mit dem Vermerk „Bildunterschrift" versehene Artikel, wenn das Bild nicht nur illustrierender Bestandteil/Zusatz eines Artikels ist. Im anderen Fall werden sie als Teil des betreffenden Artikels gewertet und mit einer entsprechenden Kennzeichnung in der Regel an das Ende des Artikels gesetzt.

Während das bisher Gesagte stets von der Vollständigkeit eines Artikels ausging, soll nun noch kurz auf die sogenannten Artikelfragmente eingegangen werden,

---

19 Vgl. hierzu und zum folgenden Laisiepen/Lutterbeck/Meyer-Uhlenried (1972,124-134).

20 Hellmann (1968,77).

die dann vorkommen, wenn eine zur Auswahl gehörende Zeitungsseite eine Artikelfortsetzung oder einen nicht abgeschlossenen, auf einer nächsten Seite weitergeführten Artikel enthält. Beide Typen werden mit einem bei der formalen Erfassung zugeteilten Hinweis auf ihren fragmentarischen Charakter ebenfalls als Artikel klassifiziert.

Gehören die Seiten, die Beginn bzw. Fortsetzung eines solchen Fragments enthalten, ebenfalls zur Auswahl des Korpus, erfolgt ebenfalls bei der dokumentarischen formalen Erfassung ein entsprechender Verweis, der beide Artikelteile einander zuordnet.

4.1.2.2 Textaufnahme

Nach erfolgter Auswahl der aus jedem Zeitungsjahrgang aufzunehmenden Stichprobe und der manuell vorgenommenen Kennzeichnung der einzelnen Artikelabgrenzungen wurde jedem Zeitungsjahrgang eine eigene Sigle und innerhalb jedes Zeitungsjahrgangs allen Zeitungsartikeln eine fortlaufende Nummer zugeteilt.

Die mittlere Anzahl der Artikel pro Zeitungsseite schwankt in den von uns ausgewerteten sechs Jahrgangsstichproben zwischen 8,46 (Die Welt 1969) und 11,60 (Neues Deutschland 1964) (21).

Da unsere Auswahl insgesamt 568 Zeitungsseiten mit insgesamt 5.582 Zeitungsartikeln umfaßt, ergibt sich hierfür eine mittlere Anzahl von 9.08 Artikeln pro Zeitungsseite (22).

Während die weiteren zwölf Jahrgänge des „Bonner Zeitungskorpus" im Rahmen des Projekts „Ost-West-Wortschatzvergleiche" durch eine Frankfurter Datenerfassungsfirma über OCR erfaßt und auf Magnetband gespeichert wurden, erfolgte die Aufnahme der hier ausgewerteten, den Grundbestand des „Bonner Zeitungskorpus" bildenden sechs Jahrgänge durch Mitarbeiter der Forschungsstelle für öffentlichen Sprachgebrauch des Instituts für deutsche Sprache auf Lochkarten.

Sämtliche gespeicherten Texte wurden zweimal Korrektur gelesen.

4.1.2.3 Codierung

Sowohl wegen des begrenzten Zeichenvorrats der Datenerfassungsgeräte als auch zum Zwecke der Disambiguierung mehrdeutiger Zeichen bzw. Zeichenfolgen sowie zur Erhaltung von Informationen, die bei der Isolation eines Textes aus seinem weiteren Kotext zwangsläufig verlorengehen, wurden im Hinblick auf die vorgesehenen Auswertungen während der Texterfassung eine Reihe von Codierungen in die einzelnen Texte eingebracht.

---

21 Über die entsprechenden Zahlenverhältnisse im „Bonner Zeitungskorpus" informiert Schaeder (1978d).

22 Im „Bonner Zeitungskorpus" beträgt die mittlere Anzahl 10,12 Artikel pro Zeitungsseite.

„Der wichtigste Gesichtspunkt beim Entwurf des Codes ist, daß dieser kontextfrei eindeutig entworfen wird. Wenn diese Bedingung eingehalten wird, kann man später mit Hilfe des Computers zu jedem anderen Code für spezielle Ausgabegeräte übergehen" (23).

(a) Nicht aufgenommen wurden Zeitungskopf und Impressum, ohne daß diese Auslassungen besonders gekennzeichnet sind. Hingegen erfolgte bei der Auslassung von Informationen, die nicht oder nicht sinnvoll als Text wiedergegeben werden können, eine Markierung durch +X samt einer Angabe darüber, was unterschlagen wurde (z.B. Foto, Graphik, Wetterkarte). Auslassungen von Textstellen, die zwar als Text gelten können, deren Aufnahme aber im Hinblick auf die beabsichtigten Auswertungen nicht sinnvoll erschien, wurden durch +Y samt einem Stichwort zur Kennzeichnung der Auslassung codiert (z.B. mathematische Formeln, Zahlentabellen, Chiffre-Angaben in Anzeigen).

(b) Jeder Artikel beginnt mit einer Zeitungssigle, Jahrgangsangabe und folgender Artikel-(Text-)Nummer (z.B. WE54 0001). Das Textende ist durch eine abschließende Leerzeile markiert. Absätze im laufenden Text sind durch §9 codiert.

(c) Besondere Zusatzzeichen kommentieren Informationen, die bei der Auswertung zu berücksichtigen und wohl für einen Zeitungsleser, nicht aber für eine Maschine erkennbar sind. Solche Zusatzzeichen sind grundsätzlich in Leerzeichen (blancs) eingeschlossen. Sie beginnen stets mit einem Pluszeichen, dem dann unmittelbar ein Buchstabe folgt. Das Ende der zu markierenden Textstelle wird durch ein ebenfalls von Leerzeichen umgebenes Pluszeichen kenntlich gemacht.

In unseren Texten finden sich die folgenden Zusatzzeichen:

– Überschriften	+U . . . +
– Quellenangaben (Ort, Tag)	+Q . . . +
– Beischriften zu Bildern, Tabellen, Zeichnungen	+B . . . +
– Übersetzungen ins Deutsche	+T . . . +
– Fremdsprachige Texte	+F . . . +
– Dialekt-Texte	+D . . . +

(d) Ersatzzeichen stehen für Symbole, Umlaute und den Buchstaben ß, die nicht im Zeichenvorrat der Datenerfassungsgeräte vorhanden sind:

– Anführungsstriche („ ")	§0
– Prozentzeichen (%)	§1
– öffnende eckige Klammer [	§2
– schließende eckige Klammer]	§3
– Paragraphzeichen (§)	§4
– Umlaut Ä	AE
– Umlaut Ö	OE

23 Engelien (1979,127).

– Umlaut Ü UE
– für ß SZ (24).

Römische Zahlen sind generell als arabische geschrieben.

(e) Großschreibung in der Textvorlage muß dann eigens codiert werden, wenn das Datenerfassungsgerät (wie z.B. Lochkartenschreibmaschinen) keine Möglichkeit der Kleinschreibung bietet. Die Markierung der Großschreibung von Buchstaben kann dann bei Verwendung einer Druckerkette mit Groß- und Kleinschreibung als Steuerzeichen für zu erfolgende Großschreibung verwendet werden.

Bei der Texterfassung wurde Großschreibung, die allein durch die Stellung eines sonst kleingeschriebenen Wortes am Satzanfang bedingt ist, nicht codiert. Im übrigen ist Großschreibung durch ein unmittelbar vorangestelltes Sternchen gekennzeichnet (z.B. *SOLIDARITAET, *D*D*R, *GMB*H).

Adjektive, die als Bestandteile von Namen großgeschrieben werden, sind durch Apostroph, Sternchen entsprechend markiert (z.B. ’*NATIONALE *VOLKSARMEE, ’*BERLINER *BEVÖLKERUNG).

Großschreibung von Verben, Adjektiven, Partikeln in Überschriften, Titelzeilen, Anzeigen wurde, sofern sie lediglich zum Zwecke typographischer Hervorhebung verwendet war, stillschweigend ignoriert.

(f) Vereindeutigungen wurden in einigen Fällen vorgenommen, um für sich genommen mehrdeutige Zeichen oder Zeichenfolgen zu disambiguieren:

– So stehen Satzendezeichen grundsätzlich zwischen zwei Leerzeichen (blancs).
– Abkürzungspunkt ’.
– Auslassungspunkte ’’’
– Personennamen (Familiennamen) durch doppeltes Sternchen (z.B. **SCHMIDT) **
– Sachbezeichnungen, die gleichzeitig Eigennamen sind, durch vorangestelltes, in blancs eingeschlossenes +N (z.B. +N *ESSEN, +N *HALLE)

(g) Ignoriert wurden bei der Textaufnahme generell:

– Akzente und sonstige diakritische Zeichen (mit Ausnahme der Umlautzeichen),
– typographische Besonderheiten durch Schriftart (Fett-, Kursivdruck), Schriftgrad (Korpus, Borgis, Petit etc.) sowie Sperrdruck,
– Unterstreichungen,
– Trennungsstriche am Zeilenende.
– Offenkundige Druckfehler wurden bei der Textaufnahme stillschweigend verbessert. Dasselbe geschah mit vertauschten, versetzten und auf dem Kopf stehenden Zeilen.

---

24 Die Umsetzung von Ä/ä in AE/ae, von Ö/ö in OE/oe, von Ü/ü in UE/ue und ß in SZ/sz ist deshalb nicht unproblematisch, weil eine Umsetzung in umgekehrter Richtung nicht möglich ist, ohne daß Fehler entstehen. Die folgenden Beispiele mögen das verdeutlichen: *Autoeinstellplätze, Bruttoertrag, Aloe, Büroetage; aktuell, abflauen, anfeuern, eventuell, zuerst, Statue, zuende (vs. zünde); Gesellschaftszimmer, Glaszylinder, Ertragszinsen, szenisch, Auszug.* Selbst wenn sich durch einen entsprechenden Algorithmus einige zu Fehlern führende Rückübersetzungen ausschließen lassen, läßt sich das Problem auf diesem Wege stets nur unvollkommen lösen. Es empfiehlt sich daher – wie dies z.B. bei der Aufnahme des LIMAS-Korpus geschehen ist – etwa folgendermaßen zu transskribieren: Ä/ä in **A$/a$**, Ö/ö in **O$/o$**, Ü/ü in **U$/u$** und ß in **S$/s$**.

4.1.3 Textklassifikation

Was in den Dokumentationswissenschaften „Auswertung" genannt wird und als „Erfassung" und „Erschließung" dazu dient, das einzelne Dokument formal und inhaltlich zu beschreiben, um so sein Wiederauffinden nach den verschiedensten Suchkriterien zu ermöglichen, bezeichnen wir als „Textklassifikation" (25).

Sie soll über den Zweck diverser Recherchemöglichkeiten hinaus dazu dienen, die Vokabularien inhaltlich und/oder formal bestimmter Textexemplare oder auch größerer Textmengen miteinander zu vergleichen, die Verteilung einzelner Vokabeln im Hinblick auf Gleichheit oder Unterschiede der Streuung über Sparten und Sachgebiete zu untersuchen und auf diese Weise z.B. deren spezifischen Gebrauch in bestimmten Textklassen feststellen zu können (26).

Die Klassifikation jedes einzelnen Zeitungsartikels, die auf einer sogenannten Informationskarte eingetragen und jedem Text (Dokument, Artikel) zugeordnet wurde, erfolgte mithilfe der folgenden Kategorien: (27)

formale Erfassung
- (a) Angabe von Zeitung, Jahrgang, Monat, Tag, Seite;
- (b) Zuteilung einer fortlaufenden Artikelnumerierung;
- (c) Herkunft der Zeitung (z.B. BRD, DDR);
- (d) Angabe über Vollständigkeit oder fragmentarischen Charakter des Artikels;
- (e) Verfasser des Artikels;
- (f) Agentur;

inhaltliche Erschließung
- (g) behandeltes Thema in Stichworten;
- (h) Spartenzugehörigkeit;
- (i) behandeltes Sachgebiet.

Ursprünglich war vorgesehen, das der bundesrepublikanischen Nachkriegspublizistik entstammende, zunächst noch komplexer konzipierte und für sechs Zeitungsjahrgänge auch benutzte Klassifikationssystem für die Sachgebiets- und Sparteneinteilung besonders im Hinblick auf seine Eignung für vergleichende Untersuchungen zu überprüfen und gegebenenfalls ein adäquateres System zu entwerfen. Da eine im Rahmen des DFG-Projekts „Ost-West-Wortschatzvergleiche" hierfür beantragte Stelle jedoch nicht bewilligt wurde, konnten am bereits etablierten Klassifikationssystem lediglich kleinere „Schönheitsreparaturen" vorgenommen werden.

---

25 Zu Prinzipien und Organisation der Auswertung im dokumentarischen Sinne vgl. z.B. Laisiepen/Lutterbeck/Meyer-Uhlenried (1972,137-176).

26 Von den in Hellmann (1968,80) aufgeführten und für einige Jahrgänge des „Bonner Zeitungskorpus" zunächst verwendeten Kategorien wurden die folgenden später nicht mehr gebraucht: Kartenkennung, Publikationsform, Aufnahmeprinzip, publizistische Ziele, Mitteilungsform, Übersetzung ins Deutsche, Länge und Breite des Artikels, stilistische Kriterien, Länge des Artikels in records.

27 Die 1965/66 für die Texte des „Bonner Zeitungskorpus" entworfene Sachgebietsklassifikation orientierte sich im wesentlichen an Hagemann (1950) und Dofivat (1962).

Nachdem auf einen Teil der stets gleichen (wie z.B. Publikationsform: Zeitung), der wenig informativen (wie z.B. Aufnahmeprinzip: Lochkarten/OCR-Belege) und vor allem der höchst problematischen – weil in zu großem Maße von der Interpretation des jeweiligen Auswerters abhängigen – Angaben (wie z.B. innere Form, publizistisches Ziel, Art der Mitteilung, Artikelsorte) verzichtet worden war, konzentrierten sich die Schwierigkeiten auf die Rubrik „Zuordnung der Artikel zu Sachgebieten".

„Es hat nicht an Versuchen gefehlt, Kategorien gerade für die Erfassung des Inhalts nach Sachgebieten auf Dauer zu etablieren" (28). Dabei bestand das erste Problem stets darin, einerseits die Differenzierung genügend weit zu treiben, andererseits dabei aber nicht den Aspekt der Praktikabilität aus den Augen zu verlieren. Eine weitere Schwierigkeit ergibt sich aus dem Umstand, daß Sachgebiete ebenso wie das Verständnis von Sachgebietseinteilungen historischen Entwicklungen unterliegen.

Schließlich wird es schon seit längerem als wünschenswert bezeichnet, für Vergleiche von Ergebnissen einheitliche Kategoriensysteme zur Verfügung zu haben. Gleichzeitig wird immer auch zu bedenken gegeben, daß deren Abstraktheitsgrad wohl so beträchtlich wäre, daß Divergenzen eher nivelliert als hervorgehoben würden.

Wenn nun schon den Autoren einer vergleichenden Untersuchung über „Inhalt und Struktur regionaler Großzeitungen" der BRD „aufgrund der Verzahnung von Sachgebieten in der Realität – etwa von Politik und Wirtschaft – [. . .] eine eindeutige Rubrizierung mancher Aussagen trotz operationaler Definitionen problematisch" erscheint (29), dann läßt sich unschwer ermessen, welche zusätzlichen Schwierigkeiten es mit sich bringt, ein Klassifikationssystem zu entwickeln, das sich z.B. zusätzlich gleichermaßen für eine Sachgebietszuordnung von Artikeln aus BRD- und DDR-Zeitungen eignen soll.

Das in Hellmann (1968,99-103) begründete und zur Sachgebietszuordnung sämtlicher Texte des „Bonner Zeitungskorpus" verwendete Klassifikationssystem weist notwendig alle jene Unzulänglichkeiten auf, die zu beheben ein dem empirischen Befund adäquater Vorschlag bis heute nicht in Sicht ist. Zwar verfolgte die damals gewählte Unterscheidung von Sparten und Sachgebieten sowie die Aufteilung der Sachgebiete nach Haupt- und Subkategorien das Ziel einer möglichst offenen Konzeption, welche Intention sich auch in der Möglichkeit von Mehrfachzuordnungen ausdrückt, doch blieb als schwerwiegender Nachteil bestehen, daß auch dieses Klassifikationssystem wesentlich auf das Verständnis der westlichen Publizistikwissenschaft von ihrem Gegenstand bezogen ist. Dem Selbstverständnis östlicher Presseorgane kann ein in dieser Weise orientiertes Kategoriensystem notwendig nicht gerecht werden (30).

---

28 Hüther/Scholand/Schwarte (1973,21).

29 Hüther/Scholand/Schwarte (1973,22).

30 Ein für die Sachgebietsklassifikation sozialistischer Zeitungen entwickeltes Klassifikationssystem enthält z.B. Heckel (1975,50). Kristensson (1977,74-192) versäumt, seine für die Klassifikation von DDR-Zeitungen verwendeten Kategorien zu begründen und zu erläutern.

Aus dieser unterschiedlichen Angemessenheit des Sachgebietskataloges folgerte, daß die Zuordnung der DDR-Texte zu Sachgebieten oft mit erheblichen Schwierigkeiten verbunden war. So ist z.B. die für Artikel aus BRD-Zeitungen bereits problematische, scharfe Trennung der Rubriken „Politik" und „Wirtschaft" für DDR-Zeitungen wegen der dort fehlenden Unterscheidung ebenso schwierig wie etwa die Trennung zwischen „sozialen" und „kulturellen" Funktionen von Wissenschaft, Kunst und Medien.

Solche Unschärfe der Sachgebietskategorien machte einesteils – unter Auswertungsgesichtspunkten problematische – Mehrfachzuordnungen notwendig und führte anderenteils dazu, daß ein größerer Anteil der Artikel unter unspezifische Residualkategorien (wie etwa „Innenpolitik bestimmter Staaten" oder „Veranstaltungen") subsumiert werden mußte, während wiederum andere Rubriken nahezu unbesetzt blieben.

Damit solche Unzulänglichkeiten nicht allzusehr auf die sachgebietsbezogene statistische Auswertung durchschlagen, wurde inzwischen eine Art Hyperklassifikation entwickelt, welche die insgesamt ca. 125 Sachgebietskategorien zu 22 größeren, d.h. damit allgemeineren Einheiten zusammenfaßt (31).

Dabei wurde darauf geachtet, daß diese Zusammenfassung, um aufwendige Neu- und Nachklassifikationen zu erübrigen, maschinell besorgt werden konnte.
Ein weiterer Vorteil der Zusammenfassung einer Vielzahl kleiner zu einer geringeren Anzahl größerer Kategorien ist u.a. auch, daß so Verzerrungen, die aus der allzu ungleichmäßigen Besetzung des Sachgebietsrasters herrühren würden, vermieden werden können. Im übrigen kann die Auswertung der Sachgebietszugehörigkeit noch durch diejenige der Spartenangaben ergänzt werden, wobei die Sparten folgendermaßen benannt sind: Politik, Wirtschaft, Sport, Technik-Motor, Feuilleton, Lokales, Anzeigen, Vermischtes, Sonstiges (32).

Die Neugliederung der Hauptgegenstandsbereiche nach Sachgebieten konnte nach unterschiedlichen Gesichtspunkten vorgenommen werden, wobei in jedem Fall ein gewisser Grad an Willkür nicht auszuschließen war. Mangelnde Trennschärfe der ursprünglichen Kategorien (besonders in den Abteilungen „Politik" und „Wirtschaft") forderte eine Form der Zusammenfassung, die in erster Linie dieser Schwäche abhalf. Umgekehrt waren etwa in der Abteilung „Sport" die ursprünglichen Kategorien so trennscharf, daß jede Zusammenfassung äußerlich bleiben mußte: „Radsport" und „Pferdesport" gehören thematisch nicht enger zusammen als etwa „Radsport" und „Leichtathletik" etc. Dagegen ist „arabisch-nahöstliche Politik" für den Untersuchungszeitraum fast immer auch „Militärpolitik", „deutsche Außenpolitik" fast immer auch „westliche Außenpolitik" bzw. „östliche Außenpolitik".

---

31 Eine Sachgebietsklassifikation mit insgesamt 21 Kategorien zur inhaltlichen Erschließung dreier österreichischer Tageszeitungen verwendet Kristen (1972,46-48). Zur Sachgebietsklassifikation siehe auch Bush (1960).

32 Rosengren (1972,XIII-XVII) unterscheidet die Sparten: Meinung, Politik, Kultur, Wirtschaft, Vermischtes. Pressel (1968,58-61) unterteilt in die zehn Sparten: Politik, Gesellschaft, Wirtschaft, Kunst, Massenmedien, Wissenschaft, Religion, Sport, Verschiedenes, Anzeigen und Werbung. Koszyk/Pruys (1969,340) nennen als gängige Sparteneinteilung: Politik, Wirtschaft, Feuilleton, Lokales, Sport, Reise/Erholung, Technik/Wissenschaft, „Vermischtes".

Besonders im Gebiet „Politik" sind die ursprünglichen Kategorien nicht klar nach sachlichem Inhalt, regionaler Gliederung, ausführender und betroffener Instanz der jeweiligen politischen Aktivität unterschieden. In dieser Hinsicht gilt ähnliches für die Abteilung „Wirtschaft".

Auch diesen Mangel kann die Zusammenfassung von Sachgebieten zu größeren Einheiten letztlich nicht beseitigen, sondern bestenfalls abmildern. Schließlich mußten in strittigen Fällen sachliche Verbesserungen zugunsten der höher bewerteten Zielsetzung zurücktreten, ein Sachgebietsraster mit statistisch verwertbarer Besetzung zu schaffen.

Die auch im Rahmen dieser Arbeit ausgewertete Sachgebietsklassifikation hat folgendes Aussehen: (33)

(a) Politik
- P1: Internationale Politik
- P2: Politik der BRD/DDR
- P3: Politik einzelner Länder/Regionen
- P4: Sonstiges/Verschiedenes (z.B. Persönlichkeiten, Politik von Verbänden oder Parteien)

(b) Wirtschaft
- W1: Handel und Finanzen (einschließlich Werbung)
- W2: Transport und Verkehr
- W3: Industrie/Betrieb/Produktion
- W4: Allgemeines/Vereinbarungen/Wirtschaftspolitik
- W5: Dienstleistung/Handwerk/Landwirtschaft

(c) Soziales Leben
- S1: Allgemeines
- S2: Privat- und Freizeitbereich
- S3: Öffentliche Ordnung
- S4: Soziale Belange
- S5: Vermischte Aktivitäten/Veranstaltungen

(d) Sport
- L1: Allgemeines/Vermischtes
- L2: Ballspiele
- L3: Leicht- und Schwerathletik, Veranstaltungen mit mehreren Sportarten
- L4: Sportarten

(e) Kulturelles Leben
- K1: Wissenschaft
- K2: Kunst
- K3: Vermittlung
- K4: Sonstiges/Vermischtes/Allgemeines

---

33 Über das ursprüngliche, in Hellmann (1968,99-103) dargestellte Klassifikationssystem sowie über die Zuordnung der dort aufgeführten zu den hier genannten Kategorien informiert Anlage 3.

4.2 Textverarbeitung und Textbereitstellung

Wenn im folgenden von maschineller Textverarbeitung die Rede ist, so wird damit weder beabsichtigt, einen globalen Überblick über sämtliche, noch eine detaillierte Darstellung einzelner Verfahren linguistischer Datenverarbeitung zu bieten (34). Vielmehr ist hier nur angestrebt, jene Verfahren zu nennen, die zur Aufbereitung des „Bonner Zeitungskorpus" gedient haben, sowie deren Ergebnisse aufzuzeigen. Insgesamt zielt dies auf eine Darstellung der Möglichkeiten maschineller Materialbereitstellung für die Zwecke der Lexikographie.

4.2.1 Maschinelle Lemmatisierung

Sowohl das im Sonderforschungsbereich 100 der Universität Saarbrücken entwickelte Syntaxanalysesystem SATAN als auch das bei der Firma Siemens AG in München aufgebaute Informationssystem CONDOR enthalten Komponenten einer kontextsensitiven maschinellen Lemmatisierung (35). Da zum einen die beiden genannten Verfahren für die zu analysierenden Texte spezifische Inputbedingungen erfüllt sein müssen, da zum anderen die Lemmatisierung mit der Syntaxanalyse verbunden ist (36), erwiesen sie sich, wie entsprechende Testläufe ergaben, derzeit für die Verarbeitung großer Textmengen als zu aufwendig und kostspielig (37).

Aus diesem Grund blieb als einzige Möglichkeit, ein zwar vergleichsweise schnelles und weniger Kosten verursachendes, dafür aber lediglich kontextfrei über eine Endungsanalyse operierendes Programm zu benutzen, das am Institut für Kommunikationsforschung und Phonetik der Universität Bonn entwickelt worden ist (38).

Dieses Verfahren liefert in einem ersten Durchgang, bei dem rund 80 % der Wortformen eines Textes analysiert werden, als Ergebnis eine Wortformen-Lemma-Zuordnung und gleichzeitig eine Wortartenangabe:

Betrieb	Betrieb	SUBSTANTIV
Betriebe	Betrieb	SUBSTANTIV
Betrieben	Betrieb	SUBSTANTIV
Betriebes	Betrieb	SUBSTANTIV
Betriebs	Betrieb	SUBSTANTIV

---

34 Einen Überblick über Anwendungsbereiche und Forschungsstand linguistischer Datenverarbeitung sowie eine Vielzahl bibliographischer Nachweise enthält Straßner (1977) sowie Krallmann (1978).

35 Zur Lemmatisierung im Verfahren SATAN vgl. Weber (1977), zu der im System CONDOR Wieland/Haller (1978a) und (1978b) sowie Banerjee (1977).

36 Bei SATAN müssen die zu analysierenden Texte zur Zeit noch Satz für Satz eingegeben werden, während CONDOR nur solche Texte verarbeitet, die keinerlei Transskription, dafür aber eindeutige Satz- und Textbegrenzungsmarkierungen enthalten.

37 Vgl. Krause/Siebenbach (1978b). Einen Überblick über vorhandene maschinelle Lemmatisierungsverfahren bietet Kuhlen (1977).

38 Vgl. Willée (1978).

Dieses Ergebnis läßt sich in einem eigenen Sortierschritt in die folgende Liste umwandeln:

Betrieb SUBSTANTIV
Betrieb
Betriebe
Betrieben
Betriebes
Betriebs

Das Verfahren hat den zusätzlichen Vorzug, daß Wortartenmehrdeutigkeiten gekennzeichnet, daß zudem diejenigen Wortformen markiert werden, deren Lemmatisierung durch das Programm nicht geleistet werden konnte. Es bedarf keiner näheren Erläuterung, daß bei einer kontextfreien Analyse semantische Mehrdeutigkeiten unerkannt bleiben und diskontinuierliche Verbformen nicht zusammengeführt werden.

Nachdem die im ersten Durchgang nicht analysierten Wortformen manuell lemmatisiert und die Ergebnisse gespeichert worden sind, steht für weitere Durchgänge bereits ein Wortformen-Lemma-Lexikon zur Verfügung, das nach und nach zunehmend an Umfang gewinnt, so daß schließlich nur noch bisher nicht vorgekommene Wortformen dem Endungsanalyseverfahren unterzogen werden müssen.

4.2.2 Umwandlung von Texten in Wortlisten

Da zum Zeitpunkt der Abfassung dieser Arbeit die Lemmatisierung der Korpustexte noch bevorstand, können hier lediglich Beispiele von Wortformenlisten vorgestellt werden. Sie stellen insgesamt rudimentäre Formen sogenannter Korpuswörterbücher dar. Im Vergleich zu einem lemmatisierten Wörterbuch hat das Wörterbuch der Wortformen den Vorteil, „daß es Aufschluß über den statistischen Wert der verschiedenen grammatischen Formen gibt und das Textmaterial vollständiger widerspiegelt. Es beschreibt nicht nur die lexikostatistische, sondern auch die statistisch-morphologische Struktur des Textes und kann deshalb für die Untersuchung eines größeren Fragenkomplexes verwendet werden als das Wörterbuch der Wörter. Außerdem kann man ein Häufigkeitswörterbuch der Wortformen jederzeit in ein Wörterbuch der Wörter umwandeln; umgekehrt ist dies jedoch nicht möglich" (39).

4.2.2.1 Indices

Indices sind alphabetisch vorwärtsläufig sortierte Wort- bzw. Wortformenlisten mit den Angaben der absoluten und relativen Häufigkeit des Vorkommens sowie des daraus resultierenden Rangs, den die betreffende Wortform im jeweiligen Textvokabular einnimmt. Vor allem aber enthält ein Index den Nachweis sämtlicher Fundstellen. Die folgende Abbildung stellt einen Ausschnitt aus dem Index der Tageszeitung „Die Welt 1964" dar, wobei dem Stichwort die Angaben der absoluten und der relativen Häufigkeit seines Vorkommens sowie seines Rangs folgen und in den Zeilen unter dem Stichwort die Stellennachweise aufgeführt sind. Dabei geben die ersten vier Ziffern der siebenstelligen Zahlen die Zeitungsartikel- und die letzten drei Ziffern die Zeilennummer an.

---

39 Kalinina (1973,107).

AUSZUG AUS DEM INDEX „DIE WELT 1964" (40)

Betreuungsbetrieb 1 0.0002 324
0634014

Betreuungsgebiet 1 0.0002 324
1801103

Betrieb 50 0.0125 275
0059434 0068334 0068372 0165027 0165053 0252021 0428057
0463022 0463036 0471024 0514103 0514105 0514134 0529020
0534037 0790083 0819013 0819014 0836013 0855011 0860012
0876018 0942005 0960023 0992087 1083041 1166031 1334030
1435019 1435033 1435039 1440040 1443019 1496032 1504018
1621257 1621304 1621344 1646008 1646322 1678024 1691001
1691006 1808089 1827013 1842021 1847088 1847153 1885011
1885084

betriebe 1 0.0002 324
0510074

Betriebe 40 0.0100 285
0030060 0107016 0107018 0155078 0429001 0429010 0429013
0462012 0463029 0514085 0516026 0627011 0606057 0618031
0640013 0780040 0990070 0992010 1089009 1122082 1130048
1151003 1178012 1218012 1218057 1228036 1299026 1427028
1427032 1440041 1457027 1480019 1531011 1616008 1619101
1621038 1628008 1706022 1827047 1853310

betrieben 6 0.0015 319
0115080 0165070 0502053 0517007 1265042 1572055

Betrieben 17 0.0042 308
0028047 0165054 0429011 0463039 0510082 0534024 0961008
0992605 1129032 1168051 1228041 1299003 1299014 1435028
1646100 1671007 1827056

betriebene 3 0.0007 322
0170021 0854122 1206063

Betriebes 6 0.0015 319
0068392 0986008 0992525 1267015 1641104 1646143

Betriebs 1 0.0002 324
0911028

40 Aus diesem Index-Auszug geht z.B. auch hervor, daß ein einmaliges Vorkommen eine relative Häufigkeit von 0.0002 und den Rang 324 ergibt, daß die insgesamt fünfzigmal belegte Wortform „Betrieb" in 35 verschiedenen Texten, d.h. Zeitungsartikeln vorkommt.

4.2.2.2 Register

Unter einem Register verstehen wir aus Texten gewonnene Wortlisten unterschiedlicher Sortierung, die außer dem Stichwort die Angaben seiner absoluten und relativen Vorkommenshäufigkeit sowie seines sich daraus ergebenden Rangs enthalten.

Wir unterscheiden:

(a) alphabetisch vorwärtsläufig sortierte Register, z.B.

AUSZUG AUS „NEUES DEUTSCHLAND 1964" (41)

Betreuung	5	0.0030	210
Betreuungspersonal	2	0.0012	213
betrieb	1	0.0006	214
Betrieb	54	0.0328	161
Betriebe	45	0.0272	170
betrieben	4	0.0024	211
Betrieben	37	0.0224	178
betriebene	1	0.0006	214
betriebenen	3	0.0018	212
betriebener	1	0.0006	214
Betriebes	10	0.0060	205
Betriebsablauf	1	0.0006	214
Betriebsabrechnungen	1	0.0006	214
Betriebsakademie	1	0.0006	214
Betriebsakademien	2	0.0012	213
Betriebsangehörigen	1	0.0006	214

(b) alphabetisch rückläufig sortierte Register, z.B.

AUSZUG AUS „DIE WELT 1969" (42)

Betriebe	35	0.0093	275
Gastronomie-Betriebe	1	0.0002	309
Industrie-Betriebe	1	0.0002	309
Gewerbebetriebe	1	0.0002	309
Industriebetriebe	2	0.0005	308
Fabrikbetriebe	1	0.0002	309
Kommunalbetriebe	1	0.0002	309
Hotelbetriebe	1	0.0002	309
Schleifmittelbetriebe	1	0.0002	309
Kleinbetriebe	1	0.0002	309
Stiftungsbetriebe	1	0.0002	309
Dienstleistungsbetriebe	1	0.0002	309

---

41 Alphabetisch vorwärtsläufig sortierte Register eignen sich u.a. dafür, schnell die Komposita zu ermitteln, in denen ein Lemma als Bestimmungwort fungiert.

42 Alphabetisch rückläufig sortierte Register dienen u.a. dem Auffinden von Komposita, in denen ein Lemma das Grundwort darstellt.

(c) absteigend nach Vorkommenshäufigkeiten sortierte Register, d.h. sogenannte Rangregister

AUSZUG AUS DEM RANGREGISTER „DIE WELT 1964"

absolute Häufigkeit	relative Häufigkeit	Rang	
51	0.0128	274	Neubau
51	0.0128	274	Partei
51	0.0128	274	Recht
51	0.0128	274	stets
51	0.0128	274	vorhanden
51	0.0128	274	zugleich
50	0.0125	275	Betrieb
50	0.0125	275	du
50	0.0125	275	gegenwärtig
.			
.			
40	0.0100	285	Betriebe
40	0.0100	285	Botschafter
40	0.0100	285	bzw
.			
.			
17	0.0042	308	Betrieben
17	0.0042	308	Bett
17	0.0042	308	Beweis
.			
.			
6	0.0015	319	Betriebes
6	0.0015	319	Betriebsklima
6	0.0015	319	beunruhigt

AUSZUG AUS DEM RANGREGISTER „NEUES DEUTSCHLAND 1964"

54	0.0328	161	Betrieb
54	0.0328	161	führen
54	0.0328	161	geben
.			
.			
45	0.0273	170	Betriebe
45	0.0273	170	dort
45	0.0273	170	Erfolg
.			
.			
37	0.0224	178	Betrieben
37	0.0224	178	Deutsche
37	0.0224	178	einzelnen
.			
.			
10	0.0060	205	Betriebes
10	0.0060	205	Bilder
10	0.0060	205	bisherige

4.2.2.3 Konkordanzen

Konkordanzen sind Wortlisten, die die alphabetisch sortierten Wortformen eines Textes oder mehrerer Texte innerhalb des Kotextes aufführen, in dem sie jeweils vorkommen. Konkordanzen eignen sich nicht allein zur Disambiguierung mehrdeutiger Wortformen, sondern liefern vor allem Material zur Beschreibung und Demonstration des Wortgebrauchs.

Konkordanzen lassen sich maschinell in verschiedenen Versionen herstellen. Uns standen für unsere Untersuchung die folgenden Arten zur Verfügung, die sich vornehmlich durch den mehr oder weniger großen Umfang des mitgelieferten Kotextes unterscheiden:

(a) KWIC-Konkordanzen (43), die jeweils das Stichwort im Kotext von der Länge der Zeile eines Computer-Ausdrucks aufführen, z.B.

AUSZUG AUS DER KWIC-KONKORDANZ „NEUES DEUTSCHLAND 1954"

```
utschland dagegen  0447015 gehoeren die entscheidenden Betriebe den Monop  isten .  0447016 bei uns bestimm
uwenden . Im Gegenteil . sie fordern selbst . dasz die Betriebe der  0027..44 Monopolisten "  rationalisiert
konsumgueter nur zu 80  0028038 Prozent erfuellt . die Betriebe der +N Hauptverwaltung +  0028039 +N Leicht
aus den Ueberschuessen .  0133022 die die volkseigenen Betriebe der oertlichen Industrie an  0133023 den Ha
 . Insbesondere die Walzwerke .  0743019 aber auch die Betriebe der oertlichen Industrie und die  0743020 P
n entstandenen Schulden befreit . die  0004079 groszen Betriebe der sowjetischen Aktiengesellschaften in de
en alle  0762079 Anstrengungen unternehmen , damit die Betriebe des  0762080 Tischlerhandwerks noch besser
tergefuehrt werden .  0254122 es ist die Aufgabe aller Betriebe des Maschinenbaus .  0254123 Massenbedarfsg
s Werkes wird  0048007 80 Prozent der Produktion aller Betriebe dieser Art  0048008 in China ausmachen .  0
 hemmt . die Uebernahme der  0707072 Kulturhaeuser der Betriebe durch die Gewerkschaften . die  0707073 in
zifisch  0554130 schwerer ist . dadurch tritt fuer die Betriebe ein Verlust von etwa  0554131 1 ,50 Dm pro
u den vielfaeltigen  0534012 Kulturveranstaltungen der Betriebe einladen . den  0534013 Gewerkschaftsleitun
. die  0762216 Handwerker sollen Delegationen in diese Betriebe entsenden  0762217 und auch in der Presse K
r Aktivistenkommission die Aufgabe :  0447217 " alle Betriebe erarbeiten auf Grund der Beauflagung . der
alsch .  0447188 dort , wo die operative Anleitung der Betriebe erfolgt . muessen  0447189 die Kommissionen
N +A Dmw- + -Werkes + und  0180006 zahlreicher anderer Betriebe erklaerten . dasz sie nicht mit  0180007 de
. deshalb sollten  0602076 die Frauenausschuesse aller Betriebe es sich zur Aufgabe machen .  0602077 den K
ampfentschlossensten Kollegen der  0333017 wichtigsten Betriebe gebildet werden musz . in ihrer  0333018 En
dnungsmaeszige und reibungslose Arbeit dieser  0002043 Betriebe geschaffen .  0002044  0002045 +U ein wicht
 .  0631205 dasz es bei uns noch privatkapitalistische Betriebe gibt .  0631206 dasz die Kapitalisten doch
und Hilfsstoffen zur Verfuegung  0554074 haben . diese Betriebe haben auch bei den monatlichen  0554075 Ueb
 wuerden sich gewaltig senken . die  0554050 einzelnen Betriebe haben nicht mehr eine Unzahl von  0554051 A
. "  wirklich .  0113009 sehr nett zu lesen . wie die Betriebe hier und dort den  0113010 +N 'Internationa
meister und Ingenieure ueber den  0447034 Rahmen ihrer Betriebe hinaus Einflusz auf die Leitung und  044703
0002094 um hoechste Leistungen . dadurch konnten viele Betriebe ihre  0002095 Jahresplaene vorfristig erfue
en .  0554054 ungenuegende Unterstuetzung erfahren die Betriebe im  0554055 Kampf um die Rentabilitaet durc
+  0602006  0602007 in unserer Republik kaempfen viele Betriebe im Endspurt um die  0602008 Erfuellung der
erstellung von Atomwaffen eingerichtet . +  0612040 +T Betriebe im Rheinland bearbeiten bereits Uranmineral
anderem  0547011 wurden am vergangenen Wochenende acht Betriebe in  0547012 Reinickendorf ( +N franz'. Sekt
 . zur Uebergabe der restlichen  0002006 33 +A Sag- + -Betriebe in das Eigentum der +N 'Deutschen +  000200
ng der in Deutschland befindlichen  0002062 +A Sag- + -Betriebe in das Eigentum der Ddr !  die Senkung der
estigen und vertiefen wird .  0002001 +U 33 +A Sag- + -Betriebe in das Eigentum der Ddr uebergeben +  00020
. waehrend im Jahre 1952 aus den Gewinnen der  0256056 Betriebe in der zentralverwalteten Industrie ein  02
erhaeltnisse . da sind unsere  0631162 sozialistischen Betriebe in der Industrie und unsere  0631163 'Landw
 Stoffmodenschau in dem Industrieladen  0193007 dieser Betriebe in der Stalinallee um 17 Uhr  0193008 bewun
eit erhalten die Werktaetigen der staatlichen  0603015 Betriebe in Form des Arbeitslohns .  0603016 der Arb
ommen . unter  0167028 ihnen neue fleischverarbeitende Betriebe in Moskau .  0167029 Gorki und im noerdlich
8 Dankes seitens der Belegschaften der 33 uebergebenen Betriebe ist  0002089 die Teilnahme an einem groszen
sind als  0554094 Frachtgut oder Expreszgut . fuer die Betriebe ist es doch  0554095 wesentlich einfacher .
hulden an die Sowjetunion .  0002072 die Uebergabe der Betriebe ist fuer die Volkswirtschaft der  0002073 +
schlands die Moeglichkeit geben .  0175063 volkseigene Betriebe kennenzulernen . das Echo werde ganz  01750
cht nur die groszen . nein . auch die  0113014 kleinen Betriebe koennen euch voller Stolz etwas zeigen .  0
```

(b) Ergebnisse sogenannter Suchwortläufe, die das Stichwort exakt im Satzrahmen aufführen; z.B.

AUSZUG AUS EINEM SUCHWORTLAUF „NEUES DEUTSCHLAND 1969"

Paul Fröhlich betonte deshalb die Notwendigkeit, auch künftig in echter Gemeinschaftsarbeit zwischen Betrieb und den örtlichen Organen alle Fragen, von der Berufsausbildung bis zu den Arbeits- und Lebensbedingungen, komplex zu beraten und zu beschließen. (0002030).

In Südafrika wurde ein mit westdeutscher Millionenhilfe gebauter Kernreaktor in B e t r i e b genommen. (0095066).

---

43 KWIC ist Akronym für key word in context.

Rationeller produzieren für dich, für deinen B e t r i e b , für unseren sozialistischen Friedensstaat! (0368001)

(c) Ergebnisse sogenannter Suchwortläufe, die das Stichwort im Kotext von insgesamt fünf Computerzeilen aufführen, z.B.

AUSZUG AUS EINEM SUCHWORTLAUF „NEUES DEUTSCHLAND 1969"

0698009 verwirklicht? wie nimmt unsere Gewerkschaftsorganisation,
0698010 unsere Gewerkschaftsgruppe auf die Planung und Leitung im
0698011 B e t r i e b Einfluß? wirkt sie schon aktiv genug daran mit,
0698012 den Reproduktionsprozeß effektiver zu gestalten und die
0698013 Arbeits- und Lebensbedingungen zu verbessern? haben wir

Ein solches Textstück läßt sich durch ein spezielles Programm auch im Zettel- bzw. Karteikartenformat DIN A 6 samt den Ergebnissen der dokumentarischen Auswertung ausdrucken und hat dann das folgende Aussehen (44):

IK 0698 ZT ND69120802 2F2G2H
BK 0698 DDR GEWERKSCHAFTSWAHLEN AUSGESCHRIEBEN

TEXTDATEI ND69
SUCHBEGRIFF: Betrieb
0698009 verwirklicht? wie nimmt unsere
Gewerkschaftsorganisation, 0698010 unsere
Gewerkschaftsgruppe auf die Planung und Leitung im
0698011 B e t r i e b Einfluß? wirkt sie schon
aktiv genug daran mit, 0698012 den
Reproduktionsprozeß effektiver zu gestalten und die
Arbeits- und 0698013 Lebensbedingungen zu verbessern?
haben wir unseren Wettbewerb

4.2.3 Verteilung der Vokabeln über Texte und Sachgebiete

Da zum einen der Index Auskunft darüber gibt, in welchen Texten jede einzelne Vokabel vorkommt, und da zum anderen für jeden Text im Zuge der dokumentarischen Auswertung bestimmt worden ist, welcher Sachgebietsklasse bzw. welchen Sachgebietsklassen er zugehört, läßt sich maschinell ohne sonderliche Schwierigkeiten die Verteilung jeder einzelnen Vokabel sowohl über die Texte als auch über die Sachgebiete ermitteln (45).

Auf diese Weise läßt sich feststellen, ob eine Vokabel gleichmäßig oder ungleichmäßig über die Texte des Korpus verteilt ist, ob z.B. die hohe Frequenz einer bestimmten Vokabel durch ihr häufiges Vorkommen in einem oder wenigen Texten bedingt ist.

44 Zur dokumentarischen Auswertung, deren Ergebnisse in der Informationskarte (IK) und der Beikarte (BK) codiert enthalten sind, vgl. Kapitel 4.1.3.

45 Vgl. hierzu u.a. Erk (1972) und (1975) sowie Rosengren (1972) und (1978).

Z.B. verteilt sich das Lemma *Betrieb* folgendermaßen auf die insgesamt 1524 Texte des Teilkorpus „Die Welt 1964“:

4maliges Vorkommen in	6 Texten
3maliges Vorkommen in	4 Texten
2maliges Vorkommen in	12 Texten
1maliges Vorkommen in	55 Texten

Das bedeutet, daß das Lemma *Betrieb* in 77 von insgesamt 1524 Texten dieses Teilkorpurs, im statistischen Mittel mithin in etwa jedem 13. Text belegt ist.

Für die Verteilung der verschiedenen Wortformen dieses Lemmas ergibt sich das folgende Bild:

Betrieb	50maliges Vorkommen in	36 Texten
Betriebe	40maliges Vorkommen in	35 Texten
Betrieben	17maliges Vorkommen in	16 Texten
Betriebes	6maliges Vorkommen in	6 Texten
Betriebs	1maliges Vorkommen in	1 Text

Die Betrachtung der Verteilung eines Vokabel über die Sachgebiete kann z.B. darüber Aufschluß geben, ob ihr Gebrauch sachgebietsspezifisch ist oder nicht (46).

4.2.4 Das maschinelle Korpuswörterbuch

Das Ergebnis der maschinellen Textverarbeitung wird in einem maschinellen Korpuswörterbuch zusammengefaßt, das nicht nur als Basis weiterer maschineller Auswertungsverfahren dient, sondern auch in geordneter und leicht abrufbarer Form reichliches Material für die weitere lexikographische Praxis zur Verfügung stellt.

Ein solches Korpuswörterbuch enthält neben einer Reihe von Angaben zum Gesamtvokabular, wie z.B. die Anzahl der tokens und types, der Rangklassen, der Hapaxlegomena, bereits eine Vielzahl von Informationen zu den einzelnen Vokabeln:

(a) absolute Häufigkeit des Vorkommens,
(b) relative Häufigkeit des Vorkommens,
(c) Rang,
(d) Liste der Komposita, in denen das Stichwort als Grundwort oder als Bestimmungswort fungiert,
(e) Verteilung des Stichwortes über die Texte,
(f) Verteilung des Stichwortes über die Sachgebiete,
(g) sämtliche Kotexte (Konkordanz),
(h) sämtliche Belegstellen (Index).

Selbstverständlich enthält diese rein maschinell erstellte Version eines Korpuswörterbuchs eine Reihe von Fehlern insofern, als bei seiner Erzeugung lediglich Zeichenketten verarbeitet wurden, ohne daß dabei syntaktische oder semantische Merkmale eine Rolle gespielt haben.

---

46 Zur Verteilung von *Betrieb* über Sachgebiete vgl. Kapitel 4.3.2.3.

So finden sich z.B. unter dem Eintrag „Betrieb" Angaben, die nicht zwischen den möglichen Bedeutungen dieses Lemmas unterscheiden, sondern diese Zeichenkette als ein Wort behandeln.

Solche Unterscheidungen kann vielleicht ein maschinelles Textinhaltanalyseverfahren, mit Sicherheit aber ein Lexikograph durch die Untersuchung der jeweiligen textuellen Umgebung treffen. Dasselbe gilt für jene Fälle von Homographie, in denen aufgrund unterschiedlicher syntaktischer und/oder semantischer Merkmale einer Wortform deren Zuordnung zu zwei oder mehreren Lemmata erforderlich ist.

Über das hier angesprochene Problem von Homonymie, Polysemie und Synonymie ist oft und ausführlich gehandelt worden (47). Die angebotenen Lösungen reichen von der These, daß Homonymie im System bzw. der langue, Synonymie dagegen im Verlauf bzw. in der parole zu begründen seien (48), über etymologisch bzw. diachronisch argumentierende Erklärungsangebote (49) bis hin zu einer von Lexikographen geübten Praxis, Homonymie zunächst einmal immer dann anzunehmen, wenn zwei oder mehrere gleichlautende und gleichgeschriebene Stichwörter grammatische Unterschiede aufweisen. So setzt z.B. Wahrig (1978) für *fix* zwei Lexeme an, weil *fix*^{1} *(fest, feststehend, unverändert)* im Unterschied zu *fix*^{2} *(flink, behende, schnell)* nicht komperierbar ist. *Akt*^{1} und *Akt*^{2}, *Abdruck*^{1} und *Abdruck*^{2}, *Glas*^{1} und *Glas*^{2} unterscheiden sich aufgrund voneinander abweichender Pluralbildungen, *hängen*^{1} und *hängen*^{2} als transitives und intransitives Verb mit zudem verschiedenen Stammformen.

Abweichend von dieser theoretisch nicht weiter begründeten, aber zweifellos praktikablen Lösung werden zwei Stichwörter auch dann als Homonyme behandelt, wenn sie trotz gleicher grammatischer Eigenschaften auf zwei unterschiedliche etymologische Wurzeln zurückzuführen sind, wie z.B. *Giebel, Hacke, Hafen, Halfter.*

Auf der anderen Seite gilt ein Stichwort, wie z.B. das in dieser Arbeit untersuchte *Betrieb,* dann als polysem, wenn es trotz unterschiedlicher grammatischer Eigenschaften *(Betrieb*^{2} und *Betrieb*^{3} bilden im Unterschied zu *Betrieb*^{1} keinen Plural) in seinen verschiedenen Bedeutungen nicht aus zwei oder mehr Wurzeln ableitbar ist. Damit erweist sich die etymologische Argumentation letztlich wiederum als entscheidendes Kriterium für die Lösung des Problems von Homonymie und Polysemie, gefolgt von dem Kriterium gleicher oder ungleicher grammatischer Eigenschaften und schließlich demjenigen der Bedeutung (50).

Wie auch immer das für einen Lexikographen nicht nur theoretisch, sondern auch praktisch zu lösende Problem geklärt wird, die lexikographische Überarbeitung eines rein maschinell erstellten Korpuswörterbuchs führt zu einer zweiten, von

---

47 Vgl. z.B. Bergmann (1977), Klappenbach (1971), Koch (1963) und Weber (1974) sowie Wiegand (1976).

48 Vgl. z.B. Bergmann (1977,47) und Koch (1963,76).

49 So z.B. Schildt (1969,358).

50 Es sei hier nur darauf verwiesen, daß z.B. Weinreich (1970,35) dafür argumentiert, ein Wort durch so viele Einträge wiederzugeben, „wie es Bedeutungen hat".

Fehlern gereinigten Version, die sich ebenfalls wiederum maschinenlesbar speichern läßt, aber bis zu dieser Stufe noch keinerlei zusätzliche Informationen als die den Texten unmittelbar entnommenen enthält.

Eine dritte, üblichen einsprachigen Wörterbüchern vergleichbare und an späterer Stelle dieser Arbeit exemplarisch vorgestellte Version entsteht dann, wenn auf der Basis der zweiten Version zu jedem Eintrag weitere, aus den Korpustexten abgeleitete Informationen eingebracht werden, wie sie z.B. grammatische Beschreibungen, Bedeutungserklärungen, Angaben zur Wortgeschichte und möglichem phraseologischen Gebrauch darstellen.

Unter der Bedingung, daß solche Informationen, was ihre Formulierung betrifft, bestimmten Forderungen der Systematisierung und Standardisierung genügen, kommt schließlich nach erfolgter maschineller Erfassung ein Wörterbuch zustande, das sich als Datenbank organisieren und damit nicht nur vielfältig manipulieren, d.h. umsortieren, ändern und ergänzen läßt, sondern darüber hinaus die beispielsweise in der Konzeption eines neuen interdisziplinären deutschen Wörterbuchs angestrebte Möglichkeit bietet, auf maschinellem Wege einzelne Spezialwörterbücher (z.B. Fach-, Rechtschreib-, Synonymiewörterbücher) zu erzeugen (51).

4.2.5 Maschinelle Dokumentation

Eine Literaturdokumentation, wie sie ein Textkorpus größeren Umfangs darstellt, bedarf ebenso wie ein aus ihr gewonnenes Wörterbuch und eventuell weitere zu verschiedensten Zwecken aufgebaute Dateien einer maschinellen Organisation und Verwaltung, die nicht nur den steten und gezielten Zugriff auf das gespeicherte Material sowie dessen Manipulation, sondern auch zusätzliche Prozeduren, wie z.B. Datenschutz, Änderungsdienste und Protokollfunktionen ermöglichen (52).

4.2.5.1 Datenbanksystem

Aus der großen Zahl zur Verfügung stehender Datenbanksystem seien hier nur einige erwähnt: STAIRS (IBM), GOLEM (Siemens), TELDOK (Telefunken),

---

51 Zur Diskussion über den Plan eines neuen interdisziplinären deutschen Wörterbuchs vgl. Henne/Mentrup/Möhn/Weinrich (1978).

52 Texte, Indices, Register und Konkordanzen können auch auf Mikrofiche ausgegeben, auf diesem Wege für vergleichsweise geringe Kosten vervielfältigt und so weiteren Interessenten zur Verfügung gestellt werden.

FIDAS (GMD), die sämtlich für verschiedenste Zwecke eingesetzt sind und sich gleichermaßen auch für die Literaturdokumentation eignen (53).

Der Aufbau solcher Datenbanksysteme ist im Grundmuster annähernd gleich:

(a) Eingabe (input) samt eventuell notwendiger Umwandlung der Daten in eine einheitliche Struktur;
(b) Prüfung und Korrektur der Daten und der Ergebnisse der formalen Erfassung und inhaltlichen Erschließung sowie Duplizitäts- und Vollständigkeitskontrolle;
(c) Speicherung und Trennung der verschiedenen Kategorien einer Dokumentationseinheit und Einordnung der formalen und inhaltlichen Angaben zu jedem Dokument in entsprechende Listen (=Thesaurus), über die dann bei Recherchen die Adressierung erfolgt;
(d) Operationen, wie z.B. Such-, Änderungs- und Protokolldienste verschiedenster Art;
(e) Ausgabe (output) nach den jeweiligen Wünschen des Benutzers oder als Dauerauftrag gemäß einem ebenfalls gespeicherten standardisiertem oder individuellen Benutzerprofil.

Ob sich eines der kommerziell angebotenen Storage- und Retrieval-Systeme für den eigenen Zweck nutzen läßt, hängt nicht allein vom intendierten Gebrauch der Dokumentation ab, sondern auch von Faktoren wie z.B. Zugang zu einer geeigneten Rechenanlage, Kosten-Nutzen-Relation sowie Menge und Struktur der Daten.

Da beiweitem nicht jede wissenschaftliche Institution beliebigen Zugang zu einer Datenverarbeitungsanlage hat, da zudem die von den verschiedenen Computerherstellern angebotenen Datenbanksysteme jeweils nur auf deren eigenen Anlagen zu implementieren sind, da solche Systeme außerdem bei dem zusätzlichen hohen Eigenverwaltungsanteil einen vergleichsweise großen Speicherplatz benötigen und nicht zuletzt die von einem wissenschaftlichen Benutzer gestellten Anforderungen an ein solches System in weiten Teilen nicht oder nur unzureichend erfüllt werden können, wird es sich häufig empfehlen, ein auf die eigenen Nutzungsinteressen exakt zugeschnittenes, insgesamt vielleicht weniger komfortables, dafür aber auch ökonomischer arbeitendes System selbst zu entwickeln.

In unserem Fall hat die Datenbank, von deren Aufbau die nachstehende Abbildung einen skizzenhaften Eindruck vermitteln soll, ein Textkorpus mit insgesamt 1519361 tokens und ein daraus erstelltes Wörterbuch mit insgesamt 143087 types, die als Lexikoeingänge (lexical entries) fungieren, zu organisieren und verwalten.

53 Einen Überblick über Aufbau und Leistungsfähigkeit vorhandener Datenbanksysteme enthalten die Kurzbeschreibungen der Gesellschaft für Mathematik und Datenverarbeitung (1972-1976). Über neuere Entwicklungen informiert die Dokumentation von Endres-Niggemeyer (1978). Vgl. hierzu auch Laisiepen/Lutterbeck/Meyer-Uhlenried (1972), Seelbach (1975), Spark Jones/Kay (1976). Ein maschinelles Verfahren, das mit finanzieller Unterstützung des Bundesministeriums für Forschung und Technologie derzeit bei der Firma Siemens AG in München entwickelt wird und die automatische Analyse, Deskribierung und Klassifizierung von nicht praedierten Texten und damit einen gänzlich mechanisierten Aufbau von Datenbanken leisten soll, stellt das System CONDOR dar. Über den letzten Stand der Entwicklung dieses Systems berichten die Beiträge von Wieland/Haller (1978a) und (1978b).

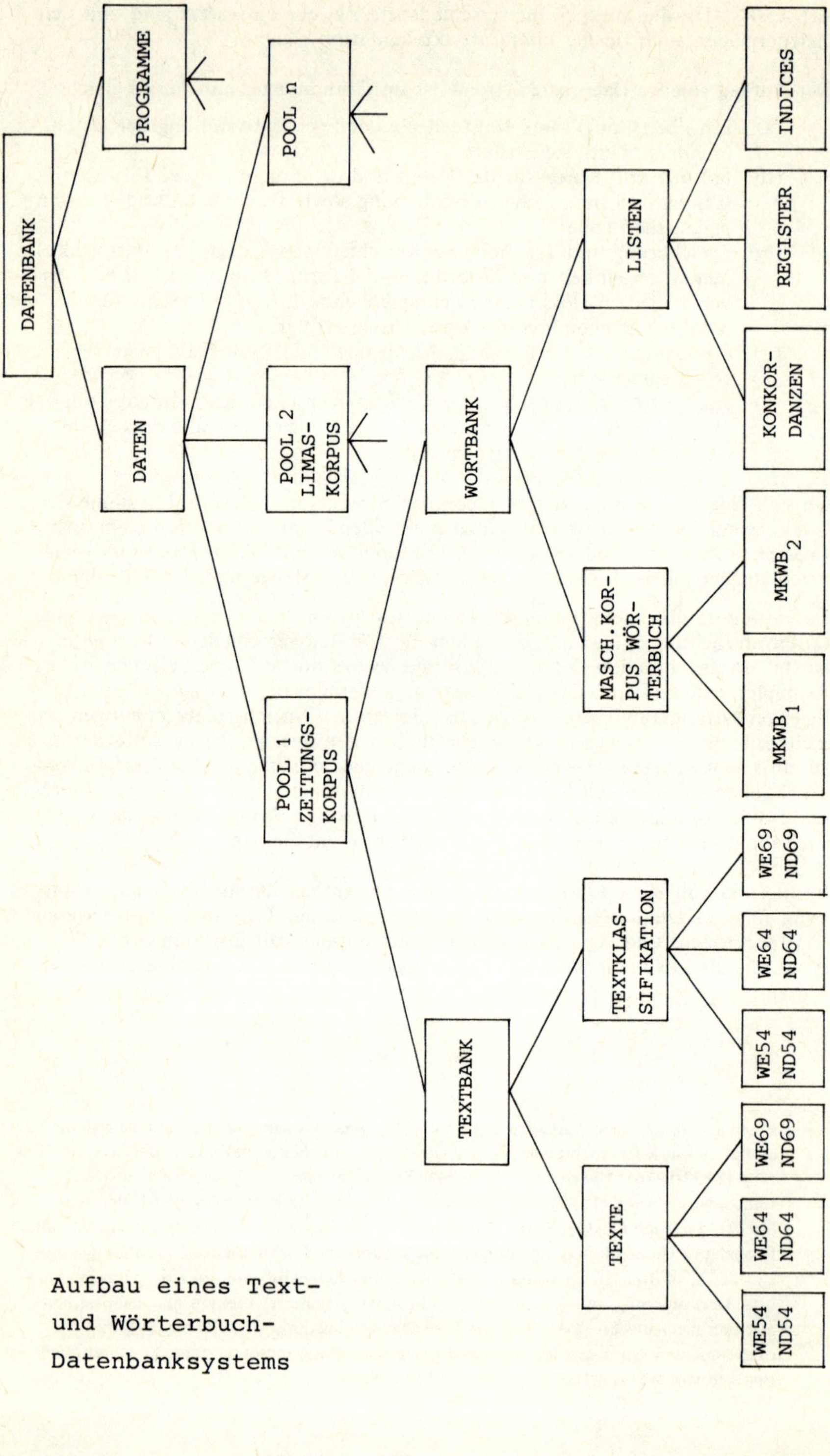

Aufbau eines Text- und Wörterbuch-Datenbanksystems

4.2.5.2 Das Textkorpus als Datenbank

Es sollen hier nicht technische Einzelheiten, wie sie üblicherweise in Benutzerhandbüchern zu finden sind, geschildert, sondern vielmehr ein Überblick darüber gegeben werden, welche Voraussetzungen für den Aufbau eines Textkorpus als Datenbank zu erfüllen sind und welche Nutzungsmöglichkeiten eine so organisierte maschinelle Dokumentation bietet.

Eine wichtige Voraussetzung, die vor dem Aufbau einer jeden Datenbank zunächst erfüllt sein muß, ist die Definition der Daten und ihrer Struktur (54).

Die Daten sind im Fall unseres Korpus als dokumentarische Grundeinheiten die einzelnen Texte, d.h. die Zeitungsartikel. Die interne Struktur der Texte ergibt sich daraus, daß die Texte aus Sätzen (einschließlich der als solcher gekennzeichneten Überschriften und Zwischenüberschriften) bestehen und die Sätze wiederum aus Wörtern.

Text, Satz und Wort sind hier allein durch externe Merkmale oder – wie Harweg (1968,152-154) es in Anlehnung an Pike nennt – durch etische Delimination bestimmt.

Im Verlauf der anschließenden dokumentarischen Auswertung werden die einzelnen Dokumente (Texte bzw. Zeitungsartikel) durch Zuteilung der bibliographischen Angaben und einer fortlaufenden Numerierung formal erfaßt und durch die Zuordnung von inhaltlichen Kategorien, die einem begrenzten und systematischen Katalog entstammen, erschlossen (55).

Auf diese Weise wird es möglich, Texte nach verschiedenen Kriterien aus dem Gesamtkorpus auszuwählen, zusammenzustellen und sich ausgeben zu lassen.

Sowohl wegen des begrenzten Zeichenvorrats der Datenerfassungsgeräte als auch mit dem Ziel der Disambiguierung mehrdeutiger Zeichen und Zeichenfolgen sowie zur Vermeidung von Informationsverlusten, die bei der Isolierung eines Textes aus seiner weiteren textuellen Umgebung zwangsläufig entstehen, müssen unter dem Gesichtspunkt beabsichtigter Auswertungen des Materials bei der Aufnahme der Texte auf maschinenlesbare Datenträger verschiedene Codierungen eingebracht werden, durch die z.B. Satzendezeichen, Zitate, fremdsprachige Textstücke oder auch Sachgebietszugehörigkeiten gekennzeichnet werden (56).

Wie aus der vorstehenden Abbildung zu ersehen ist, werden die Texte als Primär- und die Ergebnisse der dokumentarischen Auswertung als sogenannte Sekundärdokumente getrennt gespeichert. Der den einzelnen Text lediglich abrufende

---

54 Zur Definition der Textart Zeitungsartikel vgl. Kapitel 4.1.1.

55 Vgl. hierzu im einzelnen die Kapitel 4.1.2 und 4.1.3.

56 Nähere Einzelheiten hierzu enthält das Kapitel 4.1.2. Über die Probleme einer geeigneten Codierung handeln die Beiträge von Francis (1979) und Engelien (1979). Zu Problemen der Transskription gesprochener Sprache vgl. Ehlich/Switalla (1976), die gleichzeitig einen Überblick über einige Transskriptionssysteme bieten; außerdem Henne/Rehbock (1979,55-157), die einen eigenen Notationsvorschlag unterbreiten und exemplarisch demonstrieren.

wie auch der ihn ändernde Zugriff erfolgt stets über die auf einer jedem Text zugeordneten Informationskarte notierten formalen und/oder inhaltlichen Kategorien.

Eine in dieser Weise organisierte Textdatenbank bietet dem Benutzer folgende Möglichkeiten:

(a) Löschen und/oder Einfügen von Texten einschließlich der Klassifikationsangaben, u.a. zum Zweck der Aktualisierung und Komplettierung des Textbestandes;
(b) Ausgabe von Texten nach verschiedenen Kriterien, wie z.B. Quelle, Datum, Sachgebietszugehörigkeit;
(c) Löschen und/oder Einfügen von Textstücken und/oder Klassifikationsangaben;
(d) Ausgabe von Textstücken (z.B. Überschriften) und/oder Klassifikationsangaben nach den durch die Codierung und die Klassifikation vorgegebenen Kriterien sowie einzelner Wortformen mit oder ohne Kotext.

4.2.5.3 Das Wörterbuch als Datenbank

Lexikographen werden in Zukunft dann nicht mehr auf die Zuhilfenahme maschineller Unterstützung verzichten können, wenn sie in überschaubaren Zeiträumen Wörterbücher erstellen wollen, die nicht bloß mehr oder weniger geringfügig überarbeitete Neuauflagen schon vorhandener sein sollen (57).

Ein Unterfangen wie das geplante neue interdisziplinäre Wörterbuch der deutschen Sprache, das in zwanzig Bänden innerhalb von zwanzig Jahren realisiert und auf der Auswertung eines Korpus mit Texten im Gesamtumfang von 50 Mio laufenden Wörtern basieren soll, erfordert zwangsläufig den Einsatz maschineller Auswertungs- und Dokumentationsverfahren.

Dadurch werden dem Lexikographen nicht allein bei der Abfassung der Wörterbuchartikel durch die Bereitstellung reichlichen sprachlichen Materials wesentliche Hilfen angeboten, sondern gleichzeitig ermöglicht die maschinenoperable Organisation des Wörterbuchs dessen ständige Korrektur, die nicht allein zur Beseitigung offenkundiger Fehler, der Ergänzung des Explikations- und Demonstrationsapparats, sondern auch der Aktualisierung des Wortbestandes dienen kann.

Als Dokument, d.h. als kleinste dokumentarische Auswertungseinheit fungiert hier der einzelne Wörterbuchartikel, auf den der Zugriff über das als Lexikoeingang (lexical entry) bezeichnete Lemma bzw. Stichwort erfolgt.

Nach einer der Computerlinguistik entstammenden Einteilung besteht ein Wörtereintrag aus dem durch das Lemma gebildeten Identifikations- und dem folgenden Informationsteil, der die Beschreibung enthält (58).

---

57 „Die Computertechnik wird in zunehmendem Maße beim Erstellen von Nachschlagewerken eine wichtigere, wahrscheinlich sogar unentbehrliche Rolle spielen; sie wird im lexikographischen Bereich neue Maßstäbe setzen". (Brockhaus-Wahrig 1980,5).

58 Vgl. hierzu z.B. Dietrich/Klein (1974,132).

Um gezielte Anfragen an den einzelnen Wörterbuchartikel richten und zusätzliche Auswertung der Wörterbuchartikelinhalte vornehmen zu können, muß der Aufbau sämtlicher Einträge, und vor allem des Informationsteils einheitlich strukturiert und ihr Inhalt möglichst weitgehend systematisiert sein.

Um dies zu erreichen, müssen nicht nur die von Wahrig (1977) als Informationsklassen bezeichneten Kategorien zahlenmäßig festgelegt, intensional und/oder extensional definiert und in eine begründete Abfolge gebracht, sondern auch die zur Präsentation, Explikation und Demonstration verwendeten Zeichen und Begriffe in möglichst weitreichender Weise standardisiert werden (59).

Da ein Wörterbuch, das zwar heute wohl kaum noch als „Hausbuch", so doch immer noch einem großen Benutzerkreis als Informations- und Kommunikationshilfe dienen möchte, besonders im Explikations- und im Demonstrationsteil nicht zu knapp geraten und weithin verständlich formuliert sein sollte, da aber gerade die hier einzusetzenden Begriffe und Satzmuster sich nur schwer zahlenmäßig festlegen und exakt definieren lassen, wird es in den Einträgen eines solchen Wörterbuchs stets neben systematisierten auch unsystematierbare Teile geben (60).

Es wäre allerdings für die lexikographische Praxis bereits ein erheblicher Gewinn, wenn ein Korpuswörterbuch als maschinell erstellte Version mit den in Kapitel 4.2.4 genannten Informationen zur Verfügung stünde, das dann die vorstrukturierte Basis für anschließende lexikographische Reflexionen bilden würde.

Ein schließlich nach Eingabe der lexikographischen Auswertungsergebnisse wiederum als Datenbank organisiertes Wörterbuch bietet dem Benutzer folgende maschinelle Möglichkeiten seines Gebrauchs:

(a) Löschen und/oder Einfügen von Wörterbuchartikeln, u.a. zur Korrektur und Aktualisierung des Wortbestandes;
(b) Ausgabe von Wörterbuchartikeln nach den durch die Kategorisierung vorgegebenen Auswahlkriterien, z.B. nach Stichwörtern, aber auch nach Wortarten bzw. Lexemklassen, nach Zugehörigkeit zu Fachwortschätzen oder nach Frequenzen;
(c) Löschen und/oder Einfügen von Teilen eines Wörterbucheintrags bzw. mehrerer Einträge;

---

59 Als Beispiel eines solchen Wörterbuchs soll hier dasjenige von Wahrig (1978) erwähnt werden, das in der vorliegenden Form maschinell gespeichert und als durch das System STAIRS (IBM) verwaltete Datenbank organisiert ist. Zum Aufbau dieses Wörterbuchs vgl. Wahrig (1977) und Guckler (1978).

60 Zum Aufbau von Wörterbuchartikeln vgl. Kapitel 4.4.3. Eine strikte Systematisierung und exakte (extensionale) Definition aller verwendeten Kategorien und Symbole ist für solche Wörterbücher unerläßlich, die nicht Endprodukte, sondern Komponenten maschineller Textanalyseverfahren darstellen. Vgl. hierzu Zimmermann (1972).
Auf der anderen Seite gibt es Vorschläge, für die Wortbeschreibung im einsprachigen Wörterbuch einen Grundwortschatz zu konstituieren, „der als definierender (oder erklärender) Bestandteil nicht, zirkulär oder durch eine ‚fremde' Sprache erklärt wird". (Henne 1976,106). Vgl. hierzu auch Henne (1972,117), Weinreich (1967,38) und Marcus (1970) sowie als Realisierungen dieses Vorschlags die Wörterbücher von Ogden (1942) und Gougenheim (1958).

(d) Ausgabe von Wörterbuchartikelteilen mithilfe der Kategorisierung, auf welche Weise sich z.B. maschinell Aussprache-, Rechtschreib-, Synonymie-, Antynomie-Wörterbücher herstellen lassen.

4.3 Statistische Textauswertung

Eine deskriptive Lexikographie sollte nicht auf die Möglichkeiten verzichten, die die Statistik zur Auswertung großer Textmengen anbietet. Welche Verfahren sie nutzt, und in welcher Weise und in welchem Umfang sie die Ergebnisse in ein Wörterbuch einbringt, muß auf der Basis der zugrunde liegenden Theorie und im Hinblick auf den angestrebten Zweck, dem das Wörterbuch dienen soll, entschieden werden.

Um statistische Verfahren überhaupt anwenden zu können, die über die in den Stichproben feststellbaren Befunde hinaus Rückschlüsse auf die betreffende Grundgesamtheit zulassen, müssen zunächst einmal die folgenden Voraussetzungen erfüllt sein:

(a) die gezogenen Stichproben haben den Bedingungen einer Zufallsauswahl zu entsprechen;
(b) es muß ein den Anforderungen der statistischen Verfahren genügendes Skalenniveau der Meßwerte vorliegen;
und falls auch inferenzstatistische Verfahren angewendet werden sollen, müssen
(c) die zu vergleichenden Stichproben voneinander unabhängig in der Weise sein, daß die Ziehung der Elemente einer Stichprobe in keiner Weise die Ziehung der Elemente der anderen Stichprobe beeinflußt hat.

Da es sich bei den hier ausgewerteten Stichproben um voneinander unabhängig zustande gekommene Quotenstichproben handelt, die jede für sich eine Zufallsauswahl darstellt, und da unsere Meßskala nach dem Einteilungsschema von Torgensen (1958) eine sogenannte Rationalskala ist, sind alle für die Durchführung auch inferenzstatistischer Testverfahren als erfüllt anzusehen (61).

Eine zentrale Rolle spielt bei der Wahl statistischer Methoden die präzise Formulierung der an das Material gerichteten Fragen.

Die Fragen können sich nicht allein nur auf Eigenschaften bzw. Merkmale des Gegenstandes beziehen, die bei der Textaufnahme systematisch erfaßt worden, die maschinell aufzufinden und meßbar sind, die Fragestellung muß zudem auch operationalisierbar sein. Das bedeutet angesichts eines so komplexen Gegenstandes, wie ihn die Sprache darstellt, selbstverständlich erhebliche Einschränkungen des Blickwinkels. Ein generelles Mißtrauen gegen den Einsatz statistischer Methoden ließe sich aber erst dann rechtfertigen, wenn allein die quantifizierbaren Merkmale als Merkmale des Gegenstandes ausgegeben, die Einschränkungen nicht als Einschränkungen benannt und weiterreichende Fragen an den Gegenstand ausgeschlossen oder in unzulässiger Weise determiniert würden.

---

61 Zu den im folgenden nur summarisch referierten Ergebnissen der „Statistik zum Gesamtvokabular" vgl. im einzelnen Haehnel (1978).

Anders als bei einer Untersuchung, die auf die Feststellung paradigmatischer Merkmale sprachlicher Einheiten im Sprachsystem zielt, spielen bei einer Beschreibung der in Texten konkretisierten Realisationen sprachlicher Paradigmen Häufigkeiten des Auftretens, die Verteilung dieser Auftretenshäufigkeiten sowie Korrelationen zwischen Auftretenshäufigkeiten als Eigenschaften sprachlicher Einheiten eine Rolle. Die Ergebnisse solcher Beschreibungen geben u.a. Aufschluß über die bevorzugte Verwendung bestimmter Einheiten in verschiedenen Textarten und unterschiedlichen Sachgebieten, über typische syntaktische und semantische Umgebungen sowie über stilistische Eigenheiten.

Es charakterisiert das sprachliche Verhalten eines Sprechers, in welcher Weise er von den zur Verfügung stehenden sprachlichen Möglichkeiten Gebrauch macht. Der Vergleich sprachlicher Äußerungen zweier oder mehrerer Sprecher gestattet Aussagen über Gleichheit, Ähnlichkeit oder Unterschiede in ihrem sprachlichen Verhalten (62).

Ohne daß damit die Möglichkeiten statistischer Auswertung großer Textmengen erschöpfend behandelt sein sollen, seien im folgenden kurz einige statistische Verfahren skizziert, die über quantitativen Merkmalen von einzelnen Vokabeln und ganzen Vokabularien operieren.

4.3.1 Statistik zum Gesamtvokabular

Bevor wir einige spezielle Auswertungen vorführen, seien kurz die wichtigsten Zahlen genannt, die Aufbau und Umfang des von uns ausgewerteten Korpus charakterisieren. Wie der Vergleich mit anderen Korpora zeigt (63), stehen einige Berechnungen – wie z.B. die der Lemmata und die der Autoren – noch aus (64).

		Anzahl der Texte	Anzahl der Autoren	Anzahl der tokens	Anzahl der types	Anzahl der Ränge	Anzahl der Lemmata
BONNER ZEITUNGS-KORPUS		5.598	–	1.564.361	143.087	324	–
LIMAS-KORPUS		500	500	1.000.000	114.421	526	–
LUNDER KORPUS	WE	5.534	427	2.465.836	165.000	–	118.869
LUNDER KORPUS	SZ	1.061	167	498.205	63.000	–	45.554

62 Der Vergleich von Vokabularien ganzer Kommunikationsgemeinschaften ist Thema des Projekts „Ost-West-Wortschatzvergleiche". Vgl. Hellmann (1981).

63 Weitere Einzelheiten zu diesen und anderen deutschsprachigen Korpora enthält Schaeder (1978a).

64 Das zur Zeit maschinell am gründlichsten aufbereitete Korpus ist das Lunder Korpus. Vgl. Rosengren (1972) und (1978).

Zum Vergleich sei noch auf das von Kaeding und einer Vielzahl freiwilliger Helfer innerhalb von sechs Jahren zusammengestellte und nach wie vor größte Korpus deutscher Schriftsprache hingewiesen, das 290 „Zähltexte" aus elf Sachgebieten mit insgesamt 10.911.000 tokens und 258.200 types umfaßt (65).

4.3.1.1 Type-token-Relation

Tokens sind die zwischen zwei Spatien (blancs) stehenden Zeichen bzw. Zeichenfolgen eines Textes. Die Länge eines Textes läßt sich auf diese Weise durch die Zahl der in ihm vorkommenden tokens, die auch running words oder laufende Wörter oder Wortstellen genannt werden, angeben. Types hingegen sind die in einem Text vorkommenden unterschiedlichen Zeichen bzw. Zeichenfolgen (66).

Types und tokens können bestehen aus

(a) nur aus alphabetischen Zeichen (alphabetisches Wort: *an, Betrieb*);
(b) nur aus numerischen Zeichen (numerisches Wort: *12, 5000*);
(c) aus Kombinationen von alphabetischen und numerischen Zeichen (hybrides Wort: *15jährig, 10-Millionen-Stadt*);
(d) aus Zeichen, die weder dem Alphabet noch dem Zahlensystem angehören (Logogramm: *&, %, §*) (67).

Die folgende Matrix zeigt Anzahl und Relation von tokens und types in den von uns ausgewerteten Texten des „Bonner Zeitungskorpus" sowie im „Lunder Korpus" und im „LIMAS-Korpus".

Auch wenn die miteinander verglichenen Korpora unterschiedlich zusammengesetzt und codiert sind, geben die Zahlen doch einen Einblick in die Abhängigkeit von type-Menge und Textumfang.

---

65 Kaeding (1897/98) spricht von „Zähltexten", weil jeder der so bezeichneten Texte schon eine Textsammlung darstellt, die jeweils Texte gleicher Herkunft zusammenfaßt. Eine umfangreiche maschinelle Aufbereitung der in Kaedings „Häufigkeitswörterbuch der deutschen Sprache" wenigstens 101 Mal belegten, 7995 häufigsten Wortformen hat Ortmann (1975-1978) besorgt.

66 Die in der Computerlinguistik gängigen Termini „token" und „type" werden auch in anderen Zweigen der Sprachwissenschaft verwendet. So gibt z.B. Lyons (1977,14) für die von ihm als „basic terms" der Semantik bezeichneten Begriffe die folgende Definition: „Tokens are unique physical entities, located at a particular place in space or time. They are identified as tokens of the same type by virtue of their similarity with other unique physical entities and by virtue of their conformity to the type that they instantiate". Über type-token-mathematics handelt ausführlich Herdan (1960).

67 Zu dieser von Allén eingeführten Unterscheidung vgl. Rosengren (1972,XVIII).

		tokens	types	type-token-Relation
BONNER ZEITUNGS-KORPUS (Auswahl)	WE 54	236.845	40.162	5.90
	ND 54	236.448	30.428	7.77
	WE 64	398.154	60.388	6.59
	ND 64	164.538	27.150	6.06
	WE 69	372.977	57.540	6.48
	ND 69	155.399	25.033	6.21
	Summe	1.564.361	143.087	10.93
LUNDER KORPUS	WE 66/7	2.465.836	165.000[1]	14.94
	SZ 66/7	498.205	63.000[1]	7.91
LIMAS-KORPUS		1.000.000	114.421	8.74

Erläuterung: ND = Neues Deutschland
WE = Die Welt
SZ = Süddeutsche Zeitung
(1) Die Anzahl der types im Lunder Korpus ist überschlägig errechnet nach Rosengren (1972,495-1088 und 1091-1314)

Die type-token-Relation kann als Maß für die Standardisiertheit bzw. Differenziertheit eines Textes angesehen werden. Nutzt man im weiteren den Proportionen-Test zur Errechnung eines z-Wertes, kann man erfahren, ob sich die proportionalen Anteile der Menge der types an der Menge der tokens in zwei miteinander verglichenen Texten bzw. Textmengen signifikant voreinander unterscheiden (68).

Schließlich dient diese Relation auch dazu, Berechnungen über das Anwachsen von Vokabularien im Verhältnis zur Textlänge anzustellen (69), sowie als Grundlage für das im folgenden beschriebene Verfahren der Untersuchung der Häufigkeitsstrukturen von Texten.

4.3.1.2 Häufigkeitsstruktur

Mit einem in Frumkina (1973,288-294) dargestellten Verfahren lassen sich durch die Berechnung der Wahrscheinlichkeiten für das Auftreten aller type-Häufigkeiten Aussagen über die statistische Struktur eines Textes gewinnen.

Gehen wir davon aus, daß ein Text von der token-Länge V mit einer type-Anzahl L besteht, so lassen sich folgende Relationen zwischen L und V vorstellen:

(a) $V = L$ (d.h. die token- ist gleich der type-Menge)
(b) $V > L$ (d.h. die token-Menge ist größer als die der types).

68 Zur type-token-Relation vgl. z.B. Herdan (1960).

69 Siehe Kapitel 3.2.1.4 dieser Arbeit.

Bei jedem wirklichen Text von hinreichender Länge dürfte allein der Fall (b) gelten.

Nehmen wir als Beispiel für V den Wert 236.000 und für L = 40.000 an, so sind bei gleicher type-token-Relation (= 5.9) theoretisch die unterschiedlichsten Verteilungen möglich.

In einem Text T_1 kommen z.B. 25.000 types nur einmal vor und belegen 25.000 Wortstellen; die übrigen 211.000 Wortstellen des Textes ergeben sich dagegen durch Wiederholung von 15.000 types. In einem anderen Text T_2 kommen 10.000 types nur einmal vor und belegen 10.000 Wortstellen; die übrigen 226.000 Wortstellen ergeben sich mithin durch Wiederholung von 30.000 types.

Aus unseren Beispielen geht hervor, daß die aus der Quantität des verwendeten Vokabulars errechenbare Häufigkeitsstruktur eines Textes sich weder aus seiner Länge noch aus seinem Vokabularumfang allein ergibt. Sie wird vielmehr erst durch die Verteilung der Häufigkeiten auf die verschiedenen Rangklassen bestimmt.

So unterscheiden sich die beiden beispielhaft angeführten Texte T_1 und T_2 weder durch die type- noch durch die token-Anzahl, sondern zunächst einmal nur durch jene types, die nur ein einziges Mal belegt sind, die sogenannten Hapaxlegomena.

Unter der hinreichend evidenten Voraussetzung, daß $L > 1$ und $L < V$ ist, läßt sich die statistische Beschaffenheit eines Textes nun dadurch angeben, daß für jede beliebige Häufigkeit die Wahrscheinlichkeit feststeht, mit der man irgendein token mit dieser Vorkommenshäufigkeit aus dem Text herausgreift.

Angenommen, daß die Vorkommenshäufigkeit ξ den Wert jeder beliebigen ganzen Zahl im Intervall $1 \leqq \xi < V$ haben kann, läßt sich nun mit der Formel

$$P(\xi_n) = \frac{L_n}{V}$$

diese Wahrscheinlichkeit berechnen, wobei

$P(\xi_n)$ die Auftretenswahrscheinlichkeit für die Häufigkeit n,
L_n die Anzahl der im Text vorkommenden types mit der Häufigkeit n und
V die Gesamtzahl der tokens eines Textes ist.

Für unsere oben gewählten Beispieltexte T_1 und T_2 ergeben sich die folgenden Wahrscheinlichkeitswerte, ein type mit $\xi = 1$ herauszugreifen:

$$T_1: \quad P(\xi = 1) = \frac{25.000}{236.000} = 0{,}11$$

$$T_2: \quad P(\xi = 1) = \frac{10.000}{236.000} = 0{,}04$$

Wenn die Werte für alle Auftretenswahrscheinlichkeiten der type-Häufigkeiten bekannt sind, dann ergibt die graphische Darstellung eine – häufig auch als Yulesche Verteilung bezeichnete – Kurve etwa folgenden Aussehens:

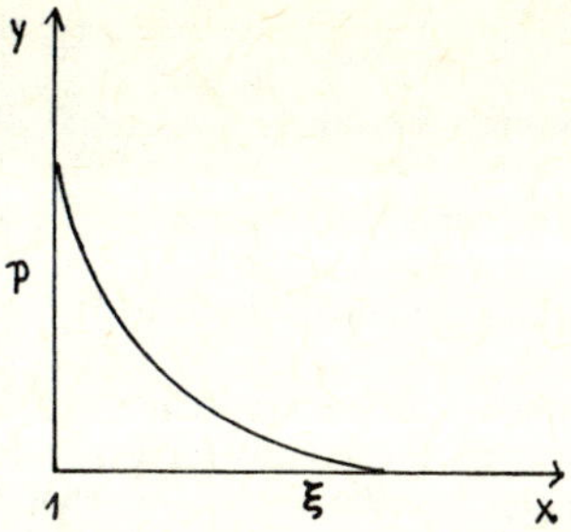

Aus dieser Kurve läßt sich z.B. auch ablesen, daß es in jedem Text hinreichender Länge ein Wort mit der größten Häufigkeit, und daß es mehr types mit der Häufigkeit 1 als mit der Häufigkeit 2 oder mit der Häufigkeit 20 gibt.

Über die Häufigkeitsverteilungen der types in den von uns untersuchten Texten gibt die Anlage 2 im einzelnen Aufschluß.

Der auch schon für die Autoridentifikation eingesetzte Vergleich mehrerer Kurven miteinander, der gleichzeitig Aufschluß über lexikalische Vielfalt und Differenziertheit von verschiedenen Texten geben soll, erbrachte für unsere Texte keine signifikaten Ergebnisse. Die Kurven verlaufen – einmal abgesehen von geringfügigen Abweichungen in den Häufigkeitsklassen 1 bis 10 – völlig gleich (70).

Die folgende Tabelle bietet einen zusammenfassenden Überblick über einige in unseren Texten nachgewiesenen Vorkommenshäufigkeiten:

	WE 54	ND 54	WE 64	ND 64	WE 69	ND 69
Anzahl tokens	236.845	236.448	398.154	164.538	372.977	155.399
Anzahl types	40.162	30.428	60.388	27.150	57.540	25.033
Häufigkeit 1	24.706	17.401	36.901	16.247	35.015	14.876
Häufigkeit 2	5.788	4.488	8.712	3.950	8.389	3.701
Häufigkeit 3	2.593	2.175	3.793	1.881	3.795	1.655
•						
•						
Häufigkeit 10	253	236	409	197	365	173
Häufigkeit 1–10	37.761	28.001	56.526	25.901	53.899	23.337
Häufigkeit 1–20	39.005	29.130	58.363	26.777	55.691	24.197
Häufigkeit 20	1.157	1.298	2.025	373	1.849	836

70 Vgl. Haehnel/Krause/Schaeder (1978,23-33).

4.3.1.3 Verteilung der Vokabularien auf Texte bzw. Textmengen

Außer den beiden schon genannten Verfahren sind noch die folgenden durchgeführt und die beim Vergleich der Stichproben ermittelten Unterschiede mithilfe des Proportionen-Tests auf ihre Signifikanz hin überprüft worden: Berechnung der Relation der Hapaxlegomena zu types und tokens, Berechnung der Relation von gemeinsamem zu nicht gemeinsamem Vokabular.

Die Feststellung des gemeinsamen Vokabulars ist nicht zuletzt deshalb von Wichtigkeit, weil nur dieser Teil als Datenbasis für vergleichende statistische Verfahren, die z.B. der Ermittlung von Unterschieden in den Auftretenshäufigkeiten sowie in den Korrelationen zwischen Auftretenshäufigkeiten dienen, in Betracht kommen.

Wortformen bzw. Lemmata, die jeweils entweder nur in BRD- oder nur in DDR-Zeitungen belegt sind, werden als Unikate bezeichnet. In einem weiteren Verfahren läßt sich für jede Stichprobe die Relation von Unikaten zu types berechnen und ein beim Vergleich zweier Stichproben festgestellter Unterschied gleichfalls mithilfe des Proportionen-Tests auf seine Signifikanz hin überprüfen.

Die Berechnungen erfolgten auf der Basis folgender Zahlenwerte:

	TOKENS	TYPES	HAPAX-LEGOMENA	UNIKATE
WE 54	236845	40162	24706	15843
ND 54	236448	30428	17401	10439
WE 64	398154	60382	36901	28719
ND 64	164538	27150	16247	8788
WE 69	327977	57540	35015	27446
ND 69	155399	25033	14876	7969

Was die Relation von Hapaxlegomena betrifft, so ergab der entsprechende Test für alle drei miteinander verglichenen Jahrgangsstichproben WE/ND 54, WE/ND 64 und WE/ND 69 hochsignifikante Werte, und zwar ist das Vorkommen von Hapaxlegomena bezogen auf die jeweilige Gesamtmenge der types im „Neuen Deutschland" durchgängig geringer als in der „Welt".

Die Feststellung der Relation zwischen gemeinsamemund nicht gemeinsamem Vokabular erfolgte mithilfe folgender Zahlenangaben für die einzelnen Jahrgangspaare von „Die Welt" (WE) und „Neues Deutschland" (ND):

WE/ND 54
40.162 types in WE 54
30.428 types in ND 54
12.235 types, die sowohl in WE 54 als auch im ND 54 belegt sind.

WE/ND 64
60.388 types in WE 64
27.150 types in ND 64
13.251 types, die sowohl in WE 64 als auch im ND 64 belegt sind.

WE/ND 69
57.540 types in WE 69
25.033 types in ND 69

11.990 types, die sowohl in WE 69 als auch im ND 69 belegt sind.

Aus dieser Übersicht geht deutlich hervor, daß die Menge der types, die jeweils in beiden Zeitungen belegt sind, stets nur einen relativ kleinen Teil der Gesamtmenge der types einer jeden Zeitung ausmacht.

Der über diesen Werten durchgeführte Proportionen-Test ergab, daß die Anteile an nicht gemeinsamen Vokabular in allen drei Jahrgängen in der „Welt" signifikant größer sind als im „Neuen Deutschland".

Es sei noch erwähnt, daß aus der Gesamtzahl der in allen sechs Stichproben vorkommenden types von insgesamt 143.087 lediglich 5.605 types in allen Stichproben gleichzeitig belegt sind.

Ein ähnliches Ergebnis wie beim Vergleich von Hapaxlegomena zu types zeitigte die Überprüfung der Relationen von Unikaten zu types. Die Prozentzahlen zeigen deutlich und der Proportionen-Test bestätigt die Signifikanz dieses Unterschieds, daß der Anteil der Unikate an der Gesamtmenge der types in allen drei Jahrgängen in der „Welt" größer ist als im „Neuen Deutschland".

4.3.1.4 Verteilung der Vokabularien auf Sachgebiete

Als Vokabular wird hier eine durch das Vorkommen in Texten unterschiedlicher Sachgebietszugehörigkeit abgegrenzte Menge von types bezeichnet.

So gibt es z.B. hiernach das im Hauptsachgebiet Politik oder das in dessen Teilsachgebiet Internationale Politik vorkommende Vokabular. Es ist offensichtlich, daß sich die einzelnen Vokabularmengen überschneiden, d.h., daß ein Teil der types in zwei, drei oder gar allen Haupt- bzw. Teilsachgebieten belegt ist, während andere types nur in ein, zwei, jedenfalls weniger als 5 Haupt- bzw. 22 Teilsachgebieten vorkommen.

Über die Berechnung von Restmengen läßt sich auf der Basis dieser Zerlegung z.B. sachgebietsspezifisches Vokabular ermitteln, d.h. die Menge jener Vokabeln, die einzig und allein jeweils nur in einem der 5 Haupt- bzw. 22 Teilsachgebiete gebraucht werden.

Die folgende Übersicht gibt zunächst einmal einen Einblick in die unterschiedlichen Vokabularumfänge, wobei es für vergleichende Betrachtungen notwendig ist, den im nächsten Kapitel enthaltenen Überblick über die Verteilung der Texte auf die Sachgebiete zu berücksichtigen, um vor Fehlschlüssen bewahrt zu bleiben.

Die größten Mengen von types bzw. die umfangreichsten Vokabularien enthalten die dem Teilsachgebiet 5 (Handel/Finanzen/Werbung) zugeordneten Texte der Zeitung „Die Welt" in allen drei von uns untersuchten Jahrgängen. Dies verwundert dann zunächst nicht mehr so sehr, wenn man in der Übersicht „Verteilung der Texte auf die Sachgebiete" sieht, daß exakt in diesen Spalten auch dort die größten Zahlen zu finden sind.
Da die auf der nächsten Seite folgende Übersicht uns vor allem dienen soll, Relationen zwischen einzelnen types (**Betrieb, Betriebe, Betrieben, Betriebes, Betriebs**) und den Mengen, in denen sie jeweils Element sind, zu ermitteln, sei hier auf eine eingehende Analyse verzichtet.

		WE 54	ND 54	WE 64	ND 64	WE 69	ND 69
	POLITIK						
1	Internationale Politik	3504	6725	7123	5637	6456	6151
2	Politik der BRD/DDR	3470	6499	4189	5749	7447	4876
3	Politik einzelner Länder/Regionen	3650	4029	5835	2557	5902	3425
4	Vermischtes aus Politik	2508	4881	5000	2442	5235	3603
	WIRTSCHAFT						
5	Handel/Finanzen/ Werbung	14305	1296	18310	2824	17908	2206
6	Transport und Verkehr	2251	58	3114	855	3641	762
7	Industrie/Betrieb/ Produktion	2922	4639	7357	4344	10962	3772
8	Vereinbarungen/ Wirtschaftspolitik	3353	2635	4552	2761	3224	2338
9	Dienstleistung/Handwerk/Landwirtschaft	1152	2375	3652	2720	4302	2301
	SOZIALES LEBEN						
10	Allemeines aus Soziales Leben	5618	2715	5179	2969	1285	2604
11	Privat- und Freizeitbereich	1813	641	1259	336	1008	216
12	Öffentliche Ordnung	5433	4562	6446	2939	6233	2347
13	Soziale Belange	3148	1932	5192	3310	5295	2386
14	Vermischte Aktivitäten/ Veranstaltungen	2226	2424	4261	808	1164	3479
	SPORT						
15	Allgemeines/ Vermischtes	1820	1389	2482	1941	2678	794
16	Ballspiele	1670	666	1950	2510	4072	411
17	Leicht-/Schwerathletik Veranstaltungen	1199	945	2907	1865	1087	840
18	Sportarten	2314	165	1313	2049	3591	1138
	KULTURELLES LEBEN						
19	Wissenschaft	2580	3403	1808	226	1520	619
20	Kunst	6457	2502	7623	3051	9036	3667
21	Vermittlung	1404	269	2508	1377	4599	2468
22	Allgemeines/ Vermischtes	3427	2242	4216	1456	4215	1718

4.3.1.5 Verteilung der Texte auf die Sachgebiete

In einer weiteren Übersicht wollen wir zeigen, wie sich die Gesamtheit der 5.582 Texte (=Zeitungsartikel) unserer Korpusauswahl auf die von uns unterschiedenen Sachgebiete verteilt.

Die Stichproben aus „Die Welt" umfassen insgesamt 1.007.976 tokens und insgesamt 3.740 Texte; die Stichproben aus „Neues Deutschland" umfassen insgesamt 556.385 tokens und 1.842 Texte.

Nach der die Hauptsachgebiete Politik, Wirtschaft, Soziales Leben, Sport, Kulturelles Leben unterscheidenden Klassifikation gehören nach der folgenden Aufstellung 1.872, d.h. rund ein Drittel aller Texte dem Hauptsachgebiet Wirtschaft an. Von diesen 1.872 Texten sind wiederum 925 Texte dem Untersachgebiet Handel/Finanzen/Werbung zugeordnet. Diese vergleichsweise hohen Zahlen sind vor allem auf den Umstand zurückzuführen, daß in dieses Untersachgebiet auch die allein in der „Welt" vorkommenden Börsenberichte und die einen erheblichen Umfang ausmachenden Anzeigen fallen.

Daß bei insgesamt geringerem Umfang das „Neue Deutschland" annähernd ebensoviele Texte wie „Die Welt" enthält, die zum Hauptsachgebiet Politik gehören; daß auf der anderen Seite „Die Welt" überproportional mehr Texte aus dem Hauptsachgebiet Wirtschaft als das „Neue Deutschland" enthält, ist aus den im Kapitel 4.1.3 im einzelnen ausgeführten Schwierigkeiten zu erklären, die es bereitet, einzelne Texte aus „Neues Deutschland" einem der nach deren Selbstverständnis nicht zu unterscheidenden Bereiche Wirtschaft und Politik zuzuordnen.

Eine summarische Übersicht der auf der folgenden Seite detailliert vorgeführten Verteilung der Texte auf die Sachgebiete ergibt das folgende Bild:

	WE	ND	Summe
Politik	822	756	1578
Wirtschaft	1512	360	1872
Soziales Leben	711	420	1131
Sport	350	147	497
Kulturelles Leben	345	159	504

		WE 54	ND 54	WE 64	ND 64	WE 69	ND 69	SUMMEN
	POLITIK							1578
1	Internationale Politik	55	97	85	74	77	94	482
2	Politik der BRD/DDR	39	68	69	75	127	49	427
3	Politik einzelner Länder/Regionen	42	37	78	38	53	38	286
4	Vermischtes aus Politik	48	68	77	38	72	80	383
	WIRTSCHAFT							1872
5	Handel/Finanzen/ Werbung	164	12	333	17	348	51	925
6	Transport und Verkehr	32	3	38	15	36	5	129
7	Industrie/Betrieb/ Produktion	45	48	151	36	112	42	434
8	Vereinbarungen/ Wirtschaftspolitik	32	20	70	21	47	22	212
9	Dienstleistung/Hand-werk/Landwirtschaft	22	20	45	21	37	27	172
	SOZIALES LEBEN							1131
10	Allgemeines aus Soziales Leben	64	32	58	23	13	40	230
11	Privat- und Frei-zeitbereich	11	4	7	4	14	5	45
12	Öffentliche Ordnung	90	68	107	43	105	34	447
13	Soziale Belange	34	18	62	30	62	21	227
14	Vermischte Aktivitä-ten/Veranstaltungen	26	38	39	8	19	52	182
	SPORT							497
15	Allgemeines/ Vermischtes	16	15	36	25	28	8	128
16	Ball-spiele	29	2	24	30	52	7	144
17	Leicht-/Schwerathletik Veranstaltungen	14	6	26	14	16	7	83
18	Sport-arten	36	2	17	25	56	6	142
	KULTURELLES LEBEN							504
19	Wissenschaft	14	11	7	5	14	4	55
20	Kunst	41	8	47	32	57	25	210
21	Vermittlung	8	2	15	11	28	19	83
22	Allgemeines/ Vermischtes	39	14	40	12	35	16	156
	SUMMEN	901	593	1431	597	1408	652	5582

4.3.2 Statistik zum Lemma *Betrieb*

Im folgenden werden wir einige statistische Werte über das von uns zur Demonstration lexikographischer Praxis ausgewählte Lemma *Betrieb* vortragen. Dort, wo uns vergleichbare Daten aus anderen Korpora bekannt geworden sind, haben wir sie jeweils aufgeführt.

Es sei ausdrücklich darauf hingewiesen, daß das von uns ausgewertete Textmaterila noch nicht lemmatisiert ist, weshalb sich alle Angaben zunächst stets auf Wortformen beziehen. Betont sei auch, daß maschinelle Verfahren stets nur über die Ausdrucksseite sprachlicher Zeichen operieren und Homographie nur dann erkennen und auflösen können, wenn sie mit entsprechenden Analyse-Komponenten ausgerüstet sind.

Da für unsere vergleichsweise bescheidenen Zwecke der mit einer kompletten syntaktischen und semantischen maschinellen Analyse verbundene zeitliche und finanzielle Aufwand zu groß gewesen wäre, haben wir uns damit begnügt, die notwendige Disambiguierung bei der Durchsicht der von der Maschine gelieferten Textbelege vorzunehmen.

Bei der Wahl des im folgenden behandelten Lemmas *Betrieb* haben wir uns von diesen Gedanken leiten lassen: das Lemma sollte hinreichend hoch belegt sein, in verschiedenen Flexionformen vorkommen, eine möglichst große Streuung über die einzelnen Texte und Sachgebiete aufweisen und mehrdeutig sein.

Was die Höhe der Belegung betrifft, so seien vorweg die entsprechenden absoluten Zahlen im Vergleich zum Lunder Korpus und zum LIMAS-Korpus genannt.

	BONNER ZEITUNGSKORPUS WE/ND 54, 64, 69	LUNDER KORPUS	LIMAS-KORPUS
Betrieb	284	235	100
Betriebe	290	264	50
Betrieben	227	113	45
Betriebes	85	31	12
Betriebs	1	4	11
Summe:	887	647	218

4.3.2.1 Absolute Häufigkeit, relative Häufigkeit, Rang

Ohne Zweifel sind die vorstehenden Zahlen bereits geeignet, zu allerlei Mutmaßungen Anlaß zu geben. Solange wir aber die Textbelege nicht durchgesehen und festgestellt haben, ob und in welcher Weise das Lemma mehrdeutig ist, und ob und mit welchen Anteilen z.B. *Betriebe* auch als Dativ-Singular-Form belegt ist, werden wir hier auf – möglicherweise: ebenso vorschnelle wie unzutreffende – Deutungen verzichten und eine Einschätzung erst im Zuge der Auswertung des gesamten Korpusbefundes vornehmen.

Zunächst soll noch eine Übersicht zeigen, wie sich absolute Häufigkeit, relative Häufigkeit und Rang der einzelnen Wortformen auf die verschiedenen Stichproben verteilen:

		WE 54	ND 54	WE 64	ND 64	WE 69	ND 69
Betrieb	absolute Häufigkeit	27	87	50	54	27	39
	relative Häufigkeit	0.0113	0.0367	0.0125	0.0328	0.0072	0.0250
	Rang	222	177	275	161	283	166
Betriebe	absolute Häufigkeit	13	126	40	45	35	31
	relative Häufigkeit	0.0054	0.0532	0.0100	0.0273	0.0093	0.0199
	Rang	236	143	285	170	275	174
Betrieben	absolute Häufigkeit	5	116	17	37	15	37
	relative Häufigkeit	0.0021	0.0490	0.0042	0.0224	0.0040	0.0238
	Rang	244	151	308	178	295	168
Betriebes	absolute Häufigkeit	4	45	6	10	2	18
	relative Häufigkeit	0.0016	0.0190	0.0015	0.0060	0.0005	0.0115
	Rang	245	219	319	205	308	187
Betriebs	absolute Häufigkeit	–	–	1	–	–	–
	relative Häufigkeit	–	–	0.0002	–	–	–
	Rang	–	–	324	–	–	–

In der vorstehenden Übersicht gibt die Zahl der absoluten Häufigkeit an, wie oft die betreffende Wortform in der jeweiligen Stichprobe insgesamt belegt ist. Relative Häufigkeit meint hingegen das Verhältnis von absoluter Häufigkeit zur jeweiligen Gesamtzahl der tokens, d.h. token-Anzahl geteilt durch die Anzahl der absoluten Belegung. Die Rangzahl gibt jenen Platz an, an dem die betreffende Wortform in einer nach abnehmender Häufigkeit sortierten Liste aller types der betreffenden Stichprobe steht.

Betrachten wir noch einmal die den Umfang des jeweiligen Korpus ausmachende token-Anzahl:

Bonner Zeitungskorpus (Auswahl): 1.564.361 tokens
Lunder Korpus : 2.964.041 tokens
LIMAS-Korpus : 1.000.000 tokens;

und auf der anderen Seite jene Zahl, die angibt, wie oft das Lemma *Betrieb* in den genannten Korpora belegt ist:

Bonner Zeitungskorpus (Auswahl): 887
Lunder Korpus : 647
LIMAS-Korpus : 218,

so läßt sich auch die folgende Division durchführen:

$$\frac{1.564.361}{887} = 1.764 \quad \text{(Bonner Zeitungskorpus)}$$

$$\frac{2.964.041}{647} = 4.581 \text{ (Lunder Korpus)}$$

$$\frac{1.000.000}{218} = 4.587 \text{ (LIMAS-Korpus).}$$

Der Quotient gibt an, in welchen Abständen das Lemma *Betrieb* bei gleichmäßiger Verteilung in dem jeweiligen Korpus vorkäme, d.h. im Bonner Zeitungskorpus an jeder 1.764. Stelle, im Lunder Korpus an jeder 4.581. Stelle und im LIMAS-Korpus an jeder 4.587. Stelle.

Die vergleichsweise hohe Belegung im Bonner Zeitungskorpus ist auf das häufige Vorkommen des Lemmas *Betrieb* in den Stichproben zurückzuführen, die aus dem „Neuen Deutschland" stammen.

4.3.2.2 Verteilung über Texte

Die folgende Übersicht soll zeigen, wie die tatsächliche Verteilung des Lemmas *Betrieb* über die Texte unserer Stichproben aussieht. Für die Charakterisierung des Gebrauchs eines Lemmas macht es einen Unterschied, ob es in vielen oder wenigen Texten häufig oder selten verwendet wird. Auf diese Weise läßt sich zum anderen kontrollieren, ob z.B. ein hohes Gesamtvorkommen dadurch verursacht ist, daß das betreffende Lemma in nur einem oder nur wenigen Texten sehr hohe Belegzahlen erreicht.

Zunächst seien noch einige Zahlen angeführt, die Auskunft über die Menge der Texte (=Zeitungsartikel) unserer Stichproben, über die Höhe des Lemma-Vorkommens insgesamt sowie über die Zahl der Texte Auskunft geben, in denen das Lemma *Betrieb* belegt ist.

	WE 54	ND 54	WE 64	ND 64	WE 69	ND 69
Anzahl der Texte pro Stichprobe	901	593	1431	597	1408	652
Anzahl der Texte, in denen das Lemma *Betrieb* belegt ist	32	129	75	58	49	72
Höhe der Belegung des Lemmas *Betrieb* insgesamt	49	374	114	146	79	125

Aus der Tabelle wird u.a. ersichtlich, daß das Lemma *Betrieb* in den Texten, in denen es belegt ist, im Schnitt 1,5- bis 3mal vorkommt.

Über die Abweichungen von dieser durchschnittlichen Verteilung informiert die nächste Tabelle.

Aus der folgenden Übersicht geht hervor, in wievielen Texten das Lemma *Betrieb* 1-, 2-, 3- bis 27mal belegt ist.

Häufigkeit des Lemmas *Betrieb* pro Text	WE 54	ND 54	WE 64	ND 64	WE 69	ND 69
1	22	65	54	30	35	43
2	5	24	10	13	10	19
3	3	11	4	7	2	3
4	2	10	7	1	–	2
5	–	6	–	1	–	3
6	–	4	–	2	1	2
7	–	2	–	–	–	–
8	–	2	–	–	–	–
.						
.						
.						
11	–	–	–	1	–	–
12	–	–	–	2	1	–
13	–	1	–	1	–	–
.						
.						
.						
20	–	2	–	–	–	–
.						
.						
.						
24	–	1	–	–	–	–
.						
.						
.						
27	–	1	–	–	–	–

Die Zahlen ergeben, daß das Lemma *Betrieb* in annähernd der Hälfte aller Texte, in denen es belegt ist, nur ein einziges Mal vorkommt. Auffällig ist aber auch, daß die Stichproben ND 54, ND 64 mehrere Texte und WE 69 immerhin einen Text enthalten, in denen das besagte Lemma mehr als zehn Mal gebraucht wird. Für die hohe Frequenz im ND 54 ist nicht zuletzt der Umstand maßgebend, daß in dieser Stichprobe immerhin vier Texte enthalten sind, in denen das Lemma *Betrieb* mehr als 19 Mal vorkommt.

4.3.2.3 Verteilung über Sachgebiete

Die in Kapitel 4.1.3 ausführlich dargestellte und begründete Textklassifikation ermöglicht es, maschinell zu ermitteln, wie sich ein Lemma – in unserem Fall das Lemma *Betrieb* – auf Texte der verschiedenen Sachgebietszugehörigkeit verteilt.

Sowohl Kaeding (1897/98) als auch Siliakus (1974), Erk (1972) und (1975) sowie Rosengren (1972) und (1978) haben in den von ihnen jeweils herausgegebenen Häufigkeitswörterbüchern eine Klassifikation nach Sparten bzw. Sachgebieten erstellt und die einzelnen Wortformen bzw. Lemmata aufgrund ihres Textvorkommens einer oder mehreren Sparten bzw. Sachgebieten zugeordnet.

Da nicht nur jede derartige Klassifikation problematisch ist, sondern im einzelnen Fall auch erhebliche Schwierigkeiten bei der Zuordnung eines bestimmten Textes zu einer bestimmten Kategorie entstehen können, sind – einmal ganz abgesehen von der Verschiedenartigkeit der uns bekannten Klassifikationsversuche – die Ergebnisse der Auswertungen unterschiedlicher Korpora nur sehr bedingt vergleichbar.

Aus der folgenden Tabelle geht hervor, daß das Lemma *Betrieb* in mehr als der Hälfte seines Vorkommens, das insgesamt 887 beträgt, in Texten aus dem Sachbereich Wirtschaft belegt ist, nämlich 458 Mal.

Das 228malige Vorkommen in Texten aus dem Sachbereich Politik, das immerhin noch nahezu ein Viertel seines Gesamtvorkommens ausmacht, setzt sich aus einem 22maligen Vorkommen in Texten aus der „Welt" und einem 206maligen Vorkommen in Texten aus dem „Neuen Deutschland" zusammen. Dieser Umstand verwundert nicht, da in DDR-Zeitungen Themen aus dem Wirtschaftsbereich häufig in Texten behandelt werden, die nach unserem Verständnis zur Sparte Politik gehören, da überhaupt – wie wir schon in Kapitel 4.1.3 ausgeführt haben – sich Politik und Wirtschaft nach dem Selbstverständnis der DDR-Presse nicht in der Weise voneinander unterscheiden lassen, wie wir es zu tun gewohnt sind.

Doch zunächst sei in der folgenden Tabelle vorgeführt, wie sich das Lemma *Betrieb* auf Texte aus den einzelnen Sachgebietskategorien und -subkategorien verteilt:

		WE 54	ND 54	WE 64	ND 64	WE 69	ND 69	SUMME
	POLITIK							228
1	Internationale Politik	–	16	1	4	1	21	43
2	Politik der BRD/DDR	3	54	4	18	5	13	97
3	Politik einzelner Länder/Regionen	1	25	–	1	6	2	35
4	Vermischtes aus Politik	1	41	–	5	–	6	53
	WIRTSCHAFT							458
5	Handel/Finanzen/Werbung	27	–	50	5	21	7	110
6	Transport und Verkehr	1	–	4	1	1	–	7
7	Industrie/Betrieb/Produktion	2	98	24	42	29	22	217
8	Vereinbarungen/Wirtschaftspolitik	3	26	11	15	2	14	71
9	Dienstleistung/Handwerk/Landwirtschaft	2	14	7	21	2	7	53
	SOZIALES LEBEN							151
10	Allgemeines aus Soziales Leben	1	20	3	19	–	4	47
11	Privat- und Freizeitbereich	–	1	2	–	1	1	5
12	Öffentliche Ordnung	4	30	6	4	7	7	58
13	Soziale Belange	3	2	–	7	3	5	20
14	Vermischte Aktivitäten/Veranstaltungen	1	14	1	–	–	5	21
	SPORT							2
15	Allgemeines/ Vermischtes	–	1	–	–	–	–	1
16	Ballspiele	–	–	–	–	–	1	1
17	Leicht-/Schwerathletik/Veranstaltungen	–	–	–	–	–	–	–
18	Sportarten	–	–	–	–	–	–	–
	KULTURELLES LEBEN							48
19	Wissenschaft	–	25	–	–	–	1	26
20	Kunst	–	–	–	2	1	4	7
21	Vermittlung	–	–	–	1	–	3	4
22	Allgemeines/Vermischtes	–	7	1	1	–	2	11
	SUMMEN	49	374	114	146	79	125	887

Noch eine Bemerkung sei zu dem 110fachen Vorkommen des Lemmas *Betrieb* in der Subkategorie Handel/Finanzen/Werbung der Hauptkategorie Wirtschaft erlaubt: es erstaunt nicht, daß die aus den Texten des „Neuen Deutschland" stammenden Belege nur in geringem Maße am Zustandekommen dieser vergleichsweise hohen Zahl beteiligt sind. Während in BRD-Zeitungen Texte aus diesem Bereich viel Raum in Anspruch nehmen und hierher z.B. auch die Anzeigen wie z.B. *Betrieb sucht zur baldmöglichsten Einstellung . . .* oder *Mittelgroßer Betrieb im Raum Frankfurt zu verkaufen oder zu verpachten* gehören, fehlen derartige Texte in DDR-Zeitungen gänzlich.

Daß unser Lemma auch in Texten des Sachbereichs Soziales Leben repräsentiert ist, hängt damit zusammen, daß dort nicht selten Probleme besprochen werden, die die Arbeitsbedingungen, die Ordnung und das Sozialwesen im Betrieb betreffen.

Kaum verwundert das verschwindend geringe Auftreten von *Betrieb* im Sachbereich Sport.

Das insgesamt 48malige Vorkommen des Lemmas in Texten aus dem Sachbereich Kulturelles Leben muß zunächst unerklärlich bleiben, solange nicht festgestellt ist, in welcher Bedeutung es hier verwendet wird.

4.3.2.4 Sonstige statistische Ermittlungen

Zunächst sei kurz das Ergebnis referiert, das die Anwendung des Chi^2-Testes erbrachte (71).

Der Chi^2-Test dient dazu, die folgende Hypothese zu überprüfen: Es besteht ein irgendwie gearteter Zusammenhang zwischen dem Auftreten einer Wortform bzw. eines Lemmas und dem Ort seines Auftretens, oder es besteht kein solcher Zusammenhang.

Dieser Test, der über die in den Stichproben feststellbaren Häufigkeiten operiert, gibt mit einer Irrtumswahrscheinlichkeit von 1 % bzw. 5 % Auskunft darüber, ob das Vorkommen in der Grundgesamtheit, aus der die Stichprobe gezogen worden ist, zufällig oder überzufällig ist.

Die Anwendung des Tests ergab, daß die Wortformen *Betrieb, Betriebe, Betrieben* und *Betriebes* des Lemmas *Betrieb* mit einer Irrtumswahrscheinlichkeit von lediglich 1 % überzufällig in den jeweiligen Grundgesamtheiten vorkommen, aus denen die von uns untersuchten Stichproben stammen.

Welcher Art dieser Zusammenhang zwischen dem Auftreten der genannten Wortformen und dem Ort ihres Auftretens ist, darüber sagt der Test nichts aus.

Der statistisch überprüfte Vergleich der Häufigkeit des Vorkommens unseres Lemmas *Betrieb* in den Stichproben aus der „Welt" und aus dem „Neuen Deutschland" hat erwiesen, daß es zu den sogenannten Frequenzspezifika gehört, d.h. zu jener Gruppe von Lemmata, die sich durch überzufällig häufigeres Vorkommen in der einen oder der anderen Zeitung – in diesem Fall im „Neuen Deutschland" – auszeichnen.

---

71 Eine ausführliche Darstellung dieses und weiterer hier genannter Testverfahren samt einer Beschreibung der bei ihrer Anwendung erzielten Ergebnisse enthält die Arbeit von Haehnel (1978) sowie diejenige von Haehnel/Krause/Schaeder (1978).

Nicht nur das unterschiedlich häufige Auftreten einzelner Wortformen bzw. Lemmata in gesamten Stichproben, sondern auch unterschiedliche Verteilungen von Auftretenshäufigkeiten auf jeweils zu definierende Stichprobensegmente sind dazu geeignet, eventuelle Abweichungen im Gebrauch zu charakterisieren. Um die Verteilung der in einer Stichprobe festgestellten Gesamthäufigkeit einer Wortform bzw. eines Lemmas auf Segmente dieser Stichprobe messen zu können, ist es zunächst erforderlich, die einzelnen Stichproben zu zerlegen, wobei die Kriterien für eine solche Zerlegung für alle Stichproben dieselben sein müssen, wenn man vergleichbare Ergebnisse erhalten will.

Eine Stichprobe kann z.B. als Textganzes gesehen und in jeweils gleichlange Textabschnitte aufgeteilt werden. Für die Zerlegung einer Stichprobe aus Zeitungstexten bietet sich eine Segmentierung nach Sparten bzw. Sachgebieten an, zumal, wenn bei der Textaufnahme – wie dies im Fall des Bonner Zeitungskorpus geschehen ist – jeder Zeitungsartikel (=Text) eine entsprechende Kennzeichnung seiner Zugehörigkeit zu einer bestimmten Sparte bzw. einem bestimmten Sachgebiet erfahren hat.

Durch den z-Test und den t-Test kann nun geprüft werden, ob sich die Mittelwerte der Auftretenshäufigkeit einzelner Wortformen bzw. Lemmata in den Sparten bzw. Sachgebieten signifikant voneinander unterscheiden.

Der F-Test überprüft Varianzunterschiede, d.h., ob und in welchem Maß sich die Verteilung der Auftretenshäufigkeiten bestimmter Wortformen bzw. Lemmata über die zerlegten Stichproben unterscheidet.

Die ersten, wegen der noch nicht abgeschlossenen Zerlegung aller Texte nach Sachgebieten nur probeweise durchgeführten Berechnungen ergaben, daß sich wenigstens in den Hauptkategorien Politik und Wirtschaft der jeweils miteinander verglichenen Stichproben von „Welt" auf der einen und „Neues Deutschland" auf der anderen Seite die Wortformen *Betriebe* und *Betrieben* in der Verteilung ihrer Auftretenshäufigkeiten signifikant voneinander unterscheiden.

Ein Verfahren, das unmittelbar Aussagen über Bedeutungen, bzw. im Vergleich zweier Stichproben miteinander Aussagen über Bedeutungsunterschiede liefern soll, ist die in Rieger (1977) und (1980) dargestellte Methode. Das maschinell über lemmatisierte Texte operierende Verfahren basiert auf einer statistischen Korrelationsanalyse der im jeweils untersuchten Textmaterial verwendeten Substantive, Adjektive, Adverbien und Verben.

Rieger (1977,92f) charakterisiert das Verfahren folgendermaßen: „Bei der statistischen Analyse kann nun im wesentlichen von einem Verfahren Gebrauch gemacht werden, das erlaubt, etwa vorhandene Regularitäten der Abhängikeit zwischen Wörtern/Lexemen festzustellen und deren unterschiedliche Intensitäten (von wechselseitiger Abstoßung über Beziehungslosigkeit bis zur wechselseitigen Anziehung) graduell in numerischen Werten des Intervalls von –1 bis +1 zu präzisieren. Dies leistet der Korrelationskoeffizient. Er mißt die Beziehung eines jeden Wortes zu jedem anderen verwendeten Wort, und zwar aufgrund des Gebrauchs, den die Sprecher/Verfasser von ihnen in den analysierten Texten machen. Es wird gezeigt werden, daß diese Korrelationswerte eines Wortes zu sämtlichen anderen Worten des Vokabulars als Grundlage dienen können für eine empirisch adäquate Zumessung von Zugehörigkeitswerten, die dann die Verwendungsstruktur eines Wortes, d.h. seine Bedeutung als unscharfe Menge über dem Individuenbereich des verwendeten Vokabulars abbilden und damit kommunikationsabhängig für eine bestimmte Pragmatik definieren und beschreiben läßt".

Das von Rieger (1977) an einigen Beispielen demonstrierte Ergebnis dieses Verfahrens ist eine Art Wörterbuch, in dem jedem als Stichwort fungierenden Lemma eine Anzahl anderer Lemmata zugeorndet ist, die diesem aufgrund ihrer jeweiligen Affinität und Repugnanz in besonderem Maße verbunden sind. Beim Betrachten dieser „Umgebungsfelder", wie Rieger (1971) sie früher einmal nannte, fühlt man sich an das erinnert, was üblicherweise auch Kollokation genannt wird. Die „Umgebungsfelder" unterscheiden sich allerdings dadurch von Kollokationen, daß sie nicht nur die unmittelbare syntaktische, innerhalb des Satzrahmens lokalisierte Umgebung berücksichtigen, sondern von syntaktischen Bezügen gänzlich absehen, das gesamte Korpus als Umgebung auffassen und außer den durch ihre besondere Affinität zum Stichwort sich auszeichnenden Lemmata auch jene enthalten, die zu dem betreffenden Stichwort in der Relation der Repugnanz stehen (72).

Ein weiteres Verfahren, das ebenfalls die Möglichkeit der Errechnung von Korrelationskoeffizienten nutzt, ist die Faktorenanalyse.

Sie zielt darauf ab, auf der Basis der zwischen einer Anzahl von Variablen (z.B. Wortformen bzw. Lemmata) errechneten Korrelationskoeffizienten festzustellen, ob mehrere gemessene Variablen eng zusammenhängen, d.h. mehr oder weniger stark korrelieren. Wenn dies der Fall ist, darf angenommen werden, daß eine nicht direkt meßbare Größe sich in ihnen ausprägt. Solche Größen werden als Faktoren bezeichnet. Sie sollen die Möglichkeit bieten, eine hinter den Daten liegende Struktur aufzufinden und zu beschreiben (73).

Ein Hauptproblem der Faktorenanalyse stellt die Interpretation der jeweils erzielten Ergebnisse dar, wobei die Art der Ergebnisse nicht unwesentlich durch die Wahl der als Inputvariablen fungierenden Daten beeinflußt sein dürfte.

So ergab ein von uns unternommener Versuch, bei dem wir jeweils 98 Variablen, d.h. Wortformen aus dem durch den Chi^2-Test als spezifisch ausgewiesenen Vokabular der Sachbereiche Politik und Wirtschaft aus „Die Welt" und „Neues Deutschland" 1964 als Input gewählt hatten, folgende Ergebnisse:

Im Wirtschaftsvokabular luden die Wortformen *Betrieb, Betriebe, Betrieben* zusammen mit folgenden anderen auf dem sogenannten 1. Faktor: *Anlage, Anlagen, Anreiz, Ausnutzung, Bedingungen, Betrieb, Betriebe, Betrieben, Entwicklung, Bekenntnisse, Erzeugnis, Erzeugnisse, Höchststand, Konstruktion, Konzerne, Kosten, Kostensenkung, Landmaschinen, Landwirtschaft, Maschinenbau, Maschinenfabrik, Nutzen, ökonomisch, Produkte, Produktion, produziert, Qualität, Spezialisierung, synthetischen, Verbesserung, Versorgung, Verwertung.*

Bei der hohen Ladung, die in unserem Fall der 1. Faktor aufweist, kann er nach Überla (1977,55) auch als sogenannter Generalfaktor angesehen werden. Doch welche hinter den Daten liegende Größe drückt sich in den oben aufgeführten

---

72 Erste Resultate der Anwendung dieses Verfahrens auf die Texte des „Bonner Zeitungskorpus" finden sich in Rieger (1980) und Riegers Beitrag in Hellmann (1981).

73 Die Faktorenanalyse, die bisher vornehmlich für psychologische Untersuchungen eingesetzt worden ist, wurde unseres Wissens bisher nur von Mossner (1969) auf eine sprachwissenschaftliche Fragestellung angewendet, der mit ihrer Hilfe die gegenseitige Anlagerungsfähigkeit einzelner Wortarten untersucht hat.

Variablen aus, wenn nicht nur etwas, was bereits durch die Auswahl der Variablen aus dem Wirtschaftsvokabular vorgegeben war?

Im politischen Vokabular luden die Wortformen *Betriebe* und *Betrieben* zusammen mit folgenden anderen auf dem 2. Faktor: *Arbeiter, Betriebe, Betrieben, Entwicklung, Gewinn, Landwirtschaft, Produktion.* Hier ließe sich mit aller Vorsicht sagen, daß diese Variablen innerhalb des sonstigen politischen Vokabulars sich durch eine besondere Komponente abheben.

Welchen Einfluß der Input auf die Ergebnisse der Faktorenanalyse hat, zeigt schließlich auch das folgende Beispiel. Als Inputvariablen wurden folgende Wortformen gewählt, die gleichermaßen in den Jahrgängen 1954, 1964 und 1969 der Tageszeitungen „Die Welt" und „Neues Deutschland" belegt sind und für die der Chi^2-Test signifikante Werte ergab: *Abgeordnete, Abschnitt, Aggression, Angaben, Anliegen, Anweisung, Arzt, Auge, Ausrüstungen, Außenminister, Beachtung, Begriff, Bemühen, Beseitigung, Betrieb, Bildung, Bord, Chance, Demokraten, Drang, Eier, Einmischung, Element, Entscheidung, Erforschung, Eroberung, Experiment, Farbe, Feuer, Folgen, Freund, Fußball, Gebiet, Gegenstand, Gemüse, Geschlossenheit, Gewicht, Größe, Hände, Hang, Herbst, Hochachtung, Imperialismus, Intelligenz, Journalisten, Kandidat, Klub, Komponisten, Korrespondenz, Küche, Landwirtschaft, Leistung, Literatur, Mann, Meinung, Miete, Mitteilung, Moral, Name, Not, Opfer, Person, Position, Prozent, Rang, Regen, Republik, Rolle, Satz, Schlüssel, Schwung, Sieg, Souveränität, Sport, Station, Stolz, Stunden, Tag, Tempo, Tiere, Trauerfeier, Überlegungen, Umwandlung, Unterricht, Verband, Vergleich, Verletzung, Verständnis, Verzögerung, Vordergrund, Vortrag, Ware, Werkstatt, Wind, Wunder, Zone, Zuschriften.*

Die Wortform *Betrieb* lud zusammen mit den folgenden auf dem ersten Faktor: *Auge, Außenminister, Begriff, Betrieb, Intelligenz, Küche, Not, Opfer, Person, Werkstatt.*

In diesem Fall dürfte es wohl nahezu unmöglich sein, den hier wirksamen gemeinsamen Faktor zu bezeichnen. Das liegt – wie wir selbst schon betont haben – nicht zuletzt an den von uns gewählten Inputvariablen.

Um die Faktorenanalyse auch für linguistische Untersuchungen erfolgreich anwenden zu können, ist unserer Meinung nach vorrangig das – von der Frageformulierung jeweils abhängige – Problem der Kriterien für die Auswahl der Inputvariablen zu lösen (74).

4.4 Zusammenstellung der Befunde und vorbereitende Überlegungen zur Präsentation der Auswertungsergebnisse

Nachdem wir in einem ersten Schritt zusammengetragen haben, was sich über das von uns zur Demonstration lexikographischer Praxis ausgewählte Lemma *Betrieb* durch eine maschinelle Auswertung der zugrunde gelegten Textbasis ermitteln ließ, gilt es im weiteren, die maschinell gelieferten Textbelege zu sichten, die Ergebnisse dieser Sichtung zu ordnen und für ihre Präsentation in einem Wörterbuchartikel aufzubereiten.

---

74 Zu den hier vorgetragenen Ergebnissen vgl. im einzelnen Haehnel (1978,33-40;A11-A55).

Aufgrund unserer Auffassung von Lexikographie, die zuallererst deskriptiv verfahren sollte, werden wir unsere besondere Aufmerksamkeit darauf zu richten haben, daß sowohl die Auswertung als auch die Darstellung der Auswertungsergebnisse in besonderem Maße den Gebrauch des Lemmas *Betrieb* in den Texten berücksichtigt.

Da wir allerdings bei unserer Demonstration lexikographischer Praxis nicht auf ein reines Kopurs- oder – wie Weinrich (1976,352) es in seiner Wörterbuchtypologie nennt: – thesaurierendes Wörterbuch abzielen, wird es in Abwägung der – nicht selten widerstreitenden – Faktoren ‚angestrebter Zweck' und ‚deskriptive Adäquatheit' des Wörterbuchs notwendig sein, aus der Gesamtheit der Befunde eine Auswahl zu treffen. Diese Auswahl soll nicht so sehr durch die Intuition des Lexikographen, als vielmehr wiederum durch die in den Texten nachweisbaren Präferenzen des Gebrauchs bestimmt sein. „Die Aufgabe der Gegenwart ist es, erklärungsstarke Bestimmungen zu entwickeln, die der Funktion der Wörter in Texten Rechnung tragen" (75).

Selbstverständlich beginnt lexikographische Praxis nicht jeweils wieder beim Punkt Null. Es ist nicht nur üblich, sondern auch notwendig, die Ergebnisse früherer Lexikographie, d.h. die Kodifikationen schon erarbeiteter Wörterbücher zu berücksichtigen. Dabei geht es nicht etwa darum, deren Beschreibungsmuster und -inhalte zu kopieren, sondern das Resultat solcher Durchsicht sollte vielmehr die Entwicklung einer Hypothese sein, die dazu geeignet ist, die Beobachtung der Korpusbefunde anzuleiten.

4.4.1 Befunde der Wörterbücher

Um zu erfahren, in welcher Weise gemeinsprachliche Wörterbücher das Lemma *Betrieb* kodifizieren, haben wir drei Bedeutungswörterbücher und zwei Stilwörterbücher zu Rate gezogen. Diese Auswahl schien uns für den hier verfolgten Zweck ausreichend, zumal die Durchsicht weiterer Wörterbücher keine zusätzlichen Einsichten brachte (76).

Da uns daran gelegen ist, einen Beitrag zur Lexikographie gemeinsprachlicher Wörterbücher zu leisten, haben wir darauf verzichtet, fachsprachliche Wörterbücher heranzuziehen, die eine Reihe zusätzlicher, für eben einen Fachmann gedachter Informationen enthalten, wie z.B. über Betriebsabrechnungen, Betriebsführung, Betriebsrat, Betriebssoziologie etc. (77).

Bevor wir zur Auswertung der Wörterbuchbefunde kommen wollen, seien zunächst die Einträge aus fünf Wörterbüchern vorgestellt.

---

75 Henne (1977a,48).

76 Genannt seien hier noch als Bedeutungswörterbücher Paul (1966) und Wahrig (1967). Weder das Valenzwörterbuch von Sommerfeldt/Schreiber (1977a) noch das Stilwörterbuch von Becker (1966) enthalten einen Eintrag *Betrieb*.

77 So z.B. Beck (1977), Zeisler (1967) und Management-Enzyklopädie (1969). Auch die stets mit Gewinn gelesenen enyzklopädischen Wörterbücher „Der Große Brockhaus" (1952-1957) und „Meyers Neues Lexikon" (1972-1977) bringen in unserem Fall vornehmlich fachwissenschaftliche Informationen.

Zum Beispiel drei Bedeutungswörterbücher:

Betrieb, der; -es, -e

1. ***Einrichtung, die eine organisierte, räumliche und technische Einheit einer größeren Anzahl von Menschen zur zweckbestimmten, produktiven Arbeit umfaßt, Unternehmen***: ein chemischer, metallurgischer, industrieller, vollautomatisierter B.; er arbeitet in einem staatlichen, volkseigenen, privaten B.; ein enteigneter, sozialistischer B.; ein privater B. mit staatlicher Beteiligung; einen modernen B. aufziehen, in die Höhe bringen, rationalisieren; der B. arbeitet mit Gewinn, Verlust, stellt Massenbedarfsgüter her, beschäftigt viele Arbeiter; einen B. leiten, führen; die Leitung des Betriebes liegt in den Händen von Herrn K; den B. stillegen, verlagern

2. /*ohne Pl.*/ (*produktive*) *Tätigkeit, Arbeit*: d. Automat, Kraftwerk ist in B. (*arbeitet*); den Motor in B. setzen (*anstellen*); ein neues Taxi, eine neue Maschine in B. (*in Dienst*) stellen, eine Lichtanlage in B. nehmen; etw. außer B. setzen; den B. (von etw.) einstellen; der B. steht still, ruht; *Arbeitsweise*: die Großbäckerei ist zum maschinellen, vollautomatisierten B. übergegangen

3. /*Pl. ungebräuchl.*/ umg. *Bewegung, Geschäftigkeit*: in den Geschäften herrschte kurz vor Ladenschluß ein reger, geschäftiger, großer B.; an der Börse herrscht ein hektischer B.; um die Mittagszeit flaut der B. ein wenig ab; auf den Straßen der Großstadt herrschte immer starker B. (*Verkehr*); salopp *Trubel, Heiterkeit*: tüchtig B. machen; im Tanzlokal herrscht heute abend großer B.; was ist das nur für ein lahmer B.!

4. /*ohne Pl.*/ salopp abwertend /*drückt Ablehnung bestimmter Verhältnisse aus*/ ich habe den ganzen B. (hier) satt!; Hol doch der Teufel diesen ganzen Betrieb! TUCHOLSKY *Ganz anders* 231

5. veralt. /*Pl. ungebräuchl.*/ *das Betreiben*: etw. erfolgt auf jmds. B. hin; [*mein Vater war*] auf seinen Betrieb . . . einer Feldlazarett-Apotheke zugewiesen worden FONTANE II 1,77

zu 1 /*in Verbindung mit Tätigkeiten, z. B.*/ Abfüll-, Amüsier-, Bau-, Lehr-, Zulieferbetrieb; /*in Verbindung mit einzelnen Geschäftszweigen, z. B.*/ Druckerei-, Forstwirtschafts-, Gartenbau-, Handels-, Handwerks-, Wasserwirtschaftsbetrieb; /*in Verbindung mit Hinweisen auf bestimmte Eigenschaften, z. B.*/ Groß-, Klein-, Mammut-, Privat-, Riesen-, Spezialbetrieb; /*ferner in*/ Chemie-, Dienstleistungs-, Einmann-, Einzel-, Hersteller-, Paten-, Rüstungs-, Saison-, Schwerpunkt-, Schwestern-, Stamm-, Tochter-, Träger-, Transport-, Treuhand-, Veredlungs-, Verkehrs-, Versorgungs-, Zweigbetrieb

zu 2 Bahn-, Batterie-, Dampf-, Hand-, Selbstwählbetrieb; Inbetriebnahme

zu 3 Bade-, Geschäfts-, Hoch-, Massenbetrieb

Wörterbuch der deutschen Gegenwartssprache. Hrsg. von R. Klappenbach und W. Steinitz. Bd. 1. 7.Aufl. Berlin 1974.

Betrieb, der; -[e]s, -e [zu ↑betreiben]: **1.** *kaufmännisches, industrielles, gewerbliches o.ä. Einzelunternehmen, in dem bestimmte Güter od. Leistungen hervorgebracht werden:* ein privater, staatlicher, (DDR:) volkseigener B.; ein landwirtschaftlicher, bäuerlicher B. (Amtsspr.; *größerer Bauernhof, Landwirtschaft*); der B. beschäftigt 500 Leute; einen B. leiten, stillegen, rationalisieren; in einem kleineren B. arbeiten. **2.** ⟨o. Pl.⟩ **a)** *das In-Funktion-Sein, Arbeiten:* den B. (*Arbeitsablauf*) stören, unterbrechen; eine Maschine in, außer B. setzen; eine Fabrik auf vollautomatischen B. (*vollautomatisches Arbeiten*) umstellen; die Fluggesellschaft hat den B. aufgenommen, eingestellt; diese Anlage ist in B. (*in Tätigkeit, sie arbeitet*), ist außer B. (*arbeitet nicht mehr, wird nicht mehr benutzt*); ein Kraftwerk dem B. übergeben (*zu arbeiten beginnen lassen*); ***den [ganzen] B. aufhalten** (ugs.; *durch seine Langsamkeit, Umständlichkeit o.ä. den flüssigen Fortgang einer Arbeit behindern; jmdn. bei seiner Arbeit aufhalten*); **b)** (selten) *das Betreiben* (4), *In-Funktion-Setzen:* die Verwendung des Holzes zum B. der Eisenhütten ..., Glashütten ... und Salinen (Mantel, Wald 39). **3.** ⟨o. Pl.⟩ (ugs.) *Geschäftigkeit, rege Bewegung, Unruhe, Trubel, lebhaftes Treiben:* in dem Lokal war großer B.; auf dem Bahnhof, in den Geschäften herrschte furchtbarer B.; der B. (*starke Verkehr*) auf den Straßen; ***den B. satt haben** (ugs.; *die Verhältnisse, Umstände, in denen man sich befindet, unerträglich finden*); ⟨Abl. zu 1:⟩ **betrieblich** ⟨Adj.; o. Steig.; nur attr.⟩: *den Betrieb* (1) *betreffend, zu ihm gehörend, Betriebs-:* -e Angelegenheiten, Sozialleistungen.

DUDEN Das große Wörterbuch der deutschen Sprache. Hrsg. von G. Drosdowski. Bd. 1. Mannheim 1976.

Be'trieb ⟨m.; -(e)s, -e⟩ **1** ⟨Wirtsch.⟩ *wirtschaftende Einheit, in der Arbeitskräfte, Betriebsmittel u. Werkstoffe als Produktionsfaktoren kombiniert werden, um Güter zu produzieren od. Dienstleistungen zu erbringen:* einen ~ aufbauen, stillegen; einen ~ leiten; in dem ~ sind 200 Arbeiter beschäftigt 1.1 ⟨i. e. S.⟩ *die zum Betrieb(1) nötigen Räume u. technischen Anlagen;* der ~ muß noch aufgeräumt werden 1.2 *Fabrik, größere Werkstatt, Geschäft:* Industrie~, Schneiderei~; Vater ist noch im ~, geht jeden Morgen in den, in seinen ~ **2** ⟨unz.⟩ 2.1 *das Arbeiten, Wirken eines Betriebes(1) od. einer Maschine;* elektrischer ~; die Maschine ist in ~; einen Mechanismus, eine neue Maschine in ~ nehmen, setzen; ~ mit Gas, Dampf 2.1.1 die Firma hat den ~ aufgenommen *hat zu arbeiten begonnen* 2.1.2 etwas dem ~ übergeben *in Dienst stellen* 2.1.3 die Maschine, Fabrik ist außer ~ *wird nicht mehr benutzt, arbeitet nicht mehr* 2.2 *das Betreiben, Betätigen;* beim ~ dieser Maschine ist eine Schutzbrille zu tragen **3** ⟨unz.; fig.⟩ *Verkehr, lebhaftes Treiben, Rummel;* auf der Straße, im Geschäft war lebhafter ~; hier herrscht viel, wenig, gar kein ~; in dem Lokal ist jeden Abend viel ~ 3.1 *Trubel, Heiterkeit, Stimmung;* er kann ungeheuer ~ machen 3.2 ⟨abwertend⟩ *Verhältnisse, Situation, Umgebung;* ich habe den ~ hier gründlich satt!; der ganze ~ hier geht mir auf die Nerven! [zu *treiben*]

Brockhaus-Wahrig. Deutsches Wörterbuch. Hrsg. von G. Wahrig, H. Krämer und H. Zimmermann. Bd. 1. Stuttgart, Wiesbaden 1980.

Zum Beispiel zwei Stilwörterbücher:

Betrieb, der: **1.** ***Fabrik:*** ein privater, staatlicher, mittelständischer B.; der B. beschäftigt 500 Leute, arbeitet mit Gewinn; einen B. erweitern, stillegen, verlagern, rationalisieren (bildungsspr.): in einem kleineren B. arbeiten. **2.** ***Tätigkeit; Zustand des Arbeitens:*** ein vollautomatischer B.; der B. war eine Stunde lang unterbrochen; den B. stören, einstellen; etwas in/außer B. setzen; etwas ist in/außer B. **3.** ***Betriebsamkeit, Unruhe, Trubel:*** in dem Lokal war viel, großer B.; auf dem Bahnhof herrschte ein furchtbarer B.; bei diesem B. kann ich nicht arbeiten. * **etwas in Betrieb nehmen** *(mit etwas zu arbeiten beginnen).*

DUDEN Stilwörterbuch der deutschen Sprache. 6.Aufl. Hrsg. von G.Drosdowski. Mannheim 1971.

Betrieb, der: **1.** ⟨*Werk, Fabrik*⟩ ein großer, wichtiger B.; ein volkseigener, sozialistischer, zentralgeleiteter B.; B. der sozialistischen Arbeit (Ehrentitel); ein B. mit staatlicher Beteiligung; die Leitung eines Betriebes ‖ der B. arbeitet mit Gewinn, Verlust, hat den Plan [vorfristig] erfullt, stellt Massenbedarfsguter her, beschäftigt 1000 Arbeiter, ist nicht ausgelastet, einen B. grunden, aufbauen, schließen, stillegen, ausbauen, erweitern, uberprufen, leiten; in einem B. arbeiten, beschäftigt sein; in den B. gehen; in einen B. eintreten; aus einem B. ausscheiden – **2.** ⟨*Tätigkeit*⟩ den B. aufnehmen (beginnen); ein Werk, eine Maschine in B. setzen; ein neues Aggregat in B. nehmen; das Werk ist seit Jahren in, außer B.; wir mußten den Motor außer B. setzen – **3.** ⟨*Verkehr, Trubel*⟩ in der Stadt, während der Messe war starker, viel B.; wir haben mächtigen B. gemacht (*umg*); bei uns war allerhand, [ein] ganz schöner B. (*umg*); hier ist, herrscht B.! (*umg*)

Lexikon der Wörter und Wendungen. Hrsg. von E. Agricola. München 1976.

Das Ergebnis der Wörterbuchdurchsicht läßt sich folgendermaßen zusammenfassen:
Der umfänglichste Eintrag ist der in Klappenbach/Steinitz (1974). Was den Aufbau betrifft ist er in seiner Übersichtlichkeit wohl auch der lesbarste. Bei aller notwendigen Ökonomie sollte auch ein solcher, benutzerorientierter Gesichtspunkt nicht aus den Augen verloren werden.

Nach der ersten Durchsicht aller fünf hier vorgestellten Wörterbuchartikel fällt sodann besonders auf, daß der Brockhaus-Wahrig (1980) nicht nur verschiedene „nebengeordnete, voneinander unabhängige" Hauptbedeutungen, sondern zudem innerhalb der Hauptbedeutungen wiederum einander nebengeordnete Subbedeutungen und schließlich in einem Fall noch einmal diesen Subbedeutungen wiederum untergeordnete, einander gleichfalls nebengeordnete Bedeutungsvarianten unterscheidet (78).

Lediglich Drosdowski (1976) möchte noch eine der von ihm aufgeführten Hauptbedeutungen in zwei Subbedeutungen aufgegliedert wissen.

Im übrigen sind alle Autoren sich darin einig, daß man in jedem Fall für das Lemma *Betrieb* drei Bedeutungen anzusetzen hat. Während Drosdowski (1971), Drosdowski (1976), Agricola (1976) und Brockhaus-Wahrig (1980) übereinstimmend nur drei Hauptbedeutungen unterscheiden: (1) Werk, Fabrik, (2) Tätigkeit, Arbeit, Zustand des Arbeitens, In-Funktion-Sein und (3) Verkehr, Trubel, Unruhe, Betriebsamkeit, Bewegung, Geschäftigkeit, notieren Klappenbach/Steinitz (1974) noch zwei weitere, den drei zuerst genannten nebengeordnete Bedeutungen: (4) Ablehnung bestimmter Verhältnisse, (5) das Betreiben.

---

78 Brockhaus-Wahrig (1980,9).

Wie wir sehen können, rechnen Drosdowski (1976) und Brockhaus-Wahrig (1980) übereinstimmend die Bedeutung (4) der Bedeutung (3), und die Bedeutung (5) der Bedeutung (2) zu.

Schwer einzusehen ist auf der anderen Seite, nach welchen Kriterien Brockhaus-Wahrig (1980) die Bedeutungen (1) bis (3) und Drosdowski (1976) die Bedeutung (2) noch einmal untergliedern. Die Bedeutungsbeschreibungen und die Beispiele allein sind nicht geeignet, die jeweiligen Unterteilungen hinreichend zu begründen.

So läßt sich einerseits z.B. im Brockhaus-Wahrig (1980) das unter Bedeutung (2.1) genannte Beispiel „Betrieb mit Gas, Dampf" ebenso gut der Bedeutung (2.2) zuordnen: das Betreiben der Maschine mit Gas, Dampf"; so läßt sich andererseits auch dafür argumentieren, daß – wie z.B. auch in Wahrig (1978) zu finden – die Bedeutungen (2.1) und (2.2) im Brockhaus-Wahrig (1980) bzw. die Bedeutungen (2a) und (2b) in Drosdowski (1976) zusammenfallen.

Zur Begründung der Bedeutungsunterscheidungen heißt es im Vorwort des Brockhaus-Wahrig (1980,10): „Für die Entscheidung, ob beim Aufbau eines Wörterbuchartikels nach dem Prinzip der Neben- oder Unterordnung verfahren wird, sind neben inhaltlichen Kriterien auch formale ausschlaggebend [. . .] . Grundsätzlich werden inhaltlich enger zusammenhängende Bedeutungen einer Hauptbedeutung untergeordnet; es kann aber auch dann eine Unterordnung vorgenommen werden, wenn verschiedenen Bedeutungen ein formales Merkmal gemeinsam ist [. . .] . Ebenso können Bedeutungsstellen trotz inhaltlicher Verknüpfung nebengeordnet sein, wenn die syntaktischen Kriterien stark voneinander abweichen. Der möglicherweise entstehende Eindruck der ‚Uneinheitlichkeit' wurde aus der Überzeugung heraus in Kauf genommen, daß nur ein derartiges, nicht starr festgelegtes Bearbeitungsschema den formalen wie inhaltlichen Aspekten der Sprache angemessen Rechnung zu tragen vermag".

Anzumerken ist noch, daß der Brockhaus-Wahrig (1980) *Betrieb* in der Bedeutung (1) als Fachterminus aus dem Fachbereich Wirtschaft kennzeichnet. Schließlich sei noch ein kleiner Unterschied bei den grammatischen Angaben erwähnt: während Drosdowski (1976) und Brockhaus-Wahrig (1980) vermerken, daß *Betrieb* in der Bedeutung (3) keinen Plural bildet, heißt es bei Klappenbach/Steinitz (1974), daß der Plural in diesem Fall lediglich ungebräuchlich sei.

Alle genannten Wörterbücher verzeichnen typische Umgebungen, in denen *Betrieb* verwendet wird, wobei z.B. bei den beiden Stilwörterbüchern, wie allein schon an den Adjektiv-Beispielen deutlich wird („privater, stattlicher, mittelständischer Betrieb" auf der einen, und „volkseigener, sozialistischer, zentralgeleiteter Betrieb" auf der anderen Seite), die BRD- bzw. DDR-Herkunft unverkennbar ist. Im Unterschied dazu bemühen sich die drei Bedeutungswörterbücher, auch den Sprachgebrauch der jeweils anderen Kommunikationsgemeinschaft zu berücksichtigen, wobei Drosdowski (1976) z.B. „volkseigener Betrieb" als DDR-spezifisch kennzeichnet.

Textbelege sind allein in Klappenbach/Steinitz (1974) angeführt, die allerdings sämtlich literarischer Herkunft sind. Es soll aber nicht verschwiegen werden, daß Drosdowski (1976) in anderen Wörterbuchartikeln durchaus Belege aus literarischem und auch nicht-literarischem Schriftgut zur Illustration des Wortgebrauchs anführt.

Bleibt abschließend festzustellen, daß allein Klappenbach/Steinitz (1974) in den Wörterbuchartikel auch typische Kompositabildungen mit *Betrieb* als Grundwort aufgenommen haben.

Ein nach dem Vorbild von Sommerfeldt/Schreiber (1977a) angefertigter Eintrag *Betrieb* für ein Valenzwörterbuch könnte etwa folgendermaßen aussehen, wobei bedeuten

V1, V2, V3	= Bedeutungsvariante 1, 2, 3
Sg	= Substantiv im Genitiv
pS	= präpositionales Substantiv;

und wobei angibt

1.1	= Anzahl der Aktanten
1.2	= morphologische Form der Aktanten mit Angabe der gebräuchlichsten Präpositionen
1.3	= Stellungsregeln für die Aktanten
2.	= semantische Beschaffenheit der Aktanten.

BETRIEB

V1		= ‚Werk', ‚Fabrik'
1.1		(1)
1.2		Sg
1.3		(der/ein Betrieb *der Landwirtschaft*)
2.	Sg	1. -Anim/Loc (der/ein Betrieb *Berlins/der Hauptstadt*)
		2. Hum/Institution (der/ein Betrieb *des Mittelstandes/ der Metallurgie/des Fiat-Konzerns*)
V2		= ‚Tätigkeit' (79)
1.1		(2)
1.2		Sg, pS (mit/durch)
1.3		fest: Sg + pS (mit/durch)
		(der Betrieb *der Waschanlage mit/durch Strom*)
2.	Sg	-Anim (der Betrieb *des Heizkörpers/des Meilers/des Drive-In-Kinos*)
	p	mit/durch
	S	-Anim (der Betrieb . . . *mit/durch Strom/Wasser/Sonnenenergie*)
V3		= ‚Verkehr', ‚Trubel' (80)
1.1		(0)

4.4.2 Befunde der Korpusauswertung

Da wir nicht im Sinn haben, eine Wortmonographie zu verfassen, unser Ziel vielmehr der Entwurf eines Wörterbuchartikels ist, werden wir im folgenden die Ergebnisse unserer Auswertung möglichst knapp und auch nur in einer Auswahl referieren, die dem Erreichen des gesetzten Zieles unmittelbar dienlich ist.

Maschinell geliefert und von uns durchgesehen wurden insgesamt 887 Belege mit dem Lemma *Betrieb*. Diese Belege standen uns sowohl in der umfänglichen und meist den Satzkotext umfassenden Form eines Computerausdrucks mit je

---

79 In dieser Bedeutung häufig in Verbfunktionsgefügen – und dann ohne Artikel vorkommend. Bildet keinen Plural in dieser Bedeutung. Steht ansonsten immer mit bestimmtem Artikel.

80 Bildet in dieser Bedeutung keinen Plural.

fünf Zeilen pro Beleg, als auch in Form einer KWIC-Konkordanz zur Verfügung (81).

Die stets nur aus einer einzigen Computerausdruckzeile mit insgesamt 144 Zeichen (Leerstellen, Satz- und Codezeichen mitgerechnet) bestehenden Belege der KWIC-Konkordanzen sind um vieles schneller als die fünf Zeilen umfassenden Belege durchzusehen und genügen in aller Regel bei der Untersuchung von Substantiven auch, die – bei dieser Wortart in prä- und postnominalen Attributen repräsentierten – Kollokationen feststellen und damit auch mögliche Mehrdeutigkeiten disambiguieren und beschreiben zu können (82).

Will oder muß man allerdings – wie sich das in unserem Fall als notwendig erweisen sollte – auch zusätzlich den gesamten Satzkotext berücksichtigen, so ist einem mit der KWIC-Konkordanz häufig nicht hinreichend gedient, muß man – was auch stets möglich ist – entweder auf den Originaltext oder auf einen umfangreicheren Belegausdruck zurückgreifen.

Wie wir hoffen, ausführlich genug dargestellt und begründet zu haben, kann eine auf die Beschreibung von Regularitäten des Gebrauchs gerichtete Untersuchung von Sprachdaten nicht ohne theoretische und methodologische Fundierung vorgenommen werden, die nicht zuletzt auch ihren Ausdruck in den an das Material gestellten Fragen findet.

Diese Auswertung der Korpusbelege für das Lemma *Betrieb* sollte Antworten auf folgende Fragen liefern:

(1) Welche Bedeutungen sind auf welche Weise voneinander zu unterscheiden?
(2) Wie verteilen sich die verschiedenen Bedeutungen auf Wortformen und Belege?
(3) In welchen Flexionsformen tritt das Lemma in den Textbelegen auf?
(4) Kommt das Lemma in Phraseologismen vor?
(5) Gibt es Erklärungen – und wenn ja: welche – für die Ergebnisse der maschinellen statistischen Auswertung?
(6) Innerhalb welcher Kollokationen wird das Lemma in seinen verschiedenen Bedeutungen gebraucht?

Die Durchsicht einer eigens hierfür maschinell erstellten Liste sollte zudem Aufschluß darüber geben,

(7) an welchen Kompositabildungen das Lemma wiederum in seinen verschiedenen Bedeutungen beteiligt ist.

Nicht zuletzt war uns daran gelegen, im Zuge dieser Auswertung bereits eine Vorauswahl solcher Belege zu treffen, die später als geeignete Illustrationen des Gebrauchs Eingang in den Wörterbuchartikel finden sollten.

---

81 Zu den verschiedenen maschinell gelieferten Arten von Belegen vgl. Kapitel 4.2.2.3.

82 Es macht durchaus einen Unterschied, ob – wie im Falle der KWIC-Konkordanz – 887 Zeilen, oder ob – wie im anderen Fall notwendig – 7096 Zeilen zu lesen sind.

4.4.2.1 Art und Anzahl unterschiedlicher Bedeutungen

Aufgrund der aus den Wörterbüchern gewonnenen Hypothese gehen wir zunächst davon aus, daß *Betrieb* in drei Bedeutungen gebraucht wird.

Bedeutung I: *Werk, Fabrik.*

Unser grammatisches Wissen sagt und die Belege bestätigen uns, daß es sich bei *Betrieb* in dieser Bedeutung um ein Nomen konkretum handelt.

Die Durchsicht der Belege bestätigt, modifiziert und ergänzt unser Wissen darum, daß Betriebe Gebäude bzw. Gebäudekomplexe sind und damit eine räumliche Ausdehnung sowie einen geographisch lokalisierbaren, festen Standort haben; daß in Betrieben Menschen in unterschiedlichen Funktionen und mit unterschiedlichen Aufgaben arbeiten, deren Tätigkeit insgesamt jeweils der Produktion von Gütern oder der Bereitstellung von Dienstleistungen dient; daß sich Betriebe nicht nur nach ihrer Größe, der Art der Produktion und Produkte sowie nach ihrer Leistungsfähigkeit, sondern auch aufgrund unterschiedlicher Formen des Eigentums an den Produktionsmitteln voneinander unterscheiden lassen.

Bedeutung II: *Tätigkeit, Zustand des Arbeitens, In-Gang-Sein, In-Funktion-Sein.*

Unser grammatisches Wissen sagt und die Belege bestätigen uns, daß es sich bei *Betrieb* in dieser Bedeutung um ein Nomen aktionis handelt. In unseren Belegen kommt ein etwa folgendes Genitiv-Attribut stets nur als Genitivus objektivus vor.

Die Durchsicht der Belege ergab, daß *Betrieb* in dieser Bedeutung das In-Gang-Setzen, In-Gang-Sein, In-Gang-Halten von technischen Geräten, Maschinen, Anlagen meint. Ein solches Betreiben kann durch unterschiedliche Energiequellen bewirkt werden.

Bedeutung III: *Trubel, Geschäftigkeit, Unruhe.*

In diesem Fall machten wir zunächst einmal von der Möglichkeit negativer Bestimmung Gebrauch derart, daß wir alle Belege, in denen *Betrieb* weder in der 1. noch in der 2. Bedeutung gebraucht wird, zu einer gesonderten, dritten Gruppe zusammenstellten.

Diese Gruppe bestand schließlich aus den folgenden vier Belegen:

(1) *In den Geschäften herrschte der gewöhnliche B e t r i e b.*
(ND 54, 0326061)

(2) *Die fünf Übergangsstellen, die die ganze Neujahrsnacht geöffnet hielten, verzeichneten bereits in den frühen Morgenstunden des 1. Januars einen regen B e t r i e b.*
(ND 64, 0006013)

(3) *Aber nur keine Angst vor zu viel B e t r i e b – gleich nebendraußen gibt es überall drunter und drüber von Lift zu Lift Gelegenheit zu den prächtigsten Skitouren.*
(WE 64, 1808089)

(4) *Aber es hatte diese einzigartige Stiftsruine und ein Festspielpublikum, das nicht mondänen B e t r i e b s wegen kommt, sondern aus Liebe zum Theater.*
(WE 64, 0911028)

Wenn es auch berechtigt erscheinen darf, diese vier Belege zu einer Gruppe zusammenzufassen, so geben wir auf der anderen Seite durchaus zu, daß diese geringe Zahl von Beispielen nicht gerade eine sichere Grundlage darstellt, unsere Hypothese zu bestätigen.

Trotzdem wagen wir den Schluß, daß *Betrieb* hier in einer eigenen, sowohl von der ersten als auch von der zweiten zu unterscheidenden Bedeutung gebraucht wird. Weder handelt es sich hier um ein Konkretum, wie in der Bedeutung I, noch um ein Betreiben von etwas, d.h. von technischen Geräten, Maschinen oder Anlagen, wie in Bedeutung II, sondern um einen jeweils kürzer oder länger anhaltenden Zustand, in dem sich eine Menge von Menschen befindet.

4.4.2.2 Verteilung der Belege auf Wortformen und Bedeutungen

Nachdem wir drei Bedeutungen des Lemmas *Betrieb* unterschieden haben, wollen wir in den folgenden zwei Tabellen zeigen, wie sich die 242 Belege aus „Die Welt" (WE) und die 645 Belege aus „Neues Deutschland" (ND) auf diese Bedeutungen und auf die verschiedenen Wortformen verteilen.

	Bedeutung I			Bedeutung II			Bedeutung III		
	WE 54	WE 64	WE 69	WE 54	WE 64	WE 69	WE 54	WE 64	WE 69
Betrieb	9	31	19	18	18	8	–	1	–
Betriebe	13	40	35	–	–	–	–	–	–
Betrieben	5	17	15	–	–	–	–	–	–
Betriebes	4	5	2	–	1	–	–	–	–
Betriebs	–	–	–	–	–	–	–	1	–
Summen 1	31	93	71	18	19	8	–	2	–
Summen 2		195			45			2	

	Bedeutung I			Bedeutung II			Bedeutung III		
	ND 54	ND 64	ND 69	ND 54	ND 64	ND 69	ND 54	ND 64	ND 69
Betrieb	83	46	29	3	7	10	1	1	–
Betriebe	126	45	31	–	–	–	–	–	–
Betrieben	116	37	37	–	–	–	–	–	–
Betriebes	45	10	18	–	–	–	–	–	–
Betriebs	–	–	–	–	–	–	–	–	–
Summen 1	370	138	115	3	7	10	1	1	–
Summen 2		623			20			2	

Wenn wir die beiden vorhergehenden Tabellen zu einer einzigen Tabelle zusammenfassen, ergibt sich das folgende Bild:

	Bedeutung I	Bedeutung II	Bedeutung III
Betrieb	217	64	3
Betriebe	290	–	–
Betrieben	227	–	–
Betriebes	84	1	–
Betriebs	–	–	1
Summe	818	65	4

Die Übersicht zeigt, daß das Lemma in der überwiegenden Mehrzahl, d.h. exakt in 818 von insgesamt 887 Belegen in der Bedeutung I vorkommt, in 65 Belegen in der Bedeutung II und lediglich in vier Belegen in der Bedeutung III.

Wenn auch die Relationen anders sind, so weist doch das zum Vergleich herangezogene LIMAS-Korpus eine ähnliche Abfolge der Häufigkeiten der Belegungen für die einzelnen Bedeutungen auf.

Im LIMAS-Korpus sieht die Verteilung der Belege auf Bedeutungen und Wortformen folgendermaßen aus:

	Bedeutung I	Bedeutung II	Bedeutung III
Betrieb	51	46	3
Betriebe	50	–	–
Betrieben	45	–	–
Betriebes	6	6	–
Betriebs	6	5	–
Summe	158	57	3

An Gemeinsamkeiten fällt außerdem auf, daß in beiden Korpora die Bedeutung I in den Wortformen *Betrieb, Betriebe, Betrieben* und *Betriebes* repräsentiert ist, daß es auf der anderen Seite für die Bedeutungen II und III keine Belege mit den Wortformen *Betriebe* und *Betrieben* gibt.

4.4.2.3 Flexion des Lemmas in seinen verschiedenen Bedeutungen

Vorweg sei bemerkt, daß *Betriebe* stets nur als Pluralform und nicht etwa auch als Form des Dativs Singular in den von uns untersuchten Texten – wie auch in den Texten des LIMAS-Korpus – gebraucht wird.

Somit ist das Lemma *Betrieb* in seiner Bedeutung I durch die Flexionsformen des Singulars *Betrieb* und *Betriebes* sowie durch die Flexionsformen des Plurals *Betriebe* und *Betrieben*, in der Bedeutung II durch die Flexionsformen des Singulars *Betrieb* und *Betriebes*, in der Bedeutung III durch die Flexionsformen des Singulars *Betrieb* und *Betriebs* in dem von uns analysierten Korpus belegt.

Zwei Dinge fallen auf: zum einen, daß *Betrieb* in seinen Bedeutungen II und III lediglich durch Singularformen belegt ist; zum anderen, daß für die Bedeutungen I und II als Genitivform *Betriebes* und für die Bedeutung III die Genitivform *Betriebs* gebraucht wird.

Was zunächst einmal die Genitivformen *Betriebs/Betriebes* betrifft, so läßt sich zum einen feststellen, daß im LIMAS-Korpus für die Bedeutungen I und II beide Formen in nahezu gleicher Häufigkeit belegt sind, so wissen wir zum anderen, daß *-s* und *-es* alternative Genitivendungsformen dieses Flexionsparadigmas sind. In den Grammatiken heißt es, und die Belege aus dem Bonner Zeitungskorpus bekräftigen die Auffassung, daß die volle Form auf *-es* bevorzugt verwendet wird bei stark flektierten Maskulina und Neutra mit betonter Endsilbe, die nicht auf Zischlaut enden. Während Klappenbach/Steinitz (1974) in ihrem Wörterbucheintrag *Betrieb* als Genitivendung lediglich *-es* angeben, finden sich bei Drosdowski (1976) und Brockhaus-Wahrig (1980) beide Möglichkeiten der Genitivbildung verzeichnet: *-(e)s*.

Daß *Betrieb* in seinen Bedeutungen II und III sowohl im Bonner Zeitungskorpus als auch im LIMAS-Korpus nicht im Plural verwendet wird, bestätigt die aus den Wörterbüchern gewonnene Hypothese. Unerklärlich muß allerdings bleiben, aus welchem Grund Klappenbach/Steinitz (1974) bei *Betrieb* in seiner Bedeutung III die Pluralbildung lediglich als „ungebräuchlich" bezeichnen.

4.4.2.4 Kollokationen

In den folgenden Listen sind mit der Angabe der entsprechenden Häufigkeit des Vorkommens die Kollokationen zusammengestellt, in denen sich das Lemma *Betrieb* in unseren Texten belegt findet.

Wir unterscheiden folgende Typen von Kollokationen:

1. Attribute des Lemmas
   1.1 Adjektiv-Attribute
   1.2 Genitiv-Attribute
   1.3 Präpositional-Attribute
2. Parataxen
3. Lemma als Attribut
   3.1 als Genitiv-Attribut
   3.2 als Präpositional-Attribut.

Als besonderer Typus von Kollokation dürfen kompositionelle Fügungen gelten. Wir haben deshalb im folgenden ebenso die mit *Betrieb* gebildeten Komposita aufgeführt, die in unserer Textauswahl belegt sind. Die Liste der Komposita haben wir mithilfe der aus den Texten gewonnenen Indices zusammengestellt. Wir unterscheiden und führen gesondert die Fälle auf, in denen das Lemma als Grundwort und in denen es als Bestimmungswort vorkommt.

Anzumerken ist noch, daß aus den folgenden Listen zu ersehen ist, in welcher Stichprobe (WE= „Die Welt", ND= „Neues Deutschland") die einzelnen Kollokationen vorkommen und welche Bedeutung *Betrieb* in jedem einzelnen Fall hat. Außerdem sind DDR-Spezifika und BRD-Spezifika als solche gekennzeichnet.

Daß auch diese letztgenannte Charakterisierung einer systematischen Textauswertung entstammt, soll hier nur angedeutet, aber nicht weiter ausgeführt werden (83).

Zum Problem BRD- und DDR-spezifischen Wortschatzes gibt es nicht allein eine Vielzahl von Publikationen, sondern auch mehrere Ansichten (84). Unstrittig ist, daß es BRD- und DDR-Spezifika gibt; auseinander gehen die Auffassungen allerdings über Art und Ausmaß der Divergenzen sowie darüber, welche Ursachen und welche Folgen sie haben.

In jedem Fall muß ein Wörterbuch der deutschen Gegenwartssprache dann, wenn sie aufweisbar sind, neben möglichen anderen auch die arealen Varietäten aufführen; und zwar in solcher Weise, daß nicht der Eindruck entstehen muß, das in der BRD gesprochene und geschriebene Deutsch sei die Norm, von der das in der DDR, in Österreich und in der Schweiz gesprochene und geschriebene Deutsch in einzelnen Fällen abweiche.

83 Wir verweisen hier nur auf die bisher erschienenen Ergebnisse des DFG-Projekts „Ost-West-Wortschatzvergleiche"; Haehnel/Krause/Schaeder (1978), Haehnel (1978), Hellmann (1976), Lange/Pfafferott/Schmidt (1978), Schaeder (1978c) und Schmidt (1979). Ein umfangreicher Forschungsbericht erscheint in der Reihe „Forschungsberichte des Instituts für deutsche Sprache"; vgl. Hellmann (1981) . Über DDR-spezifischen Wortschatz gibt das Wörterbuch von Kinne/Strube-Edelmann (1980) Auskunft.

84 Einen Überblick über die Diskussion zum sogenannten „sprachlichen Ost-West-Problem" bietet der von Hellmann (1980) herausgegebene Sammelband.

	KOLLOKATIONEN	Bedeutung	GESAMT		Die Welt WE			Neues Deutschland ND		
			WE	ND	54	64	69	54	64	69
1.	Attribute des Lemmas									
1.1	anstaltseigener B.	I	1			1				
	arisierter	I		1					1	
	ausscheidender	I	1			1				
	automatisierter	I		1						1
	bäuerlicher	I	1	1		1		1		
	Berliner	I		7				5	1	1
	bester	I		1				1		
	bestreikter	I		1				1		
	bezirksgeleiteter	I		1					1	
	Budapester	I		1						1
	chemischer	I	1	1		1		1		
	deutscher	I		1				1		
	Dresdner	I		2				1	1	
	eigener	I		1					1	
	eigener landwirtschaftlicher	I	1			1				
	elektrischer	II	1			1				
	elektronischer	I	1			1				
	enteigneter	I		1				1		
	ergaunerter	I		1					1	
	evakuierter landwirtschaftlicher	I		1				1		
	Finsterwalder	I		1					1	
	führender	I		2					1	1
	fortschrittlicher	I	1			1				
	gastronomischer	I	7			1	6			
	gemischter	II	1		1					
	gemüseerzeugender	I		1						1
	Geraer	I		1				1		
	gewerblicher	I	5		2	3				
	gewöhnlicher	III		1				1		
	gleichartiger	I	1				1			
	gleichgestellter	I	1							1
	Greizer	I	1					1		
	großer	I	2	4	1	1		2	1	1
	großer altrenomierter	I	1			1				
	großer Bremer	I	1			1				
	großer Bitterfelder	I		1				1		
	größerer	I	3	2	2		1	1		1
	größter	I		1				1		
	größter chemischer	I		1				1		
	guter	I	1		1					
	halbstaatlicher	I		1					1	
	Hallenser	I		1				1		
	handwerklicher	I	1		1					
	jüdische tschechische	I		1					1	
	kapitalistischer	I		3				1	2	
	Karlsruher	I		1					1	

KOLLOKATIONEN (Forts.)	Bedeutung	GESAMT		WE			ND		
		WE	ND	54	64	69	54	64	69
kleiner	I	2	1	1	1		1		
kleinerer	I	1	1			1	1		
kohleverbrauchender	I		1				1		
konkursreifer	I	1			1				
landwirtschaftlicher	I	6	1	1	1	4		1	
laufender	II	1			1				
lebenswichtiger	I		1				1		
leistungsfähigster	I		1				1		
meldepflichtiger	I	1			1				
metallurgischer	I		2				1	1	
metallverarbeitender	I	1			1				
mittelständischer (BRD)	I	1				1			
mittlerer	I	4	1	3		1	1		
moderner	I	2				2			
mondäner	III	1			1				
Moskauer	I		1						1
neuer	I		3		2	1			
neuer fleischverarbeitender	I		1				1		
ostafrikanischer	I	1				1			
öffentlicher	I	1			1				
örtlicher	I		1				1		
österreichischer	I	1			1				
politischer	I	2				2			
privatkapitalistischer	I		3				3		
produzierender	I	1		1					
ramponierter	I	1						1	
reger	III		1					1	
registrierter	I	1			1				
Rostocker	I		1					1	
roter	I		1						1
sozialistischer	I		5				5		
schwer kriegszerstörter	I		1				1		
staatlicher	I		1				1		
staatlicher sozialistischer	I		1				1		
stillgelegter	I	1			1				
stillstehender	I		1				1		
technisch fortschrittlicher	I	1				1			
traditionsreicher Moskauer	I		1						1
unrentabler	I	2			1	1			
unwettergeschädigter	I		1				1		
übergebener	I		2				2		
üblicher	II	1		1					
väterlicher	I	1				1			
viel	III	1			1				
volkseigener (DDR)	I	4	33	4			26	3	4

KOLLOKATIONEN (Forts.)	Bedeutung	GESAMT		WE			ND		
		WE	ND	54	64	69	54	64	69
volkseigener sozialistischer (DDR)	I		1				1		
volkswirtschaftlich wichtiger	I		1						1
vorhandener	I		1						1
wassernutzender	I		1						1
weltbekannter Jenaer	I		1					1	
wertvoller	I		1				1		
Westberliner	I		3				3		
westdeutscher	I		1					1	
wichtiger	I	1	3		1			2	1
zentral verwalteter	I		1				1		
zerstörter	I	1				1			
privater	I		1						1
1.2 B. der Anlagen	II	2			1	1			
der Aktiengesellschaften (BRD)	I		1				1		
der Automobilindustrie	I		1				1		
des Baugewerbes	I	1				1			
der Bauindustrie	I		1				1		
Berlins	I		2				2		
des Bezirks	I		5				4	1	
des Bundesgebietes	I	1			1				
der Bundesrepublik	I		1						1
der Chemie	I		1						1
des Chemianlagebaues	I		1					1	
der DDR	I		1				1		
der Deutschen Demokratischen Republik	I		2				2		
des Drive-in-Kinos (BRD)	II	1							
dieser Eigentumsform	I		1						1
des Einzelhandels	I		1						1
der Elbestadt	I		1						1
der Energiesysteme	II		1						1
des Fiat-Konzerns	I		1						1
der Flugzeugkonstruktion	I	1			1				
der Forstwirtschaft	I		1						1
der Freundschaft	I		1				1		
des Handwerks	I	1		1					
der Hauptstadt	I		1					1	
der Hauptverwaltung	I		1				1		
der Howaldtswerft	I	1				1			
der Industrie	I	1	5		1		2	2	1

KOLLOKATIONEN (Forts.)	Bedeutung	GESAMT		WE			ND		
		WE	ND	54	64	69	54	64	69
des Industriezweiges	I	1	1			1			1
der Kohle	I		1				1		
des Kombinats (DDR)	I		1					1	
der Kooperation	I		1						1
der Küche	II	1				1			
des Landmaschinenbaus	I		1				1		
der Landwirtschaft	I		5					3	2
des Meilers	II		1				1		
der Metallurgie	I		1				1		
des Ministeriums	I		1				1		
des Mittelstandes (BRD)	I	1		1					
des Monopolisten	I		1				1		
der Nahrungsgüterwirtschaft	I		1						1
der Nahrungsmittelbranche	I	1			1				
des Oderbruchs	I		1						1
des Ortes	I		1				1		
der Republik	I		1				1		
der Rheinstahl AG	I		1						1
der Spielhallen	II	1			1				
der Spielwarenindustrie	I	1			1				
der Tanzhallen	II	1			1				
des Tischlerhandwerks	I		1				1		
der Traktorenindustrie	I		1				1		
der Waschanlage	II	1				1			
des Werkes	I	1			1				
der Wirtschaft	I	3	1			3			1
der Zigarettenindustrie	I	1			1				
1.3 B. aus dem EWG-Raum	I	1				1			
bis zu 20 Beschäftigten	I	1				1			
im demokratischen Sektor Berlins	I		1				1		
im Kaukasus	I		1				1		
im Rheinland	I	1	1			1	1		
im Bäderstadt-Harz	I	1			1				
im Eischott	I	1			1				
in Erlangen	I	1			1				
in der Freihandelszone	I	1				1			
in Gorki	I		1				1		
in der Hauptstadt der DDR	I		1						1
in Moskau	I		1				1		
in NRW	I	1				1			

KOLLOKATIONEN (Forts.)	Bedeutung	GESAMT		WE			ND		
		WE	ND	54	64	69	54	64	69
in Pepinster	I	1			1				
in Reinickendorf	I		1				1		
in der Republik	I		1				1		
in der Storkower Straße	I		1						1
in Stuttgart-Mühlhausen	I	1			1				
in Westdeutschland	I		1				1		
in den Zonenrandgebieten (BRD)	I	1		1					
mit mehr als 10 Beschäftigten	I	1			1				
mit 2000 Beschäftigten	I	1			1				
mit staatlicher Beteiligung	I		1						1
mit ausländischem Kapital	I	1				1			
mit 1000 Mann Belegschaft	I		1					1	
mit kontinuierlichen Produktionsprozessen	I		1					1	
mit 85 Prozent der Produktion	I		1				1		
mit guten Zuchtergebnissen	I		1					1	
B. Alfons Müller-Wipperfürth	I	1			1				
Bergmann-Borsig	I		2				2		
Grünanlagenbau	I		1						1
Irodageptechnikai Vallalat	I		1						1
Josetti	I		1				1		
Lichtenberger Heimmöbel	I		1				1		
Sächsische Zellwolle	I		1				1		
Schöning	I		1				1		
Transformatorenwerk Oberschönheide	I		1				1		
VEB Aktivist (DDR)	I		1				1		
VEB Bau (DDR)	I		1				1		
VEB Elfe (DDR)	I		1				1		
VEB Schultheiß-Brauerei (DDR)	I		1				1		
2. Parataxen									
B. und Abteilung(en)	I		2				1		1
Akademien	I		1						1
Arbeiterwohnungen	I		1				1		

KOLLOKATIONEN (Forts.)	Bedeut-tung	GESAMT		WE			ND		
		WE	ND	54	64	69	54	64	69
Arbeitgeber (BRD)	I	1		1					
Arbeitsgemeinschaften	I		1						1
Arbeitskollektive	I		1						1
Arbeitsvorbereitung	II	2		1	1				
Bauernwirtschaft	I		1				1		
Baustellen	I		3				1	2	
Behörden	I		1						1
Bereiche	I		1						1
Berufstätiger	I	1			1				
Betriebsakademien (DDR)	I		1					1	1
Betriebsferienheime (DDR)	I		1				1		
Betriebsteil	I		1						1
Bezirke	I		1					1	
Braunkohlenindustrie	I		1					1	
Brücken	I		1				1		
Büromaschinenwerk	I		1						1
Dienststellen	I		1						1
Dörfer	I		1				1		
Einrichtungen	I		1					1	
Einwohner	I	2	1			2		1	
Einzelpersonen	I		1				1		
Entwicklung	II	1		1					
Erholungsheime	I		1				1		
Fabriken	I	2		2					
Fertigung	II	1		1					
Forschungsinstitute	I		1						1
Gaststätten	I		1						1
Gebäude	I	1				1			
Gemeinden	I		1					1	
Gemeinschaft	I		1						1
Genossenschaft(en)	I		2					1	1
Geschäft(e)	I	9	1		5	4			1
Geschäftsleben	I	1				1			
Gesellschaft	I		2					1	1
Gewerke	I		1						1
Gewerkschaften	I		1				1		
Großhandelslager	I		1						1
Güter	I		3				1	2	
Handel	I	1	2			1	1	1	
Handwerk	I		1				1		
Handwerksbetriebe	I		2						2
Häuser	I		1					1	
Hochschulen	I		1					1	
Hotels	I		1						1
Hüttenwerke	I		1					1	
IG des DGB	I		1				1		
Industrie	I		2				1	1	
Industrieanlagen	I	8			4	4			
Industriezweige	I		1					1	

KOLLOKATIONEN (Forts.)	Bedeutung	GESAMT		WE			ND		
		WE	ND	54	64	69	54	64	69
Institute	I		6					5	1
Institution(en)	I		6				1	1	4
Klubhäuser	I		1				1		
Kollege	I		1					1	
Kollektive	I		1						1
Kombinate (DDR)	I		1						1
Konstruktion	II	1		1					
Konstruktionsbüros	I		1						1
Kreisausschüsse	I		1				1		
Kreise	I		2				1	1	
Laboratorium	I	1		1					
Labors	I		1					1	
Kraftwerke	I		1					1	
Land	I		1				1		
Landwirtschaft	I		2				1		1
Lohnfertigungen	I	1				1			
LPG (DDR)	I		1					1	
Massen der Bevölkerung	I		1				1		
Massenorganisationen (DDR)	I		2				1		1
Metallbetriebe	I		1				1		
Ministerien	I	1	1			1	1		
Mitarbeiter	I		1						1
Organisationen	I	1	2			1	2		
örtliche Organe	I		3						3
Ortsausschüsse	I		1				1		
Ortschaften	I		1				1		
Partei(en)	I		3						3
Parteiorganisationwn	I		1				1		
Planung	II	2		2					
Presseunternehmen	I	1				1			
Privatmann	I	1			1				
Produktionsgenossenschaften (DDR)	I		2				1	1	
Produktionsleitung	I		1					1	
Sanatorien	I		1				1		
Schicht	I		1				1		
Schule(n)	I	3	7	2		1	3	2	2
Städte	I		1				1		
Stempelstellen	I		1				1		
Spindeln	I	1			1				
Spinnerei	I	1			1				
Straßen	I		2				1	1	
Tankstellen	I	1				1			
Taxiflotten	I	1				1			
Territorium (en)	I		2						2
Tiefbaukombinat (DDR)	I		1						1
Trusts (BRD)	I		1					1	
Universität(en)	I	1	1			1			1
VBB (DDR)	I		2					2	

KOLLOKATIONEN (Forts.)	Bedeutung	GESAMT		WE			ND		
		WE	ND	54	64	69	54	64	69
VBB-Verband (DDR)	I		1					1	
VEB (DDR)	I		2						2
Verbraucher	I	1				1			
Vereinigungen	I		1						1
Verkaufsstellen	I		1				1		
Verkehrsanlagen	I	1			1				
Verlag Neues Deutschland	I		1				1		
Versicherungspflichtige	I		1					1	
Verwaltung(en)	I	2	14		1	1	9	5	
Verwaltungsstellen	I	1			1				
Volkshochschulen	I		1					1	
Volkswirtschaft	I		2					2	
Wasserwege	I		1				1		
Weberei	I	1			1				
Webstühle	I	1			1				
Werbung	II	1		1					
Werktätige (DDR)	I		1					1	
Wirtschaft	I		1						1
Wirtschaftszweige	I		1				1		
Wohngebiet(en)	I		3					3	
Wohnungen	I		1				1		
Zweige der Industrie	I		1					1	
3. Lemma als Attribut									
3.1 Abgesandte des Betriebes	I		1				1		
Abordnungen	I		1					1	
Abteilung(en)	I		2				2		
Angehörige	I		2				2		
Angestellte	I		2				2		
Anleitung	I		1				1		
APO (BRD)/(DDR)	I		1						1
Arbeit	I		2				1	1	
Arbeiter	I		10				6	3	1
Arbeitskollektive	I		1						1
Arisierung	I		1					1	
Aufbau	I	1			1				
Aufgabe(n)	I		2				1		1
Aufklärer (DDR)	I		1				1		
Ausbau	I	1			1				
Ausrüstungen	I		1				1		
Ausscheiden	I	1			1				
Ausstellung	I		1					1	
Ausweitung	I	1		1					
Bedarfsartikel	I		1				1		
Beispiel	I		1						1
Belange	I		1						1
Belegschaft(en)	I		6				6		
Bereich(e)	I	1	1		1		1		
Besitzer	I		1				1		

KOLLOKATIONEN (Forts.)	Bedeutung	GESAMT		WE			ND		
		WE	ND	54	64	69	54	64	69
Betreten	I		1				1		
Betriebsgewerkschaftsleitungen (DDR)	I		1				1		
Brigaden (DDR)	I		1						1
Delegationen	I		1						1
Delegierte	I		1				1		
Dezentralisation	I	1			1				
Direktoren	I		3				2	1	
Eigenart	I	1		1					
Entwicklung	I		1						1
Erfolg	I		1				1		
Einzelheiten	II	1			1				
Einschränkung	II		1				1		
Errichtung	I	3			1	2			
Erzeugnisse	I		3					3	
Exportquote	I		1					1	
Fachberater	I		1						1
Festigung	I		1				1		
Frauen	I		1				1		
Frauenausschüsse	I		1				1		
Freundschaft	I		1						1
Führung	I		1						1
Genossen	I		1				1		
Gesamtleitung	I	1			1				
Gesamtzahl	I		1				1		
Gewinne	I		3				3		
Größe	I		1				1		
Haupterzeugnisse	I		1					1	
Industrieladen	I		1				1		
Ingenieure	I		1					1	
Inhaber	I	1			1				
Initiativprogramm	I		1						1
Interesse	I	1		1					
Jugendliche	I		1						1
Jungarbeiter	I		1				1		
Kaderabteilungen (DDR)	I		1						1
Kalkulation	I	1			1				
Kapazität	I		1						1
Kollegen	I		4				4		
Kooperation	I		2						2
Kulturgruppe (DDR)	I		3				3		
Kulturhäuser (DDR)	I		1				1		
Kulturveranstaltungen	I		1				1		
Labor	I		1				1		
Lage	I		1				1		
Lehrlinge	I		2				2		
Lehrwerkstatt	I		1				1		
Leistungen	I		1					1	
Leistungsfähigkeit	I	1	1		1			1	
Leiter	I	1	3		1		1	2	
Leitung(en)	I	3	7	1		2	3	3	1

KOLLOKATIONEN (Forts.)	Bedeutung	GESAMT		WE			ND		
		WE	ND	54	64	69	54	64	69
Lenkung	I	1				1			
Mannigfaltigkeit	I	1			1				
Massenbedarfsgütersortiment	I		1				1		
Meister	I		1					1	
Mitarbeiter	I		1					1	
Modernisierung	I		1						1
Möglichkeiten	I	1				1			
Neuansiedlung	I	1			1				
Niveau	I		1				1		
Organe	I		1						1
Parteileitung	I		1				1		
Parteiorganisation	I		3				3		
Perspektive	I		2					2	
Perspektivplan	I		1					1	
Probleme	I		1					1	
Produktion	I		2				2		
Produktionsleiter	I		1				1		
Produktionserfolge	I		1						1
Propagandakommission (DDR)	I		1				1		
Rationalisierung	I	1			1				
Rationalisierungsmaßnahmen	I		1				1		
Referenten	I		1				1		
Rekonstruktion (DDR)	I		1						1
Rentabilität	I	1	7				6	1	
Rote Ecke (DDR)	I		1				1		
Schaltgerätwerk	I		1				1		
Sekretär(e)	I		2				2		
Spezialisierung	I		1						1
Spitze	I		1					1	
Stillegung	I	2		1		1			
Tor	I		1						1
Übergabe	I		2				2		
Übergabe-Akten	I		1				1		
Übernahme	I	1	2		1		2		
Überwachung	I	1		1					
Veranstaltung	I		1						1
Vereinigungen	I		1					1	
Verlagerung	I	1			1				
Versorgung	I	1				1			
Vertreter	I		2						2
Vielzahl	I		1					1	
Wahlhelfer	I		2				2		
Werkhalle	I		1				1		
Werkleiter	I		1				1		
Werktätige (DDR)	I		11				9	1	1
Werkdirektoren	I		1					1	
Wettbewerb	I	1			1				
Wettbewerbsfähigkeit	I	1			1				

KOLLOKATIONEN (Forts.)	Bedeutung	GESAMT		WE			ND		
		WE	ND	54	64	69	54	64	69
Wettbewerbsprogramm	I		1						1
Wiederaufbau	I	1				1			
Wohl	I		1						1
Wünsche	I		1				1		
Zahl	I	1			1				
Zusammenarbeit	I		3				2	1	
Zusammenwirken	I		2				1		1
3.2 Abschlüsse für B.	I		1				1		
Aktivisten aus (DDR)	I		2				1	1	
Angestellte aus	I		1				1		
Angst vor	III	1			1				
Anlagen aus	I	1				1			
Arbeit in	I		7				5	1	1
Arbeiter aus/in	I		6				6		
Arbeitsbedingungen in	I		1						1
Arbeitsnormen in	I		1				1		
Arbeitsschutzvorrichtungen in	I		1				1		
Ärger über	I		1						1
Aufklärungsarbeit in (DDR)	I		1				1		
Aufnahme in	I	1			1				
Ausbildung in	I	1		1					
Ausscheiden aus	I	1		1					
Basis in	I		1						1
Beispiele aus	I		1				1		
Beratungszeitschrift für	I	1				1			
Beziehungen in	I		1					1	
Bindeglied zwischen	I		1				1		
Bürger aus	I		1					1	
Delegation aus	I		3				1	1	1
Delegierte aus	I		1				1		
Demokratie in	I	1		1					
Einheirat in	I	1			1				
Einstellung in	I	1			1				
Entlohnung in	I		1				1		
Episode aus	I		1				1		
Freiwillige aus	I		1				1		
führende Kraft in	I		1					1	
Funktionäre aus/in	I		2				2		
Funktionen in	I		1				1		
Gemeinschaftsarbeit zwischen	I		1						1
Genossen aus/in	I		2				2		
(Straf-)Gerichte in	I	1			1				
Geschäftsabschlüsse mit	I		1				1		
Gewinn für	I		1						1
Gliederung in	I	1				1			
Helfer aus	I		2					2	
Herstellung in	I		1				1		

KOLLOKATIONEN (Forts.)	Bedeutung	GESAMT		WE			ND		
		WE	ND	54	64	69	54	64	69
Hilfe aus/für/in	I		3				3		
Hygienedienst für	I	1			1				
Infektionsquellen in	I	1			1				
Jugendliche aus	I		1				1		
Kader aus	I		1				1		
Kollegen in	I		4				4		
Kommissionen aus	I		1				1		
Kontaktfähigkeit zu	I	1			1				
Kooperation mit	I	1	1			1			1
Kosten in	I		2				1	1	
Kulturgruppen aus	I		1				1		
Lage in	I		2				2		
Landwirt mit	I	1				1			
Leben in	I		2				1		1
Lebensbedingungen in	I		1						1
Lebensstelle in	I	1			1				
Leistungen für/in	I		2					1	1
Leitung in	I		1						1
Leitungssitzungen in	I		1					1	
Lösung für	I	1				1			
Maikomitees in	I		1						1
Mitarbeiter aus	I		1				1		
Mitbestimmung in	I		1						1
Mitbestimmungsrecht in	I		1					1	
Neuverteilung der Arbeitskräfte auf	I		1				1		
Ordnung in	I		1					1	
Parteiorganisation(en) (DDR)	I		2				2		
Parteisekretäre in	I		1						1
Planung in	I		1						1
Produktion in	I		1				1		
Produktionsarbeiter in	I		1				1		
Produktionsberatungen in	I		2				2		
Propagandisten aus	I		1				1		
Rationalisierung in	I		1						1
Rechte in	I		2				1		1
Remilitarisierung in	I		1				1		
Reserven in	I		1						1
Rolle in	I		1				1		
Saatgut aus	I		1					1	
Senator für Verkehr und B.e (BRD)	I	1			1				
Senatsdienststelle für Verkehr u.B.e (BRD)	I	1			1				
Senatsverwaltung für Verkehr u.B.e (BRD)	I	1			1				
Sicherheit in	I		1					1	
Sicherheitsingenieur in	I		1				1		
Standort für	I	1				1			

KOLLOKATIONEN (Forts.)	Bedeutung	GESAMT		WE			ND		
		WE	ND	54	64	69	54	64	69
Stellung in	I		1					1	
Tätigkeit für/in	I	2		2					
Techniker aus/in	I		2				2		
Überzeugungsarbeit innerhalb (DDR)	I		1				1		
Verantwortlichkeit für	I		1					1	
Verbleiben eines Gewinnanteils bei	I	1				1			
Verhältnisse in	I		1				1		
Versammlungen in	I		1				1		
Vertragsabschluß mit	I		1				1		
Vertreter aus	I		1				1		
Vieh aus	I		1				1		
Weben in	I	1			1				
Werktätige aus/in(DDR)	I		8				7	1	
Wettbewerbsvorhaben in	I		1						1
Wirken der ökonomischen Gesetze in	I		1					1	
Wirtschaftsfunktionäre aus	I		1				1		
Zusammenarbeit mit/zwischen	I		3				1	1	1
Zustände in	I		1				1		

VORKOMMEN IN KOMPOSITA	Bedeutung	GESAMT		WE			ND		
		WE	ND	54	64	69	54	64	69
1. Lemma als Grundwort									
-betrieb/-Betrieb									
Abbau	I		1					1	
Ackerbau	I	1			1				
AEG-	I		1						1
Amateur	II	1				1			
Apparate-	I	1		1					
Arzneimittelhersteller	I	1			1				
Ausbau	I		1				1		
Automatisierung	I		1						1
Bade	III		1					1	
Bagger	I	1		1					
Bar	III	2		1	1				
Bau	I		4				1	2	1
Bearbeitungs	I	1		1					
Betreuungs	I	1			1				
Bezirksbau	I		1				1		
Blechschneide	I	1			1				
Blechverarbeitungs	I	1				1			
Brau	I	1				1			
Braunkohlen	I		1				1		
Bus	II	1			1				
Chemie	I		4					4	
Chromat	I		2					2	
DDR-	I		2						2
Dienstleistungs	I	1	3			1		3	
Dieselmotoren	I	1		1					
Dock	I	1			1				
Druckerei	I	1			1				
DSG- (BRD)/(DDR)	I		1						1
Eigen	II	4			4				
Einmann	I	1			1				
Einzel	I		1						1
Einzelhandels	I	1	1			1		1	
Elektro	I	1	1	1				1	
Elektrogeräte	I	1				1			
Energie	I		2				2		
Erzeuger	I	1		1					
Export	I	1	2			1	1	1	
Fabrik	I	1				1			
Fabrikations	I	4		1	2	1			
Fach	I	1			1				
Fähr	II		1						1
Fahr-	II		1					1	
Familien	I	2	1		2				1
Fertigungs	I	4			3	1			
Filial	I	3		1	2				
Film	I		1						1
Fleischerei	I	1			1				
Flugzeug	II		1					1	

KOMPOSITA (Forts.)	Bedeutung	GESAMT		WE			ND		
		WE	ND	54	64	69	54	64	69
Förder	I	1			1				
Forschungs	III	1				1			
Forstwirtschafts	I		9				1	8	
Frauen	I		1						1
Funk	II	1				1			
Fuhr	I	1				1			
Gastronomie-	I	1				1			
Geschäfts	III	3		3					
Getränkeproduktions	I		1						1
Gewerbe	I	5		2	2	1			
Gießerei	I	1				1			
Greifer	I	1		1					
Groß	I	11	31	6	4	1	8	15	8
Großfilial	I	1			1				
Großgaragen	I	1		1					
Großhandels	I	1	4		1		4		
Grünland	I	1				1			
Guts	I	1		1					
Hafen	I	1	1		1			1	
Handels	I	5	7	1	4				7
Handwerks	I	3	5		3		1	1	3
Heirats	III	1			1				
Heilquellen-Kur	III	1			1				
Herrenschneider	I	1			1				
Hersteller	I		2					1	1
Hersteller-	I	1			1				
Herstellungs	I	2			1	1			
Hoch	III	2	2	1	1			1	1
Holzbearbeitungs	I	1			1				
Hotel	I	4			3	1			
Hütten	I	1	1	1					1
Industrie	I	17	16	5	8	4	4	9	3
Industrie-	I	1				1			
Inlands	I	1		1					
Kantinen	I	1		1					
KFZ-Lackier	I	1				1			
Klein	I	3	3	1	1	1		2	1
Klein-	I	1			1				
Kommunal	I	1	1			1	1		
Konfektions	I	1	2		1		2		
Konsum	I		1						1
Konsumproduktions	I		1				1		
Konzern	I		2						2
Kreis	I		6				3	2	1
Kreislichtspiel	I		1				1		
Küchen	I	1			1				
Kümmer	I	1			1				
Kunstfaser	I		1				1		
Kunststoff-Hersteller-	I	1			1				
Laden	I	1		1					
Land	I	1		1					

KOMPOSITA (Forts.)	Bedeutung	GESAMT		WE			ND		
		WE	ND	54	64	69	54	64	69
Landmaschinenbau	I		1					1	
Landmaschinen-Fach	I	1			1				
Landwirtschafts	I		9					8	1
Lebensmittel-Groß-filial	I	1		1					
Lebensmittelfilial	I	1		1					
Lebensmittel-Filial	I	3		3					
Lehr	I	4	2	1		3	1	1	
Leit	I		4					3	1
Liefer	I		1					1	
Lohn	I	1				1			
Lohnausrüstungs	I	1			1				
Maschinenbau	I		5				1	2	2
Mast	I		1					1	
Metall	I		2				2		
Mittel	I	3	5		3		2	1	2
Molkerei	I	1			1				
Montage	I		1						1
Nachrichten	I		1				1		
Nahrungsmittel	I		1				1		
Nahverkehrs	I		1				1		
Neben	I	3		1	2				
Netz	II		2						2
Nylon	I	2				2			
Obstverwertungs	I	1		1					
Opern	III	1				1			
Papierverarbeitungs	I	1		1					
Partner	I		3						3
Paten	I		2				2		
Patenschafts	I		1				1		
Pflastermeister	I	1		1					
Privat	I		2				1	1	
Probe	II		1					1	
Produktions	I	6	5	2	2	2	1	3	1
Reinigungs	I	1			1				
Reit	III	1				1			
Reparatur	I		3				2	1	
Restaurations	I		1				1		
Rohbau	I		1				1		
Rüstungs	I		2				1	1	
Saal	I	2			1	1			
Samenzucht	I		1					1	
Saison	II	1			1				
S-Bahn-	II		1						1
Schicht	II		3						3
Schleifmittel	I	1				1			
Schleifmaschinen	I		1						1
Schueco-Fach	I	1				1			
Schweiß	I	1	1	1			1		
Schweißfach	I	1				1			
Schwermaschinenbau	I		2				1	1	

KOMPOSITA (Forts.)	Bedeutung	GESAMT		WE			ND		
		WE	ND	54	64	69	54	64	69
Sommer	II	1			1				
Spezial	I		2				1	1	
Sport	III	1				1			
Staats	I	1				1			
Steinkohle	I	1			1				
Stickstoffsalz	I		2					2	
Stiftungs	I	1				1			
Straßenbau	I	1		1					
Strickerei	I	1				1			
Studien	III	1				1			
Supermarkt/Lebens-mittel-Filial	I	1			1				
Tagebau	II		1					1	
Tages	II	1		1					
Telex	II	1				1			
Tetraäthylblei	I		1					1	
Textil	I	5	1	1	3	1		1	
Textil-	I	1			1				
Träger	II		2						2
Transport	I		1						1
Übertage	II	1		1					
UKW-	II								
Universitäts	III	1				1			
Verarbeitungs	I	3	2	2	1				2
Verbund	II		1					1	
Vergnügungs	III	2			2				
Verkehrs	I	7	6	5	1	1	3	2	1
Versorgungs	I		2					2	
Verzahnungs	I		1					1	
Viehzucht	I		1					1	
Vulkanister	I		1					1	
Wäscherei	I	1				1			
Wasserwirtschafts	I		1					1	
Werft	I		1				1		
Werkstatt	II		1						1
Wettkampf	III		1						1
Winter	II	3			2	1			
Zellwolle	I		4				4		
Zimmerei	I	1			1				
Zubringer	I		1				1		
Zucht	I		2					2	
Zug	II								
Zuliefer	I	1	3			1	2		1
Zulieferungs	I		1					1	
Zweig	I	1			1				
Zweischicht	II		1						1
2-Saison-	II	1				1			

KOMPOSITA (Forts.)	Bedeutung	GESAMT		WE			ND		
		WE	ND	54	64	69	54	64	69
2. Lemma als Bestimmungswort									
B.-ablauf	I	1	2		1		1	1	
-abrechnung	I	6	1	4	2			1	
-abschluß	I	1			1				
-abteilung	I	3	2		2	1	2		
-akademie (DDR)	I		3					3	
-aktivtagung (DDR)	I		1				1		
-angehöriger	I	1	7		1		3	1	3
-anlage	I	2		1	1				
-arbeiter	I		5				4		1
-art	II		1					1	
-assistent	I	2		2					
-atmosphäre	I	1				1			
-ausfall	II		1				1		
-ausgabe	I	3	1	3					1
-bedingung	II	1	2			1	1	1	
-belegschaft	I		1				1		
-berater	I	1				1			
-Berater	I	2		1		1			
-berufsschule (DDR)	I		3					3	
-beschreibung	I	1			1				
-besichtigung	I		1				1		
-besuch	I		1						1
-buchhalter	I	2		2					
-büro	I	1				1			
-dauer	II		3					3	
-delegiertenkonferenz	I		4				1		3
-direktor	I	2			1	1			
-direktion	I		1						1
-druck	II		1					1	
-druckerei	I	1				1			
-einheit	I	2	1			2			1
-einrichtung	I	1			1				
-erfahrung	I	2		2					
-ergebnis	I	3	1		2	1			1
-erholungsheim	I	3		3					
-fahrt	I	1			1				
-feier	I		1				1		
-ferien	I		3				1	2	
-ferienheim (DDR)	I	1	3		1		1	1	1
-Ferienheim (DDR)	I	1	1			1		1	
-ferienlager (DDR)	I		3				2	1	
-fest	I	1			1				
-friedensrat	I		3				3		
-führer	I		2					2	
-funk	I		1				1		
-funkredakteur	I		2				2		
-funktionär (DDR)	I		1				1		
-gebäude	I	4		1	2	1			
-gelände	I	2	1			2	1		

KOMPOSITA (Forts.)	Bedeutung	GESAMT		WE			ND		
		WE	ND	54	64	69	54	64	69
-gerät	I		1				1		
-gericht	I	1			1				
-gewerkschaft (DDR)	I	2			1	1			
-gewerkschaftsleitung (DDR)	I		14				9	1	4
-gewinn	I	2	1			2	1		
-größe	I	1	1	1					1
-grundstück	I	5			4	1			
-Grundstück	I	1				1			
-gruppe	I		4				4		
-handwerker	I		1				1		
-hygiene	I	2			2				
-Hygiene	I	4			4				
-ingenieur	I	6		3	2	1			
-inhaber	I	2			1	1			
-jugendvertretung	I		1						1
-kalkulation	I	1		1					
-kapital	I	4		2	1	1			
-klima	I	9	1	3	6			1	
-kollektiv (DDR)	I		2					1	1
-kollektivvertrag (DDR)	I	1			1				
-kontrolle	I	1			1				
-kosten	I	2	1	1		1	1		
-kostenrechnung	I	1		1					
-kostensatz	I	1			1				
-krankenkasse	I	2				2			
-küche	I		2				1	1	
-leiter	I	10	14	6	2	2	8	6	
-leiter-Assistent	I	2				2			
-leitung	I	6	19	2		4	14	3	2
-lenkung	I	1				1			
-mittel	I		1					1	
-mittelkonstruktion	I	1				1			
-mittelkostensenkung	I	1		1					
-mittelkredite	I	3				3			
-mittelplaner	I	1				1			
-neubau	I	1			1				
-olympiade (DDR)	I		1						1
-organisation	I	7	1	4	2	1	1		
-pachtvertrag	I	1				1			
-parteileitung (DDR)	I		1				1		
-parteiorganisation (DDR)	I		33				32		1
-plan (DDR)	I		5				3	2	
-poliklinik (DDR)	I		3				2	1	
-preis	I		1					1	
-prüfung	I	4		1	1	1			
-psychologie	I	1		1					
-rat (BRD)	I	22	22	5	11	6	13	4	5
-ratsmitglied (BRD)	I	2	2		1	1	2		
-ratsvorsitzender (BRD)	I	2	4	2			3		1

KOMPOSITA (Forts.)	Bedeutung	GESAMT		WE			ND		
		WE	ND	54	64	69	54	64	69
-rationalisierung	I	1		1					
-raum	I	7		4	2	1			
-reinhaltung	I	1			1				
-risiko	I	1		1					
-ruhe	I	1				1			
-schluß	I		2						2
-schreinerei	I	1		1					
-schule	I		1				1		
-schutz	I		1				1		
-schutzmann (-leute)	I		2				2		
-sektion	I		1						1
-spannung	II		1					1	
-sportgemeinschaft (DDR)	I	1			1				
-stätte	I	1			1				
-störung	II	4	1	4			1		
-stoff	II	11		3	8				
-stunde	II	1	2		1			2	
-stundenzähler	II		1					1	
-teil	I	1	26		1		3	12	11
-umstellung	I	1			1				
-unfall	I		1				1		
-untersuchung	I	1			1				
-verfassung (BRD)	I		3						3
-verfassungsgesetz (BRD)	I	7	5	2	3	2	4	1	
-vergleich	I		1				1		
-verlagerung	I	1			1				
-verlegung	I	1		1					
-verlust	I	1		1					
-versammlung (BRD)	I	1	2			1	2		
-vorrat	I	1		1					
-werkstatt	I		1				1		
-wirt	I	17		2	1	14			
-wirtschaft	I	4	1	1		3		1	
-wirtschaftler	I	2	2	2				2	
-wirtschaftsakademie	I	2				2			
-wirtschaftslehre	I	2		1	1				
-wirtschaftsrat	I		1					1	
-zar	I	1			1				
-zeit	II		1					1	
-zeitung	I	1	1	1			1		
-zelle	I		1						1

4.4.2.5 Vorkommen des Lemmas in phraseologischen Verbindungen

Die meisten Definitionen dessen, was z.B. von Agricola (1976,30) „feste Wortverbindungen" oder „Redewendungen" oder „phraseologische Verbindungen", von amerikanischen Autoren gemeinhin „idioms", von Friederich (1966) „idiomatische Redewendungen", von Rothkegel (1973) „feste Syntagmen" und im Hinblick auf deren lexikalische Erfassung auch „Wortgruppenlexeme" genannt wird (85), stimmen darin überein, daß es sich hierbei um semantische Einheiten handelt, deren Bedeutung sich nicht aus der Bedeutung der Einzelteile herleiten läßt.

Als ein Typus solcher phraseologischen Verbindungen werden z.B. von Rothkegel (1973,50-55) und von Häusermann (1977,34-37) die sogenannten Funktionsverbgefüge angesehen.

Das Fehlen eines Artikels kann als Indiz dafür gewertet werden, daß bei Verbindungen wie *in/außer Betrieb sein, in/außer Betrieb setzen, in Betrieb nehmen* phraseologischer Gebrauch, und zwar des Typs Funktionsverbgefüge vorliegt.

Sehen wir zunächst, wie die von uns zu Rate gezogenen Wörterbücher in diesen Fällen verfahren.

Die auch als solche markierten Fälle „wiederholter Rede" (86) *den ganzen Betrieb satt haben* (von Drosdowski (1976) und Brockhaus-Wahrig (1980) der Bedeutung III zugerechnet und von Klappenbach/Steinitz (1974) mit der zusätzlichen stilistischen Einschätzung „salopp abwertend" zu einer 4. Bedeutung des Lemmas *Betrieb* erklärt) und *den (ganzen) Betrieb aufhalten* (nur von Drosdowski (1976) gebucht und von ihm der Bedeutung II zugerechnet) sind in den von uns ausgewerteten Texten nicht belegt.

Anders steht es mit den oben genannten Funktionsverbgefügen, die sämtlich im Bonner Zeitungskorpus vorkommen, und zwar zum Teil mehrfach.

Die Wörterbücher verfahren beim Registrieren und Einordnen dieser Verbfunktionsgefüge mehr oder weniger unterschiedlich. *In Betrieb stellen* wird nur von Klappenbach/Steinitz (1974) aufgeführt, von ihnen der Bedeutung II zugerechnet und gleichzeitig *in Betrieb* durch *in Dienst* paraphrasiert.

Gemeinsam werden von Agricola (1976), Drosdowski (1971), Drosdowski (1976), Klappenbach/Steinitz (1974) und Brockhaus-Wahrig (1980) nur *in Betrieb sein, in Betrieb setzen* genannt. Es fehlen bei Klappenbach/Steinitz (1974) *außer Betrieb sein*, bei Drosdowski (1976) *in Betrieb nehmen*, im Brockhaus-Wahrig (1980) *außer Betrieb setzen.* Während Agricola (1976), Klappenbach/Steinitz (1974) und Brockhaus-Wahrig (1980) *in Betrieb nehmen* unter der Bedeutung II aufführen, behandelt Drosdowski (1971) es als eigenständige Redewendung.

---

85 Vgl. z.B. Wissemann (1961) und Matuscheck (1977) und Fix (1974/1976).

86 Coseriu (1970b,27).

Im Überblick sieht das folgendermaßen aus, wobei II die Zuordnung zur Bedeutung II des Lemmas *Betrieb* meint und mP bedeutet, daß das betreffende Funktionsverbgefüge zusätzlich paraphrasiert wird:

	DROSDOWSKI 1971	AGRICOLA 1976	DROSDOWSKI 1976	KLAPPENBACH/STEINITZ 1974	BROCKHAUS-WAHRIG 1980
in Betrieb sein	II	II	II mP	II mP	II
außer Betrieb sein	II	II	II mP	–	II mP
in Betrieb setzen	II	II	II	II mP	II
außer Betrieb setzen	II	II	II	II	–
in Betrieb nehmen	idiom.	II	–	II	II
in Betrieb stellen	–	–	–	II mP	–

In den von uns ausgewerteten Texten kommen neben der in keinem Wörterbuch verzeichneten Wendung *in Betrieb gehen* (2mal) vor: *in/außer Betrieb sein* (14mal), *in/außer Betrieb setzen* (4mal), *in Betrieb nehmen* (19mal).

4.4.2.6 Erklärungen zu den Ergebnissen der maschinellen statistischen Auswertung

Bei der Durchsicht der Belege fanden sich auch Erklärungen für einige aus sich heraus nicht erklärbare statistische Ergebnisse, die die maschinelle Textverabeitung bzw. -auswertung erbracht hatte.

Als erstes fällt auf, daß die überwiegende Mehrzahl der Belege mit dem Lemma *Betrieb* aus „Neues Deutschland" (645 Belege) und nur ein wesentlich geringerer Teil (242 Belege) aus „Die Welt" stammt; und das, obwohl die Stichproben aus „Die Welt" nahezu doppelt so viel Text umfassen wie diejenigen aus „Neues Deutschland".

Dies rührt daher, daß die Berichterstattung, die sich mit dem Geschehen in den Betrieben und um die Betriebe, ihrer wirtschaftlichen Leistungsfähigkeit, ihrer organisatorischen Struktur und ihren gesellschaftspolitischen Aufgaben befaßt, im „Neuen Deutschland" insgesamt einen breiten Raum einnimmt,und Artikel zu diesem Thema Betrieb sich nicht – wie es in der Zeitung „Die Welt" fast ausschließlich der Fall ist – allein in den Spalten des Wirtschaftsteils, sondern auch in den Sachgebieten Politik, Soziales Leben, Kulturelles Leben finden.

Die extrem hohe Belegung im „Neuen Deutschland" des Jahrgangs 1954 (370 von insgesamt 818 Belegen mit *Betrieb* in seiner Bedeutung I) ist dadurch zu erklären, daß zum einen die Zeitung – anders als in früheren und anders auch als wieder in späteren Jahren – statt sonst vier- eine Zeit lang fünfspaltig gesetzt wurde und auf diese Weise auch mehr Text als andere Jahrgänge umfaßt, daß zum anderen dem zunehmenden Aufbau bzw. Wiederaufbau der Betriebe und vor allem auch den zum 1.1.1952 in selbständig wirtschaftende Einheiten umgewandelten volkseigenen Betrieben besondere Aufmerksamkeit gewidmet wurde.

Während in „Die Welt" lediglich in einem Text 12 Mal, sonst aber höchstens 6 Mal pro Text von Betrieb die Rede ist, gibt es im „Neuen Deutschland" Texte, in denen das Lemma *Betrieb* 13 Mal, 20 Mal, 24 Mal, ja sogar in einem Fall 27 Mal belegt ist. Allein im Jahrgang 1954 des „Neuen Deutschland" ist das Lemma *Betrieb* in nur neun Texten insgesamt 152 Mal belegt.

Bei solchen Unterschieden in der Häufigkeit des Vorkommens von Zeitung zu Zeitung nimmt es auch nicht wunder, daß die Berechnung mit dem Chi2- als auch mit Proportionen-Test ergab, daß *Betrieb* im „Neuen Deutschland" überzufällig häufiger als in der „Welt" vorkommt.

Zu solchen Frequenzspezifika, die sich allein dadurch auszeichnen, daß sie in signifikanter Weise unterschiedlich häufig gebraucht werden, gehören im Vergleich der beiden genannten Zeitungen nach unseren Berechnungen u.a. auch die folgenden Wörter: (87)

Frequenzspezifika aus „Die Welt": *Arbeitnehmer, Bank, Beteiligung, Büro, Dollar, Ende, Ertrag, Finanzierung, Firmen, Garten, Geschäft, Hoffnung, Hotel, Interessenten, Jahre, Kaffee, Kapital, Küche, Mann, Markt, Minuten, Neubau, Preise, Prozent, Raum, Ruf, Sekunden, Steuern, Tendenz, Unternehmen, Verband, Verkauf, Vorjahr, Vorstand, Wagen, Wert, Zahl, Zimmer.*

Frequenzspezifika aus „Neues Deutschland": *Anerkennung, Arbeit, Arbeiter, Aufbau, Bauer, Befreiung, Bevölkerung, Bewegung, Bürger, Delegation, Deutschland, Demokratie, Einheit, Einsatz, Erfolge, Erklärung, Ernte, Erziehung, Frauen, Freundschaft, Frieden, Gesellschaftsordnung, Gewerkschaft, Imperialismus, Initiative, Jugend, Kampf, Kraft, Kultur, Landwirtschaft, Partei, Pflicht, Plan, Produktion, Qualität, Sicherheit, Solidarität, Sozialismus, Staat, Tat, Technik, Verbesserung, Verbot, Verbrechen, Vertreter, Verwirklichung, Volk, Wahlen, Wettbewerb, Zeitung.*

4.4.2.7 Abschließende Bemerkungen zu den Befunden der Wörterbuch- und Korpusauswertung

Die Textauswertung sollte uns jene Aufschlüsse über den Gebrauch des Lemmas *Betrieb* liefern, die wir für den Entwurf eines Wörterbuchartikels benötigen.

Die hier folgenden Überlegungen ziehen somit ein kurzes Resümee aus den vorangegangenen Darlegungen und bereiten damit gleichzeitig die abschließende Präsentation der Befunde in der Form eines Wörterbucheintrags vor.

Zunächst sei eine Bemerkung über Zahl und Art der ermittelten Bedeutungen von *Betrieb* erlaubt: Insgesamt hat die Auswertung der Texte die aus den Wörterbüchern gewonnene Hypothese bestätigt, daß drei Bedeutungen zu unterscheiden sind. Sie hat aber gleichzeitig auch gezeigt, daß es zumindest der Erwägung wert ist, die Bedeutung I in zwei Bedeutungsvarianten aufzuteilen, und zwar derart, daß Bedeutung Ia den Betrieb als Gebäude und Bedeutung Ib den Betrieb als Gemeinschaft der in einem solchen Gebäude Beschäftigten, d.h. das betreffende Personenkollektiv meint.

---

87 Eine vollständige Liste von insgesamt 453 Frequenzspezifika findet sich in Haehnel (1978,A56-A74). Weitere Listen enthält Hellmann (1981).

Zu einer solchen Unterscheidung könnten Textbelege der folgenden Art Anlaß geben: *mittlerer Betrieb sucht erfahrenen Textilkaufmann; Kader, nach denen die volkseigenen Betriebe schreien; der Betrieb stellt ein/entläßt/sucht Mitarbeiter/übernimmt Patenschaft* usw.

Daß die von uns konsultierten Wörterbücher eine solche Unterscheidung versäumen, verwundert um so mehr, als sie bei vergleichbaren Lemmata wie z.B. *Börse, Gericht, Schule, Universität* in solcher Weise differenzieren.

Wie bereits angedeutet worden ist, werden wir dort, wo er hinreichend gesichert angenommen werden darf, auf BRD- bzw. DDR-spezifischen Gebrauch durch eine entsprechende Markierung hinweisen. Ebenso sollen Besonderheiten des Gebrauchs eigens gekennzeichnet werden.

Das bisher Ausgeführte bedeutet nun noch keine Änderung, sondern bestenfalls eine empirische fundierte Korrektur und Verbesserung der üblichen lexikographischen Praxis.

Erst durch die folgenden Angaben können wir das Versprechen einlösen, Vorschläge für eine Lexikographie unterbreiten zu wollen, die mit einigem Recht das Prädikat deskriptiv für sich in Anspruch nehmen darf.

Durch den zu Beginn der Explikation zitierten Text sollen der Gebrauch des Lemmas in einem über den Satz hinausreichenden Kotext exemplarisch vorgeführt und dabei gleichzeitig Informationen über die bezeichnete Sache gegeben werden.

Die aus den Texten ermittelten Kollokationen zeigen die syntagmatischen Relationen auf, in denen das Lexem in aktuellen Texten realisiert wird. Dort, wo solche Relationen durch bestimmte, häufig wiederkehrende Ausdrucksformen gleichsam konventionalisiert worden sind, erhalten sie einen annäherungsweise paradigmatischen Charakter.

Trotz aller Problematik solchen Verfahrens, und obwohl noch aussteht, was Wiegand (1977a,102) als eine „Theorie des lexikographischen Beispiels" für dringend erforderlich hält, wollen wir zur Demonstration des Gebrauchs allein Belege, d.h. vollständige Zitate anführen.

Schließlich sollen die statistischen Angaben Auskunft über die in der Textbasis realisierten Quantitäten des Gebrauchs geben.

Insgesamt sollen diese und die weiteren Angaben das Material für einen hier nur in Umrissen dargestellten Wörterbuchartikel liefern.

4.5 Umrisse eines Wörterbucheintrags *Betrieb*

Da wir in unserer Arbeit eine Wörterbuchkonzeption, in der auch der Aufbau der einzelnen Einträge festzulegen ist, weder entwickeln wollten, noch entwickeln konnten, muß das, was hier vorgeführt wird, notwendig exemplarischen Charakter haben.

Wir werden im folgenden das im Kapitel 3.3.3 im einzelnen geschilderte und begründete Raster eines Wörterbuchartikels hier schrittweise mit den über das Lemma *Betrieb* aus den Texten ermittelten und anschließend systematisierten

Informationen besetzen. Es liegt uns daran zu betonen, daß wir damit nicht so sehr Konturen, als vielmehr Umrisse, eher einen Entwurf als ein fertiges Konstrukt aufzeichnen möchten. In Übereinstimmung mit der siebten der „20 Bad Homburger Thesen" sind wir der Auffassung, daß es „weder möglich noch wünschenswert (ist), die Bedeutung der Wörter nach einem einheitlichen Definitions- und Normierungsschema festzulegen. Verschiedene Formen der Bedeutungsbeschreibung [. . .] können bei den verschiedenen Wörtern unterschiedlich adäquat sein" (88).

Unser Raster für die lexikographische Präsentation des Lemmas *Betrieb* ist folgendermaßen aufgebaut:

1. REPRÄSENTATION
1.1 Lemma
1.2 Aussprache, Betonung, Silbentrennung
1.3 Wortformenvorkommen
1.4 Orthographische Variante(n)
1.5 Kennzeichnung als bzw. Hinweise auf Kurzformen
1.6 Verweise auf andere Wörterbuchartikel

2. EXPLIKATION
2.1 Erzählerische und/oder ikonische Darstellung
2.2 Bedeutungserklärung
2.3 Paradigmatische Relationen
2.4 Syntagmatische Relationen
2.5 Phraseologischer Gebrauch
2.6 Angaben über stilistische, areale, fachsprachliche, sondersprachliche sowie historische Zuordnungen
2.7 Angaben zur Wortbildung
2.8 Angaben zur Wortgeschichte (Bezeichnungs-, Bedeutungswandel, fremdsprachlicher Einfluß, Etymologie)

3. DEMONSTRATION
3.1 Ausgewählte Belege des Gebrauchs
3.2 Statistische Angaben
3.3 Bibliographische Nach- und Hinweise

Vorlage für das hier ausgewählte und lexikographisch aufbereitete Material ist ein dem sogenannten Korpuswörterbuch entstammender Eintrag, der sämtliche aus der Textbasis maschinell ermittelten Informationen enthält (89).

Es wäre durchaus denkbar, diese Informationen, zu denen die statistischen Angaben, alle unmittelbaren, in Form einer KWIC-Konkordanz verzeichneten Kotexte sowie sämtliche Fundstellennachweise gehören, komplett z.B. als Microfiche-Anhang dem Wörterbuch beizugeben. Auf diese Weise wäre dem Benutzer eine Möglichkeit geboten, die vom Lexikographen getroffene Auswahl sowie die von ihm gewählte Art und Weise der Kodifikation zu überprüfen bzw. nachzuvollziehen, und zugleich ein reichhaltiges Material für eine Vielzahl weiterer Auswertungen bereitgestellt.

---

88 Henne/Mentrup/Möhn/Weinrich (1978,281).

89 Ein Beispiel für einen solchen Korpuswörterbucheintrag zum Lemma *Solidarität* findet sich in Schaeder (1979a,252-263).

Wir beginnen mit der Repräsentation, wobei wir hier wie in den weiteren Teilen auf das oben dargestellte Raser Bezug nehmen und dabei jene Stellen unausgefüllt lassen, für die keine entsprechenden Informationen zur Verfügung stehen.

B e t r i e b

1. REPRÄSENTATION I
1.1 Betrieb1
1.2 Be|trieb, der; -(e)s, -e
1.3 Betrieb, Betriebe, Betrieben, Betriebes

Der Wert dieser Angabe wird offenkundiger, wenn das Lemma z.B. ein stark flektierendes Verb ist und es sich zeigen würde, ob beispielsweise Formen wie *bötest, gäbet* usw. überhaupt belegt sind.

1.4 --- (90)
1.5 VEB (DDR) = volkseigener Betrieb; VVB (DDR) = Vereinigungen volkseigener Betriebe; BSB (DDR) = Betriebe mit staatlicher Beteiligung; Betr. z.B. in BetrVG (BRD) = Betriebsverfassungsgesetz
1.6 siehe auch: Werk, Fabrik

2. EXPLIKATION I
2.1 *Streik bei Howaldts in Kiel beendet. Der zehntägige wilde Streik bei den Betrieben der Kieler Howaldtswerft ist beendet. Am Montagmorgen haben die 7000 Arbeiter wieder die Arbeit aufgenommen. Am Wochenende hatten Betriebsrat und IG Metall [Industriegewerkschaft Metall] in Eilbriefen die Streikenden informiert, daß das ausgehandelte Ergebnis ein „äußerstes Angebot" darstelle. Es sieht eine stufenweise Lohnerhöhung von sechs Pfennig vor. Der Sprecher des illegalen Streiks, Helmut Schlüter, verkündete allerdings: „Der Kampf ist noch nicht zu Ende". Der Produktionsverlust durch den Streik wird von der Werft auf 13 Millionen DM beziffert. Ministerpräsident Helmut Lemke äußerte sich befriedigt über die Beilegung des Ausstandes. Angesichts der Anfälligkeit des deutschen Schiffsbaues und der schleswig-holsteinischen Wirtschaft warnte er für die Zukunft vor „überspitzten Forderungen".*
(DIE WELT, 23.9.1969, S.1)

Vorfristige Planerfüllung. Hanoi. Viele Betriebe in der Hauptstadt der DRV [Demokratische Republik Vietnam] haben ihre Pläne für den Monat Mai trotz ständiger Bedrohung durch die USA-Agressoren vorfristig erfüllt. Zu den Besten im Wettbewerb zum 24. Jahrestag der Gründung der DRV am 2. September zählen das Transformatoren-, das Kabelwerk, die Obst- und Gemüsefabriken sowie die Verkehrsbetriebe.
(Neues Deutschland, 5.6.1969, S.1)

Beiden Texten sind zahlreiche Informationen über die Sache zu entnehmen, die mit *Betrieb* in dieser Bedeutung bezeichnet wird, wobei einige Informationen – wie z.B. diejenige über Planerfüllung – jeweils spezifisch für die Wirtschafts- und Gesellschaftsordnung des Landes sind, von dem die beiden Texte handeln.
Die Texte enthalten darüber hinaus auch rein sprachbezügliche Informationen, wie z.B. diejenige, daß *Werk* und *Fabrik* offensichtlich als Synonyme für *Betrieb* gebraucht werden. „Die Lexikographie sollte von einem Sprachbegriff ausgehen, der zwischen Sprache und Welt deutlich unterscheidet, Sprache und Welt aber nicht strikt trennt. Zwar ist Schreiben über Wörter vornehmlich sprachbezüglich;

---

90 Hier und im folgenden bedeutet ein Strich: es läßt sich dazu keine Aussage machen.

aber ohne ausgewählte sachbezügliche Informationen kann die Bedeutung vieler Wörter nicht angemessen erläutert werden" (91). *Betrieb* zählt unserer Auffassung nach zu diesen Wörtern.

Zweifellos stellt die Auswahl der in ein Wörterbuch aufzunehmenden Texte kein gerade kleines Problem dar. Damit hier nicht willkürlich oder tendenziös verfahren wird, sind Kriterien aufzustellen, die die Auswahl steuern. Solche Kriterien könnten z.B. sein: möglichst viele sachbezügliche und sprachbezügliche Informationen über das zu explizierende Lexem, Umfang und Geschlossenheit des Textes, Grad der Verständlichkeit des Textes usw. Immer dann, wenn die Informationen eines aus rein lexikographischer Sicht geeigneten Textes die bezeichnete Sache einseitig, unvollständig oder parteiisch darstellen, ließe sich das durch einen weiteren Text in gewissem Grade ausgleichen.

2.2 Der Betrieb ist eine sowohl räumliche als auch technisch-organisatorische (ökonomische) Einheit einer größeren Anzahl von Menschen zur zweckbestimmten produktiven Arbeit. Zweck der im Betrieb geleisteten Arbeit ist die Erzeugung, der Transport, der Umsatz von Produktionsmitteln und Konsumtionsgütern oder die Durchführung von Dienstleistungen.

Vor allem, um unsere exemplarische Darstellung nicht zu unübersichtlich geraten zu lassen, haben wir uns hier dafür entschieden, die beiden Bedeutungsvarianten – *Betrieb* als Gebäude bzw. Gebäudekomplex und *Betrieb* als Kollektiv von Personen bzw. als Institution – in einer Bedeutungserklärung zusammengefaßt zu explizieren.

2.3 Werk. Siehe auch Überblicksartikel: Betriebsformen.

In einem solchen Überblicksartikel wären z.B. *Unternehmen, Konzern, Betrieb, Werk, Zweigwerk, Fabrik, Produktionsstätte, Firma, Filiale, Geschäft* usw. zueinander in Beziehung zu setzen und gegeneinander abzugrenzen; außerdem und gesondert z.B. auch die Betriebsformen in der DDR: *Betriebe mit staatlicher Beteiligung, volkseigene Betriebe (VEB), Vereinigungen volkseigener Betriebe (VVB), Kombinat, landwirtschaftliche Produktionsgenossenschaft (LPG)* usw.

Ein Beispiel dafür, wie sich onomasiologische Strukturen in semasiologischen Wörterbüchern darstellen lassen, hat Wiegand (1977a,82-99) für den Wortschatzbereich *Geldbetrag/Geldsumme* vorgeführt.

Zu der folgenden Darstellung syntagmatischer Relationen seien einige wenige Bemerkungen vorweggeschickt. Wir haben hier versucht, mehrere Möglichkeiten, die Kollokationen geordnet zu präsentieren, ineinander zu integrieren, d.h. nach inhaltlichen Gesichtspunkten zusammengestellte Gruppen zu bilden und innerhalb dieser Gruppen die in den Texten belegten Varianten nacheinander aufzuführen, in denen diese Inhalte syntaktisch realisiert werden. Unter (a) sind Kollokationen zusammengestellt, die die Lage eines Betriebes betreffen; unter (b) solche zur Größe eines Betriebes; unter (c) solche zur Art des Betriebes; unter (d) solche zur Bewertung eines Betriebes; unter (e) solche, die Formen des Eigentums von bzw. an Betrieben betreffen; unter (f) solche, die Stellungen/Positionen im Betrieb bezeichnen; unter (g) solche über das Geschehen in Betrieben.

Diese inhaltlichen Gruppen sind wiederum jeweils so aufgebaut, daß jeweils in gleicher Folge aufgeführt werden: adjektivische Attribute, Genitiv-Attribute, Präpositional-Attribute, Kompositabildungen, Verbphrasen.

---

91 Wiegand (1977a,101).

2.4 (a) *Berliner, Bitterfelder, Budapester B.; B. Berlins, des Bezirks, des Bundesgebiets, der DDR; B. in Erlangen, in der Starkower Straße, in Westdeutschland, in der Freihandelszone, in den Zonenrandgebieten* (BRD); *DDR-Betrieb, Inlands-Betrieb; B. befindet sich in der Nähe von . . . , ist gelegen in . . . , liegt in . . .*
(b) *großer, kleiner, mittlerer B.; B. mit bis zu 20 Beschäftigten, mit mehr als 10 Beschäftigten, mit 1000 Mann Belegschaft; Einmannbetrieb, Großbetrieb, Kleinbetrieb.*
(c) *bäuerlicher, chemischer, gemüseerzeugender, gastronomischer, handwerklicher, landwirtschaftlicher, metallverarbeitender B.; B. der Automobilindustrie, des Baugewerbes, der Chemie, der Forstwirtschaft, des Landmaschinenbaus, der Spielwarenindustrie, der Zigarettenindustrie; Ackerbaubetrieb, Blechverarbeitungsbetrieb, Chemiebetrieb, Dienstleistungsbetrieb, Druckereibetrieb, Fleischereibetrieb, Holzbearbeitungsbetrieb, Kunstfaserbetrieb, Obstverwertungsbetrieb, Rüstungsbetrieb, Textilbetrieb, Verkehrsbetrieb, Wasserwirtschaftsbetrieb; B. bearbeitet Metalle, erzeugt Saatgut, stellt Kunststoffe her, produziert Traktoren.*
(d) *bester, führender, fortschrittlicher, leistungsfähiger, konkursreifer, unrentabler B.; B. mit kontinuierlichen Produktionsprozessen, mit 85 Prozent der Produktion, mit guten Zuchtergebnissen; Kümmerbetrieb; B. arbeitet mit Verlust, erfüllt Pläne vorfristig* (DDR), *macht Reingewinn.*
(e) *enteigneter, halbstaatlicher, kapitalistischer, sozialistischer, staatlicher, privater, väterlicher, volkseigener B.* (DDR); *B. der Aktiengesellschaften, des Fiatkonzerns, des Mittelstandes, der Monopolisten; B. mit staatlicher Beteiligung, mit ausländischem Kapital; Familienbetrieb, Kommunalbetrieb, Privatbetrieb, Staatsbetrieb; B. kaufen, verkaufen, verpachten, wird enteignet, wird Eigentum von . . . , gehört . . .*
(f) *Angehörige, Angestellte, Arbeiter, Belegschaft, Direktoren, Facharbeiter, Frauen, Genossen* (DDR), *Ingenieure, Jugendliche, Jungarbeiter, Kollegen, Lehrlinge, Leiter, Meister, Mitarbeiter, Produktionsleiter, Werkleiter, Werktätige* (DDR) *des B.; Aktivisten* (DDR), *Angestellte, Arbeiter, Delegierte, Genossen* (DDR), *Funktionäre, Kollegen, Kulturgruppen* (DDR), *Mitarbeiter, Produktionsarbeiter, Sicherheitsingenieure, Techniker, werktätige Menschen in/aus den B.; Betriebsarbeiter, Betriebsbelegschaft, Betriebsberater, Betriebsbuchhalter, Betriebsdirektor, Betriebshandwerker, Betriebsleiter, Betriebsratsmitglied* (BRD).
(g) *bestreikter B.; Führung, Gesamtleitung, Leitung, Lenkung des B.; Arbeit, Ausbildung, Herstellung, Leitung, Planung, Produktion, Versammlungen in den B.; Betriebsbesichtigung, Betriebsleitung, Betriebslenkung, Betriebsunfall; B. besuchen, verlassen, bestreiken, besetzen, rationalisieren, aufbauen, besichtigen, leiten, lenken, aufsuchen, bewachen, kritisieren; arbeiten, mitarbeiten, sich bewähren, diskutieren, tätig sein, Rechte vertreten in den B.*

2.5 ---

2.6 ---

2.7 ---

2.8 ---

3. DEMONSTRATION I

3.1 *Beim Ausscheiden aus diesem Betrieb bescheinigte ihr der Arbeitgeber, daß sie als Stenotypistin bei ihm tätig gewesen sei.*
(DIE WELT, 3.12.54, S.8)

In dem Beschluß wird den Betriebsgewerkschaftsleitungen (DDR) *ferner vorgeschlagen, mit Zustimmung der Belegschaft Ferienplätze für Rentner in den Betriebsferienheimen* (DDR) *und den Betrieben übergebenen Erholungsaufenthalten des FDGB [Freier Deutscher Gewerkschaftsbund]* (DDR) *bereitzustellen.*
(Neues Deutschland, 9.11.54, S. 8)

Geboten wird selbständige Lebensstellung in einem großen, altrenomierten Betrieb der Nahrungsmittelbranche (mit gutem Betriebsklima) in einer rheinischen

Großstadt.
(DIE WELT, 4.7.64, S. V)

Zum Beispiel werden im Entwurf des Betriebskollektivvertrages (DDR) *1964 zwar 493 Qualifizierungsvorschläge für Frauen unterbreitet, jedoch nur sehr wenige in technischen Berufen.*
(Neues Deutschland, 10.1.1964, S.2)

Mit ihm ist ein großer Unternehmer von uns gegangen, der nicht nur für seinen Betrieb, sondern für uns alle lebte.
(DIE WELT, 20.11.1969, S. 24)

Brigaden (DDR) *des Tiefbaukombinats* (DDR) *und des Betriebes Grünanlagenbau im Wohnungsbaukombinat sind gegenwärtig dabei, einen großen Teil des Platzes bis zum 20. Jahrestag der Gründung der DDR fertigzustellen.*
(Neues Deutschland, 13.6.1969, S. 8)

3.2 In dem Korpus finden sich insgesamt 818 Belege für *Betrieb* in dieser Bedeutung. Zu den statistischen Angaben vgl. im einzelnen Anlage . . . des Microfiche-Anhangs.
3.3 Fundstellennachweise siehe Anlage . . . des Microfiche-Anhangs.
Eine wortmonographische Untersuchung stellt Schaeder, B. (1981, . . .) dar.

1. REPRÄSENTATION II
1.1 Betrieb_2
1.2 Be|trieb, der; -(e)s, -e
1.3 Betrieb, Betriebes
1.4 ---
1.5 ---
1.6 siehe auch: betreiben

2. EXPLIKATION II
2.1 ---
2.2 (produktive) Tätigkeit, Arbeit, Arbeitsweise, das In-Funktion-Sein, das Betreiben
2.3 ---
2.4 *elektrischer, gemischter, laufender B.; B. der Anlagen, des Drive-In-Kinos, der Energiesysteme, der Küche, des Meilers, der Spielhallen, der Tanzhallen, der Waschanlage; Amateur-, Bus-, Eigen-, Fähr-, Funk-, Netz-, Probe-, Saison-, Schicht-, UKW-, Winter-, Zugbetrieb/-Betrieb*
2.5 *in B. nehmen, sein, setzen; außer B. sein*
2.6 ---
2.7 ---
2.8 ---

3. DEMONSTRATION II
3.1 *Während der 53jährige Michel Stawarezyk einen großen Trockenofen einer Kohlenfirma säuberte, wollte ein anderer Arbeiter den Ventilator in Betrieb setzen.*
(DIE WELT, 2.6.1954, S. 10)

Beim Betrieb des Meilers wird eine ungeheure Energie in Form von Wärme frei.
(Neues Deutschland, 31.10.1954, S. 4)

Wegen Überholungsarbeiten hat die Jenner Bahn bei Berchtesgaden ihren Betrieb jetzt bis auf weiteres eingestellt.
(DIE WELT, 15.8.1964, S. VI)

Auf elektrischen Betrieb umgestellt wird die Eisenbahnstrecke Breslau-Waldenburg-Hirschberg.
(DIE WELT, 5.2.1964, S. 14)

Das Schiffshebewerk Rothensee bei Magdeburg, das seit dem 1. Juli wegen Reparaturarbeiten gesperrt bleiben mußte, wird heute seinen Betrieb wieder aufnehmen.
(DIE WELT, 22.7.1964, S. 7)

Die produktiven Kombines (DDR) *wurden rechtzeitig eingesetzt und sind von früh bis zum Einbruch der Dunkelheit in Betrieb.*
(Neues Deutschland, 25.8.64, S. 2)

Ursprünglich hatte das erst im August 1968 in Betrieb genommene Hospital nur 50 Betten.
(DIE WELT, 20.5.1969)

3.2 Im Korpus finden sich insgesamt 65 Belege für *Betrieb* in dieser Bedeutung. Zu den statistischen Angaben siehe im einzelnen Anlage . . . des Microfiche-Anhangs.

3.3 Fundstellennachweise siehe Anlage . . . des Microfiche-Anhangs

1. REPRÄSENTATION III

1.1 $Betrieb_3$

1.2 Be|trieb, der; -(e)s, -e

1.3 Betrieb, Betriebs

1.4 ---

1.5 ---

1.6 siehe auch: Geschäftigkeit, Trubel

2. EXPLIKATION III

2.1 ---

2.2 Geschäftigkeit, rege Bewegung, Unruhe, Trubel, lebhaftes Treiben

2.3 Geschäftigkeit, Trubel; Gegensatz: Reglosigkeit, Ruhe, Stille, Einsamkeit

2.4 *gewöhnlicher, mondäner, reger, viel B.; Bade-, Geschäfts-, Hoch-, Studien-, Universitätsbetrieb/-Betrieb; es herrscht B.*

2.5 ---

2.6 ---

2.7 ---

2.8 ---

3. DEMONSTRATION III

3.1 *In den Geschäften herrschte der gewöhnliche Betrieb.*
(Neues Deutschland, 14.7.1954, S. 1)

Aber es hat diese einzigartige Stiftsruine und ein Festspielpublikum, das nicht mondänen Betriebs wegen kommt, sondern aus Liebe zum Theater.
(DIE WELT, 14.7.1964, S. 5)

Die fünf Übergangsstellen, die die ganze Neujahrsnacht geöffnet hielten, verzeichneten bereits in den frühen Morgenstunden des 1. Januar einen regen Betrieb.
(Neues Deutschland, 2.1.1964, S. 1)

3.2 Im Korpus finden sich insgesamt 4 Belege für *Betrieb* in dieser Bedeutung. Zu den statistischen Angaben siehe im einzelnen Anlage . . . des Microfiche-Anhangs.

3.3 Fundstellennachweise siehe Anlage . . . des Microfiche-Anhangs.

ANLAGEN

ANLAGE 1

AUFBAU DES BONNER ZEITUNGSKORPUS (aus: Schaeder 1979a, 239)

		WE 49 (200.000)	ND 49 (170.000)		
		WE 54 (240.000)	ND 54 (198.000)		
		WE 59 (260.000)	ND 59 (200.000)		
	BG 64 (340.000)	WE 64 (400.000)	ND 64 (160.000)	NN 64 (100.000)	
		WE 69 (370.000)	ND 69 (160.000)		
FR 74 (310.000)	BG 74 (340.000)	WE 74 (310.000)	ND 74 (180.000)	NN 74 (100.000)	MO 74 (140.000)
310.000	680.000	1.780.000	1.068.000	200.000	140.000

Erläuterungen:

BRD-Zeitungen

WE: Die Welt
BG: Bonner General-Anzeiger
FR: Frankfurter Rundschau

DDR-Zeitungen

ND: Neues Deutschland
NN: Norddeutsche Neueste Nachrichten
MO: Der Morgen

Die in Klammern gesetzten Zahlen geben jeweils die Menge der laufenden Wörter (running words) an.

Der Gesamtumfang des Bonner Zeitungskorpus beträgt 4.200.000 laufende Wörter.

ANLAGE 2

TABELLE DER HÄUFIGKEITSVERTEILUNG

Die folgende Tabelle gibt einen vollständigen Überblick über die Verteilung aller in den von uns ausgewerteten Stichproben Die Welt (WE) und Neues Deutschland (ND) vorkommenden types auf Häufigkeitsklassen.

Types mit gleicher Häufigkeit des Vorkommens bilden jeweils eine Häufigkeitsklasse; d.h., daß z.B. die Häufigkeitsklasse 1 aus der Menge jener types gebildet wird, die jeweils nur ein einziges Mal belegt sind.

HAEUFIGKEITSKLASSEN

	ABSOLUTE ANZAHL					
KLASSE	WE54	ND54	WE64	ND64	WE69	ND69
1	24706	17401	36901	16247	35015	14876
2	5788	4488	8712	3950	8389	3701
3	2593	2175	3793	1881	3795	1655
4	1524	1209	2240	1054	2213	977
5	995	817	1461	672	1330	686
6	668	588	1083	495	1038	440
7	532	457	792	387	711	365
8	397	330	627	308	614	242
9	305	300	508	224	429	222
10	253	236	409	197	365	173
11	201	191	315	147	301	134
12	202	155	262	135	260	119
13	175	137	232	90	243	102
14	142	123	225	110	205	97
15	125	101	161	85	173	93
16	104	97	156	83	168	73
17	89	91	155	64	123	70
18	80	88	117	53	92	71
19	73	79	107	64	107	52
20	53	67	107	45	120	49
21	64	53	104	37	88	54
22	47	60	87	48	83	44
23	50	57	90	30	70	37
24	40	60	83	35	61	43
25	43	49	85	31	67	19
26	42	38	57	26	75	30
27	37	44	59	24	62	22
28	33	35	46	30	43	15
29	30	33	63	24	44	21
30	22	30	53	28	38	18
31	31	32	45	21	32	17
32	26	23	48	15	45	17
33	22	30	46	24	40	13
34	20	27	43	11	41	14
35	20	21	24	13	43	22
36	27	17	28	20	27	11
37	18	20	31	14	30	11
38	12	18	22	11	36	13
39	13	20	38	13	26	8
40	9	27	30	7	23	16
41	17	18	26	8	19	13
42	20	10	24	14	28	14
43	9	9	22	10	18	13
44	16	10	29	6	24	7
45	15	13	17	10	18	9

46	8	17	26	8	16	7
47	14	13	21	9	20	7
48	12	8	13	11	22	12
49	12	8	16	8	20	7
50	9	12	12	4	18	6
51	7	8	14	7	14	6
52	9	15	21	2	12	9
53	13	15	16	8	12	6
54	10	11	13	9	11	6
55	8	10	7	3	8	10
56	8	7	12	2	14	8
57	11	7	13	3	11	4
58	6	7	15	7	12	4
59	5	12	9	3	9	7
60	8	5	12	5	19	7
61	6	5	16	3	13	7
62	9	3	11	5	14	5
63	3	3	8	4	7	0
64	5	5	4	8	2	5
65	4	8	11	1	12	1
66	5	7	7	1	12	1
67	5	4	17	0	8	3
68	5	5	11	6	4	3
69	3	6	7	7	6	4
70	3	5	10	4	8	0
71	4	6	14	6	6	2
72	4	4	6	5	6	1
73	2	3	7	3	2	3
74	2	7	6	6	7	3
75	5	3	11	4	5	3
76	4	4	6	3	6	1
77	6	4	10	0	6	1
78	3	8	11	1	6	2
79	6	6	5	4	7	3
80	3	1	6	4	11	5
81	2	4	6	3	10	1
82	1	5	4	2	3	1
83	3	3	6	0	2	1
84	2	6	10	6	0	3
85	2	5	5	5	6	3
86	5	5	2	2	1	2
87	5	6	5	2	4	3
88	0	3	2	1	5	1
89	4	5	4	2	8	5
90	1	2	13	2	7	3
91	1	6	3	1	6	2
92	4	4	2	1	5	2
93	1	2	5	0	5	4
94	2	2	5	3	6	3
95	1	2	5	2	5	2
96	4	2	1	1	2	2
97	3	3	3	1	4	1
98	2	3	1	3	3	2
99	2	0	6	1	5	0
100	1	2	6	0	2	2
101	2	2	2	2	5	3
102	3	2	1	0	2	0

103	5	3	2	1	4	2
104	5	1	1	1	3	2
105	5	4	3	2	1	0
106	1	2	3	1	1	1
107	1	2	2	2	6	1
108	3	0	5	2	5	0
109	2	1	3	3	4	2
110	3	2	4	2	3	1
111	2	0	4	1	3	2
112	1	1	7	0	0	2
113	5	2	4	0	3	3
114	0	3	2	2	3	0
115	0	2	2	1	2	0
116	1	4	3	0	2	1
117	0	2	2	1	5	1
118	1	1	2	0	5	1
119	2	0	4	0	4	3
120	4	0	3	1	2	2
121	2	5	2	2	2	2
122	0	1	3	2	1	1
123	0	2	1	2	2	1
124	0	2	2	0	3	0
125	0	1	4	1	2	0
126	0	1	2	1	0	1
127	2	2	1	3	3	1
128	0	0	2	2	2	0
129	1	3	2	0	0	2
130	0	0	4	0	0	2
131	1	4	1	2	2	2
132	0	2	1	3	1	0
133	0	1	1	1	1	1
134	1	1	2	1	2	0
135	1	1	5	1	0	0
136	1	0	0	1	1	0
137	2	0	0	1	2	2
138	0	2	1	3	0	3
139	1	2	0	0	6	0
140	2	0	2	1	1	1
141	2	0	1	1	0	0
142	3	0	4	0	1	1
143	2	2	1	0	1	0
144	0	0	1	1	4	0
145	1	1	1	2	1	0
146	1	1	2	1	1	0
147	1	1	2	0	1	0
148	0	1	0	1	2	1
149	1	0	3	1	2	0
150	2	0	0	0	1	1
151	1	2	1	0	1	1
152	0	1	1	0	1	0
153	0	1	2	0	2	0
154	1	0	3	1	1	1
155	2	0	3	0	1	1
156	1	1	2	2	2	0
157	0	1	0	3	2	0
158	1	1	2	0	0	0
159	0	2	0	1	0	0

160	0	3	1	0	2	0
161	0	1	1	0	2	2
162	0	1	1	0	4	2
163	1	0	0	0	1	0
164	1	2	2	1	3	0
165	1	0	1	1	1	0
166	0	1	4	0	2	1
167	0	5	1	0	0	0
168	0	0	1	0	0	0
169	1	2	2	0	2	0
170	1	0	1	0	1	0
171	0	1	2	0	3	2
172	1	1	0	1	1	0
173	0	1	2	0	1	1
174	0	1	2	1	2	1
175	0	0	1	0	0	0
176	2	0	1	0	0	1
177	1	2	2	0	1	0
178	1	1	2	1	1	0
179	0	2	1	0	0	0
180	1	1	0	0	1	0
181	0	0	0	0	1	0
182	0	0	2	0	2	0
183	0	1	1	0	0	0
184	0	0	1	1	0	0
185	0	0	0	0	5	1
186	0	0	1	0	0	0
187	0	1	0	0	0	0
188	1	0	3	1	0	0
189	0	2	1	1	1	0
190	1	0	1	0	2	0
191	1	2	0	1	0	0
192	0	3	0	0	2	0
193	3	0	3	0	1	0
194	1	0	1	0	1	0
196	0	0	3	0	0	1
197	0	0	1	0	0	0
198	3	1	1	0	2	0
199	1	0	2	0	1	0
200	0	0	0	0	1	0
201	0	1	2	0	1	1
202	1	0	1	0	0	1
203	1	0	1	0	2	0
204	0	1	0	2	2	1
205	0	0	1	0	0	0
206	3	1	2	1	0	0
207	1	3	0	0	0	0
208	0	1	1	0	0	0
209	0	1	1	1	0	0
210	0	0	0	1	2	0
211	0	0	1	1	2	0
212	0	0	1	0	1	0
213	0	0	0	1	0	0
215	2	0	1	0	0	0
217	1	0	2	0	0	0
218	2	1	1	0	0	0

220	1	3	0	0	0	0
221	0	0	0	0	1	0
222	0	0	0	0	1	0
223	0	1	0	1	0	0
224	0	2	2	0	0	0
225	1	1	0	0	0	0
226	1	0	1	0	1	0
227	0	1	1	0	0	0
228	1	1	0	0	1	0
229	0	1	0	0	2	0
231	0	0	0	0	1	0
232	2	0	0	0	0	0
233	0	1	0	1	0	1
234	1	0	1	1	1	0
236	0	0	1	0	0	2
237	0	0	1	0	2	0
238	1	0	1	0	0	0
240	1	0	2	0	0	0
242	0	1	0	0	1	0
243	0	0	0	1	1	0
245	0	0	1	1	1	2
246	0	1	0	1	0	0
247	0	0	0	2	1	0
248	1	0	0	1	0	0
249	0	0	1	0	0	0
250	0	1	0	0	0	0
251	0	1	0	0	0	0
252	1	0	0	1	0	1
253	0	1	0	0	2	0
254	0	0	2	0	0	2
255	0	0	0	0	1	0
256	1	0	0	0	0	0
257	1	2	1	0	0	0
258	0	1	0	0	0	1
259	0	0	0	1	0	0
261	0	0	0	0	0	1
262	0	1	0	0	0	1
263	0	1	0	0	0	0
264	0	0	0	1	0	0
265	0	1	0	0	1	0
266	0	1	0	0	0	1
268	0	0	1	0	1	0
269	0	0	1	0	0	0
270	0	1	0	0	0	0
273	0	0	0	0	1	0
274	0	0	1	0	0	1
275	0	0	0	0	1	0
276	0	0	2	1	0	1
278	0	1	0	0	0	0
279	0	0	1	0	0	0
280	0	0	1	0	1	0
281	0	0	1	0	0	0
282	0	0	0	1	0	0

283	0	0	1	0	0	0
285	1	0	0	0	1	1
286	0	1	1	0	0	0
287	0	0	0	0	2	0
288	0	0	1	0	3	0
289	0	0	2	0	1	1
290	1	0	0	0	1	0
291	0	0	0	0	3	0
292	1	0	0	0	0	0
293	0	0	0	0	1	0
295	0	0	0	1	0	0
296	0	0	0	0	1	0
297	0	0	0	0	0	1
299	0	0	1	0	1	1
300	0	1	0	0	0	0
301	0	0	1	0	0	0
302	0	0	1	0	0	0
303	0	1	0	0	0	0
306	1	0	0	0	1	0
308	0	1	1	0	0	1
309	0	0	0	0	0	1
310	0	0	1	1	0	0
311	0	0	1	0	0	0
313	1	0	0	0	1	0
314	0	0	0	0	1	0
315	0	0	0	0	1	0
316	1	0	1	1	1	0
317	0	0	1	0	0	0
319	0	0	1	0	0	0
321	0	0	0	0	1	0
323	1	0	0	0	0	0
324	1	0	3	1	1	0
326	0	0	0	1	0	0
327	0	0	1	2	0	0
330	2	1	0	0	0	0
332	1	0	1	0	1	0
333	1	0	0	0	1	0
334	0	0	1	0	0	0
335	0	0	2	0	0	0
336	0	0	0	0	1	0
337	0	0	0	0	1	0
338	1	0	0	0	0	0
339	0	0	1	0	0	0
341	0	0	1	0	0	1
343	0	0	1	0	0	0
345	1	0	0	0	0	0
348	0	0	0	0	1	0
349	0	0	1	0	1	1
350	0	1	0	0	0	0
351	0	0	1	0	0	0
355	0	1	0	0	0	1
358	1	1	0	0	0	0
359	0	0	0	0	1	1
360	0	2	0	0	0	0
361	0	0	0	0	1	0
363	0	0	0	0	1	1

364	0	0	1	0	0	1
365	0	1	0	0	0	0
366	0	1	0	0	2	0
367	0	0	0	0	1	0
371	1	1	0	0	0	0
374	0	1	1	0	0	0
378	0	0	0	0	1	0
383	0	0	0	0	1	0
387	0	1	0	0	0	0
388	0	0	0	0	0	1
390	0	0	0	1	0	0
393	0	0	1	0	0	0
395	0	0	1	1	0	0
397	0	0	1	0	1	0
400	0	0	1	1	0	0
401	0	0	0	0	1	0
403	0	1	0	0	0	0
405	0	0	1	0	0	0
408	1	0	1	0	0	0
409	0	0	0	0	1	0
410	0	1	0	0	0	0
412	0	1	0	0	0	0
413	0	0	1	0	0	0
415	1	0	0	0	0	0
416	1	0	1	0	0	0
417	0	0	0	0	1	1
418	0	0	1	0	0	1
421	0	0	0	1	0	0
422	0	0	0	1	0	0
424	0	0	1	0	2	0
429	0	0	0	0	0	1
431	0	1	0	0	0	0
432	0	0	1	0	0	0
433	0	0	1	0	0	0
435	0	1	0	0	0	0
436	0	0	0	1	0	0
437	0	0	0	2	1	0
438	0	1	0	0	1	0
440	0	0	0	1	0	0
442	0	0	0	1	0	0
443	0	0	0	0	0	1
445	0	0	0	1	0	0
446	0	1	0	0	1	0
449	0	0	0	0	1	0
451	0	0	0	0	0	1
452	1	0	0	0	0	0
456	0	0	0	0	0	1
457	0	1	0	0	0	0

458	0	0	1	0	1	0
460	0	0	0	1	1	0
463	0	0	1	0	0	0
465	0	0	1	0	0	0
466	0	1	0	0	0	0
467	0	0	1	0	0	0
468	0	0	0	0	0	1
471	2	0	0	0	0	0
476	0	2	0	0	0	0
478	0	0	0	1	0	0
481	0	0	0	0	1	0
487	0	0	2	0	0	0
489	0	0	0	0	1	0
491	0	0	1	0	0	0
492	0	0	0	0	0	2
494	1	0	0	0	0	0
495	0	0	1	1	0	0
498	0	1	0	0	0	0
499	0	0	0	1	0	0
516	0	0	1	0	0	0
517	1	0	0	0	0	0
519	0	0	0	1	0	0
525	0	0	1	0	0	0
530	0	1	0	0	0	0
532	0	0	0	0	1	0
534	1	0	0	0	0	0
535	0	0	0	1	0	0
536	0	0	0	0	0	1
539	0	1	0	0	0	0
542	0	1	0	0	0	0
543	0	0	1	0	0	0
544	1	0	0	0	0	0
548	0	0	0	1	0	0
552	0	0	0	0	0	1
566	0	0	1	0	0	1
574	0	0	0	0	1	0
578	1	0	0	0	0	0
591	0	0	0	0	1	0
593	1	0	0	0	0	0
597	0	0	0	0	0	1
600	0	1	0	0	0	0
601	0	0	0	0	0	1
603	1	0	0	0	0	0
607	0	0	0	1	0	0
608	0	0	0	0	0	1
610	0	0	1	0	0	0

611	0	1	0	0	0	0
613	0	0	0	1	0	0
615	0	0	0	0	1	1
616	0	0	0	0	1	0
617	1	0	0	1	0	0
618	0	0	0	0	0	1
622	0	0	1	0	0	0
624	0	1	0	0	0	0
626	0	0	0	1	0	0
628	1	0	0	0	0	0
632	1	0	0	0	0	0
642	0	0	0	1	0	0
643	0	0	0	0	1	0
644	0	1	0	0	0	0
650	0	1	0	0	0	0
656	0	0	0	0	1	0
658	0	0	1	0	0	0
662	1	0	0	0	0	0
664	1	0	0	0	1	0
666	0	1	0	0	0	0
668	1	0	0	0	0	0
669	0	1	0	0	0	0
672	0	0	0	0	1	0
673	0	0	0	0	0	1
676	1	0	0	0	0	0
678	0	0	0	0	0	1
680	1	0	0	0	0	0
684	0	0	0	1	0	0
687	0	1	0	0	0	0
690	1	0	0	0	0	0
693	0	0	1	0	0	1
698	0	0	0	0	0	1
700	0	0	1	0	0	0
716	0	0	0	0	0	1
723	1	0	0	0	0	1
724	0	1	0	0	0	0
726	1	0	0	0	0	0
730	1	0	0	0	0	0
731	1	0	0	0	0	0
740	0	0	1	0	0	0
742	0	0	0	1	0	0
743	0	0	1	0	0	0
749	0	1	0	0	0	0
753	0	0	0	0	1	0
761	0	1	0	0	0	0
762	0	0	0	0	1	0
769	0	1	0	0	1	0
775	0	0	0	1	0	0
782	0	0	0	0	1	0

783	1	0	0	0	0	0
785	1	0	0	0	0	0
789	0	0	0	1	1	0
793	0	0	0	0	1	0
794	0	1	0	0	0	0
801	0	0	0	2	0	0
806	0	1	0	0	0	0
810	0	0	1	0	0	0
815	0	0	1	0	0	0
817	0	0	1	0	0	0
831	0	0	0	0	2	0
836	0	0	0	0	0	1
845	0	0	0	0	1	0
846	0	0	1	0	0	0
848	0	1	0	0	0	0
850	0	0	0	1	0	0
851	0	1	0	0	0	0
852	0	0	1	0	1	0
855	0	0	0	0	0	1
856	0	0	0	1	0	0
857	1	0	0	0	0	0
861	0	1	0	0	0	0
865	0	0	1	0	0	0
870	0	0	0	0	1	0
873	1	0	0	0	0	0
874	1	0	0	0	0	0
887	0	0	0	0	1	0
890	0	1	0	0	0	0
892	0	0	1	0	0	0
893	0	0	1	0	0	0
913	0	1	0	0	0	0
922	0	0	1	0	0	0
926	0	0	1	0	0	0
932	0	0	0	0	1	0
933	0	0	0	0	1	0
937	0	0	1	0	0	0
940	2	0	0	0	0	0
951	0	0	0	1	0	0
972	0	0	1	0	0	0
973	0	0	0	0	1	0
975	0	0	0	0	0	1
981	0	1	0	0	0	0
985	0	0	1	0	0	0
988	0	0	0	0	1	0
1002	0	0	0	0	1	0
1019	0	0	0	0	1	0
1020	0	0	0	1	0	0
1023	0	0	1	0	0	0
1025	0	0	0	0	1	0
1027	1	0	0	0	0	0
1034	0	0	0	1	0	0
1061	0	0	1	0	0	0
1067	0	1	0	0	0	0
1070	1	0	0	0	0	0

1072	0	0	1	0	0	0
1081	0	1	0	0	0	0
1086	0	0	0	0	1	0
1097	1	0	0	0	0	0
1105	1	0	0	0	0	0
1108	0	0	0	0	1	0
1110	0	0	1	0	0	0
1117	0	0	1	0	0	0
1122	0	0	1	0	0	0
1144	1	0	0	0	0	0
1145	0	0	0	1	0	0
1149	0	0	0	0	1	0
1151	0	0	0	0	0	1
1162	0	1	0	0	0	0
1168	0	0	0	0	1	0
1187	0	0	1	0	0	0
1195	0	0	0	1	0	0
1198	0	1	0	0	0	0
1202	0	0	0	0	0	1
1205	1	0	0	0	0	0
1212	0	0	0	0	1	0
1216	0	0	0	0	1	0
1241	1	0	0	0	0	0
1253	1	0	0	0	0	0
1259	0	0	1	0	0	0
1277	0	1	0	0	0	0
1278	0	1	0	0	0	0
1294	0	1	1	0	0	0
1296	0	0	0	0	0	1
1300	0	0	2	0	0	0
1311	0	0	0	0	1	0
1330	0	0	0	0	1	0
1332	0	0	0	0	1	0
1336	0	0	0	0	0	1
1351	1	0	0	1	0	0
1369	1	0	0	0	0	0
1402	0	0	0	0	0	1
1407	0	0	1	0	0	0
1449	1	0	0	0	0	0
1474	0	0	0	1	0	0
1475	0	0	0	0	0	1
1492	1	0	0	0	0	0
1499	0	1	0	0	0	0
1500	1	0	0	0	0	0
1502	0	1	0	0	0	0
1519	0	1	0	0	0	0
1523	0	0	0	0	1	0
1531	0	0	0	0	1	0
1534	0	0	1	0	0	0
1543	0	0	0	0	1	0
1554	0	0	0	1	0	0
1569	0	0	0	0	1	0
1573	0	0	1	0	0	0
1581	0	0	0	0	0	1
1592	0	0	1	0	0	0

1597	0	1	0	0	0	0
1602	0	0	0	1	0	0
1609	0	0	1	0	0	0
1611	0	0	1	0	0	0
1612	0	0	0	0	1	0
1630	0	0	1	0	0	0
1651	0	0	1	0	0	0
1666	0	0	0	0	1	0
1670	0	1	1	0	0	0
1675	0	1	0	0	0	0
1686	0	0	0	0	1	0
1693	1	0	0	1	0	0
1697	0	0	0	0	1	0
1708	1	0	0	0	0	0
1748	0	0	1	0	0	0
1807	1	0	0	0	0	0
1836	1	0	0	0	0	0
1866	0	0	1	0	0	0
1881	0	0	0	0	1	0
1908	0	1	0	0	1	0
1916	0	1	0	0	0	0
1924	0	0	1	0	0	0
1982	1	0	0	0	0	0
1991	0	0	0	0	1	0
2020	0	0	0	0	1	0
2039	0	0	1	0	0	0
2113	0	0	0	1	0	0
2128	0	1	0	0	0	0
2135	0	0	0	0	0	1
2140	1	0	0	0	0	0
2161	0	0	1	0	0	0
2164	0	0	0	0	1	0
2260	0	0	0	1	0	0
2261	0	1	0	0	0	0
2284	0	0	1	0	0	0
2295	0	0	1	0	0	0
2353	0	0	1	0	0	0
2354	1	0	0	0	0	0
2364	0	0	1	0	0	0
2377	1	0	0	0	0	0
2409	0	0	0	0	1	0
2455	0	0	0	0	1	0
2474	0	0	0	0	0	1
2504	0	0	1	0	0	0
2535	0	0	0	0	1	0
2580	1	0	0	0	0	0
2636	0	1	0	0	0	0
2637	0	0	0	0	1	0
2668	1	0	0	0	0	0
2749	0	1	0	0	0	0
2797	0	0	0	0	1	0
2887	0	0	0	0	1	0
3043	0	0	1	0	0	0
3057	0	0	0	0	1	0
3091	0	0	1	0	0	0

3171	0	0	1	0	0	0
3281	0	0	0	0	1	0
3322	0	0	1	0	0	0
3337	0	0	0	0	0	1
3493	0	0	0	1	0	0
3561	0	1	0	0	0	0
3582	0	0	0	0	1	0
3644	0	0	0	0	1	0
3651	0	0	1	0	0	0
3680	0	0	1	0	0	0
3902	0	0	1	0	0	0
4206	0	0	0	0	1	0
4257	0	0	0	0	1	0
4453	0	0	1	0	0	0
4629	0	0	1	0	0	0
4730	1	0	0	0	0	0
4853	0	0	0	1	0	0
4898	0	0	0	0	0	1
5154	0	1	0	0	0	0
5749	1	0	0	0	0	0
6211	0	0	0	0	0	1
6221	0	0	0	1	0	0
6937	0	1	0	0	0	0
7133	0	0	0	0	1	0
7649	0	0	0	1	0	0
7693	0	0	1	0	0	0
7787	1	0	0	0	0	0
8299	0	0	0	0	1	0
8428	0	0	0	0	0	1
8505	1	0	0	0	0	0
9285	0	0	1	0	0	0
10380	0	1	0	0	0	0
11727	0	1	0	0	0	0
12265	0	0	0	0	1	0
12971	0	0	1	0	0	0
13232	0	0	0	0	1	0
14288	0	0	1	0	0	0
TOTALS	40162	30428	60388	27150	57540	25033

ANLAGE 3

KLASSIFIKATION DER SACHGEBIETE IN DER URSPRÜNGLICHEN FASSUNG (vgl. Hellmann 1968, 99–103)

1 POLITIK

1A	Allgemeine Lage
1B	Persönlichkeiten
1C	Übernationale Zusammenschlüsse und Vereinbarungen
1D	West-Ost-Politik (bestimmter Staaten)
1E	Westliche Außenpolitik
1F	Östliche Außenpolitik
1G	Politik der Blockfreien und Neutralen als Gruppe
1H	Politik einzelner blockfreier und neutraler Staaten
1I	Militär- und Verteidigungspolitik (internat. u. national)
1J	Europäische Politik (auch einzelner Staaten)
1K	Afrikanische Politik (auch einzelner Staaten)
1L	Asiatische Politik (auch einzelner Staaten)
1M	Arabisch-nahöstl. Politik (auch einzelner Staaten)
1N	Deutsche Außenpolitik
1O	Deutsche West-Ost-Politik
1P	Innenpolitik auf Bundesebene bzw. der DDR
1Q	Innenpolitik auf Länderebene
1R	Innenpolitik auf Partei(en)ebene
1S	Deutsche Wirtschaftspolitik
1T	Innenpolitik bestimmter Staaten
1U	Deutsche Kulturpolitik
1V	Deutsche Sozialpolitik
1W	Verbände
1X	Kommunalpolitik
1Y	
1Z	Sonstiges

2 WIRTSCHAFT

2A	Allgemeine Lage
2B	Persönlichkeiten
2C	Technik
2D	Übernationale Zusammenschlüsse (außer europäischen)
2E	Europäische Zusammenschlüsse
2F	Organisationen, Verbände
2G	Planung
2H	Arbeitskräfte, Personalstruktur
2I	Industrie, Grundstoffindustrie
2J	Industrie, Investitionsgüter-
2K	Industrie, Konsumgüter-
2L	Landwirtschaft, Forsten
2M	Seefahrt, Fischerei
2N	Handwerk
2O	Handel, Außen-
2P	Handel, Innen-
2Q	Betriebsorganisation, Rationalisierung
2R	Finanzen, Börse, Versicherungen
2S	Verkehr, Verkehrswege
2T	Verkehrsmittel (Luft-, Land-, Seefahrzeuge) und -technik
2U	Stadtplanung, Raumordnung
2V	Wohnungsbau, Bauwesen
2W	Dienstleistungsindustrie und -gewerbe (Fremdenverkehr, Hotel- u. dergl.)
2X	Werbung
2Y	Vergnügung, Unterhaltung, Massenmedien (nur wirtschaftlich)
2Z	Sonstiges
2(	Energiewirtschaft
2)	Handel-Versorgung

3 SOZIALES

3A Allgemeines, Statistik
3B Persönlichkeiten
3C Bevölkerung
3D Verbrechen, Vergehen (auch Beschuldigungen)
3E Rechtswesen
3F Gesundheitswesen, Medizin
3G Verbände, Organisationen
3H Körperpflege
3I Versorgung (Renten usw.)
3J Rassenprobleme
3K Kommunikationsmittel (Presse, Rundfunk, Fernsehen, Film – nicht Artikel zum künstlerischen Rang!)
3L Wissenschaft und Forschung
3M Schul-, Erziehungs-, Bildungswesen
3N Beruf und Arbeitswelt
3O Haus und Garten
3P Familie (Ehe)
3Q Liebe (Ehe), Erotik (sog. Privat- oder Intimsphäre)
3R Hobbies, Freizeit, Reisen, Tourismus
3S Geographisches
3T Mode
3U
3V Veranstaltungen
3W Naturereignisse, Wetter
3X Unglücksfälle, Todesfälle
3Y Streiks, Unruhen, Aufstände
3Z Sonstiges

4 SPORT

4A Allgemeines
4B Persönlichkeiten, Verbände
4C
4D Großveranstaltungen mehrerer Sportarten (z.B. olymp. Spiele)
4E Leichtathletik
4F Schwerathletik, Boxen, Ringen
4G
4H Turnen, Gymnastik, Tanz
4I
4J Ballspiele, Mannschafts- (Fußball, Handball etc.)
4K
4L Ballspiele, Einzel- (Tennis, Tischtennis usw.); Golf usw.
4M Fechten
4N Pferdesport
4O Wassersport
4P Wintersport (mit Eislauf)
4Q Schießsport
4R Radsport
4S Motor- und Flugsport
4T
4U Bergsteigen, Wandern
4V
4W Spiele und Rätsel
4X
4Y
4Z Sonstiges

5 KULTURELLES

5A Allgemeines
5B Persönlichkeiten
5C Museen, Galerien usw.
5D Organisationen, Gruppen
5E Kulturelle Entwicklung in einzelnen Ländern
5F Musik (Konzert)
5G Oper, Operette, Musical
5H Theater, Ballet
5I Malerei, Graphik
5J Bildhauerei
5K Architektur
5L Literatur
5M Sprache
5N Wissenschaft, Forschung, Universitäten
5O Massenmedien
5P Philosophie, Weltanschauung
5Q Kunstakademien
5R Religion und Kirche
5S
5T Geschichte
5U
5V Volks- und Brauchtum
5W
5X
5Y
5Z Sonstiges, Vermischtes

NACHBEMERKUNG: Leere Felder sind durch spätere Zusammenlegung zweier oder mehrerer Klassen entstanden, bzw. für eventuell neu zu etablierende Klassen vorgesehen gewesen.

ANLAGE 4

KLASSIFIKATION DER SACHGEBIETE IN DER ÜBERARBEITETEN FASSUNG

(a) Politik

Klasse 1 (P1): Internationale Politik
(1N, 1C, 1A, 1E, 1F, 1G, 1I)

Klasse 2 (P2): Politik der BRD/DDR
(1O, 1P, 1Q, 1R, 1S, 1U, 1V)

Klasse 3 (P3): Politik einzelner Länder/Regionen
(1D, 1H, 1J, 1K, 1L, 1M, 1T)

Klasse 4 (P4): Sonstiges/Verschiedenes
(1Z, 1X, 1W, 1B)

(b) Wirtschaft

Klasse 5 (W1): Handel und Finanzen (einschließlich Werbung)
(2R, 2O, 2P, 2(, 2X)

Klasse 6 (W2): Transport und Verkehr
(2S, 2T, 2M)

Klasse 7 (W3): Industrie/Betrieb/Produktion
(2I, 2J, 2K, 2G, 2H, 2), 2Q, 2V)

Klasse 8 (W4): Allgemeines/Vereinbarungen/Wirtschaftspolitik
(2A, 2B, 2C, 2D, 2E, 2Z, 2U)

Klasse 9 (W5): Dienstleistung/Handwerk/Landwirtschaft
(2F, 2L, 2N, 2W, 2Y)

(c) Soziales Leben

Klasse 10 (S1): Allgemeines
(3A, 3B, 3C, 3I, 3S)

Klasse 11 (S2): Privat- und Freizeitbereich
(3O, 3P, 3Q, 3R, 3T, 3H)

Klasse 12 (S3): Öffentliche Ordnung
(3D, 3E, 3J, 3W, 3X, 3Y)

Klasse 13 (S4): Soziale Belange
(3K, 3L, 3M, 3N, 3F)

Klasse 14 (S5): Vermischte Aktivitäten/Veranstaltungen
(3G, 3V, 3Z)

(d) Sport

Klasse 15 (L1): Allgemeines/Vermischtes
(4A, 4B, 4W, 4Z, 4U)

Klasse 16 (L2): Ballspiele
(4J, 4L)

Klasse 17 (L3): Leicht- und Schwerathletik/Veranstaltungen mit mehreren Sportarten
(4D, 4E, 4F)

Klasse 18 (L4): Sportarten
(4H, 4M, 4N, 4O, 4P, 4Q, 4R, 4S)

(e) Kulturelles Leben

Klasse 19 (K1): Wissenschaft
(5N, 5T, 5P, 5M)

Klasse 20 (K2): Kunst
(5F, 5G, 5H, 5I, 5J, 5K, 5L)

Klasse 21 (K3): Vermittlung
(5O, 5C, 5D, 5Q)

Klasse 22 (K4): Sonstiges/Verschiedenes
(5A, 5B, 5E, 5R, 5V, 5Z)

ANLAGE 5

DIE 20 BAD HOMBURGER THESEN
(nach Henne/Mentrup/Möhn/Weinrich 1978, 281-284)

1. Ein neues großes Wörterbuch der deutschen Sprache des 20. Jahrhunderts soll gemacht werden.

2. Für dieses Wörterbuch scheint ein Umfang von bis zu 20 Bänden oder äquivalenten Publikationsformen und ein Bearbeitungszeitraum von etwa 20 Jahren als angemessen.

3. Gegenstand des Wörterbuches sind die deutsche Standardsprache und ihre Fachsprachen in der Bundesrepublik, der DDR, Österreich, der Schweiz sowie anderen deutschsprachigen Gebieten mit ihren jeweiligen regionalen Besonderheiten.

4. Bevor die Arbeit an dem Wörterbuch aufgenommen wird, sollen die wahrscheinlichen Benutzerbedürfnisse möglichst genau ermittelt werden. Dabei müssen auch die Methoden der empirischen Sozialwissenschaften (Demoskopie, Informantenbefragung usw.) angewandt werden.

5. Das zu schaffende große Wörterbuch der deutschen Sprache soll sich weniger durch eine extrem hohe Quantität des erfaßten Wortschatzes als vielmehr durch die besondere Qualität der lexikographischen Reflexion auszeichnen. Diese Reflexion soll sich auch auf die Bedingungen erstrecken, unter denen eine Reduktion der Wörterbuch-Komplexität möglich ist.

6. Die Textsorte Wörterbuch-Artikel soll hinsichtlich ihrer Textstruktur im allgemeinen wie auch hinsichtlich ihrer Explikations-Typik im besonderen untersucht werden. Die Brauchbarkeit unterschiedlicher Explikationstypen (Erklärungsmuster) für den gemein- und fachsprachlichen Wortschatz ist zu begründen.

7. Es ist weder möglich noch wünschenswert, die Bedeutung der Wörter nach einem einheitlichen Definitions- und Normierungsschema festzulegen. Verschiedene Formen der Bedeutungsbeschreibung (z.B. explizite Definitionen, implizite Definitionen, Prädikationen, Abgrenzungen des Geltungsbereiches, ikonische Erklärungen, Angabe geeigneter Lernverfahren usw.) können bei den verschiedenen Wörtern unterschiedlich adäquat sein.

8. Es wird notwendig sein, dem Wörterbuch eine Grammatik der deutschen Sprache, gegebenenfalls auch Differenz-Grammatiken für besondere Bereiche der deutschen Sprache, beizugeben, im Maße wie diese Grammatik den Gebrauch der Wörter bestimmt.

9. Sofern die deutsche Sprache ihr Vokabular nach bestimmten deutlich erkennbaren Wortbildungsregeln gewinnt, sollen diese Regeln und die bevorzugt ver-

wendeten Wortbildungselemente an geeigneten Stellen des Wörterbuches eigens aufgelistet werden. Bei den einzelnen Wörtern der Wörterbuchartikel soll gegebenenfalls auf die Elemente verwiesen werden, aus denen sie nach bestimmten Regeln gebildet sind.

10. Das Wörterbuch kann um seiner Benutzer willen auf eine alphabetische Anordnung seiner Artikel nicht verzichten. Es muß jedoch geprüft werden, in welcher Form und in welchem Umfang systematische Aspekte (z.B. Verweisungen, Bedeutungsfelder, Überblick-Artikel, Teil-Wörterbücher usw.) zur Ergänzung des alphabetischen Prinzips herangezogen werden können.

11. Die Adressaten des Wörterbuches sind die Laien und die Fachleute der verschiedenen Disziplinen im In- und Ausland. Das Wörterbuch soll die Laien in die Lage versetzen, sich fachlich zu informieren, und es soll den Fachleuten helfen, sich Laien verständlich zu machen.

12. Das Wörterbuch soll sich daher durch eine starke Berücksichtigung der fachsprachlichen Komponente auszeichnen. Die Bedingungen des Transfers zwischen der Gemeinsprache und den Fachsprachen sind bei der lexikographischen Arbeit bewußt zu machen.

13. Das Wörterbuch soll von einem Team gemacht werden, das interdisziplinär zusammengesetzt ist.

14. Bei den fachsprachlichen Wörterbuchartikeln ist es notwendig, mit kompetenten Wissenschaftlern und fachlich zuständigen Instituten und Institutionen zusammenzuarbeiten. Kein Artikel der fachsprachlichen Komponente soll nur von einem Laien, keiner aber auch nur von einem Fachmann des betreffenden Faches gemacht werden.

15. Fachsprachen enthalten Wörter, die der fachinternen, der fachexternen und der interfachlichen Kommunikation dienen. Da das geplante große Wörterbuch der deutschen Sprache grundsätzlich auch in seiner fachsprachlichen Komponente ein Wörterbuch für die (jeweiligen) Laien sein soll, muß in erster Linie das fachexterne und interfachliche Vokabular der Fachsprachen berücksichtigt werden. Bei der Auswahl des Corpus sind daher solche schriftlichen oder mündlichen Texte zu bevorzugen, in denen sich ein Fach an eine weitere Öffentlichkeit oder an ein anderes Fach wendet (z.B. Lehr- und Handbücher, Gebrauchsanweisungen, interdisziplinäre Colloquien, „öffentliche Wissenschaft" usw.). Da in den fachexternen Worterklärungen der Wörterbuchartikel Vereinfachungen auftreten können, kann dann auf die internen Kommunikationsmittel der Fächer zurückgegriffen werden.

16. Bei der Redaktion der fachsprachlichen Wörterbuchartikel müssen die Funktionsmuster und Handlungszusammenhänge berücksichtigt werden, in denen die Termini der Fachsprachen eine pragmatische Bedeutung für bestimmte Kommunikations- und Arbeitssituationen haben. Die fachsprachliche Komponente des Wörterbuches darf daher nicht nur aus Substantiven bestehen. Das gilt vornehmlich für diejenigen Fachsprachen, die eine besondere lebensgeschichtliche Bedeutung haben und daher besonders eng an die Gemeinsprache angebunden werden müssen.

17. Für die Erstellung des Corpus ist eine Systematik der Fachsprachen erforderlich. Diese ist nicht aus einer allgemeinen Wissenschafts-Systematik theoretisch ableitbar, sondern muß auf pragmatischer Basis, insbesondere durch em-

pirisch fundierte Schätzungen über den Umfang der einzelnen Fachsprachen und den Grad ihrer gesellschaftlichen und lebensgeschichtlichen Bedeutung entwickelt werden.

18. Das Textcorpus für das Wörterbuch soll nicht weniger als 50 Millionen Textwörter enthalten. Das Wörterbuch wird aus mindestens 200.000 Wörterbuchartikeln (Lemmata) bestehen müssen, die sich nach begründeten Schätzungen unterschiedlich auf die Gemeinsprache und Fachsprachen verteilen.

19. Das Wörterbuch hat eine historische Komponente in dem Sinne, daß die Reichweite des historischen Rückgriffs in den einzelnen Wörterbuchartikeln unterschiedlich festgelegt werden muß, je nach der historischen Sensibilität eines Wortes.

20. Auch mit seiner historischen Komponente bleibt das Wörterbuch eine Darstellung und Beschreibung der deutschen Gegenwartssprache. Das Corpus der lexikographischen Dokumentation beschränkt sich daher auf Texte von etwa 1945 bis zur Bearbeitungszeit. Aus der Entscheidung, bei historisch relevanten Wörtern über diesen Zeitraum hinaus weiter in die Geschichte zurückzugreifen, ist nicht die Notwendigkeit abzuleiten, die gesamte Belegsammlung des Wörterbuches auf ältere Zeiträume auszudehnen.

LITERATURVERZEICHNIS

Adorno, Th.W. et al. 1969: Der Positivismusstreit in der deutschen Soziologie. Neuwied, Berlin.

Agricola, E. 1969: Semantische Relationen im Text und im System. Halle.

Agricola, E. 1976 (Hg.): Lexikon der Wörter und Wendungen. (Nachdruck der unter dem Titel „Wörter und Wendungen" erschienenen Ausgabe, Leipzig 1962). München.

Agricola, Ch./Agricola, E. 1977: Wörter und Gegenwörter. Antonyme der deutschen Sprache. Leipzig.

Akhmanova, O.S. et al. 1963 (Hg.): Exact Methods in Linguistic Research. Berkeley, Los Angeles.

Althaus, H.P./Henne, H./Wiegand, H.E. 1973 (Hg.): Lexikon der germanistischen Linguistik. Tübingen. 2. Aufl. 1980.

Andresen, H. 1974: Der Erklärungsgehalt linguistischer Theorien. München.

Apel, K.-O. 1976a: Transformation der Philosophie. Bd. 2: Das Apriori der Kommunikationsgemeinschaft. Frankfurt/M.

Apel, K.-O. 1976b: Noam Chomskys Sprachtheorie und die Philosophie der Gegenwart. In: Apel 1976a, 264-310.

Apresjan, J.D. 1971: Ideen und Methoden der modernen strukturellen Linguistik. Ins Deutsche übertragen von B. Haltof und E. Mai. München.

Apresjan, J.D./Mel'čuk, I.A./Žolkovskij, A.K. 1969: Semantics and Lexicography: Towards a New Type of Unilingual Dictionary. In: Kiefer, F. (Hg.): Studies in Syntax and Semantics. Dordrecht, 1-33.

Arbeitsgruppe Bielefelder Soziologen 1973 (Hg.): Alltagswissen, Interaktion und gesellschaftliche Wirklichkeit. 2 Bde. Reinbek.

Arnold, H.L./Sinemus, V. 1974 (Hg.): Grundzüge der Literatur- und Sprachwissenschaft. Bd. 2: Sprachwissenschaft. München.

Bahr, J. 1974: Aspekte eines Lexikmodells. Zur theoretischen Grundlegung der Lexikographie. In: Zeitschrift für germanistische Linguistik 2. 1974, 145-170.

Bahr, J. 1978: Ist Lexikographie eine Wissenschaft? Bemerkungen zu einer Tagung. In: Zeitschrift für germanistische Linguistik 6. 1978, 97-98.

Baker, S. 1972: The Sociology of Dictionaries and the Sociology of Words. In: Weinbrot 1972, 138-151.

Baldinger, K. 1960: Alphabetisches oder begrifflich gegliedertes Wörterbuch? In: Zeitschrift für romanische Philologie 76. 1960, 521-536.

Ballweg-Schramm, A. 1977: Zur semantischen Beschreibung von Verben im Hinblick auf lexikographische Erfordernisse. *Essen, trinken* und so weiter. In: Kopenhagener Beiträge zur germanistischen Linguistik 12. 1977, 37-58.

Ballweg-Schramm, A. 1978: Zur Prinzipienlehre der Lexikographie. In: Zeitschrift für germanistische Linguistik 6. 1978, 1-17.

Ballweg-Schramm, A./Schumacher, H. 1979: Verbvalenz-Wörterbuch auf semantischer Basis. In: Henne 1979, 94-118.

Banerjee, N.K. 1977: CONDOR – Communication in Natural Language with Dialog Oriented Retrieval Systems. In: Schneider, W./Sagvall, H. (Hg.): Computational Linguistics in Medicine. Amsterdam, New York, Oxford 1977.

Bar-Hillel, Y. 1956: Diskussionsbeitrag in: Proceedings of the Seventh International Congress of Linguists (London, 1.-6. Sept. 1952). London, 287-288.

Basalla, G. 1968 (Hg.): The Rise of Modern Science. External or Internal Factors? Lexington/Mass.

Baum, R. 1976: Dependenzgrammatik. Tesnières Modell der Sprachbeschreibung in wissenschaftlicher und kritischer Sicht (=Beihefte zur Zeitschrift für romanische Philologie 151). Tübingen.

Bausch, K.-H. 1975: Zur Problematik der empirischen Basis in der Linguistik. Diskutiert am Modusgebrauch in Konditionalsätzen. In: Zeitschrift für germanistische Linguistik 3. 1975, 123-148.

Bausch, K.-H. 1979: Intuition und Datenerhebung in der Linguistik. Zur pragmatischen Basis linguistischer Methodologie. In: Bergenholtz/Schaeder 1979, 71-88.

Bazell, C.E./Catford, J.C./Halliday, M.A.K./Robins, R.H. 1966 (Hg.): In Memory of J.R. Firth. London.

Beck, R. 1977: Sachwörterbuch der Politik. Stuttgart.

Becker, H. 1966: Stilwörterbuch. 2 Bde. Leipzig.

Bense, E. 1978: Die Beurteilung linguistischer Theorien. Tübingen.

Bergenholtz, H. 1980: Angst. Eine lexikographische Untersuchung des Wortfeldes mit Vorschlägen für ein großes interdisziplinäres Wörterbuch der deutschen Sprache. Stuttgart.

Bergenholtz, H./Mugdan, J. 1979: Einführung in die Morphologie. Stuttgart.

Bergenholtz, H./Schaeder, B. 1976: Zur Syntax nominaler Einheiten der geschriebenen deutschen Standardsprache. In: Text & Kontext 4. 1976, 3-36.

Bergenholtz, H./Schaeder, B. 1977a: Die Wortarten des Deutschen. Versuch einer syntaktisch orientierten Klassifikation. Stuttgart.

Bergenholtz, H./Schaeder, B. 1977b: Deskriptive Lexikographie. In: Zeitschrift für germanistische Linguistik 5. 1977, 2-33.

Bergenholtz, H./Schaeder, B. 1978: Ausblicke auf eine deskriptive Lexikographie. In: Henne/Mentrup/Möhn/Weinrich 1978, 116-172.

Bergenholtz, H./Schaeder, B. 1979 (Hg.): Empirische Textwissenschaft. Aufbau und Auswertung von Text-Corpora. Königstein/Ts.

Bergmann, R. 1977: Homonymie und Polysemie in Semantik und Lexikographie. In: Sprachwissenschaft 2. 1977, 27-60.

Bever, Th.G. 1970: The Cognitive Basis for Linguistic Structures. In: Hayes, J.R. (Hg.): Cognition and the Development of Language. New York, 279-362.

Bickmann, H.-J. 1978: Synonymie und Sprachverwendung. Verfahren zur Ermittlung von Synonymklassen als kontextbeschränkten Äquivalenzklassen. Tübingen.

Bielefeld, H.-U./Hess-Lüttich, E.W.B./Lundt, A. 1977 (Hg.): Soziolinguistik und Empirie. Probleme der Corpusgewinnung und -auswertung. Wiesbaden.

Bierwisch, M. 1966: Grammatik des deutschen Verbs (=Studia Grammatica 2). 3. Aufl. Berlin.

Billmeier, G./Krallmann, D. 1969: Bibliographie zur statistischen Linguistik (=Forschungsbericht 69-3 des Instituts für Kommunikationsforschung und Phonetik der Universität Bonn). Bonn.

Bloomfield, L. 1933: Language. New York.

Blumenberg, H. 1966: Die Legitimität der Neuzeit. Frankfurt/M.

Blumer, H. 1973: Der methodologische Standort des symbolischen Interaktionismus. In: Arbeitsgruppe Bielefelder Soziologen 1973, 80-146.

Botha, R.P. 1968: The Function of the Lexicon in Transformational Generative Grammar. The Hague, Paris.

Botha, R.P. 1973: The Justification of Linguistic Hypothesis. A Study of Nondemonstrative Inference in Transformational Grammar. The Hague, Paris.

Booß, U./Schaeder, B./Schweisthal, K.G. 1972: Untersuchung von Adjektiven im Hinblick auf eine maschinelle semantische Analyse von Texten des Deutschen. In: IRAL-Sonderband GAL '71. Heidelberg, 266-278.

Bredemeier, J./Jansen, L.M./Petöfi, J.S. 1977: Überlegungen zu den syntaktischen und semantischen Informationen im Wörterbuch einer natürlichen Sprache. In: Petöfi/Bredemeier 1977, 65-88.

Brekle, H.E. 1970: Generative Satzsemantik und transformationelle Syntax im System der englischen Nominalkomposition. München.

Brekle, H.E. et al. 1979 ff (Hg.): Regensburger Microfiche-Materialien. Texte und Materialien zur Sprach- und Literaturwissenschaft. Nürnberg.

Brentano, M. von 1971: Wissenschaftspluralismus. Zur Funktion, Genese und Kritik eines Kampfbegriffs. In: Das Argument 66. 1971, 476-493.

Brockhaus, Der Große 1952-1957. 12 Bde. 16., völlig neu bearbeitete Aufl. Wiesbaden.

Brockhaus-Wahrig siehe Wahrig/Krämer/Zimmermann 1980.

Brünner, G./Fiehler, R. 1977a (Hg.): Theorie der Sprachwissenschaft (=Osnabrücker Beiträge zur Sprachtheorie 3). Osnabrück.

Brünner, G./Fiehler, R. 1977b: Zur Einleitung. In: Brünner/Fiehler 1977a, 1-14.

Bühler, K. 1978: Sprachtheorie. Die Darstellungsfunktion der Sprache (Nachdruck der 2. Aufl., Stuttgart 1965). Frankfurt/M., Berlin, Wien.

Bungarten, Th. 1976: Bemerkungen zur Rolle des Korpus und einige Kriterien zur Textklassifikation. In: Linguistica Biblica 38. 1976, 81-95.

Bungarten, Th. 1979: Das Korpus als empirische Grundlage in der Linguistik und Literaturwissenschaft. In: Bergenholtz/Schaeder 1979, 28-51.

Bünting, K.-D. 1970: Morphologische Strukturen deutscher Wörter (=IKP–Forschungsberichte 19). Hamburg.

Bünting, K.-D. 1977: Einführung in die Linguistik. 7., erw. Aufl. Kronberg/Ts.

Bünting, K.-D./Bergenholtz, H. 1979: Einführung in die Syntax. Grundbegriffe zum Lesen einer Grammatik. Königstein/Ts.

Bünting, K.-D./Paprotté, W. 1973: Methodik der Linguistik. In: Althaus/Henne/Wiegand 1973, 55-66.

Bush, Ch.R. 1960: A System of Categories for General News Content. In: Journalism Quarterly 37. 1960, 206 ff.

Carstensen, B. 1969: Grammatik und Wörterbuch: Kriterien zur Abgrenzung syntaktischer und semantischer Informationen. In: Neusprachliche Mitteilungen 22. 1969, 8-17.

Carstensen, B. 1970: Englische Wortschatzarbeit unter dem Gesichtspunkt der Kollokation. In: Neusprachliche Mitteilungen 23. 1970, 193-202.

Casares, J. 1950: Introducción a la lexicografía moderna. Prologo de W.v. Wartburg. Madrid.

Cherubim, D. 1973: Grammatikographie. In: Althaus/Henne/Wiegand 1973, 579-590.

Chomsky, N. 1969: Aspekte der Syntaxtheorie. Ins Deutsche übertragen und herausgegeben von einem Kollektiv unter der Leitung von E. Lang. Frankfurt/M.

Chotlos, J.W. 1944: Studies in Language Behavior. Washington.

Cicourel, A.V. 1974: Methode und Messung in der Soziologie. Frankfurt/M.

Coseriu, E. 1970a: Sprache – Strukturen und Funktionen. XII Aufsätze zur Allgemeinen und Romanischen Sprachwissenschaft. Tübingen.

Coseriu. E. 1970b: Einführung in die strukturelle Betrachtung des Wortschatzes. Tübingen.

Coseriu, E. 1972: Geschichte der Sprachphilosophie von der Antike bis zur Gegenwart. Eine Übersicht. Teil II: Von Leibniz bis Rousseau. Tübingen.

Coseriu, E. 1975: Sprachtheorie und allgemeine Sprachwissenschaft. 5 Studien. München.

Diederich, W. 1974 (Hg.): Theorien der Wissenschaftsgeschichte. Frankfurt/M.

Dietrich, R. 1973: Automatische Textwörterbücher. Tübingen.

Dietrich, R./Klein, W. 1974: Computer-Linguistik. Eine Einführung. Stuttgart.

Dittmann, J. 1975: Wissenschaftstheoretische Prolegomena zu einer kommunikationsorientierten Sprachtheorie. In: Deutsche Sprache 1. 1975, 2-20.

Dittmann, J. 1976a: Einleitung. In: Dittmann/Marten/Schecker 1976, 1-11.

Dittmann, J. 1976b: Metapsychologie und linguistische Methodologie. In: Dittmann/Marten/Schecker 1976, 97-153.

Dittmann, J./Marten, R./Schecker, M. 1976: Gegenstand und Wahrheit. Sprachphilosophische und wissenschaftstheoretische Grundlagenstudien zur Linguistik. Tübingen.

Dornseiff, F. 1965: Der deutsche Wortschatz nach Sachgruppen. 6. Aufl. Berlin.

Dovifat, E. 1962: Zeitungslehre. 2 Bde. 4. Aufl. Berlin.

Dreppenstedt, E. 1969: Der Zeitungs- und Zeitschriftenmarkt. Hamburg.

Dressler, W.V./Schmidt, S.J. 1973: Textlinguistik. Kommentierte Bibliographie. München.

Drosdowski, G. 1971 (Hg.): DUDEN Stilwörterbuch der deutschen Sprache. 6. Aufl. Mannheim.

Drosdowski, G. 1976ff (Hg.): DUDEN Das große Wörterbuch der deutschen Sprache. 6 Bde. Mannheim. (Bisher erschienen: Bd. 1-5).

Drosdowski, G. 1977a: Nachdenken über Wörterbücher: Theorie und Praxis. In: Drosdowski/Henne/Wiegand 1977, 103-143.

Drosdowski, G. 1977b: Begleitmaterial zu „Einige Gedanken zur Erfassung und Abbildung des Wortschatzes der deutschen Sprache in Gebrauchswörterbüchern". Mimeo. Bad Homburg.

Drosdowski, G./Henne, H./Wiegand, H.E. 1977: Nachdenken über Wörterbücher. Mannheim.

Dubois, J./Dubois, C. 1971: Introduction à la lexicographie: Le dictionnaire. Paris.

Ehlich, K./Switalla, B. 1976: Transskriptionssysteme. Eine exemplarische Übersicht. In: Studium Linguistik 2. 1976, 78-105.

Eisenberg, P./Haberland, H. 1972: Das gegenwärtige Interesse an der Linguistik. In: Das Argument 72. 1972, 326-349.

Endres-Niggemeyer, B. 1978: Forschungs- und Entwicklungsprojekte in der Informationswissenschaft 1978. Frankfurt/M.

Engel, U./Vogel, I. 1973 (Hg.): Gesprochene Sprache (=Forschungsberichte des Instituts für deutsche Sprache 7). Mannheim.

Engelien, G. 1979: Die Bearbeitung von Texten mit Hilfe von Computern. In: Bergenholtz/Schaeder 1979, 124-130.

Erben, J. 1968: Deutsche Grammatik. Frankfurt/M.

Erk, H. 1972: Zur Lexik wissenschaftlicher Fachtexte. Verben – Frequenz und Verwendungsweise. München.

Erk, H. 1975: Zur Lexik wissenschaftlicher Fachtexte. Substantive – Frequenz und Verwendungsweise. München.

Essler, W.K. 1973: Wissenschaftstheorie III: Wahrscheinlichkeit und Induktion. Freiburg/Br., München.

Feyerabend, P. 1970: Wie wird man ein braver Empirist? In: Krüger, L. (Hg.): Erkenntnisprobleme der Naturwissenschaft. Köln, Berlin, 302-335.

Filipec, J. 1966: Zur Theorie und Methode der lexikologischen Forschung. In: Zeichen und System der Sprache III. Schriften zur Phonetik, Sprachwissenschaft und Kommunikationsforschung 11. 1966, 154-173.

Filipović, R. 1974: The Use of a Corpus in Contrastive Studies. In: Raabe, H. (Hg.): Trends in kontrastiver Linguistik (=Forschungsberichte des Instituts für deutsche Sprache 16). Tübingen, 51-66.

Fillmore, C.J. 1971: Types of Lexical Information. In: Steinberg, D.D./ Jacobovits, L.A. (Hg.): Semantics. An Interdisciplinary Reader in Philosophy, Linguistics and Psychology. Cambridge, 370-392.

Finke, P. 1977: Empirizität und Begründungsproblem einer linguistischen Theorie. Wissenschaftstheoretische Untersuchungen zu den Grundlagen der Sprachwissenschaft. Wiesbaden.

Firth, J.R. 1951: Modes of Meaning. In: Firth, J.R.: Essays and Studies. London, 118-149.

Fix, U. 1974/1976: Zum Verhältnis von Syntax und Semantik im Wortgruppenlexem. In: Beiträge zur Geschichte der deutschen Sprache und Literatur 95. 1974, 214-318. Fortgesetzt in: Beiträge zur Geschichte der deutschen Sprache und Literatur 96. 1976, 7-78.

Francis, W.N. 1979: Problems of Assembling and Computerizing Large Corpora. In: Bergenholtz/Schaeder 1979, 110-123.

Friebertshäuser, H. 1976 (Hg.): Dialektlexikographie. Berichte über Stand und Methoden deutscher Dialektwörterbücher. Festgabe für L. Berthold zum 85. Geburtstag (=Beihefte der Zeitschrift für Dialektologie und Linguistik 17). Wiesbaden.

Friederich, W. 1966: Moderne deutsche Idiomatik. Systematisches Wörterbuch mit Definitionen und Beispielen. München.

Friedrichs, J. 1973: Methoden empirischer Sozialforschung. Reinbek.

Frumkina, R.M. 1963: The Application of Statistical Methods in Linguistic Research. In: Akhmanova 1963, 80-118.

Frumkina, R.M. 1973: Die Anwendung statistischer Methoden in der Sprachforschung. In: Alexejew, P.M. et al. (Hg.): Sprachstatistik. Ins Deutsche übertragen von L. Hoffmann. München, 89-143.

Gauger, H.-M. 1970: Wort und Sprache. Sprachwissenschaftliche Grundfragen. Tübingen.

Gauger, H.-M. 1971: Durchsichtige Wörter. Zur Theorie der Wortbildung. Heidelberg.

Gauger, H.-M. 1972: Zum Problem der Synonyme. Tübingen.

Gesellschaft für Mathematik und Datenverarbeitung (GMD) 1972-1976 (Hg.): Kurzbeschreibung von Information Storage and Retrieval Systemen. Heft 1-4. St. Augustin.

Gewehr, W. 1976: Zur Analyse deutscher Nominalkomposita. Ein didaktischer Ansatz. In: Muttersprache 86. 1976, 145-158.

Glas, R. 1975: Das LIMAS-Korpus, ein Textkorpus für die deutsche Gegenwartssprache. In: Linguistische Berichte 40. 1975, 63-66.

Gleason, H.A. 1955: An Introduction to Descriptive Linguistics. New York.

Gleason, H.A. 1967: The Relation of Lexicon and Grammar. In: Householder/Saporta 1967, 103-110.

Gloy, K. 1975: Sprachnormen I. Linguistische und soziologische Analysen. Stuttgart.

Görner, H./Kempcke, G. 1976 (Hg.): Synonymenwörterbuch. Sinnverwandte Ausdrücke der deutschen Sprache. 4. Aufl. Leipzig.

Gougenheim, G. 1958: Dictionnaire fondamental de la langue française. Paris.

Gove, P.B. 1972: English Dictionaries of the Future. In: Weinbrot 1972, 152-168.

Grimm, J. 1854: Vorrede zum Deutschen Wörterbuch von J. und W. Grimm. Bd. 1. Leipzig.

Grimm, J./Grimm, W. 1854-1960: Deutsches Wörterbuch. 32 Bde. Leipzig.

Große, E.U. 1974: Texttypen. Linguistik gegenwärtiger Kommunikationsakte. Mimeo. Freiburg/Br.

Guckler, G. 1978: Maschinelle Lexikographie. In: Krallmann 1978, 165-200.

Guckler, G./Müller, E./Wahrig, G. 1976: Untersuchungen zur semantischen Struktur natürlicher Sprachen mittels EDV. (Semstruktur). Zwischenbericht über die Arbeiten von Sept. 1974 bis Jan. 1976 am DFG-Projekt Wa 340/1. Mimeo. Mainz.

Gülich, E./Raible, W. 1977: Linguistische Textmodelle. München.

Guiraud, P. 1954: Bibliographie critique de la statistique linguistique. Utrecht, Anvers.

Guiraud, P. 1959: Problèmes et méthodes de la statistique linguistique. Dordrecht.

Habermas, J. 1971: Der Universalitätsanspruch der Hermeneutik. In: Habermas, J. et al. (Hg.): Hermeneutik und Ideologiekritik. Frankfurt/M., 120-159.

Habermas, J. 1973: Erkenntnis und Interesse. 2., mit einem Nachwort versehene Aufl. Frankfurt/M.

Hackforth, J. 1976: Massenmedien und ihre Wirkungen. Literaturexpertise – Bibliographie. Göttingen.

Hagemann, W. 1950: Die Zeitung als Organismus. Heidelberg.

Haehnel, G. 1978: Statistische Verfahren zur Ermittlung von Vokabularunterschieden in Tageszeitungen der BRD und der DDR. Darstellung der Verfahren und erster Ergebnisse (=Arbeitsberichte zum DFG-Projekt Ost-West-Wortschatzvergleiche 4). Bonn.

Haehnel, G./Krause, W./Schaeder, B. 1978: Vergleichende maschinelle Auswertung von Textkorpora zur Ermittlung von Vokabularunterschieden in Tageszeitungen der BRD und der DDR sowie deren Darstellung in einem maschinellen Korpuswörterbuch (=Arbeitsberichte zum DFG-Projekt Ost-West-Wortschatzvergleiche 8). Bonn.

Halliday, M.A.K. 1961: Categories of the Theory of Grammar. In: Word 17. 1961, 241-295.

Halliday, M.A.K. 1966: Lexis as a Linguistic Level. In: Bazell/Catford/Halliday/ Robins 1966, 148-162.

Halliday, M.A.K. et al. 1972: Linguistik, Phonetik und Sprachunterricht. Ins Deutsche übertragen von H.D. Steffens. Heidelberg.

Hallig, R./Wartburg, W. von 1963: Begriffsystem als Grundlage für die Lexikographie. Versuch eines Ordnungsschemas. 2., neu bearbeitete und erweiterte Aufl. Berlin.

Hammerström, G. 1966: Linguistische Einheiten im Rahmen der modernen Sprachwissenschaft. Berlin, Heidelberg, New York.

Harris, Z.S. 1974: Structural Linguistics. 2nd Edition, Ninth Impression. Chicago, London.

Hartmann, P. 1971: Texte als linguistisches Objekt. In: Stempel, W.D. (Hg.): Beiträge zur Textlinguistik. München, 9-29.

Hartmann, R. 1964: Bedeutung und Entwicklung der Worthäufigkeitsforschung. In: Beiträge zur Linguistik und Informationsverarbeitung 4. 1964, 45-57.

Harweg, R. 1968: Pronomina und Textkonstitution (=Beihefte zu Poetica 2). München.

Häusermann, J. 1977: Phraseologie. Hauptprobleme der deutschen Phraseologie auf der Basis sowjetischer Forschungsergebnisse. Tübingen.

Heckel, K. 1975: Fragen der Theorie und Praxis statistischer Erhebungen zur Lexik in der sowjetischen Presse, dargestellt am Zentralorgan IZVESTIJA. In: Hoffmann 1975a, 43-79.

Heeschen, C. 1972: Grundfragen der Linguistik. Stuttgart.

Heger, K. 1970: Belegbarkeit, Akzeptabilität und Häufigkeit. Zur Aufgabenstellung der Sprachwissenschaft. In: Pilch/Richter 1970, 23-33.

Heger, K. 1976: Monem, Wort, Satz und Text. 2., erweiterte Aufl. Tübingen.

Helbig, G. 1970: Zum Modellbegriff in der Linguistik. In: Deutsch als Fremdsprache 7. 1970, 26-33.

Helbig, G. 1973: Geschichte der neueren Sprachwissenschaft. Unter dem besonderen Aspekt der Grammatik-Theorie. 2. Aufl. München.

Helbig, G./Schenkel, W. 1978: Wörterbuch zur Valenz und Distribution deutscher Verben. 4. Aufl. Leipzig.

Hellmann, M.W. 1968: Zur Dokumentation und maschinellen Bearbeitung von Zeitungstexten in der Außenstelle Bonn des Instituts für deutsche Sprache. In: Forschungsberichte des Instituts für deutsche Sprache 2. Mannheim 1968, 39-125.

Hellmann, M.W. 1976: Möglichkeiten und Probleme bei vergleichenden Wortschatzuntersuchungen zum öffentlichen Sprachgebrauch in der Bundesrepublik und in der DDR. In: Moser 1976, 242-274.

Hellmann, M.W. 1980 (Hg.): Das sprachliche Ost-West-Problem (=Wege der Forschung CCCCLXX). Darmstadt. (i.V.).

Hellmann, M.W. 1981 (Hg.): Ost-West-Wortschatzvergleiche (=Forschungsberichte des Instituts für deutsche Sprache 48). Tübingen.

Henne, H. 1972: Semantik und Lexikographie. Untersuchungen zur lexikalischen Kodifikation der deutschen Sprache. Berlin, New York.

Henne, H. 1973: Lexikographie. In: Althaus/Henne/Wiegand 1973, 590-601.

Henne, H. 1975a (Hg.): Deutsche Wörterbücher des 17. und 18. Jahrhunderts. Einführung und Bibliographie. Hildesheim, New York.

Henne, H. 1975b: Deutsche Lexikographie und Sprachnorm des 17. und 18. Jahrhunderts. In: Henne 1975a, 1-37.

Henne, H. 1976: Prinzipien einsprachiger Lexikographie. In: Moser 1976, 95-117.

Henne, H. 1977a: Nachdenken über Wörterbücher: Historische Erfahrungen. In: Drosdowski/Henne/Wiegand 1977, 7-49.

Henne, H. 1977b: Was die Valenzlexikographie bedenken sollte. In: Kopenhagener Beiträge zur germanistischen Linguistik 12. 1977, 5-18.

Henne, H. 1979 (Hg.): Praxis der Lexikographie. Berichte aus der Werkstatt (=Reihe Germanistische Linguistik 22). Tübingen.

Henne, H./Mentrup, W./Möhn, D./Weinrich, H. 1978 (Hg.): Interdisziplinäres deutsches Wörterbuch in der Diskussion (=Sprache der Gegenwart 45). Düsseldorf.

Henne, H./Rehbock, H. 1979: Einführung in die Gesprächsanalyse. Berlin, New York.

Henne, H./Weinrich, H. 1976a: Projekt eines neuen großen Wörterbuchs der deutschen Sprache. Thesen, Kommentar und Bericht über zwei Projekt-Konferenzen am 12./13. Dezember 1975 und 7. Februar 1976 in Bad Homburg. In: Zeitschrift für germanistische Linguistik 4. 1976, 55-64.

Henne, H./Weinrich, H. 1976b: Zwanzig Thesen über ein neues großer Wörterbuch der deutschen Sprache. Zugleich ein Bericht über zwei weitere Projektkonferenzen am 28./29. Mai und 25./26. Juni in Bad Homburg. In: Zeitschrift für germanistische Linguistik 4. 1976, 339-349.

Henne, H./Wiegand, H.E. 1969: Geometrische Modelle und das Problem der Bedeutung. In: Zeitschrift für Dialektologie und Linguistik 36. 1969, 129-173.

Henzler, R. 1974: Quantitative Beziehungen zwischen Textlänge und Wortschatz. ZMD-A-28. Berlin, Köln, Frankfurt/M.

Herbermann, C.-P. 1979: Wort, Basis, Lexem und die Grenze zwischen Lexikon und Grammatik. München.

Herdan, G. 1960: Type-Token-Mathematics. The Hague.

Herdan, G. 1964: Quantitative Linguistics. London.

Herdan, G. 1966: The Advanced Theory of Language as Choice and Chance. Berlin, Heidelberg, New York.

Heringer, H.J. 1970: Theorie der deutschen Syntax. München. 2. Aufl. Berlin, New York 1972.

Hess-Lüttich, E.W.B. 1977: Soziolinguistik und Empirie. Probleme der Corpusgewinnung und -auswertung. Eine Einführung. In: Bielefeld/Hess-Lüttich/Lundt 1977, 10-28.

Hewson, J. 1976: Langue and parole since Saussure. In: Histographia Linguistica 3. 1976, 315-348.

Hildebrandt, R. 1977: Die Diskussion um den Begriff der linguistischen Intuition. In: Sprachwissenschaft 2. 1977, 134-150.

Hiorth, F. 1957: On the Foundations of Lexicography. In: Studia Linguistica 11. 1957, 8-27.

Hjelmslev, L. 1974a: Aufsätze zur Sprachwissenschaft. Deutsche Fassung von E. Barth. Stuttgart.

Hjelmslev, L. 1974b: Langue und parole. In: Hjelmslev 1974a, 44-55.

Hjelmslev, L. 1974c: Der stratische Aufbau der Sprache. In: Hjelmslev 1974a, 76-104.

Hjort, K. 1967: Lexikon, Wörterbuch, Enzyklopädie, Konversationslexikon. Versuch einer Begriffserklärung. In: Muttersprache 77. 1967, 353-356.

Hoberg, R. 1978: Zur Frage der Benutzer eines neuen großen Wörterbuchs der deutschen Gegenwartssprache. In: Henne/Mentrup/Möhn/Weinrich 1978, 31-41.

Hoenigswald, H.M. 1967: Lexicography and Grammar. In: Householder/Saporta 1967, 103-110.

Hoffmann, L. 1975a (Hg.): Fachsprachen und Sprachstatistik. Beiträge zur angewandten Sprachwissenschaft. Berlin.

Hoffmann, L. 1975b: Zum Forschungsstand der statistischen Linguistik. In: Hoffmann 1975a, 9-24.

Hoffmann, L. 1975c: Häufigkeitswörterbücher der Subsprachen von Wissenschaft und Technik. (Einige Bemerkungen über Prinzipien und Methoden ihrer Erarbeitung). In: Hoffmann, 1975a, 25-42.

Hoffmann, L. 1976: Kommunikationsmittel Fachsprache. Eine Einführung. Berlin.

Hölker, K. 1977: Über einen Typ von Lexikoneinträgen für gemeinsprachliche Lexika. In: Petöfi/Bredemeier 1977, 91-105.

Holzer, H./Steinbacher, K. 1975 (Hg.): Sprache und Gesellschaft. 2. Aufl. Hamburg.

Holzkamp, K. 1972: Kritische Psychologie. Frankfurt/M.

Horlitz, B. 1975: Theorie und Praxis der Lexikographie. Bericht über ein lexikographisches Kolloquium am 20. und 21. Februar 1975 in Göttingen. In: Zeitschrift für germanistische Linguistik 3. 1975, 212-220.

Hörmann, H. 1976: Meinen und Verstehen. Grundzüge einer psychologischen Semantik. Frankfurt/M.

Hoppe, G. 1977: Regiolekte – sprachliche Besonderheiten in Österreich und der Schweiz. Mimeo. Mannheim.

Hoppe, G. 1978: Belege und Beispielsätze. Mimeo. Mannheim.

Hoppe, G. 1979: Sprachdidaktik und Benutzeraspekte. Mimeo. Mannheim.

Householder, F.W. 1952: Rezension von Harris 1951. In: IRAL 18. 1952, 260-268.

Householder, F.W. 1971: Linguistic Speculations. Cambridge.

Householder, F.W./Saporta, S. 1967 (Hg.): Problems in Lexicography. 2nd Edition. The Hague.

Hufschmidt, J./Mattheier, K.J. 1976: Sprachdatenerhebung. Methoden und Erfahrungen bei sprachsoziologischen Feldforschungen. In: Viereck, W. (Hg.): Sprachliches Handeln. München, 105-138.

Hüther, J./Scholand, H./Schwarte, N. 1973: Inhalt und Struktur regionaler Großzeitungen. Düsseldorf.

Hymes, D. 1978: Kompetenz und Performanz in der Sprachtheorie. In: Wirkendes Wort 5. 1978, 305-328.

Ineichen, G. 1974: Fragestellungen der Linguistik. In: Arnold/Sinemus 1974, 13-39.

Inoue, K. 1969: A Study of Japanese Syntax. The Hague.

Itkonen, E. 1976: Was für eine Wissenschaft ist die Linguistik eigentlich? In: Wunderlich 1976a, 56-76.

Itzinger, O. 1976: Methoden der maschinellen Intelligenz. München.

Jellinek, M.H. 1913/1914: Geschichte der neuhochdeutschen Grammatik von den Anfängen bis auf Adelung. 2 Halbbde. Heidelberg.

Kaeding, F.W. 1897/1898: Häufigkeitswörterbuch der deutschen Sprache. Steglitz.

Kalinina, E.A. 1973: Untersuchungen lexikostatistischer Gesetzmäßigkeiten auf der Grundlage eines Wahrscheinlichkeitsmodells. In: Alexejew, P.M. et al. (Hg.): Sprachstatistik. Ins Deutsche übertragen von L. Hoffmann. München, 89-143.

Kanngießer, S. 1972a: Aspekte der synchronen und diachronen Linguistik. Tübingen.

Kanngießer, S. 1972b: Untersuchungen zur Kompetenztheorie und zum sprachlichen Handeln. In: Zeitschrift für Literaturwissenschaft und Linguistik 7. 1972, 13-45.

Kanngießer, S. 1976: Spracherklärungen und Sprachbeschreibungen. In: Wunderlich 1976a, 106-160.

Kanngießer, S./Lang, M. 1974: Probleme des Konzeptionenpluralismus. In: Arnold/Sinemus 1974, 308-314.

Keseling, G. et al. (1970): Maschinelle Lexikographie. In: Germanistische Linguistik 2, 1970, 116-242.

Keßler, Ch. 1977: Benennungen für Staaten und ihre Regierungen in der Presse der DDR und der BRD. Linguistische Untersuchungen zum Verhältnis von Sprache und Ideologie. In: Fleischer, W. et al.: Linguistische Untersuchungen zur Sprache der Gesellschaftswissenschaften. Leipzig, 16-38.

Kinne, M./Strube-Edelmann, B. 1980: Kleines Wörterbuch des DDR-Wortschatzes. Düsseldorf.

Klappenbach, R. 1971: Homonyme oder polysemes Wort. In: Deutsch als Fremdsprache 8. 1971, 99-104.

Klappenbach, R./Malige-Klappenbach, H. 1978: Das Wörterbuch der deutschen Gegenwartssprache. Entstehung, Werdegang, Vollendung. In: Kopenhagener Beiträge zur germanistischen Linguistik 14. 1978, 5-46.

Klappenbach, R./Steinitz, W. 1961-1977 (Hg.): Wörterbuch der deutschen Gegenwartssprache. 6 Bde. Berlin.

Klaus, G./Buhr, M. 1972 (Hg.): Philosophisches Wörterbuch. 2 Bde. 8., berichtigte Aufl. Berlin.

Klein, W. 1974: Variation in der Sprache. Ein Verfahren zu ihrer Beschreibung. Kronberg/Ts.

Koch, W.A. 1963: Zur Homonymie und Synonymie. Eine kritische Zusammenfassung. In: Acta Linguistica Academiae Scientiarum Hungaricae 13. 1963, 63-91.

Koerner, E.F.K. 1973: Ferdinand de Saussure: Origin and Development of his Linguistic Thought in Western Studies of Language. A Contribution to the History and Theory of Linguistics. Braunschweig.

König, G. et al. 1967 (Hg.): Kleines Politisches Wörterbuch. Berlin.

Koszyk, K./Pruys, K.H. 1969: Wörterbuch zur Publizistik. Nördlingen.

Krallmann, D. 1978 (Hg.): Kolloquium zur Lage der linguistischen Datenverarbeitung. Essen.

Krause, W./Siebenbach, H. 1978a: Software im Projekt Ost-West-Wortschatzvergleiche (=Arbeitsberichte zum DFG-Projekt Ost-West-Wortschatzvergleiche 6). Bonn.

Krause, W./Siebenbach, H. 1978b: Automatische Lemmatisierung im Projekt Ost-West-Wortschatzvergleiche (=Arbeitsberichte zum DFG-Projekt Ost-West-Wortschatzvergleiche 7). Bonn.

Krauss, W. 1959: Macht und Ohnmacht der Wörterbücher. In: Krauss, W.: Studien und Aufsätze. Berlin, 5-17.

Kristen, C. 1972: Nachrichtenangebot und Nachrichtenverwendung. Eine Studie zum gate-keeper-Problem. Düsseldorf.

Kristensson, G. 1977: Angloamerikanische Einflüsse in DDR-Zeitungen unter Berücksichtigung semantischer, pragmatischer, gesellschaftlich ideologischer, entlehnungsprozessualer und quantitativer Aspekte. Stockholm.

Kriz, J. 1973: Statistik in den Sozialwissenschaften. Reinbek.

Krohn, W. 1976: Zur soziologischen Interpretation der neuzeitlichen Wissenschaft. In: Zilsel 1976, 7-43.

Krüger, L. 1974: Die systematische Bedeutung wissenschaftlicher Revolutionen, pro und contra Thomas Kuhn. In: Diederich 1974, 210-246.

Krüger, L. 1978: Vorwort des Herausgebers. In: Kuhn 1978a, 7-30.

Kuhlen, R. 1977: Experimentelle Morphologie in der Informationswissenschaft. München.

Kuhn, T.S. 1976: Die Struktur wissenschaftlicher Revolutionen. Ins Deutsche übertragen von H. Vetter. 2., revidierte und um das Postskriptum von 1969 erweiterte Aufl. Frankfurt/M.

Kuhn, T.S. 1978a: Die Entstehung des Neuen. Studien zur Struktur der Wissenschaftsgeschichte. Ins Deutsche übertragen von H. Vetter. Hg. von L. Krüger, Frankfurt/M.

Kuhn, T.S. 1978b: Vorwort. In: Kuhn 1978a, 31-46.

Kuhn, T.S. 1978c: Die Beziehungen zwischen Wissenschaftsgeschichte und Wissenschaftstheorie. In: Kuhn 1978a, 49-71.

Kuhn, T.S. 1978d: Logik oder Psychologie der Forschung? In: Kuhn 1978a, 357-388.

Kuhn, T.S. 1978e: Neue Überlegungen zum Begriff des Paradigma. In: Kuhn 1978a, 389-420.

Kuhn, T.S. 1978f: Objektivität, Werturteil und Theoriewahl. In: Kuhn 1978a, 421-445.

Kühn, P. 1978: Deutsche Wörterbücher. Eine systematische Bibliographie. Tübingen.

Kühn, P. 1979: Der Grundwortschatz. Bestimmung und Systematisierung (=Reihe Germanistische Linguistik 17). Tübingen.

Kürschner, W. 1974: Zur syntaktischen Beschreibung deutscher Nominalkomposita. Tübingen.

Kutschera, F. von 1972: Wissenschaftstheorie. 2 Bde. München.

Labov, W. 1972: Das Studium der Sprache im sozialen Kontext. In: Klein, W./ Wunderlich, D. (Hg.): Aspekte der Soziolinguistik. Frankfurt/M, 123-206.

Labov, W. 1975: What is a Linguistic Fact? Lisse.

Laisiepen, K./Lutterbeck, E./Meyer-Uhlenried, K. 1972 (Hg.): Grundlagen der praktischen Information und Dokumentation. München-Pullach, Berlin.

Lange, A./Pfafferott, H./Schmidt, G.D. 1978: DDR- und BRD-Spezifika in Wörterbüchern und Sekundärliteratur (=Arbeitsberichte zum DFG-Projekt Ost-West-Wortschatzvergleiche 3). Bonn.

Lees, R.B. 1960: The Grammar of English Nominalization. Fifth Printing. The Hague.

Leisi, E. 1971: Der Wortinhalt. Seine Struktur im Deutschen und Englischen. 4., durchgesehene und erweiterte Aufl. Heidelberg.

Lemmer, M. 1968: Deutscher Wortschatz. Bibliographie zur deutschen Lexikologie. 2. Aufl. Halle.

Lenzen, W. 1974: Theorien der Bestätigung wissenschaftlicher Hypothesen. Stuttgart.

Leont'ev, A.A. 1971: Sprache – Sprechen – Sprechtätigkeit. Ins Deutsche übertragen und herausgegeben von C. Heeschen und W. Stölting. Stuttgart.

Lessenich-Drucklieb, C. 1978: Form und Funktion von Definitionen im Wörterbuch. In: Muttersprache 88. 1978, 19-42.

Leuniger, H./Miller, M.H./Müller, F. 1972: Psycholinguistik. Ein Forschungsbericht. Frankfurt/M.

Levelt, W.J.M. 1972: Some Psychological Aspects of Linguistic Data. In: Linguistische Berichte 17. 1972, 18-30.

Levin, S.R. 1965: Langue and Parole in American Linguistics. In: Foundations of Language 1, 1965, 83-94.

Lieb, H.-H. 1970: Sprachstadium und Sprachsystem. Umrisse einer Sprachtheorie. Stuttgart.

Lieb, H.-H. 1976: Rekonstruktive Wissenschaftstheorie und empirische Wissenschaft. In: Wunderlich 1976a, 183-199.

Lorenz, K. 1976: Sprachtheorie als Teil einer Handlungstheorie. In: Wunderlich 1976a, 250-266.

Lorenzen, P. 1974: Methodisches Denken. Frankfurt/M.

Lyons, J. 1966: Firth's Theory of „Meaning". In: Bazell/Catford/Halliday/ Robins 1966, 288-302.

Lyons, J. 1968: Introduction to Theoretical Linguistics. Cambridge.

Lyons, J. 1977: Semantics. 2 Vols. Cambridge, London, New York, Melbourne.

Maas, H.-D. 1972: Über den Zusammenhang zwischen Wortschatzumfang und Länge eines Textes. In: Zeitschrift für Literaturwissenschaft und Linguistik 8. 1972, 73-96.

Maas, U. 1973a: Grundkurs Sprachwissenschaft. Bd. I: Die herrschende Lehre. München.

Maas, U. 1973b: Linguistik als Legitimationswissenschaft. Zur Diskussion um Linguistik und Lehrer(fort)bildung. In: Linguistik und Didaktik 1. 1973, 34-52.

Maas, U. 1974: Sprechen und Handeln. Zum Stand der gegenwärtigen Sprachtheorie. In: Gerhardt, M. (Hg.): Linguistik und Sprachphilosophie. München, 141-170.

Management Enzyklopädie 1969: Management Enzyklopädie. Das Managementwissen unserer Zeit in 6 Bänden. Bd. 1. München.

Marcus, S. 1970: Définitions logiques et définitions lexicographiques. In: Langages 19. 1970, 87-91.

Matuschek, H. 1977: Einwortlexeme und Wortgruppenlexeme in der technischen Terminologie des Polnischen. München.

Meier, H. 1964: Deutsche Sprachstatistik. Bd. I/II. Hildesheim.

Mentrup, W. 1976: Projekt eines interdisziplinären Wörterbuchs der deutschen Sprache. In: Deutsche Sprache 1976, 93-96; 188-190; 370-379.

Mentrup, W. 1977: Bericht über den Stand der Überlegungen zu einem großen interdisziplinären Wörterbuch nach fünf Colloquien. Eine Dokumentation. Mimeo. Mannheim.

Mentrup, W. 1978a: Korpora und Belegsammlungen. In: Henne/Mentrup/Möhn/Weinrich 1978, 195-232.

Mentrup, W. 1978b: Überlegungen zur lexikographischen Erfassung der Gemeinsprache und der Fachsprachen. In: Henne/Mentrup/Möhn/Weinrich 1978, 48-77.

Mentrup, W. 1979: Überlegungen zur Zusammenstellung und Verwendung eines Korpus für ein großes interdisziplinäres Wörterbuch der deutschen Sprache. In: Bergenholtz/Schaeder 1979, 182-203.

Mentrup, W./Hoppe, G. 1981 (Hg.): Vorstudien zu einem interdisziplinären deutschen Wörterbuch des 20. Jahrhunderts (=Forschungsberichte des Instituts für deutsche Sprache 44). Tübingen.

Meyers Neues Lexikon 1972-1977: Meyers Neues Lexikon. Hg. von H. Göschel. 18 Bde. 2. Aufl. Leipzig.

Miller, R.A. 1972: Review of Inoue 1969. In: Language 48. 1972, 214-230.

Mittelberg, E. 1967: Wortschatz und Syntax der Bild-Zeitung. Marburg.

Moffat, A./Schaeder, B. 1971: The Semantics of English Prepositional Phrases. In: Schweisthal, K.G. (Hg.): Grammatik-Kybernetik-Kommunikation. Festschrift für A. Hoppe. Bonn, 49-64.

Moser, H. 1969 (Hg.): Das Ringen um eine neue deutsche Grammatik (=Wege der Forschung XXV). 2. Aufl. Darmstadt.

Moser, H. 1976 (Hg.): Probleme der Lexikologie und Lexikographie (=Sprache der Gegenwart 39). Düsseldorf.

Mossner, F. 1969: Welchen Einblick gibt uns die Faktorenanalyse in den Satzbau der natürlichen Sprachen? In: Zeitschrift für Phonetik, Sprachwissenschaft und Kommunikationsforschung 22. 1969, 243-254.

Motsch, W. 1970: Analyse von Komposita mit zwei nominalen Elementen. In: Bierwisch, M./Heidolph, K.-E. (Hg.): Progress in Linguistics. The Hague, Paris, 208-223.

Motsch, W. 1978: Gesichtspunkte für die Gliederung der Sprachanalyse in Untersuchungsgebiete und die dominierende Rolle des Handlungscharakters der Sprache. In: Zeitschrift für Phonetik, Sprachwissenschaft und Kommunikationsforschung 31. 1978, 536-541.

Muller, Ch. 1968: Initiation à la statistique linguistique. Paris.

Muller, Ch. 1972: Einführung in die Sprachstatistik. Ins Deutsche übertragen von F. Heinzmann und herausgegeben von L. Hoffmann. München.

Müller, W. 1969: Gedanken zur automatischen Analyse von Normen und Normabweichungen. In: Muttersprache 79. 1969, 301-314.

Nabholz, P. 1973: Massenkommunikation als Teil einer Klassifikation geschriebener Texte. Mimeo. Mannheim.

Nemoto, M. 1977: Eine vergleichende Untersuchung der neuen großen Wörterbücher aus den beiden deutschen Staaten. In: Kairos 15. 1977, 95-117.

Neubauer, F. 1977: Einige Aspekte umgangssprachlicher Lexika. In: Petöfi/Bredemeier 1977, 27-64.

Nikotopoulos, P. 1973a: Aspekte einer Corpustheorie. Mimeo. Mannheim.

Nikotopoulos, P. 1973b: Statistik für Linguisten. Eine methodische Darstellung. I. Teil (=Forschungsberichte des Instituts für deutsche Sprache 13). Mannheim.

Nikotopoulos, P. 1974: Vorgriffe auf eine Thematisierung der Repräsentativität eines Corpus. In: Deutsche Sprache 1. 1974, 32-42.

Nikitopoulos, P. 1978: Corpus und Textklassifikation. Mimeo. Mannheim.

Nikitopoulos, P./Nabholz, P./Zimmermann, K. 1975: Theoretisch fundierte Erstellung zweier repräsentativer Corpora für die geschriebene deutsche Sprache: a) zwischen 1870 und 1944, b) seit 1949. Mimeo. Mannheim.

Nortmeyer, I. 1976: Untersuchung zum Explikationsvokabular und zum Auftauchen zirkulärer Strukturen beim dreistufigen Explikationsabbau der exemplarischen Wortgruppe SORGFÄLTIG über eine FRAGE NACHDENKEN (in Stilduden, Ullstein und Wahrig). Mimeo. Mannheim.

Ogden, C.K. 1942: The General Basic English Dictionary. New York.

Opp, K.-D. 1970: Methodologie der Sozialwissenschaften. Reinbek.

Ortmann, W.D. 1975-1978: Hochfrequente deutsche Wortformen. 4 Bde. München.

Ossorio-Capella, C. 1972: Der Zeitungsmarkt in der Bundesrepublik Deutschland. Frankfurt/M.

Oesterreicher, W. 1975: Sprachtheorie. Zur Problematik der Verwendung eines Terminus. In: Schlieben-Lange 1975, 81-126.

Palmer, H.E. 1938: A Grammar of English Words. London, New York, Toronto.

Parret, H. 1971: Language and Discourse. The Hague, Paris.

Paul, H. 1909: Über die Aufgaben der wissenschaftlichen Lexikographie. In: Sitzungsberichte der philosophisch-historischen Klasse der Bayerischen Akademie der Wissenschaften. 4. Aufl., 53-91.

Paul, H. 1966: Deutsches Wörterbuch. Unveränderte Studienausgabe nach der 5., völlig neu bearbeiteten und erweiterten Aufl. Bearbeitet von W. Betz. Tübingen.

Pavlov, V.M. 1972: Die substantivische Zusammensetzung im Deutschen als syntaktisches Problem. München.

Petöfi, J.S. 1977a: Über das Projekt „Kernlexikon". In: Petöfi/Bredemeier 1977, 559-560.

Petöfi, J.S. 1977b: Das Lexikon als Komponente einer semiotischen Theorie von natürlichen Sprachen. In: Petöfi/Bredemeier 1977, 287–296.

Petöfi, J.S. 1977c: Lexikoneintragungen in der kanonischen Repräsentation von Sätzen und Texten. In: Petöfi/Bredemeier 1977, 297-314.

Petöfi, J.S./Bredemeier, J. 1977: Das Lexikon in der Grammatik, die Grammatik im Lexikon. 2 Halbbde. Hamburg.

Petöfi, J.S./Rieser, H. 1974: Wissenschaftstheoretische Argumente für eine umfassende grammatische Theorie und eine logisch-semantische Beschreibungssprache. In: Rüttenauer, M. (Hg.): Textlinguistik und Pragmatik. Hamburg, 1-46.

Piaget, J. 1973: Erkenntnistheorie der Wissenschaften vom Menschen. Frankfurt/M, Berlin, Wien.

Piirainen, I.T. 1969: Quantitative Methoden in der Sprachforschung. In: Linguistische Berichte 3. 1969, 22-30.

Pilch, H./Richter, H. 1970 (Hg.): Theorie und Empirie in der Sprachforschung. Festschrift für E. Zwirner (=Bibliotheca Phonetica 9). Basel, München, Paris, New York.

Plath, W. 1961: Mathematical Linguistics. Trends in European and American Linguistics 1930-1960. Utrecht, Antwerpen.

Polenz, P. von 1966: Zur Quellenwahl bei der Dokumentation und Erforschung der deutschen Gegenwartssprache. In: Wirkendes Wort 16. 1966, 3-13.

Polenz, P. von 1972: Sprachnorm, Sprachnormung, Sprachnormenkritik. In: Linguistische Berichte 17. 1972, 76-84.

Polenz, P. von 1973: Sprachkritik und Sprachnormenkritik. In: Nickel, G. (Hg.): Angewandte Sprachwissenschaft und Deutschunterricht. München, 118-167.

Popper, K. 1969: Logik der Forschung. 3. Aufl. Tübingen.

Pressel, A. 1968: Der „Rheinische Merkur" und „Die Zeit". Vergleichende Inhaltsanalyse zweier Wochenzeitungen von verschiedener weltanschaulicher Orientierung. Berlin.

Pullum, G.K. 1972: Grammars, Competence, and Linguistic Intuitions. In: Linguistische Berichte 21. 1972, 55-64.

Püschel, U. 1975: Semantisch-syntaktische Relationen. Untersuchungen zur Kompatibilität lexikalischer Einheiten im Deutschen. Tübingen.

Püschel, U. 1978: Wortbildung und Idiomatik. In: Zeitschrift für germanistische Linguistik 6. 1978, 151-167.

Quemada, B. 1972: Lexicology and Lexicography. In: Sebeok, T.A. (Hg.): Current Trends in Linguistics. Vol. 9: Linguistics in Western Europe. The Hague, Paris, 395-475.

Reichmann, O. 1976: Germanistische Lexikologie. 2., vollständig umgearbeitete Aufl. von „Deutsche Wortforschung". Stuttgart.

Rieger, B. 1971: Wort- und Motivkreise als Konstituenten lyrischer Umgebungsfelder. In: Zeitschrift für Literaturwissenschaft und Linguistik 4. 1971, 23-41.

Rieger, B. 1972: Warum mengenorientierte Textwissenschaft? Zur Begründung der Statistik als Methode. In: Zeitschrift für Literaturwissenschaft und Linguistik 8. 1972, 11-28.

Rieger, B. 1977: Theorie der unscharfen Mengen und empirische Textanalyse. In: Klein, W. (Hg.): Methoden der Textanalyse. Heidelberg, 84-99.

Rieger, B. 1979: Repräsentativität. Von der Unangemessenheit eines Begriffs zur Kennzeichnung eines Problems linguistischer Korpusbildung. In: Bergenholtz/Schaeder 1979, 52-70.

Rieger, B. 1980: Probleme der automatischen Textanalyse und unscharfen (fuzzy) Wortsemantik. In: Krallmann, D. (Hg.): Dialogsysteme und Textverarbeitung. Essen, 55-76.

Riemschneider, K. 1970 (Hg.): Probleme der Lexikographie. Berlin.

Rieser, H. 1977: Beiträge zur Lexikologie, Semantik und Texttheorie. Hamburg.

Robins, R.H. 1973a: Ideen- und Problemgeschichte der Sprachwissenschaft. Ins Deutsche übertragen von G. Gutknecht und K.-U. Panther. Frankfurt/M.

Robins, R.H. 1973b: Theory-Orientation versus Data-Orientation. A Recurrent Theme in Linguistics. In: Historiographia Linguistica 1. 1973, 11-26.

Rohrmann, B. 1978: Statistische Untersuchungen syntaktischer Textcharakteristika. In: Deutsche Sprache 2. 1978, 110-142,

Rosengren, I. 1968: Ein Frequenzwörterbuch der modernen Zeitungssprache – wie und wozu? In: Beiträge zur Linguistik und Informationsverarbeitung 14. 1968, 7-21.

Rosengren, I. 1972: Ein Frequenzwörterbuch der deutschen Zeitungssprache. DIE WELT – Süddeutsche Zeitung. Bd. 1. Lund.

Rosengren, I. 1977: Ein Frequenzwörterbuch der deutschen Zeitungssprache. DIE WELT– Süddeutsche Zeitung. Bd. 2. Lund.

Rothkegel, A. 1973: Feste Syntagmen. Grundlagen, Strukturbeschreibung und automatische Analyse. Tübingen.

Sandig, B. 1971: Syntaktische Typologie der Schlagzeile. München.

Saussure, F. de 1967: Grundfragen der allgemeinen Sprachwissenschaft. Ins Deutsche übertragen von H. Lommel. 2. Aufl. Berlin.

Schaeder, B. 1969: Die Sprachinhaltforschung im deutschen Sprachraum. Wortschatz- und Grammatiktheorie. In: Studium Generale 22. 1969, 294-309.

Schaeder, B. 1971: Die Analyse der Inhalte deutscher und englischer Präpositionalphrasen und ihre Synthese im maschinellen Übersetzungsprozeß. In: IRAL-Sonderband GAL '70. Stuttgart, 209-216.

Schaeder, B. 1972: Inhaltfaktoren, Inhaltfunktionen und Inhaltfunktionsklassen. Zu einer funktionalen strukturellen Semantik des Deutschen. In: Moser, H. (Hg.): Linguistische Studien II (=Sprache der Gegenwart 22). 68-82.

Schaeder, B. 1974: Frage-Antwort-Paare in der geschriebenen deutschen Gegenwartssprache. Mimeo. Bonn.

Schaeder, B. 1976a: Maschinenlesbare Textkorpora des Deutschen und des Englischen. In: Deutsche Sprache 4. 1976, 356-370.

Schaeder, B. 1976b: Das Lexikon in der maschinellen Textanalyse. Konzeption und Aufbau von maschinenoperablen Wörterbüchern. Mimeo. Bonn.

Schaeder, B. 1977: Ausgewählte Bibliographie zur Lexikographie. Mit einem Nachtrag 1978. Mimeo. Bonn.

Schaeder, B. 1978a: Eine Dokumentation maschinenlesbarer Textkorpora der deutschen Gegenwartssprache. In: Henne/Mentrup/Möhn/Weinrich 1978, 233-254.

Schaeder, B. 1978b: Die lexikalische Präsentation maschinell aus Tageszeitungen der BRD und der DDR ermittelter Spezifika. Mimeo. Bonn.

Schaeder, B. 1978c: Maschinelle Dokumentation und Lexikographie. In: Krallmann 1978, 110-164.

Schaeder, B. 1978d: Das Bonner Zeitungskorpus. Eine maschinelle Dokumentation von Tageszeitungen der BRD und der DDR (=Arbeitsberichte zum DFG-Projekt Ost-West-Wortschatzvergleiche 2). Bonn.

Schaeder, B. 1979a: Zur Methodik der Auswertung von Textkorpora für die Zwecke der Lexikographie. In: Bergenholtz/Schaeder 1979, 220-267.

Schaeder, B. 1979b: Maschinenlesbare Textkorpora des Deutschen und des Englischen. Eine Dokumentation. In: Bergenholtz/Schaeder 1979, 325-336.

Schaeder, B. 1979c: Wörterbuchartikel als Texte. Wie Wörter in einsprachigen Wörterbüchern zu Worte kommen. Mimeo. Bonn.

Schank, G. 1973: Zur Korpusfrage in der Linguistik. In: Deutsche Sprache 4. 1973, 16-26.

Schank, G./Schoenthal, G. 1976: Gesprochene Sprache. Eine Einführung in Forschungsansätze und Analysemethoden. Tübingen.

Schecker, M. 1976a (Hg.): Methodologie der Sprachwissenschaft. Hamburg.

Schecker, M. 1976b: Einleitung. In: Schecker 1976a, 7-21.

Schecker, M. 1976c: ‚Begriff' und ‚Gegenstand' in der Linguistik. In: Dittmann/Marten/Schecker 1976, 13-52.

Schildt, J. 1969: Gedanken zum Problem Homonymie – Polysemie in synchronischer Sicht. In: Zeitschrift für Phonetik, Sprachwissenschaft und Kommunikationsforschung 22. 1969, 352-359.

Schippan, Th./Sommerfeldt, K.E. 1966: Wort und Kontext. In: Zeitschrift für Phonetik, Sprachwissenschaft und Kommunikationsforschung 19. 1966, 533-552.

Schippan, Th./Sommerfeldt, K.E. 1967: Die Rolle des linguistischen Kontextes. In: Zeitschrift für Phonetik, Sprachwissenschaft und Kommunikationsforschung 20. 1967, 489-529.

Schlieben-Lange, B. 1975 (Hg.): Sprachtheorie. Hamburg.

Schmidt, G.D. 1978: Die Berücksichtigung von BRD- und DDR-Spezifika in deutschen Wörterbüchern. In: Lange/Pfafferott/Schmidt 1978.

Schmidt, G.D. 1979: Vorschläge zur Klassifizierung und Typisierung der BRD-DDR-differenten Lexeme der deutschen Standardsprache (=Arbeitsberichte zum DFG-Projekt Ost-West-Wortschatzvergleiche 5). Bonn.

Schmidt, W. 1967: Lexikalische und aktuelle Bedeutung. Ein Beitrag zur Theorie der Wortbedeutung. 4., durchgesehene Aufl. Berlin.

Schnelle, H. 1968: Methoden mathematischer Linguistik. In: Schnelle, H. et al.: Methoden der Sprachwissenschaft. München, 135-160.

Schnelle, H. 1970: Theorie und Empirie in der Sprachwissenschaft. In: Pilch/ Richter 1970, 51-65.

Schnelle, H. 1976: Zum Begriff der sprachanalytischen Rekonstruktion von Sprachausschnitten. In: Wunderlich 1976a, 217-232.

Schott, G. 1975: Automatische Deflexion unter Verwendung eines Minimalwörterbuchs. München.

Searle, H. 1969: Speech Acts. Cambridge.

Seelbach, D. 1975: Computerlinguistik und Dokumentation. München.

Seiffert, H. 1973: Einführung in die Wissenschaftstheorie. Bd. I: Sprachanalyse, Deduktion, Induktion in Natur- und Sozialwissenschaften. München.

Seppänen, L. 1978: Zur Ableitbarkeit der Nominalkomposita. In: Zeitschrift für germanistische Linguistik 6. 1978, 133-150.

Serébrennikow, B.A. 1976 (Hg.): Allgemeine Sprachwissenschaft. Bd. III: Methoden sprachwissenschaftlicher Forschung. Ins Deutsche übertragen und herausgegeben von H. Zikmund und G. Feudel. München.

Seuren, P.A.M. 1969: Operators and Nucleus. A Contribution to the Theory of Grammar. Cambridge.

Shaw, J.H. 1979: Motivierte Komposita in der deutschen und englischen Gegenwartssprache. Tübingen.

Siliakus, H.J. 1974: Statistical Information about the Distribution, Usage, Range, Frequency of 2672 Basic Words in German. Adelaide.

Siliakus, H.J. 1979: In Search of a Common Vocabulary for the Social Sciences and the Humanities – a Report. In: Bergenholtz/Schaeder 1979, 148-170.

Simon, J. 1971: Philosophie und linguistische Theorie. Berlin, New York.

Simon-Schaefer, R./Zimmerli, W. Ch. 1975 (Hg.): Wissenschaftstheorie der Geisteswissenschaften. Hamburg.

Sinclair, J.M. 1966: Beginning the Study of Lexis. In: Bazell/Catford/Halliday/ Robins 1966, 410-430.

Sleed, J. 1972: Dollars and Dictionaries. The Limits of Commercial Lexicography. In: Weinbrot 1972, 119-137.

Sommerfeldt, K.-E./Schreiber, H. 1977a: Wörterbuch zur Valenz und Distribution der Substantive. Leipzig.

Sommerfeldt, K.-E./Schreiber, H. 1977b: Wörterbuch zur Valenz und Distribution deutscher Adjektive. 2. Aufl. Leipzig.

Spark Jones, K./Kay, M. 1976: Linguistik und Informationswissenschaft. Ins Deutsche übertragen von E. Couper und R. Kuhlen. München.

Spitzer, L. 1922 (Hg.): Hugo-Schuchart-Brevier. Als Festgabe zum 80. Geburtstag des Meisters zusammengestellt und eingeleitet von L. Spitzer. Halle.

Steger, H. 1967: Gesprochene Sprache. Zu ihrer Typik und Terminologie. In: Moser, H. (Hg.): Satz und Wort im heutigen Deutsch (=Sprache der Gegenwart 1). Düsseldorf, 259-291.

Steger, H. 1970: Über Dokumentation und Analyse gesprochener Sprache. In: Zielsprache Deutsch 1970, 13-21; 51-63.

Steger, H. 1973: Soziolinguistik. In: Althaus/Henne/Wiegand 1973, 245-254.

Stegmüller, W. 1969: Probleme und Resultate der Wissenschaftstheorie und Analytischen Philosophie. Bd. 1: Wissenschaftliche Erklärung und Begründung. Berlin, Heidelberg, New York.

Stegmüller, W. 1970: Probleme und Resultate der Wissenschaftstheorie und Analytischen Philosophie. Bd. 2: Theorie und Erfahrung. Berlin, Heidelberg, New York.

Stegmüller, W. 1973: Probleme und Resultate der Wissenschaftstheorie und Analytischen Philosophie. Bd. 4: Personelle und statistische Wahrscheinlichkeit. Berlin, Heidelberg, New York.

Stegmüller, W. 1975: Hauptströmungen der Gegenwartsphilosophie. Stuttgart.

Stelzer, St. 1972 (Hg.): Probleme des „Lexikons" in der Transormationsgrammatik. Frankfurt/M.

Sterkenburg, P.G.J. van 1977 (Hg.): Lexicologie. Feestbundel voor F. de Tollenaere. Groningen.

Stötzel, G. 1970: Das Abbild des Wortschatzes. In: Poetica 3. 1970, 1-23.

Straßner, E. 1977: Linguistische Datenverarbeitung (LDV). Anwendungsbereiche und Forschungsstand. In: Sprachwissenschaft 2. 1977, 433-470.

Taeuber, D. 1978: CONDOR: Ein integriertes Datenbank- und Informationssystem. Überblick über das Gesamtsystem. In: Nachrichten für Dokumentation 29. 1978, 127-130.

Thiel, G. 1973: Die semantischen Beziehungen in den Substantivkomposita der deutschen Gegenwartssprache. In: Muttersprache 83. 1973, 377-404.

Thiele, J. 1969: Einige formale Daten der Ausgaben von BILD/Hamburg im April 1968. In: Muttersprache 79. 1969, 345-347.

Titkin, H. 1912: Wörterbücher der Zukunft. In: Germanisch-Romanische Monatsschrift 2. 1910, 243-253.

Tollenaere, F. de 1960: Alfabetische of Ideologische Lexicographie? (=Bijdragen tot de Nederlandse Taal- en Letterkunde, Deel I). Leiden.

Tollenaere, F. de 1965: Lexikographie mithilfe des elektronischen Informationswandlers. In: Zeitschrift für deutsche Sprache 21. 1965, 1-19.

Torgensen, W.S. 1958: Theory of Methods of Scaling. New York.

Toulmin, St. 1968: Voraussicht und Verstehen. Ein Versuch über die Ziele der Wissenschaft. Ins Deutsche übertragen von E. Bubser. Frankfurt/M.

Toulmin. St. 1969: The Uses of Argument. Paperback Edition. Cambridge.

Toulmin, St. 1972: Human Understanding. London.

Überla, K. 1977: Faktorenanalyse. Eine systematische Einführung für Psychologen, Mediziner, Wirtschafts- und Sozialwissenschaftler. Heidelberg.

Ulvestad, B. 1969: Statistik und Sprachbeschreibung. In: Moser 1969, 61-73.

Ulvestad, B. 1979: Corpus vs. Intuition in Syntactical Research. In: Bergenholtz/Schaeder 1979, 89-108.

Velde, R.G. van de 1971a: Empirisch-induktive Linguistik und generative Grammatik. Brüssel.

Velde, R.G. van de 1971b: Zur Grundlegung einer linguistischen Methodik. Gezeigt am Beispiel der altfriesischen Syntax. München.

Velde, R.G. van de 1974: Zur Theorie der linguistischen Forschung. Ein Beitrag zur Grundlagenproblematik der Linguistik. München.

Velde, R.G. van de 1979: Probleme der linguistischen Theorienbildung einer empirischen Textwissenschaft. In: Bergenholtz/Schaeder 1979, 10-27.

Vickery, B.C. 1970: Zur Theorie von Dokumentationssystemen. München, Berlin.

Wahrig, G. 1966: Aus der Arbeit eines Lexikon-Instituts. Gütersloh.

Wahrig, G. 1966 (Hg.): Das große deutsche Wörterbuch. Gütersloh. Neuauflage unter dem Titel „Deutsches Wörterbuch" 1975.

Wahrig, G. 1968: Neue Wege der Wörterbucharbeit (=Sondernummer der Berichte des Instituts für Buchmarktforschung). 2. Aufl. Hamburg.

Wahrig, G. 1973: Anleitung zur grammatisch-semantischen Beschreibung lexikalischer Einheiten. Tübingen.

Wahrig, G. 1977: Informationsklassen in Wörterbüchern. In: Sterkenburg 1977, 295-304.

Wahrig, G. 1978 (Hg.): Wörterbuch der deutschen Sprache. München.

Wahrig, G./Krämer, H./Zimmermann, H. 1980ff (Hg.): Brockhaus-Wahrig. Deutsches Wörterbuch. 6 Bde. Wiesbaden, Stuttgart. (Bisher erschienen: Bd. 1).

Wallis, W.A./Roberts, H.V. 1969: Methoden der Statistik. Reinbek.

Wandruszka, M. 1968: Englische und deutsche Nominalkomposition. In: Brekle, H.E./Lipka, L. (Hg.): Wortbildung, Syntax und Morphologie. Festschrift für H. Marchand. The Hague, Paris.

Wang, J.T. 1972: Wissenschaftliche Erklärung und generative Grammatik. In: Kopenhagener Beiträge zur germanistischen Linguistik 2. 1972, 50-66.

Watzlawick, P./Beavin, J.H./Jackson, D.D. 1969: Menschliche Kommunikation. Formen, Störungen, Paradoxien. 4., unveränderte Aufl. Bern, Stuttgart, Wien.

Weber, H.J. 1974: Mehrdeutige Wortformen im heutigen Deutsch. Studien zu ihrer grammatischen Beschreibung und lexikographischen Erfassung. Tübingen.

Weber, H.J. 1976: Automatische Lemmatisierung. Zielsetzung und Arbeitsweise eines linguistischen Identifikationsverfahren (=Linguistische Arbeiten 15. Sonderforschungsbereich Elektronische Sprachforschung der Universität des Saarlandes). 2 Bde. Saarbrücken.

Wehrle, H./Eggers, H. 1961: Deutscher Wortschatz. Ein Wegweiser zum treffenden Ausdruck. Stuttgart.

Weinbrot, H.D. 1972 (Hg.): New Aspects of Lexicography. Literary Criticism, Intellectual History, and Social Change. London, Amsterdam.

Weingart, P. 1972 (Hg.): Wissenschaftssoziologie. Bd. I: Wissenschaftliche Entwicklung als sozialer Prozeß. Frankfurt/M.

Weingart, P. 1974 (Hg.): Wissenschaftssoziologie. Bd. II: Determinanten wissenschaftlicher Entwicklung. Frankfurt/M.

Weinreich, U. 1967: Lexicographic Definition in Descriptive Semantics. In: Householder/Saporta 1967, 25-44.

Weinreich, U. 1970: Erkundungen zur Theorie der Semantik. Ins Deutsche übertragen von L. Lipka. Tübingen.

Weinrich, H. 1976: Die Wahrheit der Wörterbücher. In: Moser 1976, 347-371.

Wells, R.A. 1973: Dictionaries and the Authoritarian Tradition. The Hague, Paris.

Werlich, E. 1974: Wörterbuch der Textinterpretation. Englisch. 5. Aufl. Dortmund.

Werlich, E. 1975: Typologie der Texte. Heidelberg.

Weydt, H. 1975: Das Problem der Sprachbeschreibung durch Simulation. In: Schlieben-Lange 1975, 53-80.

Wiegand, H.E. 1970: Synchronische Onomasiologie und Semasiologie. Kombinierte Methoden zur Strukturierung der Lexik. In: Germanistische Linguistik 3. 1970, 243-384.

Wiegand, H.E. 1976: Synonymie und ihre Bedeutung in der einsprachigen Lexikographie. In: Moser 1976, 118-180.

Wiegand, H.E. 1977a: Nachdenken über Wörterbücher: Aktuelle Probleme. In: Drosdowski/Henne/Wiegand 1977, 51-102.

Wiegand, H.E. 1977b: Einige grundlegende semantisch-pragmatische Aspekte von Wörterbucheinträgen. Ein Beitrag zur praktischen Lexikologie. In: Kopenhagener Beiträge zur germanistischen Linguistik 12. 1977, 59-149.

Wiegand, H.E. 1978: Lexikographische Praxis – vom Standpunkt unterschiedlicher Wörterbuchtypen und Wörterbuchkonzepte. II. lexikographisches Kolloquium am 21. und 22. Februar 1978 in Hamburg. In: Zeitschrift für germanistische Linguistik 6. 1978, 326-330.

Wiegand, H.E./Wolski, W. 1975: Gesellschaftsbezogene und sprachgelenkte Semasiologie. Mit einer Arbeitsbibliographie zur Semantik in der Sprachphilosophie, Logik, Linguistik und Psycholinguistik (1963-1973/74). In: Germanistische Linguistik 1-6. 1975, 1-938.

Wieland, U./Haller, J. 1978a: Verarbeitung natürlich-sprachlicher Informationen im Projekt CONDOR (Communication in natürlicher Sprache mit dialogorientierten Retrievalsystemen). In: Krallmann 1978, 230-259.

Wieland, U./Haller, J. 1978b: Die Erschließung natürlich-sprachlicher Informationen im Informationssystem CONDOR. In: Nachrichten für Dokumentation 29. 1978, 177-183.

Willée, G. 1978: LEMMA – ein Programmsystem zur automatischen Lemmatisierung deutscher Wortformen (=Forschungsbericht 1 zum Projekt „Fortentwicklung einer Programmbibliothek zur philologischen und linguistischen Textverarbeitung und deren Anwendung" am Institut für Kommunikationsforschung und Phonetik der Universität Bonn). Bonn.

Wissemann, H. 1961: Das Wortgruppenlexem und seine lexikographische Erfassung. In: Indogermanische Forschungen 66. 1961, 225-258.

Wolff, D. 1969: Statistische Untersuchungen zum Wortschatz englischer Zeitungen. Dissertation. Saarbrücken.

Wuchterl, K. 1977: Methoden der Gegenwartsphilosophie. Bern, Stuttgart.

Wunderlich, D. 1974: Grundlagen der Linguistik. Reinbek.

Wunderlich, D. 1976a (Hg.): Wissenschaftstheorie der Linguistik. Kronberg/Ts.

Wunderlich, D. 1976b: Einleitung und Thesen. In: Wunderlich 1976a, 1-5.

Zampolli, A. 1977: Statistique linguistique et dépouillements automatiques. In: Sterkenburg 1977, 325-358.

Zaunmüller, B. 1958: Bibliographisches Handbuch der Sprachwörterbücher. Stuttgart.

Zépic, S. 1970: Morphologie und Semantik der deutschen Nominalkomposita. Zagreb.

Zgusta, L. 1971: Manual of Lexicography. The Hague, Paris.

Ziff, P. 1960: Semantic Analysis. Ithaca/N.J.

Zifonoun, G. 1972: Über die Unverträglichkeit verschiedener Valenzbegriffe und ihre Verwertbarkeit in semantischer Beschreibung. In: Zeitschrift für Dialektologie und Linguistik 39. 1972, 171-205.

Zilsel, E. 1976: Die sozialen Ursprünge der neuzeitlichen Wissenschaft. Ins Deutsche übertragen und herausgegeben von W. Krohn. Frankfurt/M.

Zimmermann, H. 1972: Das Lexikon in der maschinellen Sprachanalyse. Frankfurt/M.

Zimmermann, K. 1973: Entwurf und Vorschläge zur Textklassifikation und Corpustheorie. Mimeo. Mannheim.

Zimmermann, K. 1978: Erkundungen zur Texttypologie (=Forschungsberichte des Instituts für deutsche Sprache 39). Tübingen.